꼬리 먹는 뱀
우로보로스 사유와
서양 문명 비판

Ⅲ

전쟁과 평화, 사랑과 죽음:
우로보로스와 탈(脫)우로보로스

꼬리 먹는 뱀
우로보로스 사유와
서양 문명 비판

III

전쟁과 평화, 사랑과 죽음:
우로보로스와 탈(脫)우로보로스

권석우

이시스 여신의 부조:
파라오 세티 1세를 무릎에 안고 있는
이시스의 부조, 기원전 13세기경.
이집트 아비도스 죽음의 사원

나는 처음이요 끝이요 (…) 전쟁이요 평화로다.
나그함마디 출토 「천둥」 13:17에서 이시스 여신이 전하는 말

구부러지면 완전하다(曲則全). 『노자』

어째서 그런가? 그러니깐 그렇다. 어째서 그렇지 않은가?
그렇지 않으니깐 그렇지 않다
(惡乎然? 然於然. 惡乎不然? 不然於不然). 『장자』, 「제물론」

구부러지면 잃을 것이 없다(曲成萬物而不遺). 『역경』

곡선은 신을 나타내고 직선은 신의 피조물을 표상한다.
케플러, 『코페르니쿠스의 천문학 대강』 해설

원형은 충동의 형식원리이기 때문에 파란색 안에 붉은색을 품고 있다. 즉, 보라색
으로 나타나는 것이다…. 비록 비유이기는 하지만, 나는 독자들에게 원형과 그의
대극 간의 내적 친화관계를 보여주는 예로 이 보라색의 이미지를 추천하고 싶은
생각이 든다. 연금술사들의 상상력은 이해하기 어려운 이 자연의 비밀을 뱀 우로
보로스의 상징으로 표현하려고 했다. 칼 융 「원형과 무의식」, 78

차이로부터 말한다는 것은, 이러한 함께-견지함이 존재와 존재자를 모두 에워싸는
원 운동임을 뜻한다. 하이데거 「동일성과 차이」, 62: 최상욱 141 번역 참조

영원히 변하지 않은 것(스피노자의 순진함, 마찬가지로 데카르트의 순진함을 생각
해보라), 가치에 반해서 가장 짧고 가장 덧없는 것의 가치, 즉 생이라는 뱀의 배가
매혹적으로 황금빛으로 빛난다. 하이데거 「니체」, 308

일러두기 ————————————————————

1. 서양의 기독교 신에 대한 종교적 표기로는 통상적으로 "하느님" 혹은 "하늘님"을 사용하되, 유대의 전통을 말할 때는 표기의 정확성에 관한 논란이 있으나 공동번역 성서 등 가톨릭과 일부 개신교에서 굳어진 "야훼"(←야웨), 개신교의 하느님을 말할 때는 "여호와" 혹은 "하나님"을 사용한다. 하나님에 대한 개념은 유일신이라는 세속적 개념이 아니라 "완전한 분" 혹은 크신 "한 분"으로 이해해야 한다는 한신대학교 김경재 교수의 말을 따랐다. 히브리어 성경 인용은 달리 적시하지 않는 한 "biblehub.com"의 웨스트민스터-레닌그라드 코덱스, 라틴어는 『클레멘스 불가타』 성경, 그리스어 『70인역』 성경 인용은 "bibledatabase.net"과 대한성서공회 USB 성경을 따랐음을 밝혀둔다. "ibibles.net" 또한 참고하였다. 성경 본문 인용은 한국의 개신교에서 사용하는 개역 국한문 병용판 『톰슨 성경』을 따랐다.
2. 그리스어 등 제 언어권에서 발음 부호는 소리의 구별이 필요할 때만 이를 밝히며, 히브리어·그리스어·라틴어 등 고대 문자의 표기법은 학계의 관행대로 로마자로 표기했다. 차후 개정판에서는 책 말미에 각 언어권 전공자들의 의견을 종합한 후 색인의 형태로 이를 밝히고자 한다.
3. 고유명사는 필자가 아는 한 원래의 이름을 찾아주려고 노력하였다. 이를 테면, 『70인역』 성경은(그리스어 번역본. "칠십인역 성경"이라 불린다) 영어식 표기 "Septuagint"(셉투아진트)를 따르지 않고 라틴어 "Septuaginta"(셉투아긴타)로 표기하였다. 그리스어 인명 표기에는 라틴어식 발음 [u]가 아니라 원어대로 [o] 발음을 견지하였다. 예컨대 [Heracleitos]는 "헤라클레이토스", [Herodotos]는 "헤로도토스"로 표기하였으며, 영어가 아닌 인명, 지명 또한 각 나라의 실제 발음을 존중하여 표기하는데 "팜 파탈"은 "팜므 파탈"로, "실러"는 "쉴러", "실레"는 "쉴레"로 하였다. 국립국어원의 실제 발음을 기준으로 한다고 되어 있는 외래어 표

기법에 따라 프랑스어와 독일어 등 원래 발음을 찾아주지 못했다는 점을 적시한다.

4. 여전히 논쟁이 되는 것은 그리스어 윕실론("υ"), 라틴어 "y"의 표기법인데, 이것만큼은 국립국어원의 외래어 표기법인 ("입실론") "이"를 따르지 않고 "위"로 통일하였다. (윕실론의 발음은 초기에는 [u], 고대 그리스와 헬레니즘 시기에는 [y]로 바뀌었다가 현대 그리스어에서는 [i]로 소리난다. 고대 그리스어는 장단음의 구분이 있었으나 현대 그리스어에서 없어졌다.) 따라서 [i]와 [y]를 명확히 구별하여 "Dionysus"는 "디오뉘소스"로 표기한다. 같은 자음이 중복될 경우는 그 앞의 모음이 장음이 되는 현상을 고려하여 "Odysseus"는 "오뒷세우스"로 표기한다.

5. 인용 방식은 〈한국영어영문학회〉 인용 방식을 준용하되, 때에 따라서 책의 제목이 필요한 경우 혹은 독자들의 편의를 위하여 잘 알려진 도서에 관한 인용인 경우 도서명을 본문 속에 직접 표기하기도 하였다. 외국어 작품의 인용은 우리말로 옮기고 출처를 밝히되, 분석에 필요한 경우에는 원문을 병기한다.

6. 인용한 문장의 일부분을 강조하거나 주의가 필요할 때, 그리고 아직은 익숙한 관념이나 번역어가 되지 않은 경우는 큰따옴표 [" "]를 사용하였다. 그리고 필요한 경우, 인용 문장의 중요한 부분은 드러냄표 및 밑줄로 구분하여 [강조 필자]를 표기하였다. 특정 용어나 번역어가 관용구로 굳어진 경우는 작은따옴표 [' ']를 사용하여 구분하였다. 문장 안에서 보충설명이 필요할 때는 소괄호 [( )] 및 줄표 [—]를 사용하여 그 의미를 분명히 전달하고자 하였다. 도서명 및 신문, 잡지의 이름은 겹낫표 [『 』], 책의 소제목과 시 제목, 논문은 홑낫표 [「 」], 영화와 연극, 오페라, 그림, 노래 등의 예술 작품의 제목은 홑화살괄호 [〈 〉]로 표기하여 구분하였다.

7. 본문에 자주 쓰이는 "그러나"는 역접(逆接)의 접속사에 국한되는 것이 아니라 역접과 순접(順接), 즉 부정과 긍정을 동시에 뜻하고 있어 본문을 읽을 때 주의가 요망된다. 온전한 부정과 긍정이 가능하지 않다는 필자의 생각을 반영하고 있는데, 老壯의 주제를 대변한다 할 수 있는 "無爲而無不爲"에서 순접과 역접을 동시에 담당하는 접속사 "而"가 정확히 이러한 기능을 담당하고 있다. 한자 사전을 찾으면 접속사 "而"는 순접과 역접의 접속사로 설명되고 있다. 장자와 혜시의 "方死方生" 죽음관의 문맥에서 쓰이는 "雖然" 또한 이와 다르지 않은데, 이에 대해서는 필자의 우로보로스 4권 격인 "영문학자가 읽은 장자의 우로보로스와 탈우로보로스 사생관"에서 논의가 전개된다. 시인 릴케가 즐겨 사용했던 독일어 "und dennoch"(and however), 프랑스어의 "et pourtant", 영어의 "even if", 혹은 "however" 등이 이와 유사한데, 우리말로는 "그럼에도 불구하고"이다. 비토리오 데 시카(Vittorio De Sica) 감독의 〈그럼에도 우리는 살아간다〉(Und dennoch leben Sie 1960) 등을 상기하면 좋겠다.

말이 났으니 말이지, 헤밍웨이가 즐겨 사용하던 '잃어버린 세대'의 접속사 "and" 또한 순접의 기능만을 갖고 있지 않다. 헤밍웨이가 일부러 "but"가 들어갈 자리에 "and"를 사용한 것이 헤밍웨이 문체의 비밀이지만, 이것을 습작하여 그를 모방하고 따라 하기는 쉽지 않다. "and"로 연결된 전후의 문맥이 모순적이면서도 상대적인 대대(對待)의 일치를 이루어야 하니, 그의 단편집의 이름을 빌자면 "우리들의 세대"(in our time 1924; In Our Time 1925)는 문법과 언어와 사람을 잃어버린 세대이기도 하다. 그의 간결체내지는 '빙산의 일각'(iceberg) 문체가 탄생하는 연유이다. 접속사는 말 그대로 접속의 "담화표지"(discourse marker)이니, 화행론(speech act theory)에서는 이를 "협동지표(coordination marker)로 받아들여 장면전환이나 대조, 대비, 그리고 순접이던 역접이던 상황설명을 이끄는 접속사로 파악하고 있다. 이제 "and"는 우로보로스의 접속사가 된다. 되블린(Alfred Döblin)의 『베를린 알렉산더 광장』(Berlin-Alexander Platz 1929)의 주인공 비버코프(Franz Bieberkopf)처럼 우리는 그 모든 것에도 불구하고 살아가야 한다. 발레리(Paul Váléry)의 저 유명한 "바람이 분다 / 살아봐야겠다"는 시 구절은 필자에게 그런 의미, 즉 "그럼에도 불구하고"의 의미를 띤다. 세상의 독심과 앙심(spite)에도 불구하고(despite) 슬픔과 아픔과 고통 속에서도, 우리는 모순과 투쟁, 그리고 화합의 세상, 즉 부분 부정과 부분 긍정의 소위 중도(中道)의 세상을 살아가고 있다.

> 그리고 때때로 나는 나무처럼
> (…)
> 슬픔과 노래 가운데 잃어버린
> 죽은 아이의 꿈을 담고 있다는 것을
>
> Und manchmal bin ich wie der Baum,
> (…)
> Den Traum erfüllt, den der vergangne Knabe
> verlor in Traurigkeiten und Gesängen.
> (릴케, 『시간 시집』; 강조 필자)

"슬픔"에도 불구하고 "노래"는 "꿈"이 되니, "그리고 때때로"는 "때때로 그러나"로 새겨진다. "하지만(Und dennoch), 슬프게도, / 너희들, 영혼의 거의 치명적인 새들을, 알면서도, / 나 노래로 찬양했다"(『두이노의 비가』 2).

"ouroboros"(우로보로스)는 꼬리를 뜻하는 그리스어 "οὐρά"와 "먹다", "삼키다"는 뜻의 인도유럽어 "*gwere-"(→그리스어 "βοσάω")에서 유래하는데, 우로보로스라는 단어는 우로보로스와 뱀을 뜻하는 "ophis"의 합성어인 "ouroboros ophis", 혹은 그리스어 그대로 표기하자면 "dracon ouroboros"(δράχων οὐροβόρος)의 축약형으로서 형용사가 명사의 역할을 대신하여 사용된 것이다.

이 책에서는 이후의 라틴어 표기인 "uroboros"를 사용한다. 찰스워스(James Chralesworth) 교수는 우로보로스의 그리스어 어원에 대해 설명하면서, 우로보로스라는 개념이 그리스인들이 이집트인들로부터 차용한 것이라는 호라폴론(Horapollon)과 올림피오도루스(Olympiodorus)의 아주 오래된 설명을 인용하면서, '꼬리를 먹는 뱀'이라는 원형(圓形)적 상징으로부터 그리스인들은 원(圓)의 안에 쓰여 있는 "하나가 전체", 혹은 "하나인 전체"(en to pan)를 시각적으로 이해할 수 있었으며 이로부터 시간의 순환영원성과 우주의 완전함을 추찰할 수 있었다고 말하고 있다. 그리스 신화에서 영원(Aion)은 간혹 뱀을 칭칭 감고 알몸으로 현신하기도 하는 시간(Chronos)의 자식이다(Charlesworth 155-156, 154).

이러한 뱀의 우로보로스적 이미지는 하나와 전체를 표현하는 "하나, 즉 전체"(en to pan)를 나타내는 연금술적 의미를 함유하게 된다(Jung 『인간의 상』, 「미사에서 변환의 상징」, 203). 영지주의자들이 자주 상용하던 우로보로스라는 용어를 융의 체계 안에서 역사의 발전적 개념들의 하나로 확장하여 유행을 타게 한 이는 노이만(Erich Neumann)이다. 창조와 창조 이전의 완벽한 상태인 유토피아적인 혼돈을 지칭하는 우로보로스는 모든 시대와 문화권에 나타나며 그가 제시하는 의식의 8단계에 고루 흔적을 보이고 있다(노이만 『의식의 기원사』, 10-11, 37).

우로보르스는 뱀 이외에도 "용, 바다, 동굴, 골짜기, 알 등으로 표상되기도 하며, 자기충족성, 자기완결성, 자기동일성, 모든 미분리와 비현현의 상태, 현실태 이전의 잠재적 가능태, 전체성, 원초적 통일성, 파괴(해체 혹은 죽음)와 재통합(재결합 혹은 재생)의 순환성, 자기소멸과 자기갱신을 영구히 계속하는 힘, 영겁회귀, 영원한 시간성, 영지(靈智), 남녀추니(양성구유), 창조의 원질, 창조 이전의 암흑, 태초의 부모, 삶의 신비, 물질과 영혼의 일체성, 창조와 부활, 반대의 일치, 생명원리"(박규태 59) 등을 나타내는 상징이다. 필자는 이에 웜홀(worm hole)을 추가한다. 블랙홀이 사실은 원형의 구멍이 아니라 단지 하나의 평행 공간일 수 있음에도 불구하고 인류의 원형적(原形的) 상상력은 그것을 원형(圓形)으로 투사해 내고 있다.

사랑과 전쟁의 신, 이시스 여신의 부조: 기원전 13세기경. 이집트 아비도스 죽음의 사원

꼬리 먹는 뱀
우로보로스 사유와
서양 문명 비판

III

전쟁과 평화, 사랑과 죽음:
우로보로스와 탈(脫)우로보로스

부록 3

뮈토스와 로고스의 대위법:
어원학적·문헌학적 고찰과 20세기 로고스적 이성의 쇠락

꼬리 먹는 뱀
우로보로스 사유와
서양 문명 비판

Ⅱ

메두사와 팜므 파탈:
지혜와 생명의 여성

차례 ───

꼬리 먹는 뱀
우로보로스 사유와
서양 문명 비판

I

선악과와 처녀 잉태:
유대-기독교 문명

서문

여성과 죽음을 주로 하여 진행한 이제까지의 연구를 통하여 필자는 수메르-바빌로니아에서부터 유대-기독교, 그리고 그리스-로마 문명을 거쳐 19세기 말 서양의 유럽에 이르러 프로이트와 정신분석학과 분석심리학 그리고 신화학과 문화사학이 파악한 여성의 다양한 모습을 살펴보았다. 여성과 죽음, 삶이라는 우리의 우로보로스 주제는 이제 죽음을 양산하는 전쟁이 서양 문화, 특히 제1차세계대전을 전후한 서양 문화에서 특별히 여성적인 것으로 파악되고 재현되는 양상과 그 이유에 대한 분석이라는 이 책 3권의 작업을 남기고 있다. 우리의 분석은 그러나 20세기에만 국한되는 것은 물론 아닌데, 이는 20세기의 많은 지적인 전통들이 당연히 옛날의 사유 방식과 문물을 그 유산으로 물려받고 있기 때문이다.

　서양 문학을 전공으로 하는 필자가 평소 의문을 갖고 생각했던 것 중의 하나는 우리가 이제까지 논의한바 예수와 성모마리아의 처녀잉태설과 무염시태(無染始胎, immaculate conception), 선악과 의미와 인류의 원죄설, 그리고 보편적인 신화소로 여겨지고 있는 오이디푸스콤플렉스 등과 더불어, 서양 문명의 원조 격인 그리스 신화에서 전쟁 신이 아레스(Ares)라는 파멸과 전쟁의 남신 말고도 왜 여신인 아테나(Athena)로 등장하는가 하는 사실이었다. 아레스는 전쟁의 파괴적인 속성을 강조하면서도 비합리성을 표상하고 아테나는 서양의 지적 전통이 파악해 온 전쟁의 책략적인 그리고 이성적이고 숭엄한 면을 지칭할 때 언급되었는데, 그러나 무심코 넘길 수 있는 이러한 설명은 필자에게 여전히 의구심을 자아내게 하였다. 필자는 이 책 3권의 모두에서 이에 대한 분석을 행한 이후에 서양 문명에서 삶과 죽음의 여성이 죽음의 여성으로 완전히 변한다고 할 수 있는 베트남 전쟁에 관한 미국 소설, 그리고 비단 서양 문명뿐 아니라 전 세계 문명을 위협하고 있는 핵전쟁과 이와 관련된 젠더와 성의 문제를 또한 분석하게 된다. 핵전쟁은 아이러니하게도 전쟁을 무화하는 속성을 갖게 되는데, 전쟁이 전쟁을 없애는 이 기막힌 안티 우로보로스 서사의 뒤에는 전쟁과 평화가 서로 우로보로스 짝패로 기능하지 못하는 21세기 인류의 절망과 절박함이 자리하고 있다. 이러한 일련의 작업은 이제 이 책 3권에서 여성과 삶, 여성과 지혜, 여성과 전쟁 등의 작업을 거친 후 여성과 죽음이라는 원래의 주제로 되돌아갔고, 죽음을 양산하는 전쟁과 여성의 관계를 되짚어 보는 이유가 되기도 하였다.

1권의 총 서론에서 우로보로스와 탈우로보스의 수사를 섞어 생사와 이와 엮인 여성성에 대해 장황하게 밝힌 바 있지만, 이 책 3권을 따로 읽는 독자들의 편의를 위하여 각 장의 내용을 간략히 다시 소개하면 다음과 같다. 4부의 도론인 11장에서 필자는 우선 여성을 전쟁으로 보는 습속이 여성을 죽음으로 보았던 사유의 연장선임을 밝힌다. 지혜의 여신인 아테나가 전쟁의 여신이기도 하였다는 그리스 신화에 착안하여, 필자는 전쟁을 윤리적이고 이성적이고(Hegel) 자연[이성]적이고 숭엄한 것으로(Kant), 그리고 자연적으로(Nietzsche) 파악하는 서양의 지적 전통에 대하여 일말의 의문을 제기한다. 수메르, 이집트, 헬라스의 고대 서양 신화에서 전쟁의 신이 여신으로 나타난 이유는 온갖 부정적인 것을 여성에게 전가하는 남성들의 부정적 투사에서 기인하기도 하지만, 보다 더 근본적인 이유는 적어도 청동기시대 문물이 유럽을 석권하기 전까지 서양의 신이, 동양의 신도 간혹 그러하기도 하였지만 남성성과 여성성을 동시에 겸비한 양성구유의 (여)신이었기 때문이기도 하다. 필자가 알고 있는 한, 수메르는 예외가 될 수 있겠지만, 적어도 비교적 초창기 이집트와 고대 그리스 사회에서 우리가 지금 알고 있는 대로의 여신이라는 개념은 존재하지 않았고, "여신들"은 남신들에게 구애받지 않는 독립 존재로 활동했다. 이러한 사실을 지적하는 것은 물론 여성을 죽음과 전쟁으로 파악하는 전통이 본질적이고 보편적인 것이 아니라 시대의 필요에 따라 축조된 관념임을 밝히는 것이 된다.

이어지는 장들은 베트남 전쟁문학에 나타난 여성과 죽음과 전쟁의 동일화에 대한 고찰이다. 미국의 베트남 전쟁소설인 『13 계곡』, 『비좁은 병영』, 『시체 세기』, 『대나무 침대』 등의 작품을 중심으로 여성과 죽음의 동일화를, 그리고 『호랑이 여전사』를 통하여 여성과 전쟁이 얽혀져 있는 여전사 개념의 실체와 그 허구성을 궁구하고 있는 11장과 12장은, 여성과 죽음과 전쟁의 동일화라는 습속 또는 선입견이 확대 (재)생산되어 여성과 동양이라는 등식을 만들어내기도 하여 성차별은 물론이지만 인종차별과 이의 연장이라 할 수 있는 제국주의적 사유 방식을 산출해 냈는가에 관한 확인과 이를 비판하는 실제비평의 장이다. 유대인 대학살도 그렇지만 베트남전쟁을 '역사의 영도'(零度, zero point), 혹은 포스트모더니즘의 기점으로 보는 논의는 베트남전쟁이 서양 문명의 적자로서의 미국의 치부인 인종적 편견과 여성 혐오, 그리고 계급 간의 빈부 격차와 불평등을 용인하는 사회구조를 그대로 노정하고 있다는 점에서 찾아져야 할 것이다. 베트남전쟁은 다른 어느 전쟁보다는 특히 서양 문명이 그 우로보로스적 복원력을 잃어버려 여성이 죽음과 전쟁으로만 파악된다는 점에서 역사의 파국 혹은 필자의 용어를 사용하자면 "안티 우로보로스"의 등장을 예견하고 있었다.

우로보로스가 삶이 죽음이고 죽음이 삶이라는 은유를 가능케 하는 상징이라면, 반(反) 혹은 '안티' 우로보로스는 삶이 죽음이지만 그 죽음에서 삶이 피어나지 못하는 상태를, 탈(脫)우로보로스는 삶이 죽음이고 죽음이 삶이기도 하지만, 삶은 삶이고 죽음은 죽음이라는 토톨로기를 동시에 함의하고 있다. 이를 부호를 섞어 간단히 나타내면 우로보로스는 삶⟺죽음, 안티우로보로스는 삶=죽음, 죽음≠삶, 탈우로보로스는 삶⟺죽음과 삶=삶, 죽음=죽음으로 정형화될 수 있겠다. 이를 확장하면 우로보로스는 A⟺B, 안티우로보로스는 A=B, B≠A, 탈우로보로스는 A⟺B와 A=A, B=B로 각각 나타낼 수 있으며, 우리가 목하 논의하고 있는 유대인 학살과 베트남전쟁은 앞서 제2권에서 논의한 세기말과 더불어, 비록 세기말이 온전히 안티우로보로스에 속하지는 않지만, 안티우로보로스라는 관념에 속한다 할 수 있겠다. B≠A로 표상되는 안티우로보스는 은유의 죽음을 상정하고 있으며, 이는 토톨로기를 그리고 더 나아가 토톨로기와 은유로 구성된 우로보로스 자체를 불안케 한다.

안티 우로보로스의 시대에 이성은 광기로, 휴머니즘은 반(反)휴머니즘으로 전락한다. 인류가 짐승보다 못하다는 소위 반휴머니즘 인식은 언제서부터인지 정확히 말할 수는 없지만 홀로코스트에서 시작되어 베트남전쟁에서 지속되니, 홀로코스트와 베트남전쟁을 겪은 인류에게 인간보다 더 흉물스럽고 끔찍한 동물은 없었다.

개들은 말한다
나쁜 개를 보면 말한다
저런 사람 같은 놈. (정현종, 「개들은 말한다」)

모든 동식물을 통틀어 최고의 욕은 "사람 같은 놈"이 되었으니, 이제 인간은 동물보다 못한 동물로 전락한다. 휴머니즘이 공염불이 된 세대를 우리는 살아가고 있다.

여성 전사에 대한 분석은 다음 14장의 여성과 전쟁, 그리고 평화와의 상관관계에 대한 분석으로 자연스럽게 이어졌다. "여성은 평화적인가 또는 평화는 여성적인가" 하는 질문은 여성이 죽음과 전쟁으로 표상되는 현상의 이면에 더불어 도사리고 있는 질문이었다. 결론 삼아 말하자면 여성은 전쟁도 평화도 아니라는 것이 필자의 입론인데, 이는 여성을 오롯이 전쟁, 평화, 죽음, 또는 생명으로 보는 다소 일의적이었던 기존의 시도에 대한 필자 나름의 암중모색일 수 있겠다. 니체도 말한 바 있듯이, 그의 진의가 여전히 명확하게 드러나 있지도 않고 또 오해받아 왔기도 했지만, 다양한 여성들과 남성들, 다양한 사람들과 사물들이 있을 뿐이며 그들 모두는 시각과 관점에 따라 다양한 색과 모습을 지니고 있다.

　　지금은 고인이 되었지만 현실주의와 실용주의를 표방하고 있는 시카고대학 신학과의 국제정치학자 엘쉬타인(Jean Elshtain)의 전쟁과 평화 그리고 여성성에 관한 이론을 주로 분석하는 가운데, 우리는 전쟁과 평화가 동전의 양면이라서 인구에 의미 없이 회자 되는 "평화를 위하여 전쟁을 준비한다"는 로마의 장군 베게티우스(Vegetius)의 격언이 엘쉬타인도 인정하듯이 불가피한 전쟁과 이전투구의 현실 정치를 반영하는 언급이기는 하였지만, 특별히 핵의 파멸을 목도하고 있는 21세기의 세계시민이 받아들이기에는 지극히 소극적이고 부정적인 전쟁·평화관임을 밝힌다. 전쟁의 부재가 평화라는 소극적 평화관이 더 이상은 불가능한 핵전쟁의 시대에 이르러 평화를 달성하기 위한 전쟁이라는 개념은 유실되는데, 이러한 변이의 원인에는 핵이 전쟁 자체를 무화시켜 전쟁과 평화의 대위법적 혹은 우로보로스 변증을 불가능하게 만들고 있다는 사실이 자리하고 있다.

　　평화의 실천에 물론 남녀 구별이 있을 수는 없다. 마찬가지로 반전과 반핵을 기치로 하여 여성과 평화를 동일화하는 일부 페미니즘 진영의 주장은 의도치 않았는지는 모르겠지만 여성과 전쟁, 그리고 죽음을 동일화하는 시대착오적인 습속을 반복하는 양상을 보이고 있다. 전쟁과 평화가 우로보로스적 짝패로 기능하고 있지 못하는 특별한 핵 시대에 있어서 "평화를 위해서는 전쟁을 준비"해야 할 것이 아니라 "평화를 위해서는 평화를 준비"해야 한다고 필자는 역설하고 있다.

　부록 1은 전쟁의 원인을 사랑으로 분석한 필자의 20여 년 전의 글을 원문의 수필적 성격을 보존하면서도 전쟁에 관한 철학적 성찰과 미추와 선악과 호오에 대한 맹자와 묵자, 그리고 불교의 선악에 관한 이론을 보충한 글이다. 선악과 폭력의 기원으로서의 애증, 즉 호오지정(好惡之情)과 그것의 기반으로서의 지(知)와 사물, 그리고 물(物) 이전의 하늘이 부여한 본성에 대한 논의는 1권의 1장과 4장에서도 이루어졌으니, 전쟁의 원인을 사랑으로 보는 관념이 생경한 독자는 1장과 4장을 함께 읽어도 좋겠다. 사랑에서 연원하는 전쟁과 죽음을 문학작품에서 분석하고 있는 이 글은 전쟁의 원인을 프로이트가 암시한 바 있는 '죽음충동'(Todestreib)이라는 개념으로 분석한 후, 그러한 죽음충동이 '사랑의 폭력성'에서 기인하고 있다는 사실을 사랑이 즉각적으로 미움으로 변하는 현상, 즉 사랑과 미움의 상동구조(homology) 혹은 사랑과 전쟁의 친연성(contiguity)이라는 현상을 통하여 추적한다. 폭력의 극단적 형태로서 죽음을 대량으로 그것도 합법적으로 수행하고 자행할 수 있는 전쟁은, 마르쿠제(Herbert Marcuse)의 말마따나 죽음을 체념하며 받아들이는 인류의 마조히즘적인 저의식(底意識)이 사디스트적인 공격성으로 변한 현상이기도 한데, 진부해진 죽음과 비일비재한 전쟁의 이면에는 죽음으로 회귀하여 소멸하고 싶은, 그리고 또한 죽음을 관능적으로 사랑하는 인류의 근원적인 의식이 도사리고 있어서인지 모른다. 비교적 초창기에 준비되어 우로보로스라는 이 책의 전제와는 언뜻 어긋나는 것처럼 보이는 필자의 글을 여기에 다시 상재함은 필자가 제기한 사랑의 폭력성과 사랑의 평화학 사이의 접점을 그리고 사랑과 죽음, 사랑과 전쟁의 대위법적인 성격을 필자가 아직 바로 보고 있지 못해서이다. 사랑은 전쟁의 우로보로스이기도 하다.

3권의 말미에 붙여진 부록 2는 제1권의 4장에서 제시된 지식과 지혜의 다르지 않음을 어원학적으로 추적하지만 부족함이 많은 글이다. 추후 보완하기를 약속한다. 부록 3은 뮈토스와 로고스의 대위법 내지는 우로보로스적 상호 보완에 대한 글이다. 뮈토스와 로고스의 어원을 추적하는 가운데, 로고스를 선호하는 플라톤의 철학적 글쓰기에서 뮈토스적 요소가 사용되고 있어 뮈토스-로고스가 서로를 보완하고 배태하는 우로보로스 혹은 대위법적 의미로 사용되고 있음을 밝히고자 하는 이 부분에서 필자는, 서양의 로고스의 의미가 우리가 오늘날 알고 있는 이성 혹은 진리로 변하는 과정을 추적하면서 로고스가 한자문화권의 "理性"으로 번역되는 연유를 밝힌 연후, 글의 중반부에 이르러서는 서양의 역사가 "뮈토스에서 로고스로" 변화 혹은 치환되지 않았다는 사실을 논구하게 된다. 로고스는 시간이 지나면 새로운 뮈토스가 되어 "뮈토스"라는 신화 체계 혹은 담론의 일부를 구성하게 된다는 것인데, 필자는 이를 "우로보로스적 대위법"이라 규정하고 있다. 전체 책의 종지(宗旨)와는 약간 멀어진 감이 없지 않다. 불필요하다고 생각하는 독자는 이를 건너뛰어도 무방하다.

　　원래 책의 서문은 본문의 모든 논의가 다 행해진 이후에 쓰는 것이기에, 3권의 서문을 각 권의 필요성에 따라 간략히 다시 마감하려 하니 무엇인가 미진한 감이 들어 사족을 붙이려 하며, 이는 필자가 비단 이 책뿐만 아니라 3권 책의 총결론으로 제시하는 "전쟁과 평화, 사랑과 죽음: 우로보로스와 탈(脫)우로보로스"라는 3권 책의 제목의 취지와 궤를 같이한다. 필자의 원래 주제는 생사의 우로보로스를 삶과 죽음을 동시에 체현하고 있는 여성을 통하여 밝혀내는 것이었다. 1권에서도 밝힌 바 있듯이 서양의 지성이 도달한 최고의 결론인 듯 보이는 변증과 역설의 수사학, 그리고 이를 종교철학적으로 풀어내었던 쿠자누스(Nicolaus Cusanus, 1401~1464)의 '상반의 일치'(coincidentia oppositorum)와 융(Carl Jung, 1875~1961)의 '대극의 합일' 또는 '융합의 신비'(coniunctio oppositorum, *Aion* 31; mysterium coniunctionis,

Mysterium Coniunctionis 365) 등은 세상의 이원성 혹은 사물의 양면성과 이로부터 촉발되는 "하나로의 지향" 혹은 움직임을 표상하고 있는 우리의 우로보로스 수사(修辭)에 적합한 관념들이 되었다.

엄밀히 말한다면 총 3권의 책을 마무리하며 서문을 쓰는 이 순간에도 필자는 이러한 수사들이 이분법과 무한궤도의 변증법을 가리기 위한 포장에 지나지 않는다는 것을 알게 되었으니, 문맥을 바꾸어 말해 보면 서양 문명의 적자인 미국을 설명하는 모토 가운데 하나인 '다양성 속의 통일' [e pluribus unum, 미국의 25전 주화에도 나오는 구절로 용광로(melting pot), 샐러드 주발(salad bowl) 등과 유사한 개념. 1991년 미국의 역사학자 슐레진저(Arthur Schlesinger Jr.)에 의해 "통일 속의 다양함"(disuniting many out of one)이라는 다소 보수주의적 정치관을 표방하는 구절로 변화함]이라는 수사 또한 이것에 다름이 아니었다. '상반의 일치'를 꿈꾼다는 것은 일견 인류가 지어낼 수 있는 최고 정신의 발현인 것처럼 보이지만, 우리가 비단 그것의 궁극적인 일치 혹은 화합이 가능한 세상을 살고 있지 않다는 이유에서 뿐만 아니라 축조된 상반의 일치라는 개념 자체가 잘못 이해되고 있는 것 같으니 우리는 여기서 상반과 일치, 그리고 그것의 동시적 필요성과 그것으로부터의 탈출을 시도한다는 면에서 우로보로스와 탈우로보로스를 함께 말하게 된다.

삶과 죽음은 같을 때도 있었고 다를 때도 있었으니, 가역성과 비가역성, 동일성과 비동일성, 은유와 동어반복, 우로보로스와 탈우로보로스는 인간세에 동시에 필요한 개념들이 된다. 우리가 미처 1권에서 충분히 논하지 못한 불연기연에 관해서, 원효 선사가 갈파한 다음과 같은 언급은 필자의 우로보로스와 탈우로보로스의 동시적 필요성 내지는 우로보로스적 새끼 꼬기, 혹은 앞으로 발간될 이 책의 4권 격이 되는 책의 주제인 장자의 불래불거와 적래적거의 동시 공존에 대한 계시의 글이 되고 있다. 유무와 생사는 우로보로스의 일치를 지향하면서도 나름대로 따로 유와 무, 삶과 죽음을 동시로 필요로하는 탈우로보로스의 불일치, 혹은 상호 합치를 여전히 요구하고 있으니, 우로보로스와 탈우로보로스의 세계는 여전히 우로보로스의 미망에서 벗어나고 있지 못하다.

> [그리고] '[유有와 무無에 대한 두 가지] 치우친 견해'(邊)를 여의었지만 [유有와 무無를 섞어 놓은] 중간이 아니기 때문에, 있음(有)과 없음(無)의 현상(法)이 만들어지지 않은 바가 없고, [유有와 무無에 대한 판단의] 옳음(是) 그름(非)의 뜻(義)이 두루 미치지 아니함이 없다. (…) 가히 '[한정시키는] 이치가 없는 지극한 이치'(無理之至理)요 '[한정되는] 그러함이 없는 크게 그러함'(不然之大然)이라 할 수 있다.
>
> 『금강삼매경론』 I, 196)

마지막 문장을 대구로 읽으면 無理는 不然, 至理는 大然[→ 其然(수운 최제우)]이나 『금강삼매경론』의 전체의 취지는 無理가 不然이고 大然이며, 至理가 大然이고 不然이라 필자는 새긴다. 이치가 없는 것처럼 보여 不然이나 이치가 없고 이해할 수 없어 이를 인정하는 것이 또한 其然이기도 하니, 지극한 이치는 그러한 듯 보이다가도 또 그러하지 않다. 이는 필자가 이미 1권 1장의 말미에서 수운의 불연기연을 불연즉기연이기도 하면서 불연'과' 기연으로도 따로따로 새기는 이유가 되고 있었다.

우로보로스 시리즈 3권 중 제1권을 출판한 후 필자는 기쁘게도 우리 시대 발군의 과정신학자라 말할 수 있는 김상일에게서 다음과 같은 구절을 얻었다.

> 오히려 진리는 항상 새로운 것이 첨가되어 나가면서 매순간의 창조적 행위를 하는 것으로밖에 말할 수 없기 때문이다. 최수운은 이러한 비결정적 진리를 '그렇지 않기도 하고 그렇기도 하다'(不然其然)라는 말로 요약하였다. 시간의 시작됨과 끝, 만물의 처음과 마지막을 자세히 살펴볼 때 다만 고백

할 수 있는 것은 그렇기도 하고(其然, may) 그렇지 않기도 하다(不然, may not)라는 것이라고 했다. (1993, 79)

방점은 변화와 진화하는 창조력으로서의 신이라는 개념에 모아지고 있지만, 불연기연에 관한 필자의 해석과 그 취지는 같다. 다만 불연과 기연이면서 불연즉기연, 불연이 기연이라는 필자의 주장은 장자의 우로보로스와 脫우로보로스 생사관을 다룰 4권에서 보면, 불래불거와 적래적거 선요선노, 선시선종이라는 양항의 공명과 궤를 같이하고 있음을 알게 된다.

청말 신해혁명의 주도자인 장태염은 『장자』의 「제물론」 다음 구절, 즉 "어째서 그런가? 그러니깐 그렇다. 어째서 그렇지 않은가? 그렇지 않으니깐 그렇지 않다"(惡乎然? 然於然. 惡乎不然? 不然於不然. 「제물론」; 이강수·이권 I: 118-119)는 구절을 그의 『제물론석』(齊物論釋)에서 높이 평가했다고 한다(김영진 2012, 160; 번역은 김영진을 따름). "然然"이고 "不然不然"이니 우리가 토톨로기로 말한 A=A이고 B=B일 뿐이다. 우리는 이제 A=A 혹은 A=B라는 은유가 작동하고 있는 우로보로스적 세계관에서 벗어나기를 시도하고 있다.

인류는 아직도 이원론과 일원론, 동어반복과 차이, 동일성과 비동일성 사이에서 기웃거리고 있으나, 이렇게 양항의 구조를 유지하는 것 자체야 말로 그것이 이기일원으로 표현되던, 또 '상반의 일치' 혹은 '융합의 신비'로 표현되던, 변증법이 지향하는 일원적 종합을 상정하고 있어 우로보로스의 사유를 반복하고 있는 듯한 양상을 띠게 되었다. 뱀 혹은 여성이 표상하고 있는 순환적 사유가 이제는 불가능하다는 '역설적' 깨달음은 이 책의 결론에서 필자가 말하고자 하는 '탈우로보로스의 순간학'을 정초하게 한다.

우로보로스는 결국 A=B(여기서 A=B가 "A는 B이다"와 다르다는 논의는 차후로 미루기로 하자)를 말하고 있었고, A=B로 정형화된 은유 혹은 우로보로스의 상실은 신의 사라짐 혹은 비유이기는 하지만 '신의 죽음'과 궤를 같이 하고 있었으며, 삶과 죽음의 등가성이라는 은유를 가능케 했던 여성은 역사의 투사적 희생물로 전락 폐물이 되어가고 있다. 여성성은 이제 또 다른 삶을 잉태하고 담보하지 않는다. 은유의 사라짐은 '신화 만들기'(myth-making)의 중단을 의미했으며, 이제 서양 문명의 적자인 미국은 은유에 기반한 신화 만들기의 불가능성을 확인하는 순간 역설적이게도 그 대안으로 신화 자체가 되기를 꿈꾸고 있다. 베트남전쟁은 그러나 서양 문명이, 정신분석학자 프로이트, 철학자 러셀, 사학자 토인비의 말을 굳이 빌리지 않아도, '죽음친화적' 문명으로 쇠락하는 것을 보여주어 '역사의 영도'(零度, degree zero)가 재연되었던 20세기의 키치로 전락하였다. 이른바 "안티 우로보로스"가 세기말과 아우슈비츠를 넘어 다시 세상을 석권하게 된 것이었다.

우로보로스가 사라진 21세기 우로보로스에서 발원하는 희망을 그럼에도 불구하고 여전히 다시 말해야 한다면, 그것은 '나는 나'라는 야훼의 유아론적 존재 관념 혹은 초기의 우로보로스적 관념에서 벗어나 야훼의 본뜻 그대로 "나는 나일 것이다"를 선포하는 불완전하고 진화하는 신, 혹은 "너희는 나를 누구라 하느냐"(마가 8:29)라는 예수의 말로 표상되었던 자기반성적 신의 역사로의 개입을 소망하는 것이거나, 죽음을 우로보로스적인 상징으로 받아들이는 인류의 체념적 달관 속에서 보이는 '나는 너', '너는 나'라는 깨달음, 그리고 죽음이 삶이 되는 전통에 대한 복원을 가능케 하는 사유의 회복 또는 죽음을 죽음으로 온전히 받아들이는 탈우로보로스 사유로의 전환일 것이다. 인류는 이제 삶이 죽음이 되고 죽음이 삶이 되는 미몽에서 벗어나 윤회와 부활에 대한 소망을 그만 접을 때가 되었다. 죽음을 오롯이 받아들일 수 있을 때, 새로운 신에 대한 관념과 일회적 삶에 대한 최선의 경주 혹은 선가에서 말하는 '마음 다함'(mindfulness)은 이루어질지도 모른다.

필자는 A=B로 결국은 집약되는 서양의 유장한 전통을 넘어 그것이 비록 여전히 A=B의 테두리 안에서 벗어나지 못한다고 하여도, A=A이고 B=B임을 또한 말하고 싶었다. 삶이 죽음, 죽음이 다시 삶이 되는 것이 아니라 삶은 삶, 죽음은 죽음임을 받아들여야 한다는 사유로의 전환, 즉 메타노이아에 대한 요구는 살육으로 점철된 인류 문명과 특히 자살로 얼룩지고 있는 한국의 상황에서는 더욱더 절실한 사유의 한 타래가 될 수 있었다. 한많은 한 평생을 살다 가는 중생들에게 여전히 윤회와 부활에 대한 소망과 그것에 대한 희구는 여전히 남을 것이고 또 제공되어야 할 것이지만, 윤회와 부활 혹은 저 세상이 있건 없건 '지금 여기'(here and now) 지상에서 최선을 다하여야 된다는, 즉 이승에서만큼은 행복해야 된다는 절박감은 오히려 역설적으로 필자가 이 책의 마지막에서 제안하는 "탈우로보로스의 순간학"을 태동하게 한다.

삶과 죽음의 여성에 대한 분석을 통하여 1~3권에서 행한 우로보로스 수사와 여성성과 젠더에 관한 필자의 작업을 전부 혹은 일정 부분 부정한 꼴이 되고 말았으나 우로보로스와 탈우로보로스 사유의 갈래가 동시에 출현하는 장자에 관한 필자의 "영문학자가 읽은 장자의 사생관"(2023 후반기 예정)이, 이 책 3권의 결론에서 충분히 개진하지 못한 탈우로보로스 사유에 대한 보완이 되기를 소망한다. 필자는 3권에 달한 이 책에서도 니체와 하이데거에 관한 공부는 물론이지만, 여전히 수운의 불연기연에 대한 보완적 논의, 박영한의 『머나먼 쏭바강』(1977)과 로스(Robert Roth)의 『모래 바람』(Sand in the Wind, 1973) 등을 필두로 한 베트남 전쟁소설에 나타난 성녀와 창녀의 이미지, 그리고 인도유러피언어족의 선악의 개념 등에 관한 미완의 연구 과제를 남겼다. 여성들은 전쟁문학에서 왜 주로 창녀로 등장하는 것일까? 근원적인 장, 예컨대 죽음이 난무하는 전장(戰場)에서는 성녀와 창녀가 지시하는 삶과 죽음의 이분법이 여전히 작동하고 있기 때문일까? 대부분의 전쟁문학이 연애와 사랑 그리고 죽음을 그 주 소재로 삼고 있는 연유와 유사하다. 전쟁, 사랑, 섹스, 죽음의 천연성! 핵전쟁은 전쟁을 무화한다고 이 책의 14장에서 밝혔는데, 핵이 상정하고 있는 "소멸의 시학"과 (탈)우로보로스의 순간과 지속의 개념이 어떻게 엮일 수 있는지는 궁구의 대상이다.

추후에 보완하였으면 하니, 학문은 여전히 모르는 것에서 시작하여 모르는 것에 대한 겸허한 인정으로 끝이 난다.

3권을 마감하려 하니 지나간 시절이 막막할 뿐이다. 필자는 1권에서 기원후 2세기경 로마의 아퀼라(Julius Aquila)의 직역에 가까운 새로운 헬라어 번역판과 이어지는 테오도티온(Theodotion) 역본과 심마쿠스(Symmachus) 역본에서 히브리어 "알마"(almah)를 "파르테노스"(parthenos)가 아니라 "젊은 처자"라는 뜻의 "네아니스"(neanis)로 표기하였다는 사실을 발견하는 것은 공자께서 말씀하신 "학이시습지 불역열호(學而時習之 不亦說乎)"의 순간이었다. 테오도티온과 심마쿠스는 아퀼라와 마찬가지로 항간에서 사용되는 "parthenos"의 뜻을 일부러 무시하였을까? "neanis"는 "parthenos"에 붙어 있다고 간주되는 생물학적 의미를 걷어낼 수 있는 역어로 사용되었을 수도 있었는데, 성서번역 전통에서 유실된 아퀼라의 판본을 직접 확인하고 대조하여 세심하게 논할 수 있는 학자들의 후속 연구를 기대한다고 밝힌 바 있다. 학이시습(學而時習)의 기쁨은 또한 3권 책을 교정하면서 대한성서공회 민영진 선생의 다음과 같은 언급을 발견하는 일이었다.

> 공동번역(1977)과 표준새번역(1993)의 "나는 곧 나다"[라]는 [번역]은 (⋯) '에흐예 아세르 에흐예'가 지닌 "무궁한 생성 변화"(I will be what I will be)의 의미를 간과하고 있다. 하나님은 당신 자신을 당신 자신의 뜻대로 생성하고 변화하는 자체('아세르 에흐예')임을 선언하면서도, "나"라고 하는 체언에 붙어서 사물을 지정하는 뜻을 나타내는 서술격 조사 "(나는) ⋯ 이다"의 활용을 미완료태로('에흐예', "나는 ⋯ 일 것이다") 하고 있을 만큼 생성과 변화를 강조하고 있지만, "나는 곧 나다"라는 번역은 이것을 반영시키기에는 역부족이다. (민영진 33-34)

동정녀 마리아를 생물학적 처녀(parthenos)가 아닌 일반 처자(neanis)로 번역하고 있는 그리스어 성경 아퀼라와 테오도티온 판본은 민영진을 따르자면 이를 "에소마이 호스 에소마이", 즉 "나는 나일 것이다"로 번역하고 있으며, 다른 구약판본들인 타르굼 옹켈로스 사마리아 타르굼, 시리아역 페쉬타 등은 이를 번역하지 않고 그냥 히브리어를 그대로 음사하여 "에흐예 아쉐르 에흐예"로 하고 있다고 그는 전하고 있다(33). 1권에서 제안한 작업은 아직도 이 방면의 전문가의 손길을 기다리고 있는데, 필자는 아퀼라 역본이 취하고 있는 "에소마이 호스 에소마이"에서 '신들의 진화'라는 개념을 추출한다. 신들의 진화라는 개념은 진화와 창조 간의 고래의 반목을 해소할 수 있을뿐더러, 필자가 제안하고 있는 탈우로보로스의 한 뼈대를 구성하는 중추 개념이 된다. A=A가 아니라 A가 되어가고 있음이니, 이러한 관념은 동일성과 은유로 무장한 A=A의 테제를 무력화한다.

필자가 여전히 구상만 하고 있는 시리즈 5권의 작업, 즉 "탈우로보로스의 순간학"이라 제목을 정한 기획이 필생의 업과 염으로 이루어질지 필자는 자신이 없다. 후학들의 작업을 기대하며 구상한 목차를 아래와 같이 남길 뿐이다.

탈우로보로스의 순간학

I. 우로보로스의 현상들

1. 서정시와 비극

2. 원과 타원: 니체의 혼돈

3. 은유에서 토톨로기로 혹은 포스트모더니즘의 환유의 불가능성

4. 영혼/영원의 형이상학과 짝을 이루는 '반대의 일치': 브루노, 쿠자누스, 그리고 융에 나타난 신비합일(unio mystica)

5. 원효의 화쟁과 불교사유의 한계: 조화로운 다툼

II. 탈우로보로스의 해석학

지금은 삶의 마지막 시간들을 보내고 계시는 어머님 이병희 님을 생각하며 막내아들이, 그리고 아내 주미선과 딸 권세라, 아들 권세준에게 남편으로서 아빠로서 炎炎한 감사의 念을 담아,

2023. 3. 29. 불민한 저자 토를 달다.

팔라스 아테나: 렘브란트 반 레인(Rembrandt van Rijn, 1606~1669),
1655년경, 캔버스에 오일. 칼루스테 굴벤키안 박물관

제4부

우로보로스의 상실, 혹은
불가능성과 서양 문명의 몰락:
죽음과 전쟁의 화신 여성

나는 처음이요 끝이니

나는 존경받고 멸시받는 자이니라

나는 창녀이고 신성한 자이니라 (…)

나는 지식이고 무지이니

나는 수치요 담대함이로다 (…)

나는 힘이요 두려움이니

나는 전쟁이요 평화로다 (…)

―나그함마디 출토 「천둥」; 이시스 여신

전장의 한 가운데 설 때

나는 전투의 심장이요

전사들의 팔이로다.

전장의 후미에 있을 때

나는 악을 행하는 불어나는 홍수이니

아비는 나에게 하늘과

땅을 주셨으니

나는 인안나로다!

―야콥센, 『어둠의 보물』 137-138 수록; 인안나 여신

신은 낮이자 밤이고, 겨울이자 여름이고, 전쟁이자 평화이며 포식이자 기아이다.
모든 대립은 신 속에 존재하고 있다.

―헤라클레이토스, 단편 36; DK22B67

성적으로 매력 있는 여성이 죽음을 의미한다면 그리고 그럼에도 불구하고 남성들
이 여성을 찾고 그녀를 위해 싸우기를 마다하지 않는다면, 전쟁과 폭력은 그녀가
남성에게 선사하는 유산임에 틀림없다. (…) 성적인 여성은 전쟁의 여신이었다. 전
쟁과 타락 그리고 죽음은 탐욕이라는 독특한 원천을 공유하였다.

―디직스트라, 『사악한 누이들』 328-329

제11장

전쟁의 여신 아테나:
서양 문화에서 전쟁의 신은
왜 여신이었는가?[1]

1

지혜의 여신 아테나는 왜
전쟁의 신이기도 했을까?

미네르바의 부엉이는 황혼이 저물어야 날갯짓을 시작한다.

Die Eule der Minerva beginnt erst mit der einbrechenden Dämmerung
ihren Flug. (헤겔 『법철학강요』)

이 책의 서문에서도 밝힌 바 있지만, 전쟁 문학을 전공으로 하는 필자가 평
소 의문을 갖고 생각했던 것 중의 하나는 서양 문명의 원조 격인 그리스 신
화에서 전쟁 신이 아레스(Ares)라는 파멸과 전쟁의 남신 말고도 왜 여신인
아테나(Athena)로 등장하는가 하는 사실이었다. 여성을 감성적이고 비합리
적인 젠더로 파악해 왔던 서양의 문화적 전통이 구태여 남성들의 이성적이
고도 폭력적 행위의 극한인 전쟁을 여신 아테나에게 할당했던 이유는 무
엇인가? 전쟁에 어떠한 합리적이고 이성적인 면모가 있으며, 설령 그렇다고
하더라도 이는 왜 여성적인 것으로 재현되었는가? 이성과 창조 그리고 질서
를 강조하고 비이성과 파멸, 그리고 혼돈을 여성적인 것으로 평가절하한 것
이 일견 서양의 사유이기도 하였지만, 합리성과 이성이라고 말한다면 역설
적으로 오히려, 아레스가 상징하는 파괴와 파멸이 질서의 재창출이 된다는

점에서 여신인 아테나가 아니라 아레스 그 자신에게 귀속될 수 있는 성질의 것이 아닌가? 유대-기독교의 신 야훼는, 논란의 여지는 있지만, 이슬람교의 신 알라와 더불어 전쟁의 대표 신들로 여겨지지 않았던가?

필자에게 전쟁은, 그것을 여성적인 것으로 재현해 왔던 서양의 시대적 유행과 그 편견에도 불구하고, 여전히 남성적인 것과 더 밀접한 관련이 있었다. 잔인하고 폭력적인 사건에 여성들이 연루되고 있다는 선정성이 있는 보도와,[2] 전쟁, 특별히 제1, 2차세계대전에서 여성이 전·후방에서 일정 부분 기여를 하였다는 역사적 사실에도 불구하고, 폭력과 전쟁은 필자에게는 여전히 남성들의 전유물이었다. 아테나 여신을, 제우스의 머리에서 튀어나올 정도로 남성적인 성질을 지녀 세기의 판결인 아레오파고스의 법정에서 친모 클뤼타임네스트라를 죽인 오레스테스를 무죄 방면하는 가부장제 친화적 행각을 보이는, 무늬만 여신인 남신으로 해석하여 전쟁이 결국은 여성적인 것으로 위장된 남성적인 것의 표상이라고 슬쩍 넘기어 본다면, 전쟁의 신이 아테나이어야 하는 이유를 이해하지 못할 정도는 아니다. 그러나 아테나 여신은 그렇다고 하더라도 헬라스 문화와는 다른 문화권에 있어서 전쟁의 신이 여신으로 나타나는 현상은 어떻게 설명할 수 있을까? 전쟁의 신이 주로 여신으로 나타나는 현상은 초창기 고대 신화와 종교에서 거의 모든 신들이 주로 남성과 여성 원칙을 공히 지니고 있는 지모신(地母神 Great Mother Earth) 또는 대모신(大母神 Great Goddess)[3]이기 때문이어서 그렇기도 하지만, 남신들이 본격적으로 출현하는 청동기시대 이후 그리고 특히 세기말에 이르러 21세기까지 전쟁의 신이 여전히 여성적인 것으로 재현되기도 하는 까닭은 무엇인가?

또 하나 맴돌았던 질문은 전쟁의 신으로 아테나를 굳이 받아들인다 해도, 서양의 지적 전통에서 그녀가 왜 동시에 지혜의 여신으로 운위되어 왔는가하는 점이었다. 지혜의 여신으로 잘 알려진 아테나는 병사들의 수호신 역할을 하면서 파멸의 신 아레스와 더불어 전쟁의 여신으로 나타나는

데, 서양의 상상력에서 아레스가 전쟁의 신으로 차지하는 위치는 아테나와 비교할 때는 미미한 편이다. 간단하게 밝힌바 아레스가 피로 뒤범벅이 되어 살육을 원하는 전쟁 자체의 파괴적인 힘과 전사의 호기와 만용을 상징하는 위인으로 나타난다면, 아테나는 빛나는 갑옷(aegis)을 입고 전사의 규율과 용기, 그리고 전쟁의 책략을 나타내는 인물로 등장하고 있다. 아레스가 파멸과 전쟁의 신 말고는 다른 것으로 표상되지 못하였던 반면, 아테나는 전쟁의 신 말고도 경우에 따라서는 정의와 지혜의 여신으로 표상되고 있기도 하다.[4] 전쟁이 최상의 지혜라는 전통은 굳이 칸트(자연스럽고 숭엄한 전쟁)나 헤겔(이성적인 전쟁)을 운위하지 않아도 서양철학을 관류하는 생각일 터인데, 철학을 지혜(sophia)에 관한 학문이라고 받아들이고 보면 원래 철학은 여성적인 것의 발현 또는 소산이었다고 생각해도 된다는 것일까? 많은 이들이 이구동성으로 말한 바 있지만, 인류의 사유(mens)는 변화하는 것(mensis, mensus)에 대한 관찰에서 시작되었으니 변화의 중심 행성은 달(mensis)이고 이를 체현하는 현상이 여성의 월경(mensis→mens)인 점은 이미 2권(『메두사와 팜므 파탈: 지혜와 생명의 여성』)에서 논의하였다. 이러한 질문의 타당성에 의문을 제기하는 혹자들에게 필자는 원래 히브리의 카발라 전통을 위시한 서양 문명 전반에서 지혜를 의미하는 '호크마' 즉 소피아가 또한 여성적인 원칙이었다고 강변할 수 있을 것이다. 성스럽도다 여성의 지혜여(Hagia Sophia)!

그러나 그리스-로마의 전통이 철학을 여성에게 할당하는 것을 용인하지 않았다는 사실은 서양 역사에서 적어도 근대 이전의 시간 동안 여성 철학자로 운위되는 인물이 근자에 이르기까지 겨우 히파티아(Hypatia) 한 사람이었다는 점을 보면 알 수 있는데, 이렇게 본다면 여성이 지혜의 전담자이자 전달자였다는 주장을 쉽게 받아들일 수도 없게 한다. 여성은 지혜의 화신이면 족했고 그러한 지혜를 깨닫는 자는 남성들일 뿐이다. 울프(Virginia Woolf)가 탄슬리(Charles Tansley)라는 등장인물을 통하여 『등대로』(To the

Lighthouse, 1927)에서 피력한바 "여성은 글도 쓸 수 없고 그림도 그릴 수 없다"(48)는 푸념에 섞인 자기 조소를 이해할 만하다. 여성이 지혜의 체화이자 총화이며, 더 나아가 니체의 주장대로 진리와 비진리를 동시에 표상한다는 말을 액면 그대로 받아들일 사람은 아마 더 이상 없을 것이다. '삶으로서의 여성'(vita femina)이 어휘의 사용만을 두고 본다면 다소 경멸적인 뉘앙스를 표현하는 말이듯이, 진리로서의 여성 또한 경멸적인 말일 수 있었다. 니체가 말하는 진리가 더 이상 절대적인 진리가 아니듯이, 그가 말하는 '삶으로서의 여성'이 또한 죽음으로서의 여성을 이미 품고 있기 때문이다.

전쟁이라는 현상이 지혜의 총화라고 생각되어서 그러한지 모르지만 전쟁과 지혜를 여성적인 것으로 보는 이러한 전통은 그리스-로마 문명의 새벽을 밝힌 수메르-바빌로니아와 이집트문명에서도 그 흔적을 보이고 있다. 수메르의 인안나(Inanna)와 바빌로니아의 이슈타르(Ishtar), 그리고 일정 부분 이집트의 이시스(Isis)는 전쟁과 죽음, 그리고 사랑의 신이기도 한데,[5] 흥미롭게도 가부장제가 자리 잡기 시작하고 있는 청동기-철기시대의 그리스-로마 문명은 죽음과 사랑의 신을 따로 갈라내어 이를 각각 하데스와 플루토, 아프로디테와 비너스에게 할당하기 시작했다. 이러한 분화 과정이 진행됨에도 불구하고 아테나 여신은 여전히 전쟁과 지혜, 그리고 일정 부분 죽음의 영역을 관장했던 것으로 나타난다. 전쟁과 죽음, 그리고 사랑의 신은 수메르와 바빌로니아, 그리고 이집트에서는 따로 존재하지 않았던 것으로 보이는데, 이는 사랑이 죽음과 전쟁을 포괄하는 개념이기도 하며 삶 또는 사랑과 죽음이 동일화되었고 죽음이라는 개념이 고대 문명권에서는 현대인들이 생각하듯이 삶의 끝이라고 생각되지 않았다는 연유에서 기인하기 때문이기도 하다.

북구 유럽의 죽음과 파멸의 축제 또는 그것을 담당하는 반인반마의 소녀 발퀴레(Valkyrie)는 주신 오딘(Odin)의 사자로 전사자들을 명부의 공간인 발할라(Walhalla)로 데려오는 역할을 수행하는 단역으로 나타나긴 하지만, 제우스의 기능을 이어받는 아테나처럼 신들의 왕인 오딘에게 할당되었던 전쟁과 파괴의 기능을 전담하는 여신으로 등극하게 된다. 북구에서 전쟁을 주로 담당했던 신은 발퀴레가 아니라 프레야(Freya) 여신이었는데 그녀는 주신 오딘과 더불어 전장에서 죽은 사람들의 반을 각각 취할 뿐만 아니라 사랑과 풍요의 여신으로도 기술되고 있어, 여성과 사랑, 그리고 죽음과 전쟁이라는 연쇄적 동일화가, 그리스와 로마 시대에 관해서는 시기와 아테나 여신 등 관련 인물을 나누어 보다 정치한 작업이 필요하겠지만, 대체적으로 보아 '유럽' 전역의 상상력을 석권했었다는 사실을 보여주고 있다. 이 시대에 죽음은 호메로스와 플라톤, 베르길리우스와 단테에 의해서도 확인되듯이 시간보다는 공간적인 개념이어서 항상 죽음 세계인 저승을 염두에 두었기 때문에, 그리스-로마 시대에만 국한하여도 하데스와 플루토는 죽음 자체가 아니라 명부(冥府)의 주인으로 각각 등장하고 있다.

이러한 예에서 나타나는 소위 '죽음의 공간화'는 죽음을 삶과 유리된 개념으로 보게 하지 않았고 삶과 죽음의 연속선상에서 삶과 죽음, 그리고 전쟁과 풍요를 동시에 표상하는 순환적 여신의 개념을 가능하게 하였다. 그러나 죽음에 대한 개념이 기독교의 영향을 받은 일직선인 시간 개념으로 변하게 될 때, 그리고 콘스탄티누스 대제를 필두로 남성 황제들이 유일신의 추인을 받은 강력한 군주로 등극하게 될 때 사랑과 전쟁, 죽음과 풍요를 매개했던 여성 또는 여신의 개념과 역할은 시간의 축을 따라 변질되고 축소된다. 아프로디테의 뒤를 이어 사랑의 신 비너스와 큐피드가 향락적인 로마 문화 속에서 급격히 부상하고, 아테나 혹은 아프로디테에 견주어 변변치 못했던 아레스의 후신인 마르스가 특별히 전사(戰士) 문화를 신봉했던 로마 시대에 이르러 주피터에 필적할 만한 군신으로서 맹위를 떨치게 되는 반면, 전쟁과 지혜의 여신 아테나의 위치는 급격하게 감소하게 된다. 아테나는 로마 시대에 이르면 헤겔에 의해서 유명세를 타게 되는 부엉이를 신표로 하여 황혼녘이 되어서야 비로소 날개짓을 하게 되는 미네르바(Minerva)로 등장하게 되는데, 그나마도 미네르바는 아테나가 누렸던 어둠과 죽음을 상징하는 부엉이에 관한 상징을 잃어버리고 "단지 의술과 기예의 여신"으로만 등장하게 된다(Deacy 136). 황혼은 원숙의 시기일 수도 있지만 쇠락의 시기이기도 하니, 유부의 부엉이에게는 겨우 잠에서 깨어나는 시기가 된다.

아테나 여신과 더불어 서양인의 상상력에 여성과 전쟁의 동일화를 지시하는 강력한 신화적인 인물은 아마존 여전사와 그들을 대표하였던 여왕 펜테실레이아(Pentheselia)일 것이다. 신화의 진위를 넘어 기록상으로 아마존 여전사들이 등장하는 시기는 호메로스가 그들을 언급하고 있는 『일리아스』(기원전 8세기경)의 역사적 무대인 기원전 1250년경 이전으로 소급되며, 고고학적 발견으로 추정되어 확인된 바는 기원전 13세기경까지인데 이 시기에 아마존 여전사가 살았던 곳으로 추정되는 지역은 에게해나 흑해 남부 연안 또는 아틀라스산맥을 일정 부분 포함하는 신화 속의 리비아 지역이다. 아마존 여전사들의 출몰 시기는 카스피해와 아랄해 사이의 "발굴터"를 의미하는 쿠르간(Kurgan)의 이름을 딴, 쿠르간족속들로도 명명된 북부 유럽 유민들이 활약했던 기원전 6세기에서 4세기경으로 보는 이설 또한 존재한다. 아마존 여전사들이 아테나 여신과 비슷한 모습으로 그리스의 회화에 등장하고 있다는 사실을 들어, 그녀들이 더욱더 호전적으로 변한 아테네 도시국가의 상황을 투사하는 인물, 즉 아테나 여신의 부정적 더블(double)로 등장한다는 흥미로운 주장(최혜영 18-21)을 접어두고서라도, 고금의 대중적 상상력을 끌었던 펜테실레이아의 인기는 클라이스트(Heinrich von Kleist)의 동명의 작품(1808)의 인기를 거쳐 그녀를 모방한 수많은 팜므 파탈과 여전사(woman warrior)에 관한 영화로 현재까지 이어지고 있다.

그런데 우리는 아직 왜 전쟁의 신이 여성으로 표현되었는가에 관한 질문에 본격적으로 답하지 않았다. 현대의 많은 고고인류학자들의 의견을 받아들여 여성 또는 여신이 시초부터 혼돈과 어두움, 폭력과 전쟁 그리고 평화를 동시에 의미했다는 역설을 그대로 받아들이기에는, 그리고 융(Carl

Jung)의 혜안을 빌려 전쟁을 여성의 남근적 성질을 투사한 아니마의 일종 (『어머니 원형』 99)으로 해석하기에는, 전쟁과 여성과의 관계는 복잡다단한 많은 문제를 내포하고 있다. 서양 문화에서 전쟁의 신이 여신 그리고 결국에는 여성으로 여겨지는 문제에 답하기 위해서는 아테나의 전신격인 전쟁과 지혜를 공히 상징하는 수메르의 인안나와 이집트의 이시스, 그리고 리비아 지방의 네이트 여신에 관한 연구, 특히 이들을 포함하는 서양의 대모신들이 죽음을 매개로 하여 죽음과 동일화되고 급기야는 전쟁과도 동일화되는 과정을 추적할 연구의 필요성이 대두된다. 여성이 전쟁의 신이었던 이유는 결론 삼아 먼저 말하자면 그녀가 전쟁과 밀접한 관련을 맺는 죽음의 신이었기 때문이었고, 그녀가 죽음의 신으로 추앙되었던 이유는 그녀가 출산의 담지자로서 생명의 신이었기 때문이었다.

작금의 수많은 TV 프로그램 말고도 영화의 제목들이 흔한 말로 사랑과 죽음, 사랑과 전쟁을 동시에 말해오고 있다는 사실은 대중적인 상상력 속에서도 전쟁과 죽음이 사랑과 삶의 이면이고 상보적이라는 생각이 현재까지 이어지고 있다는 사실을 말해주고 있다. 사르트르(Jean P. Sartre)와 레비나스(Emmanuel Levinas)를 위시한 몇몇 작가들이 말하는 죽음이 인류의 적이고 악(惡), 그리고 모든 '가능성의 불가능성'이라는 생각(Sartre 687; Levinas 235, 임철규 2012, 270 참조)은 죽음을 지나치게 부정적으로만 보는 비교적 최근에 이루어진 고안물일 뿐이다.[6] 죽음에 관한 생각은 우리가 9장에서 논의하였듯이 다양했다. 데리다(Jacques Derrida)를 따라 죽음을 '선물'이라고까지 굳이 말할 필요까지는 없지만, 죽음은 삶을 예비하는 과정이었다. 그러나 실상 인류에게 문제가 되는 것은 한순간 버티면 지나가는 죽음이 아니라 죽음까지 부여잡고 있는 삶이었고, 그러한 삶을 위한 투쟁과 전쟁이었다. 죽음의 신은 간단히 말해 12주신에 포함되지 않았으니, 죽음보다는 삶이 중요하고 전쟁의 신이 죽음의 신보다 더 중요하게 취급되었던 까닭이었다. 죽음이 문제인 것이 아니라, 항상 삶이 문제였다. Geht es um das

Leben!

삶이 있었기에 죽음이 있었고 죽음을 담보로 한 삶을 위해 투쟁과 전쟁이 필요했다는 설명은, 신화시대의 대모신이 아직 남성과 여성이 분화되지 않은 우로보로스적 여신이었기 때문에 남성적인 것들에게 귀속되었던 전쟁과 죽음의 모습을 또한 지니고 있게 되었다는 노이만(Eric Neumann)의 설명(*Fear* 228)을 거론하지 않아도, 현상(학)적으로 자명하다. 삶은 죽음을 위한 길이었고 죽음은 삶과 재생을 다시 준비하는 과정이었다. 생명의 신이 전쟁과 죽음의 신이 되는 순간이었다. 신화시대가 대모신이라는 개념 속에 남성성과 여성성을 모두 포함하는 자웅동체인 팔루스를 지닌 어머니를 상정하여 그 시대의 파괴와 전쟁과 살육을 끌어안았다면, 이어 등장하는 서양의 가부장제가 확립되어 가던 그리스-로마의 청동기시대는 사랑과 파괴와 전쟁과 죽음의 여신을 분화하는 방향으로 나아갔고, 철기시대의 문명은 죽음의 신을 여성으로 표현하는 것에 대해서는 다소 유보적이었지만 전쟁의 신에 대해서는 남신을 할당하는 것에는 주저함을 보이지 않기도 하였다. 죽음과 전쟁의 신이 반드시 여신으로만 규정되지 않았다는 주장인데, 앞서도 언급하였지만 여성이 전쟁의 신이었던 이유는 그녀가 죽음의 신이었기 때문이었고, 그녀가 죽음의 신이었던 이유는 그녀가 또한 생명의 신이었기 때문이었다.[7]

이어지는 다음 부분들의 개요를 간단히 설명하면 다음과 같다. 전쟁과 여신의 상관관계를 밝히기 위하여 대모신의 대표 격들인 인안나와 이시스에 대한 서지학적 소개와 신화계보학을 차용한 간단한 분석이 끝난 후, 대모신이었던 여신과 죽음, 그리고 전쟁과의 상관관계를 밝히는 작업은 신화정신분석학자 노이만과 통합발달심리학자 윌버(Ken Wilber)의 이론을 빌어 행해질 것이며, 이에 대한 반론은 대모신이 교환을 매개로 한 착취와 전쟁의 신이 아니라 선물(gift)과 평화를 선사하는 신임을 밝히는 신석기시대 연구의 권위자인 김부타스(Marija Gimbutas)와 고대 시대 전쟁과 평화적 여성의 관계에 관한 통속적인 상상력에 관한 발군의 연구서인『성배와 칼』(*The Chalice and the Blade*, 1987)의 저자인 아이슬러(Riane Eisler)를 통하여 간략히 이루어질 것이다. 여기서 언급하는 학자들의 글은 모두 여신(여성)과 전쟁의 상관관계에 대해 논하고 있다.

이러한 작업이 단선적으로나마 수행되고 나면 우리는 아마도 전쟁과 죽음과 여성을 동일화하기도 하는 습속에서 어느 정도 탈피하게 된다고 말할 수 있게 될지도 모른다. 원인에 대한 분석은 변화를 예고하고 있다. '삶으로서의 여성'(vita femina)은 '죽음의 여성'(mors feminina; 니체적인 강하어법을 따르자면 mors femina) 그리고 '전쟁의 여성'(bellum femininum)이었고, 바로 이러하기 때문에 생사와 전쟁을 공히 주관하는 신은 남신과 여신이 분화되전의 여신이 아니라 여성적인 성격만 품게 되는 홀로 여신이 된다. 그러나 바로 이러하기 때문에 여성은 죽음과 전쟁으로만 표상되었던 것은 물론 아니었으니, 그녀는 삶과 사랑 그리고 평화의 상징이기도 하였다. 태초에 신은 여신이었고 그녀는 남성과 여성 등 모든 것을 아우르는 하나였으니, 이것이 바로 우리가 알아야 할 지혜의 총화였던 아테나가 전해주었던 탁선(託宣)의 말이었다.

2

수메르 신화와 이집트 신화에 나타난
전쟁과 지혜의 대모신

아테나는 과연 어떠한 여신이었기에 청동기시대 가부장제를 표방하는 헬라스 문명권에서 전쟁과 지혜를 담당하는 여신이 되었을까? 헬라스 문명권에서 아테나 여신이 전쟁의 신이면서도 지혜의 여신이었음을 서론에서 약술한 대로 사랑과 죽음, 그리고 전쟁이라는 고리로 풀려는 시도는 엄밀한 고증을 거치지 못하는 하나의 주장으로 여겨질 수도 있다. 그 진위를 수천 년이 지난 신화계보학의 시각에서, 그것도 아테나 여신이 아테네 도시국가에서 실제로 어떠한 정치문화적인 이유로 수용되고 있는가에 관한 연구가, 필자의 과문함도 한몫을 하겠지만, 충분히 축적되지 아니하여 이를 도외시한 채로 연구를 진행해야 하기 때문이다.

전쟁과 지혜의 여신이 동일하다는 설명 또는 주장은, 전쟁과 지혜의 여신이 원래는 각각 달랐지만 전쟁이 최상의 지혜라는 후대의 철학적 논의가 사후적으로(nachträglich) 소급, 즉 역투사(retrojection)되어 구성된 담론일 가능성이 농후하다. 아테네 정치사회에 대한 분석을 뒤로 미룬 채 그나마 신화계보학의 테두리 안에서라도 전쟁과 지혜의 여신의 동일함이라는 우리의 추론이 일리 있는 해석이 되기 위해서는, 우선적으로 아테나의 전신인 인안나와 일정 부분 이시스까지도 전쟁과 지혜의 여신으로 동시에 재현되었던 이유를 밝혀야 할 것이고, 그 연후에 전쟁과 지혜의 상관관계를 밝혀야 할 것이다. 물론, 문제는 여전히 남는다. 인안나와 이시스가 전쟁과 지혜의 여신을 겸하였다는 것을 추적해내어도 왜 그들이 활동했던 시절부터 혹은 그 이전서부터 그러한가라는 질문은 여전히 남을 수 있겠다. 신은 누가 창조했는가 하는 질문과 유사하다. 기원에 관한 질문이 종종 아포리아로 빠지는 이유이다.

신화계보학의 테두리 안에서만 논지를 전개하기 위해서는 비단 헬라스의 메티스 여신뿐만 아니라, 그녀의 또 다른 전신(前身)인 수메르의 인안나와 이집트의 이시스, 그리고 이집트와 리비아를 포함하는 아프리카 지방의 네이트 여신에 관한 연구가 필요하지만, 아테나 여신이 사실은 아프리카의 네이트 여신과 동급의 신이거나 헬라스의 메두사 그리고 메티스와 유사한 인물이었음은 필자가 버날(Martin Bernal)과 리고글리오소(Marguerite Rigoglioso)의 주장을 통하여 이미 8장에서 정리한 바 있다.[8] 따라서 이번 장에서는 지혜의 여신 네이트와 메티스와는 약간은 달리, 전쟁 여신의 풍모까지도 확연하게 드러내고 있는 고대 수메르의 여신 인안나와 이집트의 이시스에 관한 분석을 하고자 하는데, 이는 사랑의 신 인안나와 이시스가 아직까지는 서양의 공인된 신화 체계 안에서는 가장 오래된, 지혜와 전쟁의 신들로 여겨지기 때문이기도 하다.[9] 아테나가 사실은 네이트 여신이었고 그녀의 전신이라 할 수 있는 인안나와 거의 동시대의 인물이었다는 버날의 새로운 해석을 따라서 잠시 접어 두고 아테나를 제우스의 적통으로 보는 기존 신화계보학의 공인된 체계를 고수하여 논의를 전개하자면, 아테나의 전신(前身)은 이름 그대로 지혜와 연관된다고 해석되는 메티스와 메두사이며 우리는 이들을 통하여 그녀들의 또 다른 전신으로 추정되고 있는 지혜와 전쟁의 여신 인안나를 만날 수 있게 된다.

인안나는 인류의 창조자인 지혜의 신 엔키(Enki)를 유혹하여 그의 모든 기능을 거의 독차지 한 연후 세상을 다스리는 여신으로 등극하게 되는데, 그녀로 인해 술에 취한 엔키로부터 그녀가 인수하게 되는 지혜의 총화인 '메'(me), 즉 제의, 또는 제의권을 선별적으로 열거하면 다음과 같다.

> 주권, 대여사제권, 신성, 왕관, 왕좌, 왕홀, 왕 지팡이, 왕 의복, 목자권, 왕권, 여사제권, 구마사제권, 진리, 저승에 내려가는 능력, 저승에서 올라오는 능력, 칼과 곤봉, 신전의 우두머리 시종이 되는 능력/운명, 검은 옷, 다색 옷, 검은 머리 (…) 휘장, 화살통, 성교, 입맞춤, 매춘, 언변, 욕, 농담, 신전녀, 창녀, 깨끗한 술집, 거룩한 여사제, 평여사제. 하늘의 성녀, 뿔피리, 노래(하는 실력), 영웅심, 권세, 속임수, 정의, 도시 파괴, 애가, 환희가, 거짓말, 반란, 자비, 여행, 거주지, 목공술, 청동주조술, 서사직, 대장장이, 가죽제조 기술, 빨래일, 건축술, 돗자리 기술, 이해, 지식, 청결, 정결례, 목자의 집, 석탄을 쌓음, 목양, 두려움, 무서움, 경건한 침묵, 쓴 경험, 점화, 소화, 노역, 가족모임, 자손, 논쟁, 승리, 조언, 구제, 재판권, 결정권. (조철수 274-275; 강조 필자)[10]

이러한 다양한 권능을 인류의 창조자 엔키로부터 부여받는 인안나, 샛별과 달의 여신이자 전쟁의 여신이기도 한 인안나는 이제 명실상부 세상을 다스리는 여신으로, 엔키의 외손녀(엔키의 소생인 닌갈과 엔릴의 소생인 난나와의 소생), 엔키의 정부이자 의붓엄마(엔키의 아비인 최고신 안[An]을 유혹), 그리고 동시에 며느리(엔키와 닌후르쌍의 아들인 두무지의 연인)라는 다소 괴상한 신분을 탈피하여,[11] 정의와 속임수, 언변과 침묵, 진리와 거짓말, 저승에 내려가고 올라오는 능력, 즉 천명으로 알려진 생사의 능력을 동시에 지니게 되어 하늘의 안주인으로 등극하게 되는데, 이는 2장에서 우리가 논의한 바와 같이 그녀가 비단 수메르 최고의 도시인 우르의 지배자인 최고 신 난나의 소생이어서 뿐만 아니라, 비록 우리가 이것이 'me'의 인수 전후인지 확인할 도리는 없으나 그녀가 이미 시간과 죽음 그리고 부활을 상징하는 달과 사랑의 여신으로 등극하였기 때문이었다. 사랑은 그 부정적 속성에도 불구하고 그래도 여전히 가장 소중한 인류의 자산이자 희망으로 남아 있는데, 엔키에서 인안나로의 권력 이양은 그러므로 당연한 수순이었다. 그녀가 또한 도시의 파괴와 승리, 거룩한 신전여사제와 하늘의 성녀와 창녀, 그리고 사랑과 전쟁과 죽음의 여신이 된다는 사실은 고대 문명의 사유 속에서 우리의 주제인 여성과 죽음과 전쟁의 동일화가 이미 구현되었음을 확인하는 것에 부족함이 없어 보인다.

　신들의 전유물인 메는 통상적으로 "제의권"으로 번역되지만 때로는 존재(esse; being)로 번역되고 있기도 한데,[12] 중근동학자 월톤(John Walton)에 의하면 메는 "존재하는 모든 것의 영원하고 불변하는 제1원리이거나 핵심 본질", 즉 세계와 우주의 질서 또는 기능이다. 이는 아카드어 "파르추", "우추르트", "쉼투", 수메르어로는 "기슈르", "남타르" 등과 유사한데, 메는 신들을 규정하고 메에 따라 그 품위를 부여받은 신들이 메를 그 직분에 따라 세세하게 집행한다. 기독교적 시각으로 본다면 메는 신의 말씀, 즉 성령에 갈음되기도 하는데, 그러나 창조 이전의 신의 존재에 대해 유보적인 수메르 신학과 창조 이전의 신의 존재를 인정하고 추인하는 기독교 신학과의 다른 점이 있다면, 수메르 만신전에서 "임시적인 것은 신들일 뿐 메가 아니다"(Vanstiphout 35; Walton 99 재인용, Walton 299, 116-117, 99).[13] 이 또한 기독교의 성령과 성부의 위치 조정과 유사하다 하겠다.

　존재인 '메'(me)는 세상의 모든 것들, 즉 진위와 미추, 성녀와 창녀, 성과 속, 성과 전쟁, 그리고 사랑과 생사 등을 포함한다. 전쟁의 여신 아테나가 지혜의 여신과 동일시되는 이유를 어렵지 않게 짐작할 수 있는 단초들을 제공해 주는 메의 목록에서 우리는 인안나의 후신이자 변신이기도 한 아테나가 왜 그리스신화에서 지혜의 여신으로 갈음되는지 이해할 수 있게 된다. 목록은 이외에도 그녀가 단검과 장검, 화살통의 손질법, 구리(즉, 주석과 청동)를 다루는 기술, 도시를 약탈하는 방법 등을 지니게 되어 청동기시대에 들어서 강력한 신으로 부상할 수밖에 없는 이유를 제공해 줄 뿐 아니라, 사랑과 매춘, 신전 사제와 창녀의 역할을 겸하여 입맞춤을 관장하는 신으로도 그녀가 표현되고 있어 기독교의 젠더 이데올로기의 하나가 된 성녀와 창녀를 분별하는 부당함을 우리에게 말해주고 있다. 메가 온갖 것들의 총화이며 지혜 그 자체가 되는 이유는 메가 앞서 언급한 세상의 모든 것들에 대한 "지식" 그 자체이기 때문이다.

이러한 지식 또는 지혜는 소위 좋고 선한 것만을 포함하지 않는데 이는 세상의 있는 그대로의 모습인 여여(如如)함이 이분법적인 선별과 선택을 넘어 그대로 펼쳐져 있기 때문일 것이니, 이는 1권(『선악과와 처녀 잉태: 유대-기독교 문명』)에서 우리가 살펴 본 선악과도 그러하였다. 지혜는 그 목록에서 확인할 수 있듯이 선악의 이분법을 넘어 존재하고 이는 현실적으로 당연히 죽음과 전쟁 또한 포함하고 있다. 수메르인들에게 전쟁은 "인안나의 춤"으로 여겨지기도 하였는데(Jacobsen 137 재인용), 다음과 같은 각기 다른 2개의 수메르 문헌은 그녀가 신의 표식인 폭풍우와 천둥뿐만 아니라 전쟁을 총괄하는 "하늘의 여왕"이었음을 명확하게 말해주고 있다.

전장의 한 가운데 설 때
나는 전투의 심장이요
전사들의 팔이로다.
전장의 후미에 있을 때
나는 악을 행하는 불어나는 홍수이니

아비는 나에게 하늘과
땅을 주셨으니
나는 인안나로다!
특급전함과 우수한 전함을

나에게 주셨으니

전투의 방식을 나에게 일임하셨으니

공격의 방식 또한 나의 것이라

홍수를 나에게 일임하셨으니

폭풍우 또한 나의 소관이라

머리의 왕관으로는 하늘을

다리의 신발로는 땅을 주셨으니

(Jacobsen 137-138 수록)

아테나 여신이 최고신의 표식인 천둥과 번개에 접근이 가능한 신이되고, 인안나가 "쿵쾅거리는 천둥이 몰아치는 폭풍우"("Loud Thundering Storm" Wolkstein & Kramer 95)로 나타나는 것처럼, 이집트의 사랑과 죽음의 이시스 여신 또한 이와 비슷하게 "천둥의 부인"(Arthur 161, Rigoglioso 198 재인용) 또는 천둥 그 자체로 나타나기도 한다. 아테나와 인안나, 그리고 이시스 여신이 제우스나 야훼보다 앞서 천둥과 번개를 부리는 신으로 상호 유사한 속성을 지닌다는 사실은, 유대교의 신 야훼가 미단(Midian)족속의 천둥의 신(Jahve)에서 연원한다는 프로이트의 주장(SE 23: 39-40), 그리고 모세가 이집트인이었다는 아스만(Jan Assmann)의 주장과 더불어 문명사적으로 궁구해야 할 흥미진진함 그 자체이다. 우리가 8장에서 논한 네이트-아테나 여신의 뜻 말인 "나는 나였고, 나이고, 나일 것이다"는 언급이 야훼의 이름과 일치하는 것은 더 말할 나위 없다. 야훼도 그러하지만 제우스의 표식인 천둥과 번개는 특별히 기마유목민족에게는 더욱더 신의 표상으로 나타나곤 하였는데, 다신을 숭상하는 다수의 농경민족과는 달리 유일신을 신봉하게 되는 대부분의 기마유목민족이 농사보다는 약탈을 일삼는 전쟁을 선호하였다는 사실은 비단 전쟁의 포성과 섬광이 신들의 제유적 속성과 일치해서 뿐만은 아니다. 광활한 초지에서 울려 나오는 천둥과 번개는 인류에게 두려움과 경외심을 주기에 충분한 남성적인 신의 표상이 되었지만, 이러한 속성과 역할은 적어도 청동기시대 이전에는 주로 여신들의 전유물이었다.

이집트의 전쟁 신으로서의 이시스에 관한 분석은 앞서서 밝힌 바대로 제한적으로 이루어진다. 이는 이시스를 전쟁의 신으로 파악하는 자료에 필자의 능력이 아직 미치지 못하기 때문이기도 하지만, 이집트에서 전쟁의 여신은 통상 세크멧(Sekhmet)으로 알려져 있고 그녀에 관한 자료와 문헌 또한 잘 알려져 있지 않기 때문이기도 하다. 그런데 1947년 나그 함마디(Nag Hammadi)에서 출토된 영지주의 서적들과 함께 발견된 『천둥』은 이시스 여신이 마치 요한계시록의 주 하나님 혹은 주님처럼 그 스스로를 "알파요 오메가"로 규정하는 다음과 같은 노래를 싣고 있어 문명사적 주목을 또한 요하고 있다.

> 나는 처음이요 끝이니
> 나는 존경받고 멸시받는 자이니라
> 나는 창녀이고 신성한 자이니라 (…)
> 나는 지식이고 무지이니
> 나는 수치요 담대함이로다 (…)
> 나는 힘이요 두려움이니
> 나는 전쟁이요 평화로다 (…)
> 나는 그리스인들의 지혜요
> 이방인들의 지식이로다
> 나는 그리스인들과 이방인들을 판결할 자로다.
> (13:17-19, 14:26-32, 16:4-7, Rigoglioso 2009, 199 재인용; 강조 필자)[14]

이시스 여신이 동시에 지식과 무지의 여신이라는 주장은 인안나가 지식과 정의와 거짓말을 동시에 함축하고 있다는 언급과 매우 흡사하다. 이시스가 지식과 지혜, 그리고 흥미롭게도 무지를 동시에 표상하고, 인안나가 언변과 경건한 침묵의 신이라는 언급은 지식과 지혜, 언어와 침묵 간의 관계에 대한 동서양의 해묵은 토포스를 재연해 내고 있다.

이시스가 또한 전쟁이고 동시에 평화라는 언급은 비단 그녀가 야훼나 제우스보다 더 오래된 대모신으로서 모든 역할을 수행하고 있다는 사실뿐만 아니라, "전쟁으로 이룩되는 평화"(pax bellō)라는 우로보로스적인 관념이 그 시대에도 통용되고 있었다는 사실을 재확인해 주고는 있지만, 평화라는 관념은 이 시대에 그렇게 중요하게 받아들여지고 있지는 않았던 것 같다. 평화는 그리스의 평화의 신 에이레네(Eirēnē)처럼 12지신에 속하지도 않았으니 전쟁의 부수적인 개념이었음이 분명하다. 인안나 여신이 굳이 평화의 여신으로 재현되지 않았던 이유와 비슷하지만, 이미 그녀는 평상시에 가정의 온갖 일들과 평화 시의 질서유지와 재판권, 그리고 여사제로서 왕권 또한 겸비하고 있는 인물로 투영되고 있다.

이시스 여신을 창녀와 성녀, 전쟁과 평화, 지식과 무지, 그리고 무엇보다도 익히 들어 알고 있는 기독교 전통의 신을 지칭하는 처음과 끝, 즉 "알파요 오메가"로 동시에 파악하는 위의 작품에 빗대어 보아도, 명시적으로 표현한 바는 없지만 니체(Friedrich Nietzsche)가 암묵적으로 말하고 있는 "여성이 진리이자 비진리"라는 역설적인 언급을 선취하고 있는 인안나의 '메'에 관한 목록의 가치는 무한하다고 하겠다.[15] "신은 낮이자 밤이고, 겨울이자 여름이고, 전쟁이자 평화이며 포식이자 기아이다. 모든 대립은 신 안에 존재하고 있다"(헤라클레이토스, 단편 36; DK22B67)는 소위 '대립의 일치'(coincidentia oppositorum)를 설파한 헤라클레이토스의 사변은 풍요와 파괴, 탄생과 죽음, 전쟁과 평화, 즉 '처음과 끝'이라는 우로보로스 자체를 아우르는 대모신의 속성을 잘 대변해 주고 있다. 수메르의 대모신 인안나에 관한 목록에서 여성이 지식과 정의 즉, 진리라는 말과 거짓 즉, 비진리라는 말은 모순이 아니라, 그리고 니체의 경우에서처럼 형이상학적 진리의 상대성을 설파하는 비유적 언술이 아니라 사실 그 자체였다.[16]

어원학적으로 서로 연관이 있어 보이는 'me'와 'metis' 그리고 메두사(Medusa)와 존재를 의미하는 네이트 여신, 그리고 심지어는 악부의 대명사로 알려진 무녀 메데아(Medea)와의 상관성을 여기서 다시 주장하자는 것이 아니다. 그들이 맡은 일이 같았고, 속성이 서로 유사하다면 전신(predecessor, 前身)과 후신(successor, 後身)에 관한 무리한 범주 규정을 떠나 우리는 그들이 고대인들의 심상에 거의 같은 인물로 표상되고 각인되어 통용되어 왔다는 사실을 미루어 짐작할 수 있게 된다. 지혜의 총화인 메의 하나인 재판권을 갖기도 하는 전쟁의 여신 아테나는 인안나와 이시스와 비슷한 성격의 신이었음을 우리는 확인할 수 있었다. 아테나 여신이 제우스의 머리로부터 솟아나온 고사뿐만 아니라, 그녀가 왜 지혜의 여신으로 갈음되는지 이해가 되고도 남음이 있다. 그러나 전쟁이 최상의 지혜라는 언뜻 이해하기는 어렵지만 많은 철학자들이 암묵적으로 신봉했던 관념을 우리는 여전히 견지해도 좋은가? 대모신들이 전쟁과 지혜의 여신으로 그리고 이와 연관하여 죽음과 삶, 전쟁과 평화, 그리고 사랑으로 동시에 기술되고 있는지 그 이유를 다음 장에서 찾아야 할 시점이다.

3

대모신은
전쟁의 여신이었는가?

죽음을 공통분모로 하고 있는 전쟁과 여성의 동일화에 대한 우리의 지속적인 고찰은, 죽음과 여성의 동일화의 연장선이며 그 작업의 타당성을 타진하려는 시도의 일환이다. 여성을 대지와 바다로 비유하는 한, 사시사철 계절의 변화와 이에 수반하는 대지의 풍요와 쇠락, 그리고 생명과 죽음의 원소인 물의 총체로서의 바다가 표현하기도 하는 삶과 죽음의 동일성에 관한 신화소는 맹위를 떨칠 것이다. 그러나 삶과 죽음을 동시에 표상하는 여성에 관한 신화소를 지니고 있는 인안나와 두무지 신화, 대지를 풍요와 삶 그리고 가난과 죽음으로 동시에 지배하는 데메테르-페르세포네 신화는 상실과 구원의 오르페우스-유리디체 신화의 변형을 거쳐, 죠르주 상드와 루 살로메와 알마 쉰들러, 와일드의 살로메와 베데킨트(Frank Wedekind)의 룰루를 거치면 여성을 죽음으로 파악하는 19세기 말에 들어서고, 한때 구원의 여성으로서의 유대교의 슐라미트, 가톨릭의 성모마리아, 영원한 여성으로서의 단테의 베아트리체와 괴테의 마가렛(즉, 그레트헨) 등으로 나타나 생명의 여성을 상징했던 인물들은 역사의 뒤안길로 사라지게 된다. 이로써 여성과 죽음의 동일화는 완성된다. 인류의 시원적 사유에서 생사를 공히 표상했던 여성은 이제 적어도 세기말 이후에는 죽음만을 표상하게 되었다. 우로보로스는 안티 우로보로스로 전락하였다.

> 땅은 피를 요구하며 피의 수탁자로서 땅은 전쟁과 추적의 여신이라는 그 능력 속에서 죽음뿐만 아니라 살인의 달인이 되기도 한다. 공격성과 성, 사랑, 죽음에 대한 동경은 원시적인 근접성 가운데 서로 긴밀히 연결되고 있다. 삶의 풍요함은 살아있는 생명체를 섹스로 이끄는 어두운 본능뿐만 아니라 동물세계에 있어서 모든 생명체는 먹이를 압도하고 해치우는 기제에 의한 영양공급에 기대고 있다. 즉, 자연계의 삶조차 또한 피의 흘림과 이로 인한 죽음과 긴밀히 연결되고 있다. (Neumann *Fear*, 189; 강조 필자)

여성을 대지 또는 자연, 그리고 전쟁과 죽음으로 파악하고 있는 신화정신분석학자 노이만의 언급에서 눈여겨보아야 할 것은 그러나 성과 사랑, 죽음을 표상하는 팜므 파탈이 횡행했던 19세기 말과는 달리, 적어도 기원전 2000년 전의 서양 세계에서는 자연계의 먹이사슬과 파괴 그리고 죽음이라는 현상이 "죽음과 긴밀히 연결"된 "삶의 풍요함"을 또한 보장해 주고 있었다는 사실이다. 데메테르-페르세포네 신화가 명징하게 말해주고 있듯이, 대지의 기근은 추후 풍요를 약속하는 우로보로스적 조건이 되기도 했다. "보이지 않는 세계"(Haidēs), 즉 명부(冥府)의 신 하데스(Hades)가 지하 세계는 물론 부와 풍요의 신 플루토스(Plutos←Pluton)와 연관이 되는 이유이기도 한데, 그가 다산과 풍요를 상징하는 대지의 여신 페르세포네를 안주인으로 삼는 신화소 또한 겨울의 죽음과 봄의 소생, 즉 죽음과 삶의 변증을 드러내는 기제로 작동한다. 불행하게도 우리는 핵 물질의 대명사인 플루토늄(plutonium)이 표상했던 "죽음에서 소생하는 삶"이라는 비유를 잃어버린 불행한 세대이다.

죽음은 삶을 위한, 그리고 삶은 또다시 죽음을 위한 우주의 법칙에 순응하고 있는 유기체의 필멸과 불멸의 운명을 원시인들이 땅으로 표상되는 대모신의 여성적 속성으로 파악하는 이유는, 너무나도 자명하게 여성의 몸에서 새로운 삶(vita nuova)을 이끄는 죽음을 동시에 보았기 때문일 것이다. 물론 "삶으로서의 여성"이 "죽음의 여성"이 되기도 하였던 이유는 삶이 있었기에 죽음이 있었고 그 죽음의 원인을 삶에서 찾았던 역설적이고 경우에 따라서는 다소 기만적이었던, 즉 결과가 원인을 재구성하는 사후 추론적 사유 방식 혹은 그 오류(ex post facto reasoning or post hoc ergo propter fallacy)에 기인한다.[17]

삶의 매 순간이 전쟁을 방불케 하는 시련과 고통, 그리고 죽음의 연속이었음을 눈으로 직접 보아 깨달았던 원시인들에게, 삶을 표상하는 여성이 죽음과 전쟁의 에이전트로 파악되는 것은 결과에서 원인을 소급하는 현상학적 추론의 당연한 결과였다. 원인과 결과를 혼동하는 오류를 니체는 "이성의 본질적인 타락"이라 파악한다. 시간의 전후가 역전되어 나타나는 대표적인 현상은 니체의 체계 안에서는 신(神)이다. 그에 의하면 "도덕이나 종교의 모든 영역은 이러한 상상적 원인 개념에 속한다"(『우상의 황혼』 848, 853). "'원인 없는 결과는 없다', '모든 결과는 결국 원인이다'"(『즐거운 지식』 283). 결과를 원인으로 치환하는 현상학을 니체가 거부한다고 말할 수 있으며, 이러한 니체의 사유는 서양철학의 종착역이었던 현상학의 해체를 예고하고 있다.

여성의 속성을 대표했던 물은 삶의 원소이지만 곧바로 죽음의 원소로 파악되었고, 허물을 벗는 불사의 상징이 된 물의 정령인 뱀은 영묘한 지혜를 지녔음에도 불구하고 사탄과 죽음을 상징하게 되었다. 차고 이울어지는 성격으로 여성의 몸과 우주적 교응(交應)을 주고받았던 달은 여성의 가변적인 성질과, 뒤랑(Gilbert Durand)도 이미 달과 시간의 상관성에 대한 분석을 통하여 지적한 바 있지만(『인류학』 101, 145), 죽음을 상징하는 별자리로만 자리매김 되었다. 신석기시대 이전의 대모신 개념은 그러하므로 삶과 죽음을, 남성적인 것과 여성적인 것을 모두 포괄하는 전일적인 우로보로스 개념을 상실할 수밖에 없었다.

우리가 위대한 여성, 즉 대모신의 분화되지 않은 원형적 모습에서 우로보로스적인 것을 상기할 때, 명백하게도 우리는 우리들의 [여성에 대한 두려움이라는] 현재의 주제가 남성에 대한 두려움과 교착하고 있다는 사실을 재차 깨닫게 된다. 다른 말로 하자면 그 두 극점은 여전히 서로 합치하고 있으며 남성적인 것과 여성적인 것은 위대한 끔찍한 모신이라는 미분화된 통일체를 형성하고 있다. (…) 바로 이러한 이유 때문에 우리가 통상 남성적인 것에 귀속하는 태도들과 부속물들, 예컨대 전쟁하기, 죽이기, 또는 사냥 등은 심리적으로는 위대한 끔찍한 모신이라는 모습에 또한 속하게 되며, "남성 배우자들"은 후일에 이러한 기능들을 담당하는 자들로서 그녀의 곁에 시립하여 봉사하게 된다. 따라서 "여성에 대한 두려움"은 그것이 원시적 여성 즉 "대모신"에 대한 두려움으로 나타날 때 "남성에 대한 두려움"을 또한 포함하게 된다. (Neumann *Fear*, 228; 강조 필자)

수렵 문명의 남성적 특질들인 사냥과 살육, 전쟁 등은 비탄에 잠긴 데메테르의 대지에 대한 저주에서 알 수 있듯이 "끔찍한 모신"(terrible mother)이라는 개념으로 대지의 위대한 모신의 속성에 합치되고 있었으며, 모신이 통용되던 이 시대의 사회구조는 일설에 의하면 남성들이 사회의 헤게모니를 잡고 있는 가부장제가 아니라 여성들의 지배에 협조하는 남성 배우자들(male consorts)의 교환과 봉사를 요구하는 체제였다. 굳이 프로이트나 레비스트로스를 떠올리지 않아도 아들은 대모신의 연인이자 남편이 되었으며 (Neumann, *Fear* 258, Lederer 231, 정재서 200), 그녀가 시대의 징표였을 때 남성들은 조역과 단역에 불과하였다. 적어도 청동기시대 이전 아름다움과 사악함, 자비로움과 잔인함, 창조와 파멸이라는 일견 모순적인 이미지를 동시에 지니고 있는 모습을 대모신의 면면이라고 파악하고 보면, 남성 배우자들이 기껏 할 수 있었던 일들은 때로는 보호자로 때로는 몸종처럼 시봉하다 그 필요성이 다하면 축출되는 것뿐이었다. 여성에 대한 두려움이 남성에 대한 두려움으로 치환되었다는 노이만의 언급은 물론 청동기-철기시대에 이르러 진행되었던 대모신의 퇴조를 염두에 두고 있다.

두무지(아카드어로는 탐무즈)는 인안나, 오시리스는 이시스, 아티카는 케벨레, 그리고 아레스는 아프로디테와 아테나의 조역에 불과했지만, 가부장제가 완전히 확립되는 청동기 중반 이후에 이르면 여신들이 그 반대로 조역이 되어 헤라는 여왕의 품위를 잃어 질투만 일삼고, 미추의 합일을 실현하듯 추한 모습의 헤파이스토스와 결혼하는 아프로디테는 아레스와의 행각 중 남편의 그물에 붙잡히는 망신스러운 여신으로 등장하기도 한다. 사냥과 달의 여신으로 일정 부분 전쟁과도 관련이 있는 아르테미스는 악테온을 찢어 죽이는 순결과 집착의 화신 로마의 디아나로, 아테나는 인안나로부터 이어지는 지혜의 여성적 속성을 중화하는 남성적 인물로 변질되어 역사의 무대에서 자취를 감추게 된다.

그런데 이러한 변화가 일어나기 전 고대이집트 신화에서 하늘이 여성신 누트(Nut)였고 땅이 남성 신 겝(Geb)이었다는, 일견 현대의 젠더 스테레오타입과 다른 이집트인들에게서 나타나는 소위 '젠더 역전 현상'은, 하늘과 땅을 포함하는 삼라만상의 주재신이 젠더가 분화되지 않은 대모신이었다는 사실을 염두에 둔다면 이상하게 받아들여질 필요도 없다. 수메르의 인안나와 바빌로니아의 이슈타르, 그리고 그리스의 헤라는 하늘의 여왕으로, 그리고 만주족의 천신인 여신 아부카허허와 지리산을 포함한 한반도의 하늘신은 성모천왕으로 받아들여졌다(김신명숙, 343, 481-485). 이와 유사하게 달과 태양이 분화하기 전 달은 대모신이었으며, 이로부터 분화한 달뿐만 아니라 태양 또한 여성적인 것으로 파악되기도 하는 것 또한 전혀 이상한 일이 아니었다. 주지하듯이 애급(이집트)의 태양 여신은 스스로 태양을 삼키며 밤을 알리고 그것을 다시 토해내며 낮을 알리고 있다. 2장에서도 밝힌바 일본의 시조 여신 아마테라스는 태양신이기도 하다.

카오스로부터 분화된 대지의 여신 가이아로부터 다시 가이아와 우라노스가 분화되었다는 그리스의 신화를 우리는 기억하고 있다. 수메르 문화권에서 달이 태양보다 상위 신으로 매김 되어 그로부터 현재 우리가 알고 있는 달과 태양이 분화되었다는 주장과 유사한데, 태초의 신들이 그 문법적 성을 떠나 공히 남녀 양성을 구유한 사실을 알고 보면 구태여 이해 못 할 것도 없다. 달의 양성성을 인식하고 있는 소크라테스의 다음과 같은 언급 또한 우리의 주장과 일맥상통한다. "남성은 원래 해에서 태어났고, 여성은 대지에서 태어났으며, 남녀추니는 달에서 태어났기 때문일세. 달은 해와 대지에 모두 관여하니까"(『향연』 61).[18] 현대에 이르러 광포한 여성적 바다를 남성으로도 파악하는 "젠더 혼란"(gender trouble) 현상은 현대적인 것만은 전혀 아니었는데, 하늘과 땅이 그리고 태양과 달이 우리가 알고 있는 젠더로 분화된 시기는 그리스 신화에서는 제우스가 등장하고 난 이후이다.

적어도 청동기 시기 이전, 폭력과 전쟁으로 점철되는 세계의 모든 자연현상과 이에 수반되는 인류의 상실감과 무력감, 그리고 슬픔과 아픔은 "하나의 신이면서 모든 신의 총화"(hen kai pan), 즉 하나이자 전부로 군림했던 대모신과 연관될 수밖에 없었다.[19]

> 전쟁, 배고픔, 내외의 슬픔, 질병과 모든 종류의 불행은 (…) 불안을 야기한다. 그러나 시원의 관계에서 이러한 불안은 끔찍한 어머니에 대한 두려움으로 나타나는데 심지어 성인식(rite of passage)은 이것을 사악한 자연 또는 심술궂은 운명으로 받아들이고 있다. (Neumann *Fear*, 247)

통합발달심리학자 윌버(Ken Wilber)는 전쟁과 배고픔을 '무서운 어머니' 또는 '끔찍한 어머니'(furchbare Mutter; terrible mother)에 대한 두려움으로 병치하는 노이만의 주장에 확실한 버팀목을 제공해 준다.[20] 윌버에게 있어 대모신은 노이만의 경우에서처럼 "팔루스 어머니이자 자웅동체적인 어머니인데, 그 어머니는 남성과 여성이면서 뱀 어머니이며 우로보로스 어머니이다"(220). 그에게 있어서 기독교 최초의 인간으로 알려져 있는 "원조 아담"(Adam Senior)은 따라서 남성이 아니라 대모신으로 표상되는 여성이었다.

요컨대 아담이 추락했을 때 그는 둘로 나누어졌는데 하나는 우리가 현재 아담이라고 알고 있는 아담 2세와 이브, 즉 남성과 여성, 하늘과 땅, 영혼과 육체이다. 우리가 알고 있는 아담은 성차별주의자였다. (…) 원래의 아담은 남성이 아니라 육체적으로 자웅동체였고 양성적이었다. 원조 아담(Adam Sr.)이 진정으로 원시적인 자웅동체였고 팔루스적 어머니이자 위대한 혼돈의 '땅 어미' 즉 지모(地母)였고 그 아담으로부터, 우리가 알듯이 여성적인 어미와 팔루스적인 아비가 출현했다. (…) 아담은 위대한 어미, 즉 대모(大母)로부터 자유롭게 분화하였으나 이브는 오로지 위대한 어미와 여전히 동일화되어 육체와 감정과 섹스와 동일시되었다. "모성적 무의식으로부터 탈출하기"는 "여성적인 것으로부터 멀어지기"와 혼동되어 나타났다. (232-33)

윌버가 말하고 있는 최초의 아담은 대모신의 개념과 유사한 "아다마"(Adhama)이다. "아다마"가 대지를 의미하는 "흙"이고 보면 최초의 아담은 기독교 문명이 아담과 이브로 윤색하여 받아들인 아담이 아니라, 기독교 문명 이전의 신화소임에 분명하다. 태초에 아담이 있었지만 그 아담은 "원조 아담"인 자웅동체적 여성, 즉 어미였다. 아담이 말 그대로 진흙에서 나온 남성이 아니라 땅을 근거로 살아가는 사람을 통칭하는 말이고 히브리어가 남성, 여성을 각각 아카드어로 "힘"을 의미하는 "ish"와 "ishah"로 표기한다는 지적은 이와 궤를 같이하며, 이러한 원래의 아담을 "어미"로 그리고 대모신을 포함하여 이러한 어미를 여성으로 표기하는 것이 현대적 의미에서 젠더적으로 합당한가는 추후의 논의를 요한다. 유대교 경전 중의 하나인 『미드라쉬』(*Midrash Bereshit Raba*)는 "하느님이 남성적인 동시에 여성적인 아담을 창조하였다고 적고 있다"(Brosse 350 재인용). 『미드라쉬』를 계속 인용하자면 "아담과 이브는 등과 등을 맞대고 만들어졌으며, 양 어깨가 붙어 있었다. 신이 도끼로 한 번 내려쳐 이를 가름으로써 둘을 분리했다. (…) 첫 번째 사람(아담)은 그 오른쪽이 남자였고 왼쪽은 여자였다. 그러나 신은 그를 두 개의 반쪽으로 쪼개었다(엘리아데 『양성인』, 133 재인용). 여기서 굳이 일부 젠더 이론가들처럼 좌우의 선후를 따질 필요는 없겠다.[21]

중국어 문화권도 예외는 아니다. 사람을 나타내는 "자"(子) 또한 전적으로 남자를 표시하는 것이 아니라 『설문』에 의하면 '씨앗'을 의미했고, 단군은 이와 유사한 관점으로 기술된 『삼국유사』에 기대어 본다면 여성 시조신 웅녀의 후예로 여성일 가능성도 있다(강영경 59, 주석 31).[22] 태초에 지구가 있었을 때 그것은 질서를 포함하고 있는 혼돈 그 자체였고 먹이사슬로 인한 기아와 살육, 폭력과 전쟁으로 표상되는 자연적인 현상들은 대모신의 속성으로 정착되어 작동되고 있었다. 대모신인 땅(Gaia)에서 땅(Gaia)과 하늘(Ouranos)이 다시 분화되었다고 말하고 있는 헬라스인들의 사유를 윌버는 자신도 모르게 수용하고 있는 것 같다. 태초에 신은 하나였고 그것은 모든 신들의 총화이며 따라서 당연히 음양을 구유한 양성이었는데, 그로부터 최고 신 안과 에아, 그리고 엔릴이 분화하기도 하는 달의 신 씬(Sin)이 "기도할 때는 어머니의 자궁 그리고 동시에 아버지의 이름으로 불린" 이유가 여기에 있다.[23] 따라서 유대교에서 대모신인 "아담은 양성이며 이브는 일부, 반쪽 그리고 한 측면일 뿐"이라는 뒤랑의 주장(『인류학』, 446, 438)은 윌버의 주장과 상통하는 면이 있다.

고대의 신이 공히 남녀 양성이라는 주장인데, 대모신 아쉐라는 아버지이자 어머니로 표상되었는데, 이와 유사하게 "프리기아의 키벨레, 카르타고의 디도-아스타르테, 포르투나, 그리고 로마의 '베누스 바르바타(Venus barbata)' 같이 이상하게 수염이 달린 여신들이 나타난다"(Durand 『인류학』, 446). 대모신의 법통을 이은 후대의 남신들도, 예를 들자면 시바(Shiva) 신의 경우에도 남녀 양성으로 묘사되어 있으며, 헤라클레스와 길가메시 그리고 삼손의 경우와 같이 남성들은 여성화되기도 한다(Durand 『인류학』, 515, 446). 우리의 삶과 세상은 남녀 내지는 음양이 항존하며 서로를 보완하고 있다. 남녀 음양이 서로 배타적이고 적대적인 관계가 아니라 협동 협력하는 관계라는 설정은 소위 전투적 페미니즘 이후의 여성계가 제안한 실천적이면서도 유토피아적 발상이다.[24] 우리가 앞서 언급한 바빌로니아의 달의 신 씬도 그러하지만 수메르의 달의 신 난나 또한, 주석 19에서 개진된 의견을 참조는 해야 되겠으나, 그 문법적인 성을 떠나 양성이었다. 이것이 바로 달의 신이 난나와 그의 배우자 닌갈로 동시에 표상되고 있는 이유이다. 신들은 아주 자주 "아버지이자 어머니"라고 불렸으며, "농경과 풍요의 신들 대부분은 양성적이거나 양성성의 흔적을" 지니는데 "농경신들은 한 해에는 남성으로, 그 이듬해에는 여성으로 여겨졌다"(엘리아데 『양성인』, 142, 141).

단적으로 말하자면 우리가 대모신으로 이름 한 고대의 신들 또한 구태여 여신으로 한정할 이유는 없다. "남녀 양성 신은 신의 이원성에 대한 고대적 표현 양식에 지나지 않는다"고 엘리아데는 말하고 있다(『종교사개론』, 391). 프루질루스키(Anne Pruzyluski)에 의하면 "모계사회에서 부계사회로의 이동이 데메테르-코레의 여성이분법과 아스타르테-아도니스의 남녀이분법에서 비슈누-브라마의 남성이분법으로의 변화를 초래하였다"(뒤랑 『인류학』, 444-45 재인용)고 하는데, 초기에는 여성이 이분화 되다가 초기의 여성은 없어지고 남녀로 그리고 종극에는 여성에서 남성으로 그 강조점이 바뀌어 남성에서 남성과 여성이 분화되는, 즉 남성이 이분화 되는 현상에 주목할 필요가 있다. 여성이분법에서 남성이분법으로의 전이에 주목하자![25]

대모신 시대 이후에 등장한 근본주의적 성향을 띠기도 하는 일단의 기독교와 이슬람교는 소위 이교도의 대모신 신앙과 제의를 비틀고 극대화하여, 대모신이라는 관념에 부정적인 것을 지속적으로 투사함에 주저함이 없었고 그러하기 때문에 전쟁이라는 피의 향연 속에서 그들에게 거슬리는 사람들을 여성화하며 제거해 나갔다. 대모신은 원시의 자웅동체적 성격을 유실하고 여성화되어져 갔다. "성전(聖戰)이 합리화된 것처럼 보이는 대모신 숭배 신앙에 불과하다"(Wilber 137)고 주장할 수는 있겠으나, 알라신과 야훼신의 이름을 빙자하여 자행되는 성전은 또한 대모신의 부정적 특성만을 물려받은 방계의 남신들이 벌이는 유희에 불과하다. 평범한 기독교도들과 회교도들은 한 치의 의구심과 가책도 없이 신의 뜻이라는 미명아래 많은 사람들을 살상해 왔다. 역사상 가장 유혈이 낭자했던 전쟁은 회교도에 대한 기독교도들 그리고 회교도들의 기독교도들에 대한 성전들, 그리고 종교의 자유를 빙자한 왕위 계승과 권력 다툼이었던 가톨릭과 프로테스탄트들의 삼십년전쟁(1618~1648) 등이었다. 8백만이 사망했다고 추산되는데 당시 시기와 인구수를 고려하면 엄청난 숫자이다.

　물론 동양의 종교에도 성전의 개념은 있었고 또 나름대로 전쟁의 신으로서 대모신 또한 존재했다. 이 글의 초입에서 밝힌 인도의 두르가(Durga)와 이의 화신이자 시바 신의 배우자가 되기도 하는 시간(kala)과 죽음(yama)의 신 칼리(Kali)는 그 극명한 예에 속한다.[26] 그러나 학살과 살육이 대모신 신앙이 변형된 보편종교의 속성에서 우러나오는 필연적인 결과라고 단언할 수는 없다. "불교의 역사 2500년 동안 불교도들이 단 한 번의 종교전쟁을 수행하지 않았다"는 윌버의 주장(137)에 동의할 수도 없지만, 기독교나 회교도의 성전, 즉 지하드(jihad)라는 개념이 대모신 신앙에서 연원하고 있다는 해석의 여지를 분분히 남기는 윌버의 주장을 근거로 해서 대모신 신앙이 원래부터 파괴적이고 호전적이라고 주장할 수는 없는데, 이는 후대의 전쟁을 설명하기 위하여 앞선 시대의 관념을 주조하고 심지어는 날조할 수 있는 위험성을 지니고 있기 때문이다.[27] 대모신 신앙이 보편적인 종교 신앙으로 변형되었는가에 관한 논의도 논의이지만, 윌버의 이러한 논의는 자칫 대모신 신앙을 폄하하는 길목으로 우리를 안내할 수도 있기 때문이다. 가모장제의 존재 여부에 대한 판단을 일단 보류한다면, 종교가 전쟁의 동인으로 활약했던 시기는 오히려 청동기시대 호전적인 제우스와 야훼신으로 대표되는 가부장제 기간 동안이었다.

그러나 엥겔스의 소위 '여성의 세계사적 패배'가 남녀 간의 노동 불평등을 지적하는 취지에서 비롯된 신조어임에도 불구하고 오레스테스 판결 이후 여성에 의해 주도되는 세계사의 동력이 소실되었고 남성 지배가 보편화되었다는 의도하지 않았던 부수적 주장을 후대에 함의 하게 되었듯이,[28] 대모신을 전쟁의 신으로 파악하는 노이만과 윌버의 주장은 여성성이 죽음을 매개로 하여 폭력과 전쟁의 화신이 되었다는 남성들의 기망이라면 기망일 수 있는 주장에 자양분을 제공해 줄 수 있는 여지를 지니게 되었다. 이러한 사유는 현대의 많은 페미니스트들, 예컨대 여성도 남성이 할 수 있는 모든 일을 할 수 있다는 동등한 페미니스트들(equal rights feminists)과 여성이 꼭 평화적이지 않다고 주장하는 자유주의적 페미니스트들(liberal feminists), 그리고 일군의 군사주의적 페미니스트들(militaristic feminists)과 급진적 페미니스트들(radical feminists)에 의해서도 확인되고 있는데, 그들에게 전쟁은 여성 평등과 해방이라는 전략적 측면에서 본다면 여성적인 것이어야만 했다.

이러한 문맥에 비추어 본다면 의도했든 아니든 여성을 악의 근원으로 파악하는 여성 혐오 3인방 쇼펜하우어와 니체 그리고 프로이트가 대변했던 소위 세기말이 지난 후, 여성과 유대인과 동성애자로 대변되는 타자를 부정적으로 파악하는 여파가 제1차세계대전이라는 이름으로 유럽을 강타한 이후, 1913년 골상학에 관한 노벨상 수상자이자 소르본느 대학의 의학과 교수였던 리쉐(Charles Richet)의 1925년 다음과 같은 통속적인 언급을 발견하는 것은 예견된 수순이었고, 이러한 상투적인 표현들은 인구에 이미 회자되었던 말이기도 하였다.

> 더러운 늙은 마귀할멈, 비천하고 희번지르한 걸어다니는 해골. 여자는 광포
> 하고 거짓에 차 있고 거품을 물며 물어뜯으며 분노와 미친 격정의 발작을
> 일으킨다. 여자들은 말을 하지 않고 으르렁거린다. 멀리서도 여자들은 냄새
> 가 난다. 여성은 전쟁이다.
>
> (Richet 77, Dijkstra 1996, 222 재인용; 강조 필자)

여성은 "분노와 미친 격정의 발작"을 일으키는 히스테리아에 걸린 죽음을 상징하는 "해골"이며 죽음을 인류에게 선사한 "전쟁"이라는 이 간단한 언급은 필자가 제시하는 그림들[1937년 『시카고 트리뷴』 상재 그림과 1938년 『룩』(*Look*) 잡지 그림은 각각 Gubar 244, Dijikstra 1996, 223 참조]에서도 잘 확인할 수 있는데, 이는 여성=죽음=전쟁이라는 서양 문명의 비루한 통합을 재확인해 주고 있다. 첫 그림은 가슴에 전쟁을 품은 여성이 죽음의 해골 얼굴을 하고 전장에 나간 수많은 아버지들에게 죽음을 선사했듯이 그의 아들인 유럽의 한 청년을 또한 다시 죽음으로 이르는 섹스의 방으로 인도하는 장면이고, 두 번째 그림은 역시 가슴에 전쟁을 품고 해골 얼굴을 한 여성이 청년이라는 표기를 지닌 담배를 소비하여 없애는 표지 그림이다. 파괴와 창조, 혁명과 전쟁, 그리고 자유와 민중이라는 개념은 여성적인 것으로 파악되기 쉬우며, 들라크르와(Eugène Delacroix)의 프랑스 혁명에 관한 〈민중을 이끄는 자유의 여신〉(1830)에서 가슴을 드러내고 있는 여성과 이를 본 뜬 뉴욕의 〈자유의 여신상〉(1876)은 이를 잘 말해주고 있다. 규정받아야 할 모든 것은 여성이며 규정과 구별이 끝난 후 차별과 추락은 찾아온다.

디직스트라 교수가 계속 설명하는 바에 의하면 죽음을 여성적인 것의 승리, 즉 여성으로 보는 관념은 구소련 유대인 보로노프(Serge Voronoff)의 『생명의 정복』(1928) 등에서도 나타나듯이 당대의 생물학계에 통용되던 상

식이었다. 리쉐가 말하는 "여성은 전쟁"이라는 관념이 여성을 죽음으로 보는 관념을 매개로 가능했다는 사실은, '죽음을 대량 생산하는 전쟁' 이외의 표현을 더 이상 필요로 하지 않는다.

> 명백하게도 만약에 전쟁의 정신이 여성적인 것이라면 실제 전투원들은 여성이 지배하는 에로스적인 방탕함에 의한 상호 파괴에 휩싸이게 된 남성들이다. (…) 성적으로 매력 있는 여성이 죽음을 의미한다면 그리고 그럼에도 불구하고 남성들이 여성을 찾고 그녀를 위해 싸우기를 마다하지 않는다면, 전쟁과 폭력은 그녀가 남성에게 선사하는 유산임에 틀림없다. (…) 성적인 여성은 전쟁의 여신이었다. 전쟁과 타락 그리고 죽음은 탐욕이라는 독특한 원천을 공유하였다. (Dijkstra 1996, 328-329; 강조 필자)

"전쟁의 정신[은] 여성적인 것"이며 그 전쟁에 의해 희생당하는 것은 남성들이다. 전쟁과 죽음이 탐욕으로 가득 찬 성적인 여성이라는 디직스트라(Bram Dijikstra)의 다소 과장된 주장은, 남성들을 거세하는 여성으로서의 전쟁에 관한 사유를 그대로 보존하고 있다.

켈러(Adolf von Keller)의 〈사랑〉(1908)은 거세자, 살인자로서의 여성이라는 진부한 토포스를 완벽히 재현해 내고 있는데, 비단 실제 전장이 아니더라도 일상적인 '남성과 여성의 성 전투'(battle between the sexes)에서도 남성들의 목을 칼로 치고 있는 인물은 엉뚱하게도 "사랑"이라는 말로 자신을 치장하고 있는 고혹적인 여성이다. 남성의 목을 요구하고 있는 와일드와 비어즐리(Aubrey Beardsley)의 살로메를 생각할 만하다. "여성은 죽음을 의미"하고 그러한 죽음을 매개로 그들은 "전쟁의 여신"이 된다.

4

평화의 대모신과
청동기시대 남성 전쟁 신의 출현

그러나 후대에 아리안족들이라고 불러지기도 했던 쿠르간(Kurgan)족[29]들이 침범하기 전 대지의 모신이 다스리던 '고(古) 유럽'(Old Europe), 즉 지금의 에게해와 아드리안해, 그리고 그 위쪽으로 체코와 남부 폴란드, 서부 우크라이나 지역 등을 포함하는 남동 유럽 지역에서 견고한 성채라든가 무기가 발견되지 않는다는 김부타스의 보고(1973, 207; 1977, 28)는, 대모신을 전쟁의 신으로 투사하는 관행을 견지했던 몇몇 학자들의 의견에 강력한 제동을 걸고 있기도 하다. 그녀가 보기에 전쟁은 청동기시대와 더불어 역사에 등장했다. 기동성이 뛰어나고 호전적인 남성이 지배하는 쿠르간 유목민들의 무기는 그들의 이동 경로에 대해 많은 것을 말해주고 있다.

> 청동 단검과 도끼 창, 얇고 예리한 청동 도끼, 몽둥이와 어느 정도는 귀중한 돌로 만들어진 전투용 도끼, 부싯돌로 만든 화살촉 등의 유물은 쿠르간인의 대륙 확산 경로와 일치해 나타난다.
>
> (Gimbutas 1973, 166)

신석기시대 초엽, 즉 기원전 6000년 전에도 야금술이 발달했지만 청동기시대의 살상용 구리 도끼가 신석기시대에는 농업용으로 사용되었다는 김부타스의 주장에서 우리가 추론해 낼 수 있는 것은, 금속 기술의 발전도 발전이지만 그 사용 방법이 사회체제를 구성하는 아주 중요한 요인으로 등장한다는 사실일 것이다. 김부타스는 고고학적 유물에 대한 해석의 편파성과 작위성 논란에도 불구하고 상고시대에 여성이 비단 전쟁만이 아니라 평화 또한 표상하고 있었고, 아테나 여신이 적어도 헬라스 문명권에서는 죽음의 신만으로 활약하지 않았다는 통찰을 놓치고 있지 않은 괄목할 만한 사상가이다.

상고시대의 역사를 포함하는 유럽의 역사를, 공동협력(partnership)사회의 여성의 몸과 문화 또는 젠더 중립적인 그릇(皿)을 의미하는 성배(chalice, 聖杯)와, 남성 지배 사회의 몸과 문화, 또는 남성성을 상징하는 칼의 상호 관계로 보는 아이슬러(Elaine Eisler) 또한 김부타스의 연구에 힘입어 대모신을 전쟁과 관련된 신으로 보지 않고 가부장제의 교환과 전쟁이 아닌 모계제의 선물(gift)과 평화의 사상을 고취했던 개념으로 파악하고 있는데, 이는 칼과 유사한 무기인 창과 성배를 각각 "남성과 (…) 여성의 재생 능력"으로 파악하는 『제식에서 로망스로』(From Ritual to Romance, 1920)의 저자 웨스턴(Jessie Weston)의 생각과 많이 다르지 않다(89-91, 158, 178).[30] 논란이 되고 있는 이분법적 분류법을 지양한다고 하면서도 그러나 성배와 칼의 이분법을 그대로 따르고 있는 아이슬러의 체계에서, 성배는 신석기시대의 여신 문화와 비교적 전쟁이 없었던 것으로 추정되는 크레타문명, 예수와 막달라 마리아로 이어지는 남녀평등과 남녀 유대를 기반으로 한 생명의 문화를, 칼은 청동기와 철기시대의 유라시아 유목민들의 파괴 지향적 문명을 거쳐 전쟁을 선호하는 유대인들과 성모마리아 신앙의 비틀린 형태인 마녀사냥으로 악명이 높은 중세 기독교 문명을 거쳐 개인주의와 자본주의로 두드러진 현대에 이르기까지 남녀 차별에 입각한 죽음의 문화를 각각 지칭한다.

그녀를 계속 따르자면, 서양 역사에 있어서 대모신의 쇠퇴가 수행된 방법은 말 그대로 강간이나 창피 주기와 무시와 멸시를 통한 비유적 살해, 여신을 남신의 배우자로 만들기, 여신을 이슈타르 등과 같이 전쟁에 한정된 신으로 격하하기, 그리고 여신에게 할당되었던 역할을 남신에게 맡기기 등이었다(1987, 92-93). 이슈타르를 포함하는 대모신을 전쟁의 신으로 후대에 날조했다는 것이 그녀의 주장이기도 한데, 고대 헬라스 문명의 무성적 아테나는 성배와 칼의 전통을 적절히 갈무리한 신흥 가부장제의 적절하고 절묘한 선택의 결과로 보여지며, 성배는 칼을 받아들여 이제 아테나를 보호하는 전신 갑주를 완성하는 방패(aegis, aigos)로 변모한다. '이지스' 항공모함은 아테나의 방패로부터 그 이름을 따왔는데, 성배의 변형 내지는 전락이다.

아테나 파르테노스: 파르테논 신전의 아테나 파르테노스 조각상 재현, 고대 그리스 조각가 페이디아스의 잃어버린 거대한 동상(기원전 447년)을 현대적인 재료로 재현한 것이다. 미국 테네시주 내슈빌 파르테논 신전의 실제 크기 복제품. 사진: Dean Dixon, 조각: Alan LeQuire

필자가 2019년 11월 19일 방문한 파르테논 신전의 중앙에 위치한 '아테나 파르테노스'는 실제로 금장이 아니라 그런지 구리색을 띠고 필자를 맞이하고 있었다. 그리스국립고고학박물관의 복제본 "Varvakeion Athena"(2세기경) 또한 마찬가지이다. 오스만 터키에게 빼앗긴 것으로 알려졌지만 실상은 기원전 296년경 아테네 군인들의 봉급을 주려다 조각가 페이디아스(Pheidias)가 입힌 금장들이 유실되었다고 보는 것이 유력한데, 아무튼 복원된 아테나 여신상이 메두사의 머리를 장식한 방패 아에기스를 소지하고 있는 것은 확실하다. 창을 들고 있는 여신상의 모습은 미국의 테네시 주 내쉬빌과 캐나다 온타리오 등의 현대 복제판, 그리고 제2권의 8장에서 이미 언급한 클림트(Gustav Klimt)의 『팔라스 아테나』(Pallas Athena, 1898) 등에서도 나타나는데, 아테나가 번개를 뿜기도 하는 아에기스 말고 다른 무기를 필요로 하지 않았다는 점을 감안하면 필요 없는 덧칠인 것 같다.

> 우리는 명확하게도 아테네에서 고전주의적인 고대 그리스의 남성 중심적인 요소와 여성주의적인 요소와의 알력과 교호 작용을 볼 수 있다. 문명의 진화에 관한 오래된 파트너십에 관한 사유를 반영하면서 그녀는 뱀이라는 태고의 엠블럼을 지닌 채 여전히 지혜의 여신으로서 우리와 함께 있다. 그러나 동시에 아테나는 새로운 지배자 모델을 체현하면서 투구와 창을 겸비하여 방패가 되어버린 성배를 지닌 전쟁의 여신이 된다. 이와 같은 요소들은 또한 역설적이지만 위계적이고 인도주의적-남성평등주의적인 상태들로 플라톤의 『공화국』에도 등장하게 된다. (Eisler 1987, 113; 강조 필자)

아테나가 남성적인 칼과 여성적인 그러나 이것마저도 방패로 변모한 성배의 절충이라는 생각은 사실 아이슬러가 인용하는 크레타문명의 연구자 혹스(Jacquetta Hawkes)에 의해서 잘 정리된 바 있다. 혹스에 의하면 아테나가 제우스의 머리에서 튀어나와 제우스의 적통을 이은 것이 아니라, 호머가

'아케아인'이라고 명명하는 북부의 쿠르간 전사들이 헬라스 지역에 정착하여 크레타문명의 세례를 받아 혼합 문명인 미케네문명을 이룩할 때, 신들의 질서에 변동이 생겨 그들의 천둥과 전쟁의 신인 하위 신 제우스를 토착신인 아테나의 상위 신으로 정립하는 과정에서 전쟁 신 제우스의 풍모를 이은 최고 신으로 아테나를 옹립할 수밖에 없었다는 것이며(34), 신화는 이를 머리에서 나온 것이라 표현하고 있다는 것이다.[31] 아테나가 갑자기 시대를 역류하여 제우스의 맥을 이은 전쟁의 신으로 둔갑했다는 것인데, 헤시오도스에 의하면 아케아인들이 신봉하는 전쟁 신은 아테나가 아니라 아레스였다(Eisler 1987, 108 재인용). 역사적 상상력을 발휘한다면 아테나를 제우스의 적통을 이은 전쟁의 신으로 옹립하는 과정에서 아테나는 지혜와 전쟁의 이성적 기능과 책략을, 아레스는 전쟁의 파괴적이고 비이성적인 면을 담당하는 신으로 삼았다는 말이 된다. 고대 아테네가 아테나를 전쟁의 여신으로 간주한 시기는 미케네문명 시기인 것으로 파악되는데, 이렇게 이해하고 보면 그 이전에 아테나는 평화, 또는 십분 양보하여도 공히 전쟁과 평화의 여신이었다는 설명이 된다.

한편으로는 그러나 크레타 문명권에서 남성 왕을 표현하는 문헌이 발견되지 않았다는 사실에서 크레타 문명권의 통치자가 여성 왕이었고(76), 크레타인들에게서 나타나는 공격적인 성향의 부재가 "자유롭고 잘 조화된 성생활, 그리고 운동경기와 게임과 춤에 의해 감소되고 희석되었다"는 혹스의 다소 추측성의 일반론적인 해석(156)은 또한 엄밀한 검증 작업을 요하고 있다. 자유로운 성생활과 활발한 운동경기의 참여가 공격성의 감소와 직접적인 관련이 있다는 주장도 해석의 여지가 분분하지만, 자유로운 성이 가능하고 허락된 사회가 문제점이 없는 사회가 아닐 수도 있다는 점은 자유로운 성을 주창한 일부 20세기의 문명이 성도덕의 붕괴와 편모 편부와 이혼 가정의 양산에 어느 정도 일조했다는 비난에서 자유롭지 않다는 사실을 고려하면 어렵지 않게 수긍이 간다. 편 부모와 이혼 가정이 결손인가 아닌가는 여기서 논의하지 말자.

성은 좋은 것이지만 오히려 또한 그것으로부터 자유롭지 않기 때문에 원하며 간혹 원망하는 대상이 된다. 이성애를 기초로 한 가부장제 사회가 문제점을 노정한 것은 사실이지만, 전 시대의 사회체제가 완전한 평화를 유지한 가모장제였다는 주장 또한 논란의 여지가 있는 마당에, 어느 사회도 문제점을 노정하지 않는 사회가 없을 것이라는 확신에 가까운 우리의 추정은 "신들이 사는 곳"이라는 뜻 말을 가진 에덴(Eden), 즉 유토피아에 대한 상념을 간혹 무력화하기도 한다. 유토피아는 역사로 진입할 때 그 이상적 성격을 상실하고 때로는 너무 빨리 디스토피아(dystopia)로 변하게 된다. 플라톤 이래로 크레타문명은 지나치게 미화된 감이 없지 않으며, 당시의 통치자가 전적으로 여성이었다는 증거 또한 발견되지 않았다.

기원전 6000년 전에 발견되었던 야금술이나 무기 제조 기술의 개발이 지중해 연안을 둘러싼 지역, 특별히 그리스에서 남성 지배의 확실한 동기는 아니었음에도 불구하고, 김부타스가 쿠르간족의 침입이라고 상정하는 시대(BC 4300~2800)에 "뛰어난 무기를 지닌 종족이 별다른 무기가 없는 평화로운 종족을 정복했다"는 아카쿠와의 재해석(65), 중국 문명에서 성배와 칼이라는 문화소를 추출해 내는 1995년 유엔 산하 제4차 베이징국제여성회의의 부산물인 중국남녀협력연구소의 『중국문화에 나타난 성배와 칼』의 다양한 중국 학자들과, 『불멸의 여성들: 중국문명에서의 음(陰)적인 측면』(2002)의 그리피스(Brian Griffith) 등의 저자들이 표방하는 가모장제에서 가부장제로의 이행에 관한 암묵적인 동의는, 그런데 쿠르간족의 호전성과 이로 인한 가부장제의 성립 원인에 대한 해석으로는 여전히 충분하지 않다. 쿠르간족이 창과 검 같은 무기의 사용을 어디에서 누구에게서 배웠는가 하는 질문이 당연히 제기되기 때문이다.

유라시아의 북부 초원, 즉 스텝(steppe) 지역에서의 생활양식이 주로 수렵을 위주로 한 것이어서 유목민들이 자연스럽게 사냥에 필요한 무기들을 고안해 내게 되었고 이로 인해 쿠르간족이 호전적이고 가부장적이 되었고, 크레타문명은 바다로 둘러싸여 농사짓기가 수월하였고 상대적으로 스스로를 방어할 무기 체계를 지닐 필요가 없었다는 혹스의 주장(28, 76, 156)이 설득력을 얻기 위해서는, 자연환경 이외에도 당시의 정치, 사회, 문화와 제도에 대한 정치한 작업이 필요함은 물론이다.[32] 물고기 수렵도 수렵이며 어떠한 형태든 도구 혹은 무기를 필요로 한다. 우리는 크레타문명이 융성할 때 강력한 해상 제국을 이룩하여 배의 건조 기술과 항해법 등을 뮈케네인들에게 전달했다는 것을 알고 있다.

"미노아의 예술 작품에 선박이 그려진 경우가 많지 않으며, 더욱이 병선이나 해전의 모습은 전혀 보이지 않는다"는 지적과 이와 상반하여 크레타섬에서 출토되는 "말이나 화살, 지배계급의 수레였던 병차 등이 기록에 나타난다"는 사실을 뮈케네인들의 크레타섬의 침입과 점유로 보는 김진경의 주장(51, 54)이 탄력을 받기 위해서는, 그 또한 지적하고 있듯이 크레타문명이 "특정한 시기에 해상권을 확립하여 강력한 영향력을 행사"한 사실과 아테네의 왕 테세우스에 의한 미노타우로스 정복 사건을 "아테네인이 미노아에 조공을 받쳤다는 사실"로 해석(53, 50)하는 문제를 해결하여야 한다. 유목민의 전형으로 칭해지는 몽고의 사회구조가 호전적이기는 하나 여성 또한 강력한 전신으로 전쟁에 참여하였고, 남녀 사이의 엄격한 신분 차이가 존재하지 않아 왕가의 여성, 즉 어머니나 아내가 왕을 폐하고 옹립하는 과정에 적극적으로 가담하였을 뿐 아니라, 상속 과정에서도 딸과 아들의 지분이 공평하였다는 점에서 전적으로 가부장 사회를 엄밀하게 유지했다고는 보지 않는 학계의 이론 또한 존재하기 때문이다(Davis-Kimball 111-138).

5

전쟁과 평화,
우로보로스의 상실

신화와 역사에 대한 해석들은 이렇게 서로 충돌한다. 대모신이 전적으로 평화의 신이거나 전쟁의 신이고, 청동기시대가 신석기시대보다 더 잔인하고 전쟁을 일삼는 문명이었다고 주장할 수는 없어도, 적어도 우리는 지금까지의 논의에 비추어 본다면 청동기시대 이전의 대모신이 전쟁의 신뿐만 아니라 평화의 신이기도 하였다고는 말할 수 있다. 전쟁과 평화의 여신으로서의 대모신은 그런데 어느 시기인지는 확실하지 않지만 대략 청동기시대라고 명명되는 시대 이후 자취를 감추기 시작하였다. 크레타문명의 몰락 이후 전일적으로 서양 역사에 등장하는 남성 지배를 합리화하기 위하여 여성신의 퇴조와 폭력과 전쟁, 그리고 죽음과 동일시되는 대모신의 관념을 만들게 되는 서양의 사유는, 그러나 소위 여성의 세계사적 패배 이후에도 지혜와 평화의 소피아와 은총의 성모마리아 등으로 표상되기도 하는 여신들이 세계사에서 여전히 잔존하였고, 특별히 전쟁과 여성의 동일화에 국한하여 논의를 전개한다면 실제로 전쟁의 실권이 여성에게 주어져 있지 않아 여성들의 역할이 몇몇 예외적인 예를 제외하고는 후방의 병참이나 간호에 국한되었다는 사실에도 불구하고, 여성이 죽음이고 전쟁이라는 부정적 이데올로기를 견지해 왔다. 여성들이 전사로 활약했던 실례가 없지는 않았으나 펜테실레이아나 잔 다르크의 경우에서도 알 수 있듯이 그들의 말로는 대개 영광이 아니라 죽음이었고, 때에 따라서는 마녀로 몰려 치부를 드러내고 죽음을 맞이할 만큼 비참하고 참혹했다. 그녀들은 남성들에 의해 길들여지지 않으면 죽음을 맞이할 수밖에 없는 인물들로 그려지고 있는데, 세간에 유행했던 〈니키타〉(*La femme Nikita*) 연작과 〈여전사 공주 지나〉(*Gina the Warrior Princess*) 연작 등은 여성 주인공들이 "남성에 의한 순화"를 택하여 죽지 않는 경우이다.

로마의 미네르바가 사실상 전쟁 신으로서 거의 기능하지 못했다는 사실을 상기하고 보면, 철기시대의 한 가운데 있는 로마의 가부장적 문명권에서 전쟁의 기능이 남신 마르스(Mars)에게 넘어간 것은 당연한 일이었고, 그 이후의 서양 문명은 분노하고 질투하는 측면만을 강조 당한 야훼와 통속적으로는 호전적이라고 잘못 알려진 "알라"(Allah)라는 신들을 중심으로 폭력과 전쟁을 기반으로 하는 남성 중심적 세계로 재편되어져 갔다. 야훼의 다른 이름이기도 한 엘로힘(elohim)과 알라가 공히 아카드어에서 "신성한"이라는 뜻의 형용사 "ellu"에서 파생하고 있었고, 지금은 반목당하고 있는 그 두 신들이 사실상 적어도 발생 과정에서만큼은 가나안의 엘(El)신과 유사한 신이었고 양자 공히 모든 일을 주관하는 전지전능한 대모신의 맥을 이었다는 가능성은 사유되지 않아 폭력과 전쟁의 속성만을 강조하는 신들로 굳어져 갔다. 전쟁에 대한 관념도 죽음에 대한 관념이 변한 것처럼 부단히 변하여 왔지만 그리고 누가 보아도 전쟁이 남성들의 전유물이었음에도 불구하고, 서양의 상상력은 선사시대 그리고 최소한 2~3천 년 전의 인류가 받아들였던 전쟁의 신으로서의 대모신 개념만을 은밀히 또 때로는 공공연히 견지해 온 반면 그녀가 동시에 표상했던 삶과 평화는 평가절하하여 왔다.

죽음과 전쟁이 여성적인 것으로 재현되고 규범화될 때, 원래 죽음과 전쟁이 또한 긍정적으로 함의했던 생명과 새로운 질서, 그리고 평화는 소실되었다. 가부장제에 의해 부여된 전쟁을 수행하는 대모신이라는 개념을 의도적으로 또는 자기 자신도 모르게 추종했던 노이만과 윌버와 같은 학자들의 작업을 수정하려는 움직임은, 고고학 분야의 김부타스와 멜라트(James Mellaart), 페미니즘과 신화 분야의 아이슬러와 21세기 초 가모장제와 평화연구의 상관성을 주창하는 아벤트로쓰(Heide Göttner-Abendroth)와 같은 학자들에 의해서 오늘날에야 겨우 개화하고 있다. 대모신을 평화의 신으로도 파악하려는 이들의 수정 논의들이 비록 과거 회귀적으로 비쳐질 수 있어도, 파국과 대재앙을 의미하는 묵시의 아마겟돈을 운위하는 현재의 문명의 한 대안이 될 수 있음은 물론이다.

폭력과 전쟁으로부터 비교적 자유로웠던 김부타스의 '고 유럽' 문명, 멜라트가 발굴해 낸 하칠라르(Hacilar)와 차탈 회익(Çatal Höyük)을 위시하는 아나톨리아 문명이 어떠한 문명이었는지, 그리고 아이슬러가 신봉하는 크레타문명으로 대표되는 신석기 문명 이전에 어떠한 문명이 존재했었는지 인류는 아직 확실한 추측을 하고 있지 못하고 있다. 그러나 적어도 이들이 말하는 가부장제가 전일적으로 도래하기 전의 6천여 년의 문명(BC 8000~BC 2000)이, 비록 그것이 논란의 여지가 많은 가모장제(matriarchy)가 아니라고 십분 양보하여도, 가부장제와 전쟁을 기초로 하지 않는 다른 문명일 수 있었다는 점을 인지하는 것은 여성과 전쟁, 그리고 더 나아가 여성과 죽음의 동일화라는 인류의 해묵은 습속을 해체하는데 어느 정도 효과가 있어 보인다.

그들이 발견하고 있었던 대모신은 죽음과 전쟁의 신뿐만이 아니라 생명과 평화의 신이기도 하였고, 바로 이러한 이유로 평화를 머금고 있는 전쟁, 그리고 새로운 창조로 이어지는 파괴는 지혜에 갈음되곤 하였다. 그러나 이러한 언급은 전쟁이 지혜의 여러 모습들 중의 하나이지 전쟁 자체가 오로지 지혜라는 언명, 그리고 대모신을 통하여 표상되기는 하였지만 전쟁이 오로지 여성적인 것이라는 말은 더욱더 아니었지만, 서양 문명은 전쟁 신으로 서의 대모신이라는 개념을 여성적인 것으로 일반화시켜 청동기시대 이후에는 전적으로 남성적인 것으로 자리매김한 전쟁을 여전히 여성적인 것으로 파악하는 행태를 견지하여 왔다. 아테나 여신이 전쟁 신으로 나타나는 것은 그녀가 전쟁과 평화를 아우르는 대모신이어서 그렇기도 하지만, 청동기시대 이후 대모신이 대부분의 권능을 상실한 연후에도 전쟁을 여성적인 것으로 규정하는 까닭은 상실과 파괴 그리고 죽음 등의 부정적인 것을 여전히 여성으로 규정하고 이용하는 습속에서 기인하고 있기도 하다.

죽음이 성이 없듯이 전쟁 또한 성이 없다. 전쟁과 죽음을 여성과 동일화하는 시도는 그 정치 이데올로기적 의도와 효과에도 불구하고 그 신화적 시원에서부터 좌초될 성질을 태생적으로 지니고 있었지만, 이러한 성향은 현대에 이르기까지 단절되지 않고 그 명맥을 유지하고 있다. 밝힌바 있지만 구석기·신석기시대의 전쟁을 주재했던 대모신은 젠더를 초월한 여신이었고, 전쟁에 관한 한 젠더의 각축 또는 재조정과 혼란의 시대였던 청동기시대는 남신과 여신이 공히 전쟁을 담당했고, 이어지는 철기시대에 이르러 서야 로마의 강력한 마르스 전신(戰神)이 입증해주고 있듯이 남신으로 교체 자리매김된다. 적어도 로마 시대 이후 서양의 2천 년은 여성을 전쟁으로만 보지 않았고 조금 더 조심스러운 논의가 되겠지만 죽음으로만 보지 않았다는 논의인데, 서양의 역사에서 전쟁이 확연히 여성적인 것으로 또다시 재현되기 시작하는 시기는 팜므 파탈이 유행했던 19세기 말의 전환기이며 흥미롭게도 이러한 시기는 또한 자살과 죽음이 여성적인 것으로 자주 재현되던 시기(Higonnet 108-109; Guthke 96)이기도 하였다. 그러나 죽음도 그러하지만 전쟁의 이러한 여성화는 세기말에 두드러진 한 특수한 현상일 뿐 보편성을 띤다고 말할 수 없다. "죽음과 젠더에 관한 연구가 죽음의 성질에 관해서는 우리에게 어떠한 것도 설명해 주지 않으며, 이러한 이미지를 창출해 내는 인류의 성질에 관해서 무엇인가는 제공해 준다"는 구스케(Guthke) 교수의 언급(256)은 전쟁과 젠더에 관한 연구에도 적용될 수 있다. 인류의 속성이 본질적으로 파괴적이고 전쟁 친화적이라는 논의가 아니라 이러한 정의와 규정 작업을 행해왔던 인류의 품성과 사유방식이 부단히 변해왔다는 사실을 구스케 교수의 언급은 함의하고 있다.

여성을 죽음으로 보는 습속이 어느 정도 존재하였고 또 일리가 있다고 하여 혹자는 여성을 전쟁과 동일화하는 습속이 굳어진 20세기의 사유 방식을 서양의 수 천 년에 획일적으로 확대 투사하기도 하였다. 전쟁의 신이 여신이었음을 주장하는 소이 또는 그 당위적 필요성을 모르는 바는 아니지만, 이러한 역사 퇴행적인 논의는 그 효용성에도 불구하고 장기적으로는 여성을 전쟁 친화적 남성과 더불어 평가절하하는 결과를 가져오게 한다. 다른 점이 있다면 전쟁 친화적 남성이 멸시를 거쳐 이상화되는 반면, 전쟁과 동일화되는 여성은 이상화를 거쳐 멸시에 이른다는 것이다. 그런데 인안나와 이슈타르가 생명과 죽음, 그리고 전쟁을 동시에 표상하고 있다면 그것은 그들의 성격이 모 비평가의 주장대로 모순과 혼돈 그 자체를 표상하고 있는 '역설 아닌 역설'(Bahrani 159)이어서가 아니라, 적어도 가부장 시대 이전에는 모든 것을 투사해야 할 대상으로서의 대지의 대모신만이 오로지 존재했기 때문일 것이다.

우리가 알고 있는 아담과 이브가 존재하기 전 남성성과 여성성이라는 규정을 넘어 아담의 원조격인 새로운 그 무엇이 존재하고 있었다는 윌버의 주장은, 필자가 비록 그가 주장하는 아담을 하나의 개념으로 받아들이고 있기는 하지만, 대모신에 대한 새로운 개념을 가능하게 한다. 음양과 천지, 전쟁과 평화, 그리고 삶과 죽음을 포함하는 모든 것의 총화가 여신이었고, 이 여신은 남신과 대척점에 있는 여신이 아니라, 남신을 포함하는 여신, 즉 남신도 여신도 아닌 자웅을 겸한 신이었다. 편의상 혹은 근대화 이후에 여물어간 타성대로 우리는 대모신을 여신으로 부를 뿐이지만, 굳이 여성이라는 말을 빼고 싶으면 대지신 혹은 대부모신/대모부신이라 병기해도 무방하다. 서양 문화에 나타난 여성과 죽음 그리고 전쟁의 동일화라는 논의를 뒤집는 것 같은 이와 같은 결론의 도출은, 그러나 표면적으로 드러난 음양학, 즉 서양의 젠더 학문의 역설적인 결과일 뿐, 필자가 상정했던 이제까지의 논의 자체를 무력화하지 않는다. 조금 다른 문맥이 될 수 있겠지만, 동일성과 차이에 관한 논의는 동일성과 차이가 한쪽으로만 치우치지 않는다는 사실을 이미 보여주고 있다.

전쟁의 신, 평화의 신, 또는 전쟁과 평화의 신 등으로 대모신을 어떻게 규정하든, 서양에서 평화는 홀대받는 인상을 받고 있다. 전쟁과 젠더에 관한 논의는 많았지만 평화와 젠더에 관한 논의가 거의 없었던 이유를 우리의 논의는 잘 설명해 주고 있다. 평화는 여성적인가 또는 여성은 평화적인가 하는 논의는 본질주의와 사회구성주의 젠더 이론에 관한 많은 갑론을박을 끌어들이고 있다. 그러나 한 가지 분명한 것은 평화에 관한 한 젠더의 축은 여성적인 것으로 기울어진다는 사실이다. 전쟁뿐만 아니라 평화의 여신으로서의 대모신에 관한 혹스와 아이슬러, 그리고 특별히 로이터(Rosemary Reuther)가 지적하듯이 김부타스의 논의가 가모장제의 존재를 옹호하기 위한 편파적인 논리 전개와 사실에 대한 아전인수적인 '자기해석'(eisegesis)과 모순적인 주장(24, 36)이 될 수 있음에도 불구하고, 핵이라는 화급성에 비추어 실천의 장에서 여전히 중요한 소치이다. 그러나 전쟁을 여성적인 것으로 파악하여 여성의 적극적 사회참여를 주장하고 있는 일부 페미니스트들의 입론 또한 비판적 성찰을 요구받고 있음은 물론이다.[33]

태초에 신은 완전함을 의미하는 "하나"였다. 이것이 바로 아테나가 전쟁의 신이기도 하였고 평화의 여신, 그리고 지혜와 죽음의 여신이기도 하였던 이유였다. 따라서 우리는 다음과 같이 말할 수 있게 된다. 전쟁이 자연적이며 숭엄하고 이성적이라는 칸트나 헤겔 등을 포함하는 서양의 지적 전통은 바로 이런 맥락, 즉 신은 하나였고 그 신은 온갖 것의 총화인 지혜의 여신이었다는 맥락하에서만 의미 있는 언명이 될 수 있다. 파괴와 전쟁과 죽음 또한 자연의 당연한 이치이자 운행 방식이라고 보았던 고대인들의 우로보로스적 원융의 사고방식은 그러나 세계의 파국을 목전에 둔 핵전쟁의 시대에는 쓸모없는 소리로 들리고 있는데, 이는 그들이 파악한 삶과 죽음이 그리고 죽음과 삶이 동일하다는 일견 구조 기능주의적 사유가 더 이상 작동하지 않는 핵이라는 파국의 세계에 우리가 살고 있기 때문일 것이다. 여성은 여성일 뿐 죽음도 전쟁도 아니어야 할 윤리적 요청에 대한 이유가 바로 여기에 있다. 우리는 전쟁이 평화가 되고 지혜가 되는 우로보로스적 사유를 잃어버린 불행한 세대이다.

11장 주

1. 이 장은 필자가 30여 년 전 뉴욕시립대학 대학원(CUNY Graduate Center) 재학 시 청강한 수업에서 버지니아 울프 전문가 마커스(Jane Marcus) 교수가 수업 시간에 질문한 "현대 영국 소설에서 전쟁은 왜 여성적인 것으로 재현되는가"에 대한 뒤늦은 자기 응답이다. 마커스 교수는 그녀가 이미 출판한 *Not so Quiet ...* (1989)의 서언 부분에서 행한 "몸, 군대. 시체 — 전쟁에서 몸을 쓰고 말하기" 이외에 전쟁의 여성성에 관한 별다른 논의를 아직까지는 진행하지는 않고 있다. 마커스 교수의 글은 같은 해에 쿠퍼(Helen Cooper)가 편집하여 출판된 *Arms and the Woman: war, Gender, and Literary Representation*에 상재되어 있다.

2. 사회학자 보커(Lee Bowker) 교수에 의하면 범죄 발발 중 여성 범죄율은 항상 강조되어 나타나기는 하지만 통상 10%에 지나지 않는다고 한다(xiv). 한국 사회에서도 부인한테 맞고 사는 남편들의 경우가 종종 TV에 단골 메뉴로 등장하기도 하는데, '말괄량이' 혹은 '마누라 길들이기'의 습속을 호도하는 보도이다. "남편 때리기"(husband battering)라는 신조어는 아직 광범위하게 통용되지 않는다.

3. 필자가 선택하고 있는 위대한 여신, 즉 "대모신"(Great Goddess)은 통상 이 보다 더 원시적인 의미를 함축하고 있는 "지모신"(Earth Goddess)의 개념을 포함

하고 있으나, 일방적으로 지모신의 개념을 흡수, 통합하는 개념이 아니라 지모신의 요소를 동시에 지니고 있는 개념이다. 김상일은 지모신과 대모신을 각각 태모(太母, Great Mother)와 태모신(Great Goddess)의 개념으로 세분하고 있다(『카오스』 36, 149, 227; 「켄 윌버」 235-236). 그러나 그가 상정하고 있는 태모신의 개념 또한 태모를 포함하는 개념이기 때문에 보다 더 정치한 작업이 필요한데, 이는 태모의 개념이 김상일 교수가 우려하는 대로 통합발달심리학의 차원에서 지나치게 부정적으로만 해석될 수 있기 때문이다.

필자가 상정하고 있는 대모신의 개념은 따라서 태모 또는 지모신의 개념을 부정적으로 평가절하하지 않으며, 오히려 태모, 또는 노이만(Eric Neumann)의 "끔찍한 모신"(terrible mother, *Origins* 217; *Mother* 168)과 연관되는 기근과 폭력, 전쟁과 죽음을 각각 풍요와 평화 그리고 생명의 전제 조건으로 보고 있다. 비유해서 말하자면 대지의 아픔과 슬픔은 인간이 천상의 즐거움과 기쁨을 알기 위해 선험적으로 주어져 있는 것이며, 대모신은 이 양자를 포괄하는 개념으로 보기에 손색이 없다. 중국 학계는 "Great Goddess"를 "원모신(原母神)", 혹은 "대모신"으로 칭한다(섭서헌, 244).

이 분야의 거장 김부타스(Marija Gimbutas)는 대모신의 개념을 통합적으로 사용하고 있으나, 아이슬러(Riane Eisler)와 혹스(Jacquetta Hawkes)를 위시한 많은 페미니스트 학자들은 대모신의 개념을 지모신의 특성과는 유리된 개념으로, 그리고 더 나아가서 여성(성) 자체를 평화와 생명으로만 연관시켜 보고 있는 것 같다. 노이만은 이를 그의 주저 『대모신』(1963)에서 "Große Mutter(Great Mother; 국내 번역어로는 노이만의 『의식의 기원사』를 번역한 이유경은 "태모", 『위대한 어머니 여신』을 번역한 박선화는 "위대한 어머니 여신"을 그대로 사용하고 있다), 스주와 모르(Monica Sjöö & Barbara Mor)는 "Great Cosmic Mother", 베어링과 캐쉬포드(Anne Baring & Jules Cashford)는 단순히 "Goddess"로, 장영란은 "위대한 어머니 여신"으로 표기하고 있다. 노자 철학에서 "곡신"(谷神)으로 표기되고 있는 개념은 태모와 태모신의 개념을 포함하는 개념이며, 필자가 자주 인용하게 될 노이만의 "Große Mutter"(Great Mother) 개념 또한 대모신의 개념과 유사하다.

이 장의 3절에서 추후 밝혀지겠지만, 대모신은 남성성과 여성성을 함께 지니고 있는 신이며, 삶과 죽음을 관장하며 전쟁과 평화를 동시에 표상하고 있다. 그러나 밝힌바 대모신의 이러한 양면성은 상보적인 속성을 취하고 있어 어느 한 쪽이 우위를 차지하여 상반되는 개념 또는 요소를 흡수하지 않는다. 페미니즘 3기 혹은 포스트 페미니즘의 사상이 1기와 2기를 초극하는 개념이 아니라 1기와 2기의 요소를 동시에 함유하고 있는 이치와 유사하다.

4. 『옥스퍼드 고전 사전』(*The Oxford Classical Dictionary*, 1996)은 아레스를 "파괴적이지만 유용한 전쟁의 이중적인 힘을 체현한 전쟁의 신으로 그리고 이와 대조되어 아테나는 폴리스를 방어하기 위한 지적이고 질서 잡힌 전쟁을 표상한다"고 규정하고 있다(Hornblower & Antony 152). 아레스가 원초적으로는 전쟁의 신인 것은 분명하지만, 아테나는 도시 아테네의 수호신으로서 그 패권을 두고 "말의 신 포세이돈"(Poseidon Hippius)과 경합하여 청동기시대를 알리는 신물인 "말의 여신 아테나"(Athena Hippia)로 등극하여 전쟁을 대표하는 신으로 발돋움한다.

   병사들의 수호신이기도 한 아테나 여신의 품위는 제우스의 적장자로서의 그녀의 신분과 권위로 더욱더 가중되는데, 전쟁의 여신으로서 그녀가 그녀의 전신으로 여겨지고 있는 지혜와 전쟁과 관련이 있는 메두사와 이집트와 북아프리카의 존재 자체를 뜻하는 네이트(Neith) 여신과 맺는 관계에 관해서는 제2권(『메두사와 팜므 파탈: 지혜와 생명의 여성』) 8장의 3절 부분과 이어지는 11장 또한 참조.

5. 전쟁을 담당하는 여신들로는 전 세계적으로는 이들 말고도 가나안 우가리트 지역의 아나트(Anat), 페니키아의 아쉬타르트(Ashtart), 팔레스타인 유대 문명의 아스다롯(Ashtoreth), 그리스 청동기시대 아쉐라(Ashera), 아시리아와 그리스 철기시대 아스타르테(Astarte), 그리고 인도의 두르가(Durga)와 칼리(Kali), 그리고 일정 부분 중국의 서왕모(西王母)를 거명할 수 있으나, 이들이 공히 지혜와 전쟁의 신으로 간주되었는가 하는 사실에는 이견이 있을 수 있다. 남성신으로 전쟁의 신이자 지혜의 신을 겸했던 북유럽의 왕 오딘은 그 역할을 여신인 프레야(Freya), 그리고 일정 부분 그의 여사제인 발퀴레(Valkyre)와 공유하고 있다.

6. 죽음을 현존재에 귀속시키는 하이데거와는 달리 "대자 존재에는 죽음을 위한

공간이 존재하지 않는다", "죽은 삶은 완전히 닫혀져 있다. 우리는 더 이상 어떤 것도 거기에 들어가게 할 수 없다"(『존재와 무』 879, 최문규 65, 111 재인용)는 언술을 남긴 사르트르는 죽음을 삶과는 전혀 이어지지 않는 절대무로 파악하고 있다.

7. 필자는 간혹 "여신"과 "여성"을 호환적으로 사용하는데, 여신을 여성으로 확대해 석하는 논리의 이면에는 신에 대한 표상이 사람의 속성을 역투사하여 인간과 신의 상호 교환적 동일화 과정을 거친 것이라는 주장이 버티고 있다. 인간이 신의 모습(imago dei)을 띤 것이 아니라 신들이 인간의 모습(imago hominis)을 받아 신인동형적(神人同形的, anthropomorphic)이었다는 사실은 이미 기원전 4세기 시실리아의 철학자 유헤메로스(Euhemeros), 그리고 이보다 앞서 크세노파네스에 의해 주장된 바 있다. 인류의 조상, 특히 왕들이 사실은 신들이었다고 주장하는 '역(逆)유헤메로스주의'(reverse euhemerism)는 그러나 또한 신인동형을 표방하는 유헤메로스주의의 일종일 뿐이다. 억지로 갖다 붙이자면 인류의 '이마고 데이' 창조설이 이에 해당한다.

8. 굳이 아직까지 학계에서 그 주장의 타당성 논란을 불러일으키고 있는 버날(Martin Bernal)이 그의 3부작 『블랙 아테나』에서 주장하고 있는 아테나의 아프리카 기원설에 대한 찬반을 여기서 다시 논의하고자 함은 아니다. 서양 문명의 시원을 수메르나 그리스가 아니라 아프리카로 새롭게 규정하려는 논의를 유보하고, 아테나 여신 자체가 제우스 신이 등장하기 전에 통용되었던 대모신이라는 버날의 주장과, 아테나 여신이 수메르의 인안나 만큼이나 오래된 신의 이름으로 통용되었다는 리고글리오소(Marguerite Rigoglioso)의 최근의 학설(2010)을 따르자면 아테나 여신은 이미 전쟁과 지혜의 여신이었고, 이렇게 본다면 전쟁 신으로서의 제우스나 야훼의 모습을 후대 사람들이 아테나에게 투사했다는 다소 통속적인 해석(Eisler 1987, 93)을 굳이 따를 필요가 없게 된다.

아테나가 전쟁과 지혜라는 일을 행하는 제우스 신의 적자로 인류의 역사에 등장하게 되는 이유는 그녀가 제우스의 머리로부터 무성생식해서 그의 모든 권능을 물려받아서이기도 한데, 그녀가 이미 전쟁과 지혜의 여신으로 등장했다는 버날과 리고글리오소의 주장은 그러나 제우스의 적자로서의 아테나 여신이라는 주장과 굳이 상충되고 있지는 않다. 아테나가 청동기시대의 제우스보다 오래되고 강력했던 원시의 신이었다면 그녀는 그 권한을 되찾기 위해 제우스의 적통으로 다시 등장할 수밖에 없게 된다.

'사라진 신의 귀환' 또는 '억눌린 것의 귀환'이라고 보아도 좋은데, 이러한 비유가 비유로 끝나지 않고 역사로 진입하는 또 다른 예를 우리는 성모마리아가 3위의 가부장적 종교에서 살아남아 어머니 여신의 역할을 여전히 행하는 것에서 찾을 수 있다. 아테나는 특별히 『일리아스』를 지나 아이스퀼로스나 에우리피데스의 작품에 이르러서는 제우스의 신표인 천둥과 번개에 접근이 가능한 신으로 그려지기도 하는데(Deacy 31), 이러한 사실들은 모두 아테나의 권능이 무소불위였음을 지시해주고 있다.

9. 이집트의 이시스(Isis) 여신에 대한 분석은, 자료 부족과 필자의 과문으로 인하여 그녀가 전쟁에 관련되는 측면에서만 간략히 이루어진다. 바빌로니아의 이슈타르 여신이 이 글의 분석에서 제외된 것은 이슈타르가 사랑과 전쟁의 신인 것은 확실하지만 지혜의 여신이었다고는 확실하게 주장할 수 없기 때문이기도 하다. 이슈타르는 모든 것을 포괄하고 있는 인안나와는 달리 그 기능이 주로 사랑과 전쟁으로 국한되고 있는데, 사랑과 전쟁의 주재신으로서 그녀가 인안나와 같이 지혜의 여신으로 갈음되었는가에 관한 보다 세밀한 분석은 필자에게 남겨진 또 하나의 과제이다. 아카드 문헌은 이슈타르를 "이상하게 행동하며 / 강력한 형태를 지녔다. / 그녀는 수많은 전쟁의 울부짖음을 토해내며 / 무시무시한 것들로 치장되어 있다. / 살육을 저지를 때 그녀는 끔찍하며 / 살생과 괴롭힘을 좋아하며 사악하다"(Foster 86; Bahrani 143 재인용)고 기술하고 있다.

10. Wolkstein & Kramer 12-27, 김산해 편역, 『길가메쉬』 53 또한 참조. 더 자세한 목록에 관해서는 옥스퍼드대학의 수메르 문명 전문 웹사이트인 http://etcsl. orinst.ox.ac.uk Segment D, F 참조.

11. 필자는 배철현의 "이난나" 대신 조철수(2003)와 김산해, 그리고 주원준의 표기법인 "인안나"를 택하고 있는데, 이는 인안나(In.anna)가 "하늘신 안(An)의 여주인'이라는 뜻의 닌안나(Nin-an-na)에서 나온 이름이라고 생각"(조철수 2003, 39; 주석 13; 주원준 35)되기 때문이며, 많은 학자들 또한 이를 정설로 생각하고

있다. 달의 여주(女主) "이난나"로 표기할 때는 달의 신 난나(Nan.na)와 연관성
이 있어 보여 문학적 상상력이 가미된 합당한 이름이 될 수도 있고, 또 사막 지
역에서 중요한 신으로 등극한 달의 신을 지칭할 때는 그것이 더 합당해 보이지
만, 이 책에서는 전자를 택한다. 지혜의 여신 인안나가 안으로부터 메(me)를 물
려받아 그를 대신하여 통치하기도 하는데, 이는 그리스 신화에서 제우스를 대신
하여 아테나가 간혹 그의 아비를 제치고 주신의 역할을 하는 것과 유사하다. 안
의 증손녀인 인안나는 엔릴의 손녀, 그리고 난나의 딸이기도 하였는데, 에안나
신전을 차지하기 위해서 증조할아버지인 안의 정부, 즉 아내 노릇을 하기도 한다
(김산해 2005, 394). 에안나(E.anna)는 "하늘 신전"이라는 의미로 인안나의 영역
인 우룩에 위치한다.

인안나는 안의 증손녀이자, 엔릴의 손녀, 그리고 달의 신 난나의 딸이었는데 에
안나 신전을 차지하기 위해서는 안의 정부 노릇을 하기도 한다(김산해, 『길가메
쉬』 394). 엔키가 다스리는 에리둑은 말할 것도 없지만 인안나는 그녀의 아비가
되는 난나의 수메르 최고의 도시 우르의 신 뿐 아니라, 원래 그녀의 영역인 우룩,
그리고 종극에는 안의 영역인 하늘의 최고 신의 자리까지 걸머지게 된다. 문학
적 상상력을 동원한다면, 하늘에서 제일 빛나는 '샛'별이 금성이 그리고 인류에
게 영향을 가장 많이 미치는 별이 달이 되는 이유이다.

12. 수메르어 'me'는 영어로는 "rite, divine power, power of office, essence" 등으
로 번역되며, 메는 힌두문화권의 우주의 질서와 법칙인 리타(rita)와 상응한다.
아리아인들이 인더스 강변에 이르러 처음으로 숭배한 신은 리타, 즉 메의 주재자
인 바루나(Varuna)였다. 동사로 '메'는 "존재하다, 이다'(to be)라는 뜻이며 동명
사로 '존재'(being)라고 말할 수 있다. 수메르 문화에서 '존재'란 사람이 도시민으
로서의 존재(도시민이 되는 척도), 곧 인간 사이의 질서를 지키도록 하는 능력이
다. (···) 엔키가 소유하고 있었던 능력은 도시를 발전시키고 건전한 사회로 이끌
수 있는 법도(law)와 기술(art)이라고 말할 수 있다"(조철수 2003, 66, 275).

13. 측량과 시간과 관련된 달의 어근이기도 한 "me"와 인안나의 '메'와의 관련성을
연구할 만한데, 엘리아데는 수메르어 '메'가 남자 또는 수컷을 가리키는 동시에
하늘도 가리킨다고 주장하고 있다(『종교사』 105). 달에 대한 사유는 시간을 인식

하게 하여 그것을 발생시키고 존재에 대한 사유를 불러일으키고 있다. 엘리아데를 계속 인용해 보자. "달은 제일 먼저 죽지만, 또한 제일 먼저 부활한다. (···) 현실적으로 달은 시간을 '측정'하는 데 쓰이고(인도-유럽어족에서 하늘의 달이나 시간 단위로서의 달을 가리키는 대부분의 단어들은 어근 me*에서 파생하였다. 라틴어에서도 달을 가리키는 단어인 mensis는 '측정하다'라는 뜻의 metior와 동일한 어근을 갖는다) 그 변화하는 모습들이 시간의 단위(한 달이라는)를 나타내주지만, 또한 달은 '영원회귀'를 보여주기도 한다"(『영원회귀』 93).

"측량하다"는 뜻의 라틴어 "metior"(명사형 "mensio" 혹은 "mensionis")와 "생각하다"는 뜻의 "mentior", 그리고 달(mensis←metior)과 생각 또는 정신(mens), 메두사, 마아트, 메티스, 디메터와의 연관성에 관해서는 이 책의 1권 2장 2절과 4장의 달과 관련된 논의, 2권의 8장의 3절, 9장의 니체와 달에 관련된 본문, 그리고 더 나아가 달과 물질(matrix, matter)과 어머니(madre, mother, ma)와의 연관성에 관해서는 2권의 5장 4절을 또한 참조. 달(me)과 바다(la mer)와 어머니(la mère), 그리고 모(母, mû)와의 연관성은 말할 것도 없지만 "me"와 "man"(인간 혹은 남성) 그리고 "mens"(달, 사유)와의 연관성에 대한 어원학적 성찰의 가능성은 본서 제2권 9장과 제1권 특히 2장의 2절에서 논한바 추후의 엄밀한 고찰을 요구하고 있지만, 통속적인 상상력에서는 전거를 따로 필요로 하지 않는다.

14. 우리는 이와 같은 사유를 헤라클레이토스에서 다시 발견하게 된다. "신은 낮이며 밤이고, 겨울이며 여름이고, 전쟁이며 평화이고, 포만이며 굶주림이다(헤라클레이토스, 단편 36). 여신에서 신으로 이름이 바뀌었을 뿐이다.

15. 여성이 '진리의 비진리' 또는 '비진리의 진리'에 관한 은유라는 주장에 대해서는 본서 제2권 9장의 니체에 관한 논의를 참조.

16. 물론 우리는 모든 것을 포함하는 '메'에 관한 카탈로그를 서사시의 전통에서 우러나온 나열식 기법의 한 형태라고 말할 수 있다. 『바가바드 기타』는 비슈누의 여덟 번 째 화신인 크리슈나를 "나는 영생이고 죽음이며 / 존재이고 비존재"(IX: 21-22)로 표현하고 있다. 이와 같은 서사시의 기법은 그러나 단순히 형식만이 아니라 서사시 특유의 총체적인 세계관을 반영하고 있다.

휘트먼(Walt Whitman)의 카탈로그식 나열 방식 또한 이와 다르지 않다. 자기충족적(self-sufficient)이고 때에 따라서는 자기기만적(self-delusional)인 민주주의의 세계를 휘트만의 시 형식이 반영하고 있기 때문이기도 하지만, 보다 근원적으로는 선악과 미추를 넘어서는 모든 것을 포함하고 있는 세상 또는 신 자체에 대한 인식을 휘트만이 카탈로그 방식, 또는 상극법(merism; polar expression)으로 표현하고 있기 때문이기도 하다.

17. 필자는 1권의 서론 도입부에서, 결과에서 원인을 추론하는 오류, 혹은 전제를 진리로 여기는 순환론적 오류에 대해 논의한 바 있다. 이와는 약간 다른 맥락이지만 카파도키아의 성 바실리우스(Saint Basilius the Great)는 '생명은 죽음을 낳지 않고, 어둠은 빛의 기원이 아니며, 병은 건강을 만드는 것이 아니다'고 밝힌 바 있다(Jung Aion 47 재인용). 바실리우스의 이러한 언급은 물론 악은 선의 결핍이고 악은 존재하지 않는다는 오리게네스의 이론에서 시작하여 아우구스티누스와 아퀴나스로 이어지는 신명론적 차원의 언급이지만, 심리학자 융은 이를 전제를 증명 없이 진리로 여기는 오류, 즉 '페티티오 프린키피'(petitio principi)라고 말하고 있다(Aion 36-50). 죽음은 생명의 결여이어서 구세주에 대한 신앙 속에서는 죽음이 존재하지 않는다는 말인데, 필자는 이를 비틀어 생명은 생명이고 죽음은 죽음이며 여성은 생명도 아니고 죽음도 아니라 패러디한다. 죽음은 생명을 창출하지 않으며, 전쟁은 평화의 기원이 아니다! 책의 종지와 전혀 다른 적어도 표면적으로는 '안티 우로보로스'를 말하고 있는 절이라 다시 인용한다.

18. 수메르 신화에서 달의 신 난나로부터 다시 달(인안나, 숫자로는 15)과 태양신 우투(숫자 표징으로는 20)가 분화되었다는 사실을 기억할 필요가 있다. 수메르 만신전에서 달의 여신인 인안나를 축으로 주요 12지신의 친족 관계가 성립된다는 사실은 그들의 사고 체계에서 달의 중요성을 예시하는 신화소이며, 이는 그리스 신화에서도 제우스의 법통을 이은 아테나의 역할에서도 그대로 나타난다. 다만 여신의 부상이 태고의 원래 위치를 복원하는 것인가, 또는 여신을 이상화한다고 하면서 동시에 그 여신을 바로 폄하하는 과정의 스펙트럼인가는 추후의 논의를 필요로 하고 있다.

하늘(An 완전수 60)과 바람(Enlil 50)과 물(Enki 40)의 신에 이어 등장하는 난나(30)의 중요성은 그가 닌릴의 적장자로 등장한다는 점에서 더 이상의 재론을 필요로 하지 않는다. 다만 난나가 남신으로 등장한다는 사실은 그의 배우자가 달의 여신으로 등장한다는 사실과 더불어 그 품계와 위격에 대한 추가 논의를 필요로 하고 있다. 수메르 문화권에서 난나의 배우자인 닌갈(Ningal)이라는 달의 여신이 따로 존재하지만 남성 파트너보다 품계가 낮아 달을 주로 남성 난나(Nanna)로, 그리고 게르만 문화권이 달을 남성(der Mond)으로 태양을 여성(die Sonne)으로 파악하고 있다는 사실은 실은 문제를 야기하고 있다. 그렇다면 우리는 난나와 닌갈이 분화되기 이전의 수메르의 달신을 따로 옹립해야 한다. 게르만 문화권에서의 남성 달신 또한 같은 맥락에서 논의가 이어질 수 있겠다.

19. 조금은 다른 문맥이 되겠지만 전체 또는 총화(pan)로서의 신성한 숲의 신 판 (Pan)은 말 그대로 "그 자체가 생명의 총체이자 우주에 생명을 부여하는 발생적 에너지를 구현"했으나, "독단적이고 비관용적이며 이원론적인 일신론"(Brosse 279, 400)이 들어서면서 자취를 감추게 되었다. 목신인 판은 전체성과 통합성을 상징했던 아르카디아의 신으로부터 물러나 공포(panic)와 죽음의 신으로 전락하고 있는데, 프랑스의 화가 뿌셍(Nicolas Poussin)의 〈아르카디아의 목자들〉(1627)에서 4명의 젊은 등장인물들이 바라보고 있는 석관에 쓰여진 "아르카디아에도 나는 있다"(Et in Arcadia Ego)는 글귀는 죽음의 보편적 편재성과 불가피성을 나타내고 있다. 이와 같은 아이디어는 이강서 20-22, 169에서 끌어 왔다.

20. 문화사가 써러(Shari Thurer)는 현대연극에 나타난 어머니의 "게걸스러운" (devouring) 그리고 "약탈적인"(predatory) 성격에 대해서 고찰한 바 있으나 (269), 이는 어머니의 부정적 심상인 문화 현상에 대한 연구이지 어머니의 부정성, 또는 양면성의 원인을 밝히는 작업은 아니다. 영미 드라마에 대한 분석에 국한하여 이와 유사한 작업을 한 이혜경의 『영미 및 유럽 극에 나타난 모성』 (2004) 또한 참고할 것.

21. 우리가 접하는 창세기의 두 가지 판본은 이에 대해 상이한 진술을 하고 있다. 먼저 E 텍스트는 "하느님의 형상대로 사람을 창조하시되 남자와 여자를 창조하시고"(1:27)로 되어 있고, J 텍스트는 "여호와 하나님이 아담에게서 취하신 그 갈빗대로 여자를 만드시고"(2:22)로 되어 있다. 원문에 대한 해석은 주석가들 사이에

서 분분하지만, 어떤 경우든 양성적 아담을 전제로 하고 있다는 사실에는 이의
가 없을 것이다. 아담과 이브의 동시창조설을 말하고 있는 1:27의 히브리어 원
문은 "Westminster Leningrad Codex"를 참조하였고 독자들의 편의를 위하여
불가타 라틴어 성경을 필사하면 다음과 같다.

> et creavit Deus hominem ad imaginem suam ad imaginem
> Dei creavit illum masculum et feminam creavit eos (*Vulgata*
> *Clementina*)

남자와 여자의 동시 창조설에 대해 브로스(Jacques Brosse)는 다음과 같이 설
명한다. "'우리 모습을 닮은 사람을 만들자!'라는 구절에서 '사람'이란 단어는 집
합적이다. (…) '자신의 모습을 본떠' 인간을 만들었던, 복수의 이름을 가진 하나
인 하느님은 당신 자신이 복수인 인간을 창조하였다는 것이다. 그런데 이러한 이
중의 복수는 양성자만을 지칭할 수 있다. 모든 전승자에 등장하는 유일신들은
논리적인 필요성에 의해 양성자이며, 모든 창조는 성(性)의 구별, 여성 혹은 남
성 애인의 출현으로 하나가 둘이 되는 신의 '자기 분리'에 의해서만 시작이 가능
하다"(350-51). 엘로힘이 문법적으로는 남성 복수형이지만 실제적으로 단수로
사용되는 경우가 바로 이 경우이지만, 문법학 내지 문헌학의 엄밀한 고증이 요구
된다. 아담과 이브의 동시 창조설에 대해서는 본서 제1권의 1장 '주석 10' 참조.

22. 강영경이 주석 31에서 인용하는 『설문』의 일부에 대한 해석은 다음과 같다. "子
는 '十一月陽氣動 萬物滋入以爲稱'으로, '씨앗'을 의미하는 것이다. 또한 여자도
子라 칭하는데 예를 들면 夫人이 스스로를 낮추어 칭할 때 '婢子'라고 하며, 벼
슬하는 사람들의 아내는 '內子'라고 하였다. 그러므로 子의 원래 의미는 남자나
여자를 표시하는 것이 아니다." 모태를 자궁이라 하지 남궁 혹은 여궁이라 하지
않는 이유이기도 한데, 아담이 붉은 흙으로 만들어진 인간 전체(adamah)에서
연원한다는 사실은 익히 알려져 있다. 서양의 "man"은 생각하는 동물이라는 뜻
의 산스크리트어 "manuh"에서 왔다고 한다(배철현 『신의 질문』 60). 구체적인 어
원에 관한 논의가 필요하며 이에 관한 보족적 논의로는 본서 제2권의 8장 후반
부를 볼 것.

『월간중앙』에 연재한 "배철현의 성서 오디세이: 신의 위대한 질문" 시리즈 첫 글에서 배철현은 아담에는 인간과 남자라는 두 가지 의미가 있는데 "남자는 여자의 대칭적인 개념이며 존재"이며 "그러므로 여자가 창조된 이후에, 아담은 비로소 '남자'가 되었다. '인간'을 의미한 아담의 한쪽이 여자가 되었고, 다른 한쪽은 남자가 된 것이다. '여자'가 만들어지면서 비로소 '남자'가 존재하기 때문에, 이 여자를 '하와(hawwah)' 즉 '생명을 탄생시키는 자'라 불렀다"고 밝히고 있다(http://blog.daum.net/_blog/BlogTypeView.do?blogid=0JhIe&articleno=8765971) 참조. 연재본을 저본으로 하여 출판된 『신의 위대한 질문』에는 없는 내용이다.

23. 보다 원시시대에 태양이 죽음과 암흑과 연관되며 달이 생명과 성장 그리고 빛의 근원이었다는 브리포의 주장은 귀담아 들을만하다. 바빌로니아의 샤마쉬가 원래 달의 신 씬(Sīn)의 딸이자 배우자였다는 주장이기도 한데, 후대에 이르러 달의 신은 여성으로만 표현되며 그리스 문명의 경우도 예외는 아니다(Briffault I: 86-87). 달과 태양의 문화에 대한 논의로는 본서 제1권 2장과 제2권 5장의 관련 부분을 볼 것.

24. 이러한 맥락에서 협력 관계를 표상하는 "人"을 "入"으로 표기하거나 양변을 똑같이 표기하여 지나치게 좌우와 상하를 분별하게 되면 이데올로기에 갇힌 "囚人"의 모습이 된다.

25. 유방을 가진 수염 난 제우스, 수염 난 아프로디테, 대머리 비너스, 그리고 남성 여장하기와 여성 남장하기 등은 이러한 젠더 혼란 또는 젠더 착종의 일례이다. 현대의 트랜스젠더 또한 이러한 논의에서 자유롭지 않다. 크로노스로가 삼켜 토해낸 아이들, 제우스가 넓적다리에 숨겨 출산한 디오뉘소스, 또는 그의 머리로부터 아테나가 분화되는 현상이라든가 기독교의 삼위일체에 성모이신 여성이 등장하지 않는 현상에 주목할 일이다. 아놀드 슈바츠네거가 등장하는 영화에서도 남성에 의한 넓적다리 출산은 이어지고 있다.

26. 칼리와 칼라에 관한 추가적인 논의로는 또한 이 책의 에필로그 주석 28을 참조.

27. 성전(bellum sanctum)은 아랍권에서 통상 지하드로 알려져 있는데, 이는 국내 이슬람문화 전문가인 정수일 선생 또한 지적하듯이 "신에 대한 성실함"을 뜻

하는 말이 와전된 것일 수도 있기 때문이다. 신에 대한 성실함 또는 의무가 힌 두 경전 『바그바드 기타』에서 표현된 것처럼 신의 명령으로 포장된 전쟁을 포함할 수는 있겠으나, 지하드는 일차적으로 "노력이나 분투"이다(Armstrong 2010, 175).

그러나 그럼에도 불구하고 한 용어 내지는 그것과 연관된 사상이 그 뜻이 변하거나 와전 혹은 오용되는 경우라도 그러한 것이 상식과 규범, 또는 도덕적 가치 기준과 판단의 전범으로 이용될 수 있음은 물론이다. "한 손에 코란, 다른 한 손에 칼"이라는 상투어는 아우구스티누스가 능멸조로 지어낸 말이라는 정수일 선생의 논의에 반대하지는 않지만, 그러한 행위가 일차적인 지하드의 노력 이후에는 자행되었던 것 또한 사실인 것 같다. 타협과 포교에 대한 실패, 그리고 공존에 대한 합의가 실패할 경우 "다른 한 손의 칼"은 무자비했다. 이 점은 불교나 기독교 등 다른 종교도 그러했다.

28. 융이나 노이만도 어느 정도 그러하지만 특히 윌버의 사유는 뒤랑이 비판하고 있는 "모신(母神)의 태동에서 부신(父神)의 완성으로의 이행"(『인류학』 44, 444-445)이라는 프레임을 충실히 따르고 있다 할 수 있겠다. 그러나 필자가 여기서 주장하는 것은 "완성으로의 이행"이 순환론적 역사관에서는 부정된다는 것이다. 이러한 맥락에서 전쟁은 여성적인 것이라는 논리 또한 부정된다. 전쟁과 평화의 대모신이 존재했었다는 사실이 모든 것은 여성적인 것이라는 주장은 아닐 것이다. 모계제가 존재했다면 그것 또한 한계를 지닌 체제였을 것이다. 랭보(Arthur Rimbaud)의 말대로라면, "흠 없는 영혼", 흠 없는 시대가 어디 있단 말인가?

29. 고대 터키어에서 나온 것으로 추정되는 러시아어 '쿠르간'은 고고학자 김부타스가 기원전 4000년경 청동기시대에 러시아와 우크라이나의 초원(steppe) 지역에서 남부유럽으로 퍼져나갔던 묘실 위를 뒤덮은 언덕이나 둔덕(burial mound)을 매장 방식으로 사용하는 문화권, 즉 인도유럽어족의 문화, 그중에서도 특히 전사 문화를 지칭하는 용어로 사용된다. 중동지방 사막 지역의 셈족과 더불어 지중해 지역의 신석기 문명을 청동기 문명으로 변화시키는 역할을 수행하였으며, 그 이동 경로는 인도에까지 이른다.

아리아족은 인도 서북쪽의 힌두인들과 페르시아인들이 그들 스스로를 칭하는 말이었고, 히틀러에 의해 날조되었지만 산스크리트어와 그리스어의 모태 언어를 사용하는 인종과는 상관없는 개념이었음이 고고학자 차일드(Gordon Childe)에 의해 주장된 바 있다(277). 그러나 '아리안족'이라는 개념이 셈족의 일원이었던 유대인을 평가절하하려는 히틀러의 야망으로 인하여 확산된 개념인 것은 분명하다.

프랑스혁명도 그러하지만 히틀러와 나치즘의 등장을 바이마르공화국의 내부적인 문제뿐 아니라 교회와 국가에 의해 지나치게 억압받았던 북유럽의 전쟁의 신 오딘[고대 인도어로는 보탄(Wotan)]의 귀환, 즉 "신화적 침전물들"(précipités mythiques)의 귀환, 또는 "신화적 폭발"로 해석하는 뒤랑의 견해에 대해서는 1996, 50-57 참조.

30. 후대에 예수께서 최후의 만찬에 사용했다고 전해지는 성배는 아이슬러에게 있어서는 문자 그대로는 세례반(baptismal font, 洗禮盤) 또는 성수반(聖水盤)을 의미하며, 생명을 담는 소반 또는 그릇[font, 명(皿)]을 담는 여신 또는 생명의 물을 지닌 자궁을 의미하기도 한다(102). 켈트 족의 신화에서 성배는 (여)왕의 피 또는 왕가의 혈통을 의미하는데, 식기 또는 (솥)그릇을 뜻하는 성배는 사발에 가까운 잔으로 변하면서 예수 보혈의 피를 담은 잔으로 변모하였다.

서양의 종교적인 해석이 거북한 독자들은 구석기와 신석기시대의 "여성의 고안물"인 질그릇(pottery), 잔[goblet, kubok(盉)], 또는 여성의 자궁을 의미하기도 하는 솥단지(cauldron)를 생각해도 될 것이다. 여성의 성기를 상징한다고 할 수 있는 역삼각형 또는 사각형 모양의 성배, 또는 잔 모양의 "쿠복"을 가슴 또는 복부에 안고 있는 실크로드 지역에서 출토된 도판에 대해서는 Federov-Davydov 20, 그리고 성배를 여성의 자궁으로 보는 전통에 대해서는 김정란 39, 46 참조.

31. 신들의 머리 유출설은 북유라시아인들의 공통 신화소인 것 같다. 인도유럽어족인 산스크리트어를 쓰는 아리안의 신화 체계도 이와 유사한데 이들에 의하면 브라만 계급은 머리에서, 부처를 포함하는 크샤트리아 계급은 오른쪽 옆구리, 바이샤는 왼쪽 옆구리, 수드라는 가랑이에서 출생한다고 한다. 언어의 비유이다. 『리그 베다』는 이를 다음과 같이 기록하고 있다. "브라민은 그의 입이었고, 그의

두 팔은 전사가 되었고, 그의 두 넓적다리는 상인과 농민이 되었고, 그의 발로부터 노예가 태어났다"(X: 90; 정세근 28 재인용).

32. 김부타스는 청동기시대 말(馬)의 사용이 "먼 거리의 원정과 활발한 무역, 부의 축척과 우마의 약탈, 사회 계층의 급속한 변화, 그리고 전쟁과 폭력을 가능하게 하였다. 스텝 지역이 정복당했을 때 그것은 필연적으로 연속적 이주의 원천이 되었다"("Kurgan Culture" 54)고 주장한다. 물론 말의 사용으로 청동기시대의 도래를 전적으로 설명할 수는 없다는 주장은 이미 차일드(Gordon Childe)를 위시하여 많은 학자들에 의해 제기된 바 있다. 특별히 차일드가 말하는 구리와 청동, 그리고 농산물의 잉여에 의한 도시 혁명의 파급은 통상 말의 등장으로 청동기시대를 설명하는 프레임과는 차별화된다(267-285).

가부장제와 가모장제에 대한 일반적인 논의에 대해서는 바흐호펜(Johann Bachhofen)의 여성 통치(gynaikokratie)의 개념과 김부타스의 여성 중심(matristic, matrifocal, matricentric) 사회와 "어머니 호주 세습"(metronymy), 드루몬드(Imogene Drumond)의 탈가부장제(post-patriarchy)와 신생대(Cenozoic Era)에서 환경 시대(Ecozoic Era)로의 변이, 아이슬러의 "여성해결주의"(gylany)를 거명할 수 있는데, 이에 대해서는 각각 Gimbutas, *Goddess* 349; Goettner-Abendroth 2005; Drumond 423; Eisler, "Partnership" 406 참조.

33. 여성도 전쟁 친화적임을 주장하는 소위 동등한 페미니스트들(equal rights feminists)과 여성이 꼭 평화적이지 않다고 주장하는 자유주의적 페미니스트들(liberal feminists), 그리고 이와는 약간은 다르지만 페미니즘을 현실에 근거하지 못하는 이상적인 사조로 파악하면서 스스로를 정치적 현실주의자(political realist) 또는 도덕적 현실주의자(moral realist)로 규정하는 신보수주의 국제정치학자 엘쉬타인(Jean Elshtain) 등의 입장은, 어떤 면에서는 전쟁이라는 "위대한" 작업을 여성도 할 수 있다는, 혹은 전쟁이 원래부터 여성적인 것이라는 주장을 함의하고 있다. 여성이 전쟁과 밀접한 관련이 있다고 주장하는 면에서 이들의 입장은 동일하나, 그것이 여성의 사회참여와 남녀평등, 그리고 궁극적으로는 평화를 위한 것인지 또는 엘쉬타인처럼 전쟁의 현실적인 불가피성을 강조하기 위한 것인지는 이 책의 14장 참조.

사랑? 우리는 베트남에서 모든 사람들을 작살내었지.
사랑? 우리는 서로 사랑하지.
사랑? 자꾸만 그것을 헤집어 이야기하지 말자.
사랑을 한다면서 우리는 모든 사람들을 다 죽이고 다니고 있지 않은가?
그렇지 않은가?
—이스트레이크, 『대나무 침대』 220

사랑은 나치 독일인들이 화덕에 사람들을 구울 때 독일에서 횡행하던 기독교의 개
똥이다. 그리고 지금 사랑은 미군들이 마을에서 사람들을 태워 죽일 때 미국 전역
에서 날뛰고 있다. 세상은 지독한 거짓말이라고 클랜시는 생각했다. 이 지독한 거
짓말. 그렇다면 진실이란 무엇일까? 진실은 당신이다.
—이스트레이크, 『대나무 침대』 307

죽음, 그녀는 우리 대위님의 신부였다.
—이스트레이크, 『대나무 침대』 350

제12장

"죽음은 그녀 자신이 되었다"(『대나무 침대』 333):
안티 우로보로스의 재출현과 베트남 전쟁소설에 나타난
죽음으로 표상되는 여성

1

베트남 전쟁소설과
연구 현황

홀로코스트가 그 "이성적"이고 반휴머니즘인 성격으로 인하여 반이성적 서양 문명의 종언을 말하고 있다면, 베트남전쟁은 미국 문명의 종언을 말하고 있다고 해도 과언이 아니다. 베트남전쟁을 위시하여 미국이 직간접적으로 행한 수많은 전쟁들이 건국 초기 아메리칸 인디언에 대한 폭력의 반향에 지나지 않는다는 미국의 역사학자 슬로트킨(Richard Slotkin)의 의견을 이를 예증하고 있는데, 아메리카라는 신천지에 등장하여 토착민인 인디언들을 몰아내고 백인 위주의 문명을 세운 '건국의 아버지들'(Founding Fathers)은 폭력과 전쟁을 수단으로 하여 제국의 입지를 공고히 다져오고 있다. 문제는 베트남전쟁이 미국 문명의 치부를 드러내었다는 언명인데, 이러한 주장의 배후에는 베트남전쟁이 미국의 인종, 젠더, 계급에 관한 불평등을 아주 극명하게 노정했다는 판단이 자리 잡고 있다.

굳이 레닌을 인용하지 않아도 우리는 "제국주의가 자본주의의 최상의 형태"(Theweleit 77 재인용)인 까닭을 이해하게 되는데, 특별히 미 제국은 인종과 젠더라는 항목을 기반으로 하여 이보다 상위의 심급인 사회 계급을 구성한다는 면에서 그 특성을 견지한다 할 수 있겠다. 그러한 인종과 젠더의 불평등과 모순을 극명히 드러낸 사건이 베트남전쟁이었고, 이 전쟁은 1, 2차 승전국인 미국인들에게 최초의 패배를 가져다준 전쟁으로 각인되게 된다.

그러나 우리의 베트남전에 관한 논의는 전쟁의 젠더적 성격, 그중에서 특히 여성과 전쟁과 죽음에 한정된다. 베트남전쟁의 인종-젠더-계급에 관한 다양한 모습에 대해서는 베이츠(Milton Bates)의 『우리가 베트남에 가져간 것』(1996) 등에서 이미 연구가 진행된 바 있으며, 젠더와 베트남에 관한 선구적 연구는 제포즈(Susan Jeffords)의 『미국의 재남서와: 젠더와 베트남전쟁』(1989)으로 결실을 보았다. 그러나 특별히 젠더를 기본 개념임을 주장하는 제포즈의 의견이 자칫 일의적이고 단순할 수 있음에도 불구하고 젠더 연구로만 국한되지 않는 까닭은, 남녀의 구별과 차별에 관한 기본적인 연구가 이 보다 상위 개념일 수 있는 젠더와 계급에 관한 연구로 이어지는 소이연이기 때문이다. 우월하고 열등한 인종의 구분에 남성성과 여성성이라는 젠더의 핵심 개념이 작동하고 있어서 그러하기도 하지만, 테베라이트의 주장대로 "인종주의는 가부장 지배의 가장 강렬한 형태"(77)이기 때문이기도 하다. 젠더를 기반으로 인종에 관한 구별과 차별이 진행되고 젠더와 인종의 합주에 의해 계급이 구성되고 있는 것은 사실이지만, 젠더와 인종과 계급은 일 방향이 아니라 쌍방향임을 주지할 일이다.

제안된 주제인 여성과 전쟁과 죽음이라는 우리의 논의를 베트남 전쟁소설에 관한 사례연구를 통하여 진행하기 전, 일반 독자들을 위하여 베트남 전쟁에 관한 서양어 문화권 위주의 문학에 대한 간단한 소개를 이에 대한 서지 목록을 통해 간략히 해보기로 하자. 1982년 초판 발간 이후 1988년 뉴만(John Newman)에 의해 752개의 분량으로 종합적으로 모아진 『베트남 전쟁문학 서지』 발간은, 총 680쪽 분량으로 1370여 개의 문학 서지에 대한 정보를 담고 있는 1996년에 발간된 개정 증보 3판으로 그 결실을 보았다. 물론 그전에도 몇몇 개의 베트남 전쟁문학에 관한 단편적인 서지 목록이 없었던 것은 아니나, 뉴만의 서지 목록은 베트남 전쟁문학에 관한 포괄적 기록이라는 점에서 주목을 요한다. 그동안 국내에서도 박진임, 구은숙 교수 등에 의하여 행해진 베트남 전쟁문학에 관한 논의가 아주 없었던 것은 아니니, 한국과 베트남, 베트남과 미국의 교류가 어느 때 보다 더 무르익어 가고 있는 이 시점에서 베트남 전쟁문학을 재론하는 것은 여전히 시의적절하다. 베트남에서의 양민 학살에 대한 한국 정부의 공식 사과와 이에 대한 보상이 충분히 이루어지지 않고 있는 상황에서, 우리가 미군의 노근리와 같은 한국전에서의 학살을 운운하는 것은 상당히 조심스러운 태도와 접근 방법을 요구한다.[1] 과거에 대한 돌아봄과 자성이 없는 민족은 파멸의 도정에 있다.

베트남 전쟁문학을 가르치는 미국 대학의 수업 계획서를 대강 살펴보면, 미국 도서상(The National Book Award)의 수상작들인 하인만 (Larry Heinemannn)의 『파코 이야기』(Paco's Story, 1987)와 오브라이언(Tim O'Brien)의 『카치아토를 쫓아서』(Going after Cacciato, 1978)와 같은 작품은 거의 필독서로 등장하고, 국내에서도 이러한 상황을 반영이나 하듯이 앞서 언급한 박진임, 구은숙 교수뿐 아니라 심경석, 노재호 교수 등에 의해서도 이 작품들에 대한 논의가 있어 왔다. 정연선 교수의 『미국 전쟁소설』은 오브라이언의 『카치아토를 쫓아서』를 위시해서, 웹(James Webb)의 『포화의 들판』, 델베키오(John del Vecchio)의 『13 계곡』, 그리고 베트남전쟁에 심각한 비판을 하고 있는 더든(Charles Durden)의 『나팔도 없이 북도 없이』등을 언급하고 있다.

전쟁증후군에 걸려 오히려 상처받은 미국인, 또 때로는 살인마적 성향을 보이면서도 가끔 베트남인들을 돕는 착한 미국인을 소재로 한 작품들은 잘 읽혀지고 연구가 많이 이루어졌던 반면, 미국의 치부를 드러내는 버딕과 레더러(Eugene Burdick and William Lederer) 공저의 『추악한 미국인』(Ugly American)이나 랭(Daniel Lang)의 『전쟁의 사상자들』(Casualties of

War), 그리고 하스포드(Gustav Hasford)의 『단기사병들』(*The Short-Timers*)과 같은 작품들은 국내외를 통틀어서 거의 언급되고 있지 않다. 『단기사병들』 (1967) 같은 경우는 이 작품에 대한 영화 버전인 〈풀 메탈 재킷〉(1987)이 원작에 나타난 미군의 폭력성과 전쟁범죄를 희석하고 있다는 분석이 행해진 바는 있다. 비평가 제임슨(Fredric Jameson)이 최초의 포스트모더니스트 소설 양식으로 꼽은 헤어(Michael Herr)의 『통신원 보고』(*Dispatches*)는, 작품이 어느 정도의 예술성을 획득하고 있다는 측면에서 비평가들의 주목을 받았지만, 난해한 문체와 대중의 주목을 끌 만큼의 선정성이 부족하다는 이유에서 세간에서는 잘 읽혀지고 있지 않다.

미국 영화로는 특이하게도 『하노이 힐턴 호텔』(*Hanoi Hilton*, 1987), 『디어 헌터』(*The Deer Hunter*, 1978) 등과 같이 베트콩(Viet Cong)[2]이나 북베트남 군대(NVA: North Vietnamese Army)에 의한 미군에 대한 잔혹 행위를 다룬 영화, 본토로 돌아 온 베트남 참전 군인들의 정신적 상흔에 대한 케트위그(John Ketwig)의 『… 그리고 폭우가 쏟아졌다』(… *And A Hard Rain Fell*, 1985), 파러(Donald Pfarrer)의 『암흑』(*Neverlight*, 1982), 그리고 카푸토(Philip Caputo)의 『전쟁의 소문』(*A Rumor of War*, 1977)과 그 이후 2번째 베트남 소설인 『인디언 영토』(*Indian Country*, 1987), 하인만의 『친밀한 병영』(*Close Quarters*, 1974) 이후 2번째 작품인 『파코 이야기』(*Paco's Story*, 1987) 등을 위시한 소설은 많지만, 미군에 의한 베트남 민간인이나 군인들에 대한 살상을 그린 소설이나 영화는 오브라이언의 장·단편들과 랭(Daniel Lang)의 『전쟁의 사상자』(*Casualties of Wa*, 1969)와 이를 영화화한 것 등을 제외하고는 찾아볼 수 없다.

기이한 현상은 오히려 베트콩에 의한 베트남 민간인들에 대한 성범죄를 그린 귀화 미국인 헤이슬립(Le Ly Hayslip)의 『전쟁의 아들, 평화의 여성』(*Child of War, Woman of Peace*, 1993)과 함께 2부작이 되는 『하늘과 땅』 (*When Heaven and Earth Changed Places*, 1989) 등이 베트남 통일 이후의 무적의 북베트남군에 대한 탈신화화를 시도한 이후, 북베트남군과 베트콩의 비열함과 전쟁범죄를 그린 작품들이 우리가 이 장에서 언급할 미군들의 치부와 만행을 그린 여러 베트남 작가의 작품들과 함께 회자되었다는 사실이다.

월남인에 의해 쓰인 베트남 전쟁소설, 예를 들어 닌(Bao Ninh)의 『전쟁의 슬픔』(*The Sorrow of War*, 1991; 영어번역 1993)은 무적의 북부 월남군(NVA)이나 베트콩(Viet Cong)이라는 신화를 전복한다는 측면에서 미국 매스컴에 절찬리 소개된 바 있고, 기이하게도 진보를 표방하는 창작과 비평이라는 한국의 출판사를 통하여 한국의 독자에게 번역 소개된 바 있고, 공산주의 간부로 파리로 망명한 탕(Truong Nhu Tang)의 『베트콩 수상집』(*A Vietcong Memoi*, 1986)은 공산당에 대한 환멸을 그리고 있다는 점에서 레이건 부시 시대(1981~89; 1989~93)의 보수적 분위기를 반영하며 고전을 주로 출판하는 미국의 유수한 출판사인 빈티지(Vintage)에 의해 출판될 수 있었다. 베트남 여성 작가들에 의해 쓰여진 소설들 또한 상황은 마찬가지이다. 베트남 남성들 또는 군인들의 부정적인 측면이나 공산당의 치부를 드러내는 소설들, 예컨대 후옹(Duong Thu Huong)의 『눈 먼 자의 천국』(*Paradise of the Blind*, 1988)과 『이름 없는 이야기』(*Novel Without a Name*, 1995) 등은 이례적으로 펭귄(Penguin) 출판사에 의해 영어로 재출간되었다.

비평가들의 세밀한 분석이 없었다고 해서 학살에 대한 보고와 작품이 아예 나오지 않았던 것은 아니다. 랭의 『전쟁의 사상자들』만큼은 직접적이지는 않지만 미라이 학살을 다루고 있는 오브라이언의 『카치아토를 쫓아서』(1978), 『숲속의 호수』(*In the Lake of Woods*, 1994), 그리고 『그들이 지닌 것들』(*The Things They Carried*, 1990) 등은 학살에 대한 묘사가 비유적인 형태로 드러나 있고 작품이 어느 정도 예술성을 획득하고 있다는 점에서 비평가들의 주목을 받아왔다. 논픽션으로는 미라이를 직접 언급한 1969년 12월 5일자 『뉴스위크』의 기사, 빌톤과 심(Michael Bilton & Kevin Sim)

의 공저 『미라이의 4시간』(1992), 오브라이언의 「미라이의 신비」(1994), 올슨 (James Olson)의 『미라이』(1998), 그리고 미군의 잔혹 행위를 병사의 입을 빌어 직접 서술하고 있는 베이커(Mark Baker)의 『베트남』(*Nam*, 1981), 베네케 (Timothy Beneke)의 『강간하는 남자들』(*Raping Men*, 1982)과 테리(Wallace Terry)의 『선혈』(*Bloods*, 1984), 윌렌슨(Kim Willenson)의 『나쁜 전쟁』(*The Bad War*, 1987), 학술적인 보고로는 전쟁 자체에 대한 다소 저널리스틱한 보고인 맥카시(Mary McCarthy)의 『베트남』(*Vietnam*, 1967)과 『하노이』(*Hanoi*, 1968), 손탁(Susan Sontag)의 「하노이로의 여행」("Trip to Hanoi", 1968)을 제외한다고 하더라도, 노던(Eric Norden)의 「베트남에서의 미국의 가혹함」 ("American Atrocities in Vietnam", 1971), 사르트르(Jean P. Sartre)의 「인종 학살」("Genocide" 1971) 등은 베트남전쟁의 여러 모습을 재현하고 보고하고 분석하고 있다.

문제는 그런데 뉴만의 서지 목록에 기록되어 있는 666개의 소설과, 312개의 단편소설, 42개의 드라마, 296개의 시문학 작품 중에서, 베트남전쟁이 다른 전쟁들, 예컨대 1, 2차세계대전에 비하면 괄목할 만한 작품을 산출해 내지 못한 점에 있다. 뚜렷한 걸작을 산출해 내지 못한 베트남 전쟁문학 가운데 그나마 미국의 대중들에게 간간이 읽혔던 소설 작품들은 어떠한 이유로 미국의 독자들을 사로잡을 수 있었을까? OCLC(The Online Computer Library Center)나 기타 유사 색인을 통한 정확한 출판 부수와 판매 부수의 확인이 여전히 필요한 시점이지만, 여기서는 미국의 독자들에게, 그리고 연구자들에게 어느 정도 익숙한 몇몇 작품들을 중심으로, 작품들에 나타난 성과 여성과 죽음의 재현이라는 우리 책의 주제를 중심으로 논의를 전개하고자 한다. 문학적 또는 미학적으로 잘 구성되지 않고 있다고 할 수 있는 저렴한 페이퍼백이 그래도 읽히어지는 경우는 대개 그것이 일부 신문의 연재소설과 흡사하게 성과 여성을 통속적으로 다루고 있기 때문이다.

우리는 사랑을 떠올리면 흔히 도식적으로 성과 여성을 생각하나, 서양의 상상력은 여성을 죽음으로 보는 것에 익숙해져 있다. 사랑이 여성을 매개로 죽음이 되는 이러한 사유 방식에 대해서 어느 정도 정전의 위치를 차지하고 있지 못한 베트남 전쟁소설을, 그중에서도 특히 통속적이지만 비평적 관심을 어느 정도 받았던 작품을 이 책에서 실제 분석의 예로 삼는 이유는, 첫째로는 이러한 '여성과 죽음의 동일화'에 대해서 국내에서는 그 비평적 논의가 많지 않았다는 사실로 인해 그 필요성이 환기되었고, 둘째로 아직 '주변 문학'의 위치를 차지하고 있지만 적어도 미국의 일반적인 독자들에게 있어서는 '베스트셀러'로 유포되고 있는 베트남 전쟁소설에 대한 분석을 통하여 성과 죽음에 관한 대다수 미국 국민의 대중적 상상력을 들추어내기 위함이며, 셋째로는 유럽에 그 정신적인 기반을 두고 있는 서양 문명의 한 지류로서 안티 우로보로스적 성향을 띠어가고 있는 미국 문명을 비판적으로 성찰하기 위함이다.

대개 대중문학에서 빈번히 나타나곤 하는 음탕한 상상력(pornographic imagination)이 체제 전복적인가 그렇지 않다면 체제 순응적인가에 대한 이론적 논의는 본 장의 주제를 넘어가 다음 계제로 미루지만, 음탕한 상상력을 기조로 하는 대개의 인기 소설들이 단지 상업적인 이익을 추구하는 출판사들의 목적을 넘어 미군 병사로 대표되는 미국인의 '미국적 순진함'(American innocence)이나 미국의 "선량한" 베트남 침공이라는 의도를 작가 자신이 부지불식간에 포르노에 빗대어 비판하고 있다는 점은 명시하고 넘어가기로 한다. "엄마 노릇 하기"(mothering)나 미인 선발 대회가 페미니즘의 의도에 부합하는가에 대한 2기, 3기 페미니즘의 논쟁과 포르노그라피의 호불호에 관한 분석은 의외로 흡사한 논의가 될 수 있다.

필자가 바라는 바는 다만 성과 여성과 죽음에 관한 재현에 대한 분석을 통하여 폭력적 성에 대한 관념이 미국인의 일상생활에 어떠한 영향을 주고 있는가를, 그리고 성과 여성에 대한 선입관이 전쟁을 지속시키고 있는 한 방편이 됨을 본 장을 통하여 예증하고 싶을 따름이다. 좀 더 일반적인

'죽음과 여성' 또는 '전쟁과 여성'에 관한 이론적 논의는 앞선 장들에서 이미 행해진 바 있다. 이러한 분석을 염두에 두고 어느 정도 포르노그라프라고 해도 과언이 아닌 몇몇 베트남 전쟁소설들에서 성과 여성, 죽음이 어떻게 긴밀하게 연관되어 나타나는가를 살펴보기로 한다.

2

베트남 전쟁소설에 나타난
성, 여성, 죽음

델베키오(John Del Vecchio)는 사실주의적 소설 『13 계곡』(*The Thirteenth Valley*, 1982)에서 성과 폭력의 닮은꼴을 곧 임박한 전투를 기다리며 매복에 임하는 일명 체리(James Vincent Chellini) 병사를 통하여 묘사한 바 있다. 체리는 시시각각으로 다가오고 있는 전투에 대한 불안감으로 안절부절하고 있으며, 이러한 죽음에 대한 불안감을 여자 친구에 대한 성적인 폭력을 통하여 떨구려는 듯하다.

> 체리는 그것을 린다의 성기로 상상하면서 입속 안에서 혀를 놀려댔다. 그 잡년. 토끼처럼 그 짓도 잘할 거야. 언제나 잘하겠지 (…) 계집이 필요하다. 작살을 낼 누군가가. 엄청 많이 쌓여 있어서 지금 당장 하면 굉장히 쎄게 나올 것 같아 난소를 뚫고 숨구멍까지 작살내 줄 것 같다. 그래, 전부 먹어주지.

> Cherry rolled his tongue inside his mouth and imagined it in Linda's vagina. That bitch, he thought. I bet she's screwing like a rabbit. I bet she always has. (…) I need a girl. I need someone to fuck. I got so

much jizz stored up if I fucked right now I'd shoot so hard I'd blast
her ovaries up to her sinuses. Oh, get 'em all. (505)

일견 보기에는 싸구려 소설에서나 나올 법한 이야기가 전개되고 있
으나, 여성 성기를 이르는 속된 말이기도 한 "토끼"(rabbit, conejos)는 말
할 것도 없지만 문학적 표현에 익숙한 사람들은 금방 "입"(mouth)과
"질"(vagina)", "혀"(tongue)와 그것에 상응하는 남성 성기, 그리고 주인공 이
름인 "체리"와 여성의 가슴 또는 성기와의 연관성을 금방 떠올릴 수 있다.
병사 체리는 전투에 대한 기대감과 불안으로 성적으로 흥분된 상태를 맞고
있으며, 성적인 이미지들은 곧바로 폭력과 죽음에 관한 생각과 혼합된다. 성
은 성으로 끝나지 않고 폭력과 죽음을 환기하고 폭력과 죽음은 다시 성을
부추긴다. 죽음과 성은 부메랑이 되어 서로를 반향 한다. 생명을 의미하는
"난소들"(ovaries)과 "숨구멍들"(sinuses)에 대한 폭력이 되는 이러한 성은 그
러나 죽음을 부추기는 성 이외에 다름이 아니다. 죽음은 그 이후의 아무것
도 약속하고 있지 않으니, 오히려 역설적 의미에서 죽음은 절멸을 넘어 적
멸까지를 의미한다.

성을 죽음으로 또 죽음을 성으로 보는 의식은 죽음을 관능적으로 보
는 의식에서 그 절정을 맞이한다. 죽음에서 성이 촉발되는 습속(death as
aphrodisia)은 성(사랑)과 폭력, 또는 죽음을 혼동하는 사고방식으로 쉽게 전
환된다. "죽음과 성욕 사이에는 차이가 없다. 이 둘은 엄청나게 많은 존재들
과 더불어 자연이 축성하는 축제의 첨예한 순간들일 뿐이다"(Beaudelliard
141). 체리는 베트남전쟁에서 미군들이 저지른 만행의 하나로 문학적 토포
스가 된 "귀 떼기"(severing ears)에 동참하면서 "냉혹하고 무감각한 살인
마"(571)가 되어가고 있다. 이러한 일련의 폭력에의 참여는 여성적인 체리를
완벽한 남자, 아니 그것을 넘어서 무엇이든지 할 수 있는 무소불위의 신으
로 만들 만큼 그 스스로를 과대망상에 걸리게 한다. 어휘의 선택은 신성모

독적이며 그 어느 문학적 재현에서도 찾아볼 수 없을 만큼 유아론적이며 동성애적이다.

> 아이구 제기랄! 만약 예수그리스도가 남자였고 모든 남자들이 형제들이라면 그것은 예수가 내 형제였다는 말이 아니겠는가. 그는 신의 아드님이시다. 그렇다면 그것은 나 또한 신의 아들이고 그리하여 나 자신도 신이라는 뜻일 것이다. 나는 영원불멸하다. 나는 파멸에 면역이 있다. 나는 인간신이다. 포탄을 맞고 날라 가도 나는 다시 태어날 것이다. (…) 친구들이여, 우리는 한 몸이 되었다. 너희들의 세포들은 나의 세포들이고 내 세포들은 너희들 것이다. 나는 이러한 사랑을 내 안에 갖고 있고, 내 안에서, 나를 통하여, 나와 함께, 이 남자 신의 권능과 성령으로 너희들은 재생하여 다시 살 것이다. 나는 남성 신이며 내 앞에서 너희들은 감히 거짓된 신들을 섬기지 않으리라. (550)

"인간 신"(man-God)에서 "남성 신"(man-god→Mangod)으로의 전이를 눈여겨볼 필요가 있다. 체리는 이제 전지전능하고 독존적 신인 "나"(Me) 자신이 되고, 자신의 죽음에 대한 아랑곳없는 초월은 타자의 죽음에 대한 철저한 무시로 이어진다. 결국 소설은 알파 중대 소대장의 부하에 의해 자행되는 '아군에 의한 사살'(friendly fire)의 결과로 동성애 관계에 있는 중대장 브룩스(Brooks)와 선임하사 에간(Egan)의 죽음을 암시하며 막을 내린다. "전쟁은 인간의 부분이고" "사랑이 전쟁을 일으킨다"(love causes war 575)는 버클리대학 철학과 출신의 흑인 중대장 브룩스의 푸념만을 남기며 끝나는 소설에서, 우리는 다만 이 사실주의 소설의 불온한 제목『13 계곡』이 의미하는 "악마적 여성들이 창궐하는 베트남"이라는 전장에서 미국의 실패만을 보게 된다. 성은 생명의 창조로 이어지지 못하고 저급한 폭력의 한 수단이 되며, 폭력을 행사하고 있는 남성들은 보수적인 의미에 있어서 이성 간의 사랑을 죽음으로 보게 되며, 브룩스 중위와 에간 하사의 경우에서처럼 동성애로 빠져들기도 한다.

(여)성을 죽음으로 환원하여 그들에 대한 폭력을 통하여 남성들이 신이 되어 가는 변태 현상을 델베키오의 소설에서 간략히 확인할 수 있었다면, 앞으로 분석할 소설들은 여성 중에서도 특별히 동양 여성을 죽음으로 파악하고 이들을 정복하여 역시 신의 위치에 오르는 서양인들의 사고 유형을 확인할 수 있게 된다. 서양인의 이분법적 인식론이 가장 잘 적용되는 담론상의 공간은 여자의 몸, 그중에서도 특히 동양 여성의 몸이라는 사실은 굳이 오리엔탈리즘이라는 표어를 차용하지 않아도 명백하게 드러난다. 동양 여성은 여성의 부정적 제곱으로 환산되기에 여성을 더러움과 죽음으로 파악하기에 안성맞춤인 틀을 빌려준다. 여성을 사랑이 아니라 죽음으로, 또는 사랑을 죽음으로 파악하고 있는 베트남 전쟁소설 중 비교적 인구에 회자되기도 하면서 비평적 관심을 많이 받은 작품 중의 하나는 이 글의 초두에서 잠시 언급한 하인만의 『친밀한 병영』이다. 베트남 전쟁소설들의 주인공들을 통틀어 "살인자로, 강간자로, 그리고 전적으로 무디고 둔감하여 잔혹한 인간으로 가장 소외된 주인공 중의 하나"(Tal 93)로 평가받고 있는 도시에르 상사(Sgt. Philip Dosier)에 대한 세밀한 자연주의적 묘사를 통하여, 작가가 오히려 "추잡한"(263) 베트남전쟁을 비판하고 있는 것이 아닐까 하는 정도로 이 작품은 살인과 여성, 특히 베트남 여성에 대한 묘사가 적나라하고 현실보다 더 조야한 모습을 보이고 있어 독자들을 당혹하게 하고 있다.

스코틀랜드산 양날 칼의 이름이기도 하면서 폭탄의 이름이기도 한 "클레이모어"[3] 페이스(Claymore Face)라고 부르는 베트남의 한 창녀는, 군부대 안에서 몸을 파는 얼굴이 가장 못생겼지만 바로 그 추악함 때문에 병사들을 열성으로 즐겁게 해주는 여인으로 나온다. 그녀는 남성들이 여자에게 느끼는 성적인 이데올로기 또는 가식을 그대로 반영이나 하듯이 더러워서 더 성적으로 비쳐진다. 상사 도시에는 그녀의 일상적인 몸 팔기가 끝난 어느 하루 클레이모어에게 총부리를 들이대고 주위에 들어선 모든 병사에게 옷을 완전히 벗은 채 펠라티오(fellatio)를 하도록 강요한다.

> 나는 지퍼를 열어 내 친밀한 거시기인 '죽음의 눈'(Deadeye)을 꺼내 눈으로
> 그것을 응시한 채 손으로 동작을 해보였다. 그녀는 얼굴을 찡그렸으나 낄낄
> 거렸고 얼굴을 아래로 내리면서 마치 내가 농담이라도 하는 것처럼 생각하
> 여 바보천치처럼 어깨를 흠칫했다. (…) 절정에 달했을 때 그녀는 정액을 내
> 뱉고 난 뒤 주위를 둘러보았다. 장갑차의 출구 주위로 6명이 매달려 있었
> 다. 이 남자 저 남자를 옮겨 다녔고 (…) 다시 데드아이 차례가 왔을 때는 그
> 녀의 입술과 턱과 목덜미는 침과 정액으로 흥건했다. 나는 다시 딱딱해졌고
> 다른 놈들도 다시 딱딱해졌으므로 다시 한번 더 돌라고 말했다.
> 클레이모어 페이스가 이 총 저 총을 바삐 옮겨 다니면서 다시 한 바퀴를 도
> 는 동안 우리는 빙 둘러앉아 있었다. (247)

남자의 성기(cock)가 노리쇠로서 총(gun)의 일부분만이 아니라 "죽음
의 눈"으로도 서술되어 있어, 성기 자체가 죽음을 방사하고 있지 않은지 의
구심이 들 정도로 묘사는 지극히 간명하다. 장갑차의 출구 주위로 "매달려
있는" 6명의 병사들은 사정 후 축 늘어진(flaccid) 남성성을 표상한다. 폭력
과 죽음만으로 가득 찬 작전이 끝나고 난 후 자행되는 이러한 종류의 성과
폭력을 통한 충일감이라는 환상으로의 탈출은 그러나 행위의 주체들을 더
욱더 비인간화할 뿐이다. 간간히 비치는 여성혐오증과 전쟁 예찬에도 불구
하고 세세한 상황에 대한 역겨움이 마치 자연주의 소설인양 잘 표현되어 있
어, 저자 자신도 모르게 베트남에서 자행된 미군들의 폭력을 비판하고 있
는 것처럼 비쳐진다.

　다음 부분에서 곧 언급할 이스트레이크(William Eastlake)가 여성 또는
그것이 상징하는 사랑을 죽음으로 보는 것에 만족하는 서사를 보이는 것
과는 조금 달리, 하인만은 가학적 고통과 성적인 충만함, 죽이는 것과 성행

위와의 연관에 대해 지속적인 언급을 하면서도 동시에 이러한 습속에 대해 강력한 이의를 제기하고 있다. 병사들의 마음속에, 간혹 일반인들의 상상력이나 어휘에도 그렇게 표출되기는 하지만, 죽이는 것과 성행위를 하는 것은 별 차이 없이 나타난다(111). 도시에 상사의 꿈속에서 죽음은 "낄낄거리는" 웃음을 지닌 "마녀 (…) 또는 어떤 부드러운 악(녀)"(113)으로 나타나며, 이 악녀는 비록 명확하게 본문에는 나타나고 있지는 않지만 클레이모어 페이스로 상상되는 여성 전체가 될지 모른다. 비평가 식수가 말하고 있는 메두사의 해방적 웃음과 달리 그녀의 웃음은 죽음과 성의 동일성을 환기하는 자기 조소의 웃음으로만 비쳐져 여성 주인공을 비참하게 만들고 있다. 클레이모어뿐만 아니라 다른 등장인물들인 일본인 창녀 수지(Susie)와 미국 부인인 제니(Jenny) 또한 "낄낄거리는" 죽음의 웃음을 보인다는 사실은 (112, 247, 304) 작가가 여성을 천사와 성녀의 다른 이름인 창녀와 마녀로 파악하는 서양의 해묵은 상상력을 그대로 따르고 있다고 말할 수도 있지만, 자연주의를 표방하듯 작품의 흐름을 심각하게 거스르고 있는 생경한 성적 묘사는 여성을 창녀와 동일시하는 작업을 방해하고 있어 비록 부정적일지는 모르지만 메두사의 비판적인 웃음을 자기 비하를 통하여 회복하고 있다.

　(소)총은 물론 자연스럽게 남성적인 것으로 여겨지지만 그것이 여성으로 표현되는 작품도 문학작품에서는 비일비재하다. 그런데 죽음이 여성으로 쉽게 인식되듯이, 전장에서 "죽음의 수단"이 되는 총 또한 문화적으로 여성적인 것으로 인식된다는 사실은 서양 문화에 내재된 젠더의 착종 현상을 가장한 눈속임일 뿐이다. 제목 자체가 성적인 뉘앙스를 풍기는 하스포드(Gusford Hasford)의 『단기사병들』(The Short-Timers, 1979)의 주인공 조커(Joker)는 그들의 소총을 여성의 "성기"(17)라고 표현하며 일장 논설을 늘어놓는 거하임 상사(Sgt. Gerheim)에 심정적으로 동조하게 된다.

이것이 너희들이 갖게 되는 유일한 여자이다. 너희들이 분홍색 팬티 속으로 마리 제인의 썩은 사타구니(Mary Jane Rottencrotch—마약의 이름이기도 함)를 용두질하던 시절들은 끝나 버렸다. 너희들은 쇠와 나무로 만들어진 이 무기와 짝 지워져 있고 이것에 신명을 바쳐야 한다. (17)

이름 자체가 동성애자를 암시하고 있는 파일(Gomer Pyle)이 여성 샤를린(Charlene)으로 명명한 소총을 입에 물고 마치 "스스로 블로우 잡"(Fuchs 127)을 하듯이 방아쇠를 당기는 장면은, 전쟁과 죽음을 강박적으로 여성적인 것으로 파악하는 서양 상상력의 편견 또는 빈곤을 드러낼 뿐이다. 작품에 등장하는 흑인 병사 애니멀 마더(Animal Mother)가 그의 초남성적 잔인함으로 인하여 오히려 여성화되어 죽음의 화신이 되고 있다는 사실(120) 또한 여전히 죽음의 에이전트를 여성으로 파악하는 서양의 습성이 작동되고 있다는 사실을 드러내고 있다. 앞서도 언급하였지만 파괴적인 무기의 대명사인 총마저도 여성으로 탈바꿈되고 있다는 사실은, 마치 여성을 유혹했던 뱀으로 형상화되는 사탄이 원래 남성적인 성질을 잃어버리고 여성적인 것으로 탈바꿈되는 것과 유사하다. 남성의 성기 모습을 닮은 뱀은 그 시원의 남성적 형상을 잃어버리고 항상 여성과 동반되어 자주 나타나 여성의 일부, 또는 여성성 자체가 되어 버리기도 한다.

그러나 지극히 외설적이어서 묘사의 박진성을 위반하고 있는 듯한 인상을 주는 1974년 이래로 쭉 수많은 판을 거듭해 온 통속 베스트셀러『친밀한 병영』에서 전쟁의 피해자인 여성들에게 죽음을 표상하는 것은,『단기사병들』을 위시한 많은 전쟁소설에서 나타나는 것처럼 여성이 아니라 남성(성기)로 국한된다. 권위의 표식인 남성 성기는 베트남 여성 클레이모어에게 있어서 총과 동일시된다. "클레이모어 페이스는 이 총 저 총을 바삐 옮겨 다니면서 다시 펠라티오로 한 바퀴를 돌았다"(247). 작품의 전반부에서 도시 에르가 도쿄의 "휴식과 재충전"(Rest and Recreation; 줄여서 R&R)중 한 호텔

바에서 일본 여성 수지를 만났을 때 즉각적으로 떠올리는 것 또한 죽음을
환기하는 폭력적 성이다.

어색하고 부끄러운 순간이었다. 내 옆에 앉아 있는 여자는 돈으로 샀으니 실
수하지 말자. 돈은 현금으로 매일 아침 주자. 그렇지만 나는 "어 여봐. 잡년
한번 할래? 니캉 내캉 2층으로 올라가자. 내 소중한 데드 아이가 너의 풋풋
한 똥구멍을 찢고 싶단 말이야. 화끈하게 죽여주지!" 같은 말을 하고 싶지
않았다. (176)

"죽은 눈"이라는 뜻의 "데드 아이"(Dead Eye)는 상사 도시에르를 칭하는
별명으로 사용되기도 하지만(42, 181, 245), 말 그대로 "한쪽 눈을" 가진 남
성 성기를 지칭하는 용어임이 분명하다.[3]

클레이모어 페이스는 단돈 5달러면 무엇이든지 했다. 정상이던지, 항문이던
지, 유방이던지, 항문을 핥아주는 것이던지, 빨아주는 것이던지, 팔꿈치로
하는 것이 넋 나가게 하면 그것으로도 뭐든지 해주었다. 언젠가 레이번은
미국인들은 남성 성기를 물건으로 부르지 않고 바지춤의 눈이 하나인 쥐새
끼라고 부른다는 사실을 클레이모어에게 말한 적이 있다. (184; 강조 필자)

데드 아이는 육체적으로는 살아 있지만 정신적으로는 죽어 있는 남성
을 뜻하는 용어이기도 하다(176, 184, 247). 그렇다면 죽음을 상징하며 때
로는 죽음 자체가 되는 남성의 성행위는 죽음만을 가져다주는 폭력 이
외 다름 아니다. "아 하고 싶다. (…) 딱 한번 만에 너의 골통을 날려보내주
마"(182). 필자는 남성과 여성 성기를 고유의 한국말로 일부러 번역하고 있
지 않지만, 사실 "골통을 날려 보내기"나 "똥구멍을 찢고 싶다"는 표현이 더
욱더 선정적이고 폭력적이라는 것은 재론할 필요가 없다.

도시에의 마음속에 있는 것은 파괴와 살육뿐 그에게 어떠한 탈출구와 치유의 시간도 제공되어 있지 않다는 사실을 이야기한다는 것은 너무 암울한 것일까? "모든 도시를, 모든 문명을, 모든 인종들을 파괴할 마음"(310)을 버리지 않는 한, 그리고 폭격을 맞아 만신창이가 된 베트남과 그것을 대표했던 클레이모어에게 저질렀던 죽음의 행위를 참회하지 않는 한, 죽음은 클레이모어가 아니라 데드 아이 자신일 수밖에 없으며, 때문에 그는 본국으로 돌아와 그의 백인 아내인 제니와 "아무리 사랑을 하고 또 해도 잠을 잘 수 없는"(303) 이른바 전쟁증후군(PTSD)에 시달리게 된다. 베트남전쟁에서 죽은 미군 병사의 숫자(58,135명)보다 본토로 돌아와 전쟁과 관련된 질병이나 자살로 인하여 사망한 수(110,000명)가 월등히 더 많다는 사실은 전쟁의 후유증과 폭력의 부메랑에 관해 많은 것을 시사한다.[4] 전투로 촉발되는 죽음의 장면과 성적인 환상이 교차되는 하인만의 두 번째 전쟁소설 『파코 이야기』(*Paco's Story*, 1986)의 동명의 주인공인 파코가 여전히 전쟁증후군에 시달리면서, 성적인 폭력에 매료되면서도 결국 성행위를 할 수 없는 인물인 데드 아이의 판박이로밖에 나타날 수 없는 이유는 폭력과 성에 대한 비판적 반성과 성찰이 부족한 소치이다. 라캉의 "성행위는 없다"는 격언은 이 순간만큼은 유효하다.

휘겟(William T. Huggett)의 『시체 세기』(*Body Count*, 1973) 또한 비단 여성과 죽음에 관한 동일화뿐만 아니라 동서양의 이분법에 가세된 성차별과 인종차별의 폭력을 들여다보는 좋은 예가 된다. 호킨스 중위(Lt. Chris Hawkins)는 프린스턴대 대학원생으로 해병으로 입대한 엘리트이다. 그러나 여기서 그가 『13 계곡』의 주인공 브룩스 중위(Lt. Brooks)처럼 명문 대학 엘리트 출신임을 밝히는 것은, 가난으로 인하여 베트남에 지원 반 강요 반으로 할 수 없이 참전한 흑인 윌슨(Wilson)이나 아메리카 원주민 치이프(Chief)를 위시한 소수 집단뿐만 아니라, 예비조로 본토에 남아 있어도 좋은 소위 백인 상류 집단에서도 동양, 또는 여성에 대한 편견과 멸시가 더욱더 은밀하게 그리고 인종적 소수 집단에서는 볼 수 없는 도덕적인 우월감을 갖고 드러난다는 사실을 밝혀주고 있기 때문이다.

베트남 유곽의 한 여주인으로부터 여자를 소개받는 호킨스 중위는 그들의 불결함과 무례함에 경멸을 보내면서도, 그가 생각하기에는 "유방이 없을"(176), 그리고 "성기가 가로로 비뚤어진" "몸 덩어리뿐인"(177) "피부를 송연케 하는 더러운 장소"(175)의 여자를 사는 데 성공한다. 동료들이 있는 앞에서 여자를 직접 고르라는 포주의 말을 듣고 호킨스는 모멸감과 우월감을 동시에 느낀다. "그는 다만 빠져나가고만 싶었다. 일평생 이렇게 전시되어 본 적이 없었는데. 도대체 이 빌어먹을 인간들은 예의라고는 눈곱만큼도 없단 말인가"(174)? 그의 이러한 깨끗함과 더러움, 문명과 야만의 이분법은 성행위가 끝난 후 목전에서 뒷물을 하는 베트콩 여인에 대한 묘사에서도 그대로 드러난다.

> 얼마나 천하게 보이는지. 저게 동양 여성이라 그런지 아니면 다만 신분의 차이라서 그런지 잘 모르겠군. 본토에서 교양 있는 여자들이 저런 짓을 한다고 그려보는 것은 매우 불가능하겠지. 두 가지 상이한 모습의 어색함이 그를 웃기게 만들었다. (179)

누가 누구를 더럽고 야만스럽다고 하는 것일까? "한 종족의 여성은 너무도 순결하고 한 종족의 여성은 난잡할 수밖에 없는 생물학적 특수성"(Keller 22)을 이야기하는 "정신대"의 폭력을 상기하게 만든다.[5] 화대로 2달러를 더 달라고 하는 여인의 청을 뿌리치고 나가다가 만약 돈을 더 주지 않았다고 동료들이 수군거리고 그로 인해 베트남인들이 또한 너스레를 떤다면 입장이 난처할 것 같은 생각이 들어 돈을 침대 위로 더 집어 던지고 나가는 프린스턴 대학원 출신의 귀공자 호킨스에게서, 우리는 "아무것도 느끼지 못하는" "젖지 않는"(178) 베트남의 처자가 왜 출산 직후에도 몸을 팔아야 하는가에 대한 생각은커녕 인간에 대한 최소한의 공감과 기본적인 예의 또한 지니지 않은 비루한 모습을 목도하게 된다. 그에게 여자는 단지 "수류탄을 던지듯이" 몸을 취하고 돈을 던져 벗어나야 할 "더러운"(180) 죽음으로 비쳐지고 있다.

> 머릿속에 즉시 뭔가 떠오르는 것이 있었다. 뭔 상관이야, 젠장. 그는 입을 처박고 뜨듯하고 달착지근한 우유를 맛보기로 했다.
> 이 여자 젖이 나오네! 젖탱이가 큰 이유가 있었구만. 분명 애새끼를 낳은 것이 틀림없어. 그래서 이렇게 젖이 축 늘어진 것이겠지. 젠장 할. (177)

동양과 여성에 대한 동일화, 동양 여성에 대한 이러한 폄하와 무시, 그리고 그 이면에 있는 "고대 동양의 신비"(the ancient mystery of the Orient 340)를 여성의 몸에서 찾으려는 상류층 출신 호킨스의 우월의식과 야만성은, 이 작품의 다른 주인공들인 인디언 치프(Indian Chief)와 흑인 윌슨(Wilson)의 도쿄 휴양 장면에서도 나타난다. 윌슨은 흑인이라는 '강력한 남성성'(strong masculinity)에 대한 환상에 사로잡혀 있는 수지(Suzie)라는 일본 아가씨와의 정사에, 인디언 치프는 역시 일본 아가씨 사유(Sayu)와 다양한 형태의 섹스뿐인 '휴식과 재충전'에 분주하다. 그러나 일행 중 한 명인 사유는 윌슨과 같이 쓰리썸 목욕을 하자는 치프의 제안에 대해 "일본 여성들은 동양 여성들과 다르고" 백인이 아닌 "흑인 병사들은 더럽고 추잡하다"(330)는 괴상한 인종 우월감에 젖어 이를 단호하게 거부한다. 미국에 대한 열등감은 일본 여성들의 자발적이고 폭발적인 "나비 부인화"를 촉발시켰으나, 미국인의 범주에는 흑인이 배제되어 있었고 일본 여성들 또한 스스로를 동양 여성이라 생각하지 않았다. 격렬한 성행위를 치룬 후 수면을 취하는 수지에게 다가와 "동양의 신비"를 밝히기 위하여 수지의 다리를 처들어 올리는 인디언 치프와 "동양 여성의 성기는 가로로 삐뚤어진 것이 아니다"(340)는 언급을 하고 있는 월슨에게, 베스트셀러 『미국의 재 남성화: 젠더와 베트남전쟁의 저자』(1989) 제포즈(Susan Jeffords)가 미국의 초기 여성 페미니스트 학자로서 분노를 느끼는 것은 일견 타당하기도 하다. 사실 도쿄의 섹스를 위한 질편한 마지막 밤은 그들이 도쿄행 비행기를 탄 직후 이미 예견되었다. "도쿄행 1400편에 올라탄 165명 해병들의 마음속에서 스튜어디스 3명은 그렇게 빨리 옷이 벗겨지고, 알몸이 보이고, 강간당해 본 적이 없었다"(313-34).

얼핏 보면 제포즈의 주장대로 월슨과 치프의 '남성 연합'(male bonding) 속에서 인종적인 차이가 무시되고 있고 오로지 그들이 여성과 다른 점만이 부각 되어 있다(65-66)는 착각에 빠지기 쉽지만 이는 심각한 오독이다. 텍스트는 비단 백인 남성과 흑인 남성과의 차이뿐만이 아니라 일본 여성과 서양 여성을 닮기를 원하는 일본 여성을 제외한 동양 여성 그리고 서양 여성과의 차이를 말하고 있기도 하다. 물론 작품에 등장하는 군인들은 "일본 여성들은 동양 여성들과 다르다"는 말을 귀담아 듣지 않는다. 그들에게 여자들은 베트남 여자들이건 일본 여자들이건 욕정의 대상일 뿐이다. 그러나 서양 여자들에 관한 한 그들의 태도는 다르다고 할 수 있다. 동양 여자들에게 행하는 과도한 행동을 그들은 서양 여자들에게는 마음속에서만 상상할 뿐이다. 그들이 본토로 향하는 수송기 선상에서 떠올리는 죽어야 할 "나비 부인"이 동양의 여인들에게만 국한되었다는 사실을 미국의 페미니스트 제포즈는 의도적으로 무시하고 있는 것일까? 동양의 여자들은 서양의 여자들보다 과도하게 더럽게 등장하며, 이러한 동양 여인에 대한 창녀화는 그들이 지니고 있는 동양에 대한 신비화와 더불어 이에 대한 기묘한 정복 의식을 부추기는 전략적 이데올로기이자 서양의 성처녀 신화와 같은 해묵은 마돈나 신드롬의 재판에 지나지 않는다.

물론 죽음을 (여)성으로 착각하는 사유 행태는 동양 여성에게만 국한되지 않는다. 동양 여인이건 서양 여인이건 "여성 앞에서 남자들은 여전히 그들 간의 힘의 불평등 속에서도 힘을 교환하고 각자의 가치를 확신할 수 있다"(Sedgwick 87). 성을 죽음으로 파악하는 앞서 언급한 『13 계곡』의 주제는 사실은 이스트레이크(William Eastlake)의 살인마 미군과 서양 문명의 타락 등이라는 껄끄러운 주제로 인하여 잘 연구되지 않았던 베트남 전쟁소설 초기작 『대나무 침대』(*The Bamboo Bed*, 1969)에서도 이미 천착된 바 있다. 유대인 대학살을 빗대어 베트남 학살과 전쟁을 성토하고 있는 이 소설은 하인만과 휘겟의 다소 몽환적이지만 사실주의적인 소설과 유사하게, 성과 사랑 그리고 죽음에 대한 환상적이고 미학적인 성찰을 보여주고 있다. 특별히 작품의 후반부는 성과 거의 동일시되는 사랑, 특별히 기독교가 말하는 사랑이라고 하는 것 자체가 죽음의 원인 또는 죽음 자체임을 말하고 있다. 자기 자신만을 위한 "사랑은 기독교적인 개똥"이고, 위선이요 "거짓말"에 지나지 않는다는 것이다.

> 사랑은 나치 독일인들이 화덕에 사람들을 구울 때 독일에서 횡행하던 기독교의 개똥이다. 그리고 지금 사랑은 미군들이 마을에서 사람들을 태워 죽일 때 미국 전역에서 날뛰고 있다. 세상은 지독한 거짓말이라고 클랜시는 생각했다. 이 지독한 거짓말. 그렇다면 진실이란 무엇일까? 진실은 당신이다. 뒤우도네 여사. (307)

그 진실이 "신이 주신 것"이라는 뜻을 지닌 이 작품의 여주인공인 뒤우도네(Dieudonné) 여사가 상징하는 죽음이라는 것을 알기는 그리 어렵지 않다. 죽음은 여기에서는 부정적 의미의 신의 선물이다. 작품이 시작되면 뒤우도네 여사는 작품의 마지막을 먼저 이야기라도 하듯이, 그리고 우리가 삶이라고 하는 것 자체가 죽음이라고 이야기하듯이 스스로 목숨을 끊는다. 죽음이라는 모티프로 작품을 끝내는 19세기의 대부분의 소설과는 상이한 양상을 띠면서 죽음으로 작품을 시작하는 이유는, 죽음이 너무 진부해지고 우리와 가까워졌다는 현대 작가들, 특히 사랑과 죽음을 다루는 현대 전쟁 작가들의 위기감의 소산일지도 모른다. 작품은 뒤우도네가 스스로 목숨을 끊어 애인 클랜시 대위(Captain Clancy)의 죽음을 뒤따르는 '리베스토드'(Liebestod) 전통을 따르고 있는 것 같으나, 베트남 전장에서 죽음은 더이상 사랑을 완성하지 않으며 리베스토드의 비장함이나 아름다움 또한 찾기가 어렵다.

> 뒤우도네 여사는 늘 그러하듯이 새벽 6시 그녀의 땅 속 빌라에서 완전히 벗은 채로 일어나 단파 라디오를 틀었고 라오스에서 전하는 소식으로 클랜시 대위가 죽었다는 소식을 접했다. 그녀는 여전히 벌거벗은 채로 보석함이 있는 쪽으로 걸어가 자그마하지만 까맣고 무거운 물체를 꺼내어 그녀의 머리에 대고 아담한 불란서 풍의 머리를 날려 버렸다. 아니. 그는 죽지 않았을 거야. (7)

전장에서 꽃피는 사랑은 사랑이 아니라 공허함을 메우기 위한 섹스임을 보여주는 또 다른 하위 플롯은 베트남 상공 위를 날고 있는 이 소설의 제목이기도 한 "대나무 침대"라 명명되는 구조헬기(39) 안에서, 클랜시 대위를 찾아 헤매는 나잇트브릿지 대위(Captain Nightbridge)가 간호장교와 섹스를 하는 장면에서도 나타난다.

> 나잇브릿지 대위와 그 아름다운 간호 중위는 섹스의 허망함을 즐기며 공간의 허무 속 어딘가 저 위에 있다. 아니야. 사실은 사랑을 나누는 것이 아니라 섹스를 하고 있다는 것이 맞을 거야. 태국의 휴식과 재충전(R & R)에서는 진정한 황홀경인 대나무 침대를 느낄 수 있기에 사랑을 하는 것이 나을지도 모르겠군. 태국에서의 휴식과 재충전이라. 휴식과 재충전 휴가에는 오로지 거듭되는 섹스만 있을 뿐, 휴식과 재충전이야말로 찾아볼 수 없었다. (42)

표면적으로는 섹스와 사랑을 구별하고 있는 것 같지만 이 시대의 사랑은 최고조의 빈번한 섹스에 다름 아니다. 전쟁이라는 지복의 쥬이상스에서 인간이 할 수 있는 것은 기괴하게도 "죽도록 섹스를 하는"(37) 것일 뿐, 이와는 다른 어떠한 해결책은 주어져 있지 않다. 이렇게 본다면 대나무 침대는 마약과 같은 중독성의 섹스이다. 전쟁 자체가 전쟁을 이끌어 가는 동인이 되는 상황에서, 그리고 서로가 서로에게 주체이자 동시에 객체임을 망각한 채 총을 겨누고 있는 상황에서, 유일하게 구원의 가능성을 이끌어주었던 사랑은 그것이 아무리 반복적이고 환각적이라고 할지라도 그저 빈번한 성행위로 인한 상투적인 사랑을 벗어나지 못한다.

> 사랑? 우리는 베트남에서 모든 사람들을 작살내었지. 사랑? 우리는 서로 사랑하지. 사랑? 자꾸만 그것을 헤집어 이야기하지 말자. 사랑을 한다면서 우리는 모든 사람들을 다 죽이고 다니고 있지 않은가? 그렇지 않은가? (220)

사랑의 힘은 베트남의 정글에서는 작동하지 않고 "죽음만이 위대한 해결책"(182)이 될 뿐이다. 따라서 사랑의 본질이 되기도 하는 성(性) 또는 섹스는 대량 죽음을 선사하는 "전쟁의 황홀경에 대한 빈약한 대안"(225)이 될 뿐이며, 여성이라는 구원의 여신이 방사하는 섹스와 사랑은 남성이 필요로 하는 파괴적 욕구를 더 이상 충족시키지는 못하게 된다. 전쟁의 한 대안으로서 "추잡한 성"을 들먹이는 "애플"핑거 박사(Dr. Applefinger)의 주장은, 그의 이름이 암시하듯이, 탈 낙원의 동인이 되었던 성에 대한 분별과 성행위로부터 촉발되는 폭력이 인류의 원죄가 됨을 암시한다.

> 여자를 후리는 것은 남자에게는 충분하지 않다. 물론 도움은 된다. 그것이 없다면 상황은 더욱더 나빠졌겠지만 말이다. 그렇지만 여자를 먹는 것은 전쟁의 황홀감을 대신하는 보잘것없는 대체물에 지나지 않는다. (…) 인간이란

원숭이하고 다른 것이 없다. 그래서 그는 사람을 죽인다. 살인은 성숙한 사람이 되는 범주의 밖에서 사회가 유일하게 허락하는 것이기 때문이다. 추잡한 성을 추천하자. 사람을 죽이는 것보다 성숙한 인격을 이루는 것보다 성은 더 황홀하다. 전쟁을 대신할 무언가를 우리는 꼭 찾아야만 한다. (225)

"우리를 이끌어 올리는 (…) 영원히 여성적인 것"(Göthe 『파우스트』)으로 느껴졌던 구원의 사랑은, 홀로코스트와 베트남전을 목도한 현대인들에게는 죽음을 환기하는 섹스에 지나지 않는다. 더욱더 문제가 되는 것은 그러나 죽음 자체가 치료와 구원의 해결책이 되었다는 사실이다(333). 1968년을 기준으로 지나간 3421년 동안 인류가 전쟁을 치르지 않은 기간이 고작 286년에 불과한 것은 사실이지만, "언제나 전쟁은 있을 것이라"(333)는 자조어린 체념 속에서 인류는 "전쟁을 대신할 무언가를" 찾지 못하고 스스로가 죽음의 화신이 될 뿐이다.

대나무 침대로 명명되는 구조 헬기는 섹스를 통한 사랑의 방편, 혹은 마약과 같은 중독성과 전파력이 강한 죽음 자체를 상징한다. 대나무를 무기로 볼 수 있고 헬기를 과학 문명 그리고 침대를 삶과 죽음의 공동 표상으로 볼 수 있다면, 대나무 침대는 삶과 죽음이 공존하는 그리고 파국과 구원이 공존하는 인류의 과학과 문명을 표상하기도 하며 더 나아가서는 인류의 과학 문명 자체가 죽음의 동인이 되었음을 암시하기도 한다. 인류의 "문명 (…) 그 자체가 전쟁의 원인"이고 "사회는 전쟁을 선택한다"(229)는 바따이유(Georges Bataille)의 히로시마와 나가사키에 대한 단상은 베트남전쟁에도 여전히 유효하다. 전쟁은 죽음을 양산하는 기계(war machine)이며 종극에는 소멸을 지복으로 삼는 인식 작용으로 변모한다.

대나무 침대 안에서 사랑을 나누는 것이 최상이다. 그리고 그들은 최상을 알고 있었다. 대나무 침대는 아시아의 언어이자 아시아를 느끼는 것이다. 대나무 침대는 생명이 시작되고 피어나는 하늘이다. 땅 위의 정글 속의 대나무 침대는 삶이 끝나는 곳이다. 대나무 침대는 삶의 찬가이며 또한 멋진 놈들이 죽어 가는 장소이다. (42)

죽음으로 시작한 소설은 죽음으로 끝난다. 삶의 원칙을 표상하기도 하는 뒤우도네 부인에게서 죽음만을 보기로 하는 클랜시 대위의 죽음 지향적 사고방식에서 반추해 보아야 할 것은, 그리고 "죽음, 그녀는 우리 대위님의 신부였다"(350)라는 이 소설의 피날레에서 뒤집어보아야 할 것은, 여성을 죽음으로 보는 서양 문명의 뿌리 깊은 남성 중심적 이데올로기의 폐해가 최상의 가치로 여겨지고 있다는 사실일 것이다. 죽음은 뒤우도네 부인의 정부인 클랜시 대위의 이름이기도 하지만(334) 또한 "죽음은 그녀 자신이 되었다"(333). 삶이 끝나고 시작되는 대나무 침대는 뒤우도네 부인의 머리를 날려버리는 자살행위로 인하여 그 어떠한 비극적 파토스도 그리고 죽음이 통상 환기하는 희망과 부활에 대한 하등의 암시도 제공해 주지 못하고 있다. 간헐적으로 암시되었지만 형상화되지 못하고 있는 주제는 그러나, 여성은 사랑이지 죽음이 아니라는 사실이다. "사랑은 모든 것을 받아들이지만"(113) "사랑이 없다면 죽음을 수용해야 하기 때문에"(112), 작품은 죽음으로 이르는, 아니 죽음 자체가 되는 여성의 사랑을 삶과 죽음이 교차하는 대나무 침대라는 모호한 상징을 통하여 이야기할 수밖에 없었다.

3

베트남전쟁과 서양 문명의 죽음 지향적 성향

19세기 말~20세기 초 소위 세기말의 회화와 문학작품에 대한 9장의 소략한 이론적 분석에서 이미 수행한 바 있지만, 여성을 죽음으로 파악하는 서양 문명의 이데올로기에 대한 분석을 실제분석 또는 비평 차원에서 베트남전쟁소설을 통해서 또한 살펴보았다. 여성을 자연으로 그리고 죽음으로 파악하는 서양의 습속이 동양의 여성에게도 문화적으로 전유되고 있다. 이러한 논리는 동양을 여성으로 파악하는 논리와 맞물려 동양＝여성＝죽음의 등식을 가능케 하며, 이는 이 장에서 다룬 『13 계곡』, 『대나무 침대』뿐만 아니라, 특별히 하인만의 『친밀한 병영』, 또는 휘겟의 『시체 세기』에 보다 극명하게 나타났다. 그들의 소설에서 (동양) 여성은 대개 "창녀"(con gai)가 아닌 여성은 없었다. 말로(André Marlaux)의 『왕도』(1930)와 그린(Graham Greene)의 『조용한 미국인』(*The Quiet American*, 1955)에서도 인도차이나는 창녀인 여성과 더불어 죽음을 상징한다. 일본 작가 가이꼬(Tekeshi Kaiko)의 『검은 태양 속으로』(*Into a Black Sun*, 1981), 통일 이후의 베트남 작가인 닌(Báo Ninh)의 『전쟁의 슬픔』(*Sorrow of War*, 1991), 그리고 국내 작가인 박영한의 『머나먼 쏭바강』(1977) 또한 여성과 죽음이라는 관점에서 분석이 가능하다.

여성을 육체, 더러움, 죽음으로 생각하기는 여성으로부터 도망가기, 또 죽음을 정복하기 위하여 여성 죽이기와 같은 문화적 병리 현상을 산출해 내기도 한다. 육체와 성을 죽음과 연관하여 사고하는 한, 여성 특별히 동양 여성을 죽음으로 파악하는 행태들은 계속될 것이고, 그러는 한에 있어서 파괴와 폭력을 일삼는 서양 문명은 죽음 지향적이라는 오명을 여전히 지닐 수밖에 없다. 여성은 삶을 잉태하지도 삶으로 돌아오지도 않는다. 다음 장에서는 베트남 전쟁소설 중 특별히 『호랑이 여전사』(*Tiger Woman*, 2009)라는 작품을 통하여 죽음을 매개로 하여 여성과 전쟁이 동일화되는 우로보로스의 부정적 현상, 즉 우리의 안티 우로보로스 주제를 더욱더 자세히 분석해 보기로 한다. 다음 장에서 논할 소설도 그렇지만, 미국의 베트남 전쟁소설에 나타난 동양의 여성들과 베트콩 여전사들이 서양인들의 상상력이 축조한 '죽음과 전쟁의 여성'이라는 사실은 지적하고 넘어가 보자.

12장 주

1. 이에 대해서는 필자의 「인종주의와 문학적 재현: 노근리에서 미라이로」(『역사비평』 78호, 2007년 상반기) 참조.

2. 비엣트(Viet)족은 월남의 토착민인 얏트(Yiet)족의 영어식 표기이며, "Cong"은 공산당을 나타내는 프랑스어 "communiste"의 앞 글자 발음을 경멸적으로 부르는 표기법이다. 베트콩은 북베트남의 지원을 받아 1960년 12월 20일 결성되어 남베트남 및 미국과 전쟁을 치른 베트남민족해방전선(Vietnamese National Liberation Front: NLF) 소속으로 베트남공산주의자(Vietnamese Communists)라는 의미를 갖는다. 베트콩은 Viet Nam Cong San의 약자인데, 베트남어로 공산(共産)은 "cộng sản", 공산주의는 "Chủ nghĩa cộng sản"으로 표기한다.

3. "claymore"는 게일어로 "큰 칼"이라는 뜻을 지니면서도 일반적으로는 초기의 지뢰를 지칭하는 어휘였다. "크레모아"라고도 하며 여성을 '바기나 덴타타'의 일종으로 부르는 습속이 작동하고 있다.

4. '한쪽 눈을 가진 자'라는 뜻의 아랍어의 남성 성기 이름과 오이디푸스의 눈과 성기의 관계에 대해서는 임철규 71-72 참조. 이렇게 본다면 오이디푸스의 실명은 그의 거세에 해당한다. 눈과 쥐 그리고 남성 성기에 관한 보다 포괄적 논의에 대해서는 이 책 2권 5장 프로이트에 관한 논의와 9장의 눈멂과 거세에 관한 논의

또한 참조.

5. 미국 상이군인협의회가 발간하는 『인도차이나 뉴스레터』(*Indochina Newsletter*, 1982; 11-12월호)에 의하면 이 전쟁에 참여한 미군의 숫자는 2,500,000이며 그 중 다친 자는 303,616명, 상해로 인한 사지 마비자는 33,000명이다. 반면 베트남인들은 1,921,000명이 캄보디아인들은 200,000명, 라오스인들은 100,000명이 죽었다. 3국의 상해자 수는 3,200,000명으로 집계되고 있다.

6. 강간당한 성노예 피해자를 더럽고 그 가해자를 깨끗하다고 치부하는 논리는 비단 태평양전쟁 당시의 일본군에게만 국한되지는 않는다. 바이마르공화국의 연쇄 살인범들이 그러했고 비교적 최근이지만 한국의 노래방 도우미 여성 살인범들이 그러했다. 이러한 피해자/가해자의 역전 현상은 일제시대 한국을 침략한 수탈자인 일본을 경제와 문화의 전달자로 근대화의 은인으로 보는 논리와 비슷하다. 원폭의 가해자인 미국이 일본을 가해자 국가에서 피해자 국가로 만들었다는 논리에서도 가해자인 미국만큼은 적어도 일본인들에게는 은인이 될 수 없는 이유를 염두에 두어야 할 것이다. 미국은 지구상의 유일한 핵 전범 국가이다.

검붉게 변한 피가 한 병사의 사타구니로부터 삐져나오고 있었다. 조그마한 여자가 등을 구부리며 꼼지락거리는 병사의 성기를 잘라 그의 입속에 처넣은 것을 보자 알렌은 공포 속에서 숨을 할딱거렸다. 타이거 우먼은 그가 고통 속에서 경련을 일으키자 갈비뼈 아래 배를 찔러 피가 낭자한 사타구니 아래까지 난도질했다. 그리고나서 그 여자는 한 손 가득히 내장을 빼내어 단말마의 비명을 막으려는 듯 그의 얼굴에다 패대기쳤다.

─허프만,『호랑이 여전사』12

그녀를 장갑차로 끌어들인 프랑스군 또한 휘번득거리는 누런빛으로 가득 찬 끔찍한 눈을 가졌다. 곁을 맴도는 암흑에 대한 두려움을 전적으로 결핍한 이 새로운 악마는 그녀를 무기력하게(unnerved) 했다. 이 미군 병사 놈이 그녀를 기다리고 있을 것이라는 생각에 그녀의 몸은 날카로운 경련을 일으켰다. 그녀는 고아였을 때부터 가톨릭 선교사들이 가르쳤던 전통적인 의미의 천국과 지옥을 믿지 않았다. 카이는 그녀가 겪었던 경험을 자라나는 아이들에게까지 짐 지우는 그러한 신을 받아들일 수 없었다. 만약에 그와 같은 자가 창조주의 정원에 속할 수 없게 되면 그러한 악마의 종자는 또한 불타는 지옥에서도 살 수 없다.

─허프만,『호랑이 여전사』285

제13장

전쟁의 화신, 여성:
『호랑이 여전사』(*Tiger Woman*, 2009)와
드래곤 레이디(龍女, 蛇女)의 재등장

1

여성 전사에 관한
문학작품과 영화

허프만(John Huffman)의 『호랑이 여전사』(*Tiger Woman*, 2009)는 출간된 지 10년이 더 지났지만 이에 대한 대중적 언급이나 문학적 비평은 전혀 이루어지지 않고 있다.[1] 미 라이 학살을 소재로 한 랭(Daniel Lang)의 『전쟁의 사상자들』(*Casualties of War*, 1969; 영화 1989)이 매스컴이나 문학비평의 스포트라이트를 받지 못한 이유와 매한가지인데, 이는 두 작품이 모두 베트남 신드롬을 아직도 겪고 있다고 말해지는 미국의 진보와 보수 양 진영의 독자들에게 서로 다른 이유로 정치적으로 무엇인가 불편한 점을 주고 있기 때문일 것이다. 작품의 예술성만을 논한다면 베트남 전쟁소설은 영어권에만 국한하면 카푸토(Philip Caputo)나 하인만(Larry Heinemann) 그리고 오브라이언(Tim O'Brien) 등의 작품을 제외하고는 괄목할 만한 작품을 산출해내지 못했고, 목하 언급되고 있는 두 작품의 경우 예술적인 측면에서 그냥 평년작에 지나지 않기 때문에 평단의 주목을 받지 못했다고 넘어갈 수는 있겠다.

부연하자면 『전쟁의 사상자들』은 여타 베트남 전쟁소설과는 달리 세간의 관심을 끌만한 성과 폭력의 재현이 감각적으로 잘 이루어지지 않고 그저 밋밋하게 전쟁의 결과를 말한다는 측면에서 대중적인 인기를 끌지 못했고, 미라이 학살을 단편적으로만 다루고 있기에 이상하게도 진보와 그러나 당연히 보수 진영에게도 마땅치 않은 작품이어서 그렇다고 추측해 볼 수 있다. 그렇지만 그 내용이 너무 선정적이고 끔찍할 뿐 아니라 베트남 여성 전사에 의해 자행된 잔인한 살육을 소재로 하여 충분히 보수적인 독서층의 이목을 집중시켰을, 개인적인 소회를 말하자면 필자가 독서를 진행하고 있었던 몇몇 밤을 무섭게 만들었던, 소설『호랑이 여전사』에 대해서 독서시장을 대변하는 대중매체와 본격적인 평단의 주목이 없었다는 사실은 어떻게 설명할 수 있을까?

전쟁을 소재로 한 문학작품, 그리고 특히 베트남전쟁을 다룬 미국의 문학작품에서 그러나 목하 논의되고 있는『호랑이 여전사』가 소재로 삼고 있는 '여전사'(woman warrior)에 관한 작품이 전혀 없었다는 말은 아니다. 전쟁의 여신이자 병사들의 수호신인 아테나와 아마존 전사들의 여왕인 펜테실레이아, 기원전 6세기경 아시리아의 장군 홀로페르네스의 목을 따는 유디스(Judith), 네로 황제 시절 켈트-이케니(Iceni) 족의 여왕 부디카(Boudica), 프랑스 구국의 기수 잔 다르크와 같은 인물은 깊이 생각해보지 않아도 여전사의 대표적인 예로 떠오르지만, 현대문학에 국한하여 보면 아마존 여성으로 대표되는 여전사라는 개념은 "저격수 여성"(rifle woman)이라는 인물이 등장하는 제2차세계대전 문학과 베트남 전쟁문학을 통하여 본격적으로는 1990년대의 대중매체인 TV와 할리우드 영화에 이르면 〈여전사 지나 공주〉(Xena: Warrior Princess, 1995~2001), 영화 〈니키타〉(La femme Nikita, 1990)와 그녀를 소재로 한 TV 연작 시리즈물(1997~2001) 등에서 확인할 수 있듯이 유명세의 정점을 누리기 시작한다.

여성 군인 또는 여전사는 헤밍웨이의『누구를 위하여 종은 울리나』(1940)의 동명의 영화에서 '남근적 어머니'(phallic mother)가 되기에 손색이 없는 필라(Pilar)를 위시하여, 이스트레이크(William Eastlake)의『대나무 침대』(*The Bamboo Bed*, 1969)에 등장하는 "죽음 그 자체"(333)로 불려지는 뇌쇄적인 성적 매력의 소유자인 간호장교, 하스포드(Gustav Hasford)의 『단기사병』(*The Short-Timers*, 1967; *Full Metal Jacket*, 1987)의 앳된 베트콩 여성 저격수와 하인만의 『파코 이야기』(*Paco's Story*, 1979)의 간살당하는 베트콩 여전사, 그리고 오브라이언(Tim O'Brien)의 단편 모음집 『그들이 지닌 것』(*The Things They Carried*, 1990)에 수록되어있는 「송 트라 봉의 연인」("Sweetheart of Son Ta Bong")에 나오는 죽은 베트콩의 귀를 묶어 만든 목걸이를 차고 여성 전사 역할을 흉내 내는 듯한 미국의 여대생과 바오닌(Bảo Ninh)의 『전쟁의 슬픔』(1991)의 베트콩 여전사, 그리고 근자에는 할리우드 영화뿐만 아니라 한국 영화 〈고지전〉(2011)의 여성 저격수에 이르기까지 영화의 단골 메뉴로 나오고 있다.

할리우드가 계속해서 "강인한 여성들"(tough girls)과 베트남 여전사에 관한 영화들을 산출해 내고 있는 이유는 영화 〈람보〉 시리즈 5부작(1982, 1985, 1988, 2008, 2011)이 말하고 있는 주제, 즉 그들이 베트남전쟁에서 패배했다는 소위 베트남 신드롬을 극복하기 위해서이기도 하지만, '베트남 산업'(Vietnam Industry)으로도 운위되고 있는 영화의 지속적인 생산의 배후에 여성을 죽음과 전쟁으로 파악하고 있는 서양 문명의 뿌리 깊은 이데올로기가 작동하고 있기 때문일는지도 모른다. 〈니키타〉를 비롯해, 우마 써먼(Uma Thurman)이 여성 사무라이로 열연한 〈킬빌〉(*Kill Bill*) 연작, 브래드 핏(Brad Pitt)과 안젤리나 졸리(Angelina Jolie)가 살인 청부업자로 주연한 〈스미스 부부〉(2005), 〈여전사 지나 공주〉 연속물들, 그리고 수많은 팜므 파탈에 관한 영화들은 여성을 죽음과 전쟁과 동일시하는 서양 문명의 사유가 아직도 재생산되고 있다는 사실을 보여주고 있는 대중문화의 풍향계이다.

여전사에 관한 또 하나의 영화 〈엘렉트라〉(*Elektra*, 2005)의 여주인공 엘렉트라[제니퍼 가르너(Jennifer Garner) 분]는 특히 죽음 '사'(死)가 새겨져 있는 펜던트를 브래지어 사이에 끼고 나오는데, 이는 대부분의 여성 전사를 다룬 영화에서처럼 여성 전사 엘렉트라가 성적인 매력과 그것이 촉발하는 죽음을 동시에 표상하고 있다는 점에서 20세기 초 팜므 파탈을 다룬 영화의 플롯을 재생산하고 있다고 말할 수 있다. 할리우드의 섹시한 여전사는 그러나 더 이상 고대의 아테나 여신처럼 지혜의 여신으로 표상되어 등장하지는 않고 간혹 복수와 살인에 집착하는 흡혈귀로도 등장한다는 점이 다르다면 다른 점이라 하겠다.

우리가 앞으로 분석하게 될 『호랑이 여전사』가 그 타이틀 만으로도 대중들에게 상당히 어필하여 상품적인 가치가 충분히 있다는 사실을 증거하고 있음에도 불구하고, 그리고 그 소재 면에서 서양 문학이 즐겨 찾고 있는 팜므 파탈(femme fatale)과 바기나 덴타타(vagina dentata), 그리고 종극적으로는 여성과 죽음 그리고 전쟁의 동일화를 선정적으로 모두 지시하고 있음에도 불구하고 이 소설이 인구에 전혀 회자 되지 않는다는 사실은, 서두에서 언급했듯이 이 작품이 무엇인가 미국을 포함한 서양 상상력의 비위를 상하게 하고 있기 때문일 것인데 그 이유는 무엇인가? 작품에 대한 분석에서 곧 밝혀지겠지만 피상적으로만 본다면 이 작품의 주인공인 베트남의 여전사 카이(Tran Thi Cai)[2]는 죽음의 에이전트로서의 여성이 전쟁과 동일화되는 패턴을 그대로 따르고 있는 것처럼 보이며, 여성 전사를 다루고 있는 몇몇 작품들이 그러하듯이 남성에 의해 결국은 길들여지는 상투적인 결말로 끝나고 있다. 전대미문의 강력한 여전사마저 정복하고 마는 소위 '말괄량이 길들이기' 신화를 그대로 반복하고 있어 남성 독자들의 입맛에 무난한 작품으로 여겨져 문단의 주목을 받을만한 가능성을 함유하고 있는 것처럼 보이기도 한다.[3] 작품 『호랑이 여전사』는 주인공 카이를 폭력적인 면에서는 짐승 이하의 수준으로 격하하고, 성적인 면에서는 "두려운 약탈자"(fearful predator 95)로 설정하면서 그녀의 "뱀파이어"(118) 같은 "영원한 어두움"(eternal darkness 276)을 길들이는 베트남해방전선[NLF]의 중위 르루와(Le Loi)를 내세워 여전사 카이와 그녀의 군대가 미 제국에 저항하는 원래의 시도를 희석하려고 시도하고 있는 것처럼 보인다.

그러나 카이의 광포함과 "변태적이고" "새디스트적인 측면"은 미 해병들을 육체적으로 "무기력하게 하고"(unnerved 187) 그녀로 하여금 그들을 상징적으로도 거세하는 에이전트로 만들고 있어, 소위 여성 전사들에 관한 이야기의 상투적 결말인 '여성 길들이기'를 무색하게 하고 있다. 지구상에서 가장 강한 남성으로 치부되고 있는 미군, 그것도 해병대원들을 한두 번도 아니고 수십 차례 무참히 도륙할 때 카이의 잔인하고 파괴적 힘은 너무 선정적이고 강력하여 그녀를 마치 신화시대의 파괴와 살육의 지모신(Earth Goddess)의 화신인 것처럼 보이게 하여 그 결과 그녀를 통제하려는 남성들의 시도를 무력하게 만든다. 여성 전사는 남성들의 통제하에 그것도 한시적으로만 활동하고 있을 때만 매혹의 대상이 되었지, 남성들의 텃밭인 폭력과 전쟁에 관한 영역을 심각하게 침범할 때는 곧바로 멸시와 무시의 대상으로 전락하였다. 여성으로 표상되었던 전쟁과 죽음이 통제되어 순화되지 않고 해병대원들인 남성들을 위협할 때, 그리고 죽음과 동일화된 여성 카이(108)가 정복당하지 않고 의도적이든 아니든 본인에 의해 자행된 잔인한 학살의 기억을 광기에 빠져 스스로 유실하고 제거할 때, 여성을 정복함으로써 죽음을 정복하는 상투적인 서양 상상력의 대리 만족은 불가능하게 되며, 작품에서 무엇인가 완결된 서사를 기대했던 전쟁소설의 주 구매자인 남성 독자들의 바람은 이루어지지 않게 된다.

이 장의 후반부에서 분석해야 할 『호랑이 여전사』는 우리가 곧이어 바로 간단히 분석할 여성 저격수가 등장하는 대표적인 베트남 전쟁소설인 『단기사병』(The Short-Timers, 1967)과 이의 영화 버전인 〈풀 메탈 재킷〉(Full Metal Jacket, 1987)과 작품의 결말에 있어서 어느 정도는 상이한 양상을 보이고 있다. 『호랑이 여전사』의 주인공은 『단기사병』처럼 미 해병들이 아니라 처음서부터 끝까지 순화 또는 제거되어야 할 베트콩 여전사이지만, 그녀의 제거는 작품의 결미에 이르러서나 코다처럼 이루어지고 있으며 이 또한 완전히 이루어지고 있지도 않다. 이는 체제에 반항하는 한 책략으로서 히스테리에 걸린 그녀가 자신도 모르게 스스로의 모든 행적을 지우고 있기 때문이기도 하며, 선정적인 섹스 장면과 외설적인 죽음에 관한 장면에 대한 생경한 자연주의적 묘사의 효과가 뇌리를 떠나지 않게 되어 묘사의 어설픔에도 불구하고 작품의 결말을 불편하게 만들고 있기 때문이다. 『호랑이 여전사』에 대한 세심한 읽기를 통하여 필자는 이 작품의 여주인공이 결국은 짐승처럼 격하되어 파멸된다는 사실을 지적하여, 전쟁과 여성이라는 함수관계가 여전사, 즉 아마존 여성이라는 관념으로 자리 잡은 통속적인 상상력에서는 시대를 역류하여 여전히 유행하고 있지만, 여성 전사가 다수 활약한 베트남전을 거친 21세기의 인류에게는 그러한 개념이 파기되어 새롭게 규정해야 할 낡은 이데올로기가 되었다는 사실을 차후 후미에서 밝히게 될 것이다.

2

하스포드의 『단기사병』과
영화 <풀 메탈 재킷>에 나타난 무명의 여전사

여전사가 등장하는 베트남 전쟁소설 하스포드(Gustav Hasford)의 『단기사병』(*The Short-Timers*, 1967) 또한 미국의 독자에게 불편함을 주고 있다는 점에서 평단의 주목을 많이 받지 못했으나, 소설을 각색한 영화 <풀 메탈 재킷>(*Full Metal Jacket*, 1987)은 베트콩 여전사를 제거하는 미군의 모습을 보다 남성적으로 그리고 인도주의적으로 그리고 있어 소설의 수용과는 조금 다른 양상을 보여주고 있다. 작전 수행 중 이름처럼 듬직한 바위 같은 미군 병사 "더 락"(T. H. E. Rock)의 머리를 날려버리는 베트콩 저격수는 처음에는 당연히 남성 병사로 추정되었지만(107), 연후 부상당한 저격수는 5피트도 되지 않고 15살도 채 안 된 소녀로 "짙고 아름다운 눈을 가졌으면서도 동시에 해병대원의 강인한 눈을 가진 호리호리한 유라시아 쪽의 천사"(116)로 밝혀지게 된다. 오른쪽 다리와 엉덩이가 거의 찢겨져 나간 앳된 소녀를 그냥 방치하여 들쥐가 뜯어먹게 하자는 애니멀 마더(Animal Mother)는 그의 주장을 받아들이지 않는 조커(Joker)가 소녀 저격수의 고통을 줄여주고자 "왼쪽 눈을 관통하는" 총상을 가하여 사살한 후에도, 그 잔인한 행적을 멈추지 않아 피범벅이 된 그녀의 머리를 자르는 만행을 저지르게 된다.

애니멀 마더는 침을 뱉었다. 그는 앞으로 나와 쭈그리고 앉아 정글용 칼을 꺼냈다. 힘을 주어 휙 한번 휘둘러 목을 잘라냈다. 그는 검은 긴 머리채를 잡고 머리를 높이 쳐들어 올렸다. "머리가 잘린 채로 잘 뒈져라, 잡년아 (bitch)"하며 그는 웃어대고 또 웃어댔다. 그는 돌아다니며 우리들 면상으로 핏덩어리가 된 머리를 들이 밀어댔다. "쎄다고(hard)? 이제 누가 쎈 것 같으냐? 누가 쎄지, 이 씹새들아?"

카우보이는 애니멀 마더를 쳐다보고 한숨을 쉬었다. "조커가 쎈 것 같다. 너는 비열할 뿐이야." (120)

15살도 안 된 죽은 소녀의 목을 베어버리는 행태도 행태이지만 성기를 바지춤에서 꺼내 덜렁거리며 13살이나 14살 남짓한 소녀의 꽁무니를 쫓아가는 애니멀 마더의 또 다른 병치되는 모습을 견주어본다면, "우리는 베트남을 구하기 위해 파멸시켰다"는 웨스트모랜드 장군(General Westmoreland)의 말을 엇비슷이 차용하여 우리는 베트남을 "구하기 위해 쓰레기더미로 깡그리 밀어버렸다"(122)고 말하는 애니멀 마더의 언급을 곧이듣기에는 무리가 따른다. 지나친 잔인함과 '초남성성'(supermasculinity)으로 인해 오히려 '표준적 남성성'(normative masculinity)을 상실하여 짐승으로 전락한 그는 인도주의와 민주주의의 수호라는 미션을 수행하는 미군의 일원으로서 자격을 상실하게 되고, 그를 포함한 타락한 병사들로 인해 베트남에서의 미군의 정치적 개입은 더욱더 그 타당성을 잃어버리게 된다. 특히 죽은 소녀 저격수의 발가락을 잘라 수집하고 손가락을 잘라 금반지를 챙기는 사병 엘리스(Alice)의 행태(121)는, 인간 내면의 어두움을 드러내고 있으면서도 미국의 베트남 참전 이유가 비단 민주주의의 수호라는 허울뿐 아니라 경제적인 면에서도 촉발되었다는 사실을 짐작하고도 남음이 있게 한다.

두 번째 나타나는 여성 저격수는 첫 번째 나타난 소녀 저격수의 죽음에 대한 복수를 감행하듯이 엘리스(Alice)와 의무병 제이(Doc Jay), 그리고 신

참 병사(New Guy)를 저격하여 죽이고, 서부 개척 시대 미국의 행태를 단죄나 하듯 카우보이(Cowboy)의 사타구니를 죽지 않게만 가격하여 부상당한 그를 미끼로 삼아 남은 소대원 전부를 저격 몰살하기를 시도한다. 새롭게 등장한 저격수는 그러나 먼저 저격수와 많이 다르지 않으며 사실상 작품 또한 이에 대해 명확한 구분을 하고 있지 않은 것 같은데, 이는 처음에 등장한 저격수를 제거하는 과정에서 보였던 잔인함을 상쇄하기 위하여 작가가 시간적인 서술을 교란하는 몽환적인 서술 기법을 사용하고 있다는 점에서도 드러나 있다. 부상한 전우 엘리스의 머리를 쏘아 죽음의 고통을 덜어 준 연후 카우보이는 그 자신도 양쪽 발과 사타구니를 다쳐 사실상 회복이 불가능해 자살을 시도하지만 이마저 저격수의 방해로 미수에 그친다. 카우보이를 살리려는 분대원들이 계속 저격수의 위협을 받게 되자 애니멀 마더는 남아 있는 소대원이라도 살리기 위하여 카우보이를 사살해야 한다고 강력한 항의를 하게 되며, 이에 반대하는 조커는 항명의 조짐을 보이는 애니멀 마더로부터 생명의 위험까지 받게 된다.

분대의 지휘관으로서 조커는 할 수 없이 카우보이를 사살하게 되고 이는 상부에는 '우호적 사격' 또는 '아군에 의한 살해'(friendly fire)로 보고되는 것이 아니라 베트콩 저격수에 의한 살해로 보고될 것이다. 계속해서 해병들을 비웃는 "웃음소리"가 들리고 분대는 저격수의 신원도 확인하지 못한 채 부대로 복귀하게 되는데, 소설은 이 시점에서 멈추어 당사자인 미군에게 어떠한 위로와 반대급부를 제공하지 않고 막을 내리게 된다. 비록 웃음소리의 주체가 저격수 여성으로 밝혀지지는 않았지만 이러한 히스테리한 웃음소리는 패퇴하는 해병들, 나아가서는 1975년 4월 30일로 귀결되는 미군의 철군을 조소하는 베트남 민중의 비아냥거림으로 해석이 가능하다. 1, 2차세계대전을 승리로 이끈 가장 남성적이고 강력한 미국이 아시아의 미개하고 조그만 종족에게 패퇴하였다는 사실을 상징적으로 그리고 있는 마지막 장면은, 그러한 패퇴가 그들이 멸시했던 피그미 여성 전사에 의해 이루어지고 있다는 점에서 더욱더 치욕적이다. 베트콩 여성 저격수는 그러하므로 베트남이라는 여성이 초남성 미국에 맞서 위대한 전사가 되었음을 알리는 표상이 되고 있다.

미국의 참전을 비판하는 일환으로 미국의 남성성을 동물성으로 규정하여 이를 와해시키고 있어 대부분의 미국 독자들을 불편하게 만들고 있는 소설 『단기사병』은 제목 자체가 그러하듯이, 전쟁은 단기적으로 끝나야 할 남성들의 일이라는 사실을 드러내고 있다. 반전과 민권운동의 소용돌이 속에서 출판된 『단기사병』은 그러나 보수적 미국의 "역사적인 기억상실 시대"(Klein 34)로 표현되고 있는 레이건 시대(1981~1989)에 영화화되는 할리우드의 영화 버전 〈풀 메탈 재킷〉(1987)에 가면 다소 상이한 플롯으로 변형되고 있다. 소설에서는 카우보이가 엘리스를 쏘고 조커가 할 수 없이 카우보이를 죽이지만 영화에서는 카우보이를 포함한 거의 모든 병사들이 여성 저격수에 의해 죽음을 맞게 되며, 소설의 결말에 나타났던 신원 미상의 또 다른 저격수는 이 작품의 중반부에 나왔던 15세도 채 안 되는 앳된 여전사로 병합되어 영화의 마지막에야 등장 사살된다.

영화감독 스탠리 큐부릭(Stanley Kubrick)은 여전사를 죽이는 과정에서 가녀린 몸과 흐느낌 소리를 클로즈업하여 동정심을 유발하기도 하며, 피를 흘리며 거의 죽어 있는 여전사의 머리를 M-16 개머리판으로 치는 장면을 배치하여 미군 해병대의 잔인함과 짐승의 수준으로 격화되기 십상인 '초남성성'(hypermasculinity)을 여전히 비판하고 있기는 하다. 그러나 그럼에도 불구하고 소설의 중반부에 등장하는 여성 저격수를 조커가 잔인하게 죽이는 장면은 사라지고 영화 말미에 등장한 여전사를 색출하여 그것도 조커가 마치 자비를 베풀 듯이 인도주의적 처사의 일환으로 사살하는 플롯을 영화가 선택한다는 점은, 소설과 달리 영화는 '착한 미국인'에 관한 개념을 어느 정도 고취한다고 볼 수 있게 된다.

소설 『단기사병』은 성과 여성에 대한 수많은 비하적인 용어들이 난무하는 가운데서도 직접적으로 "창녀들이 나오지 않는다는 점에서 베트남 전쟁문학의 상궤를 벗어나고 있다"(Weaver 144)고 말할 수도 있는데, 〈풀 메탈 재킷〉은 그러나 이와 상이하게 작품의 초반부에 싸구려 서양식 옷을 입고 유아처럼 명확한 영어를 구사하지 못하는 "발정 난"(horny) 창녀를 등장시키고 있다. 문제는 이러한 창녀와 작품의 마지막에 등장하는 여전사를 동일하게 취급하고 있는 영화의 한 장면일 텐데, 여성 저격수가 죽자 부대원 중의 하나가 무심코 내뱉는 "더 이상 애하고는 그 짓거리를 하지 못 하겠네"(No more boom-boom for this baby-san)라는 말 가운데서 "boom-boom"이라는 말이 미군과 창녀들에 의해 사용되었던 섹스에 대한 비속어라는 점에서 여전사와 창녀가 동일하게 되었다는 위버(Gina Weaver)의 의견 (144, 187)에 필자는 부분적으로만 동의하고 있다. "boom-boom"이라는 말이 꼭 창녀들만이 사용하는 비속어만은 아닌 점이 분명하기 때문인데, 위버가 주장하고 있듯이 그들이 유치한 유아의 언어를 사용하는 공통분모로 묶여져 있다는 사실을 지적하는 것도 중요하지만, 더욱더 중요한 것은 여전사와 창녀가 그 어떠한 연관 관계도 필요 없이 자동적으로 군인의 의식 속에 동일시되어 여전사를 강간의 대상으로 전락시키고 있다는 점일 것이다. 여성 전사가 그녀의 몸을 무기로 삼아 임무를 수행하는 이야기는 수많은 영화의 단골 주제이긴 하지만, 사실상 여성 전사의 이러한 몸짓은 남성들의 성적인 판타지에 지나지 않는다. 여성 전사의 상투적인 창녀 취급은 여전사의 강인한 이미지를 해체하는 남성 고유의 성 이데올로기의 일환이며 영화 〈풀 메탈 재킷〉은 이러한 관념을 그대로 따르고 있다.

여성 전사는 발본색원되어 사라져가야 할 신화 속 인물일 경우에만 언급될 수 있을 뿐, 펜테실레이아나 잔 다르크처럼 정치와 역사의 한 주역이 되려할 때 제거되어 왔다는 사실은, 비단 레이건 시대의 보수적 정치 관념을 따르고 있는 〈풀 메탈 재킷〉에 국한되어 적용된 것은 아니다. 소설 『단기사병』이 전쟁을 반대하는 듯하는 제목을 지니고 있는 반면, 영화 〈풀 메탈 재킷〉은 말 그대로 "병사들이 어깨 위로 메는 탄창의 띠"를 제목으로 삼았다는 점에서도 꼭 반전적인 영화로 끝을 맺지는 않는다. 이는 군대 체제를 거부하는 동성애의 혐의가 짙은 파일(Pyle)의 자살과 주인공 조커의 회의적인 시각에도 불구하고, 영화는 소설과는 달리 여성 저격수를 어느 정도 인간미를 보이면서 부드럽게 제거하는 가운데 해병대원의 인간애와 단결(solidarity)을 고취하는 코러스로 막을 내리고 있다.

이제『단기사병』과 여성 전사의 제거라는 면에서는 판박이이지만 제거 과정에서는 어느 정도 상이함을 보이는『호랑이 여전사』에 대한 분석을 시도해 보자. 영화와는 달리 소설『단기사병』에서는 첫 번째 소녀 저격수가 살해되지만 히스테리한 웃음소리로 남아 제거되지 않는 두 번째 저격수를 첫 번째 소녀 저격수의 유령으로 본다면, 두 번째 저격수는 적어도 생존에 국한하자면『호랑이 여전사』의 카이와 흡사하다고 말할 수 있다. 다른 점이 있다면『단기사병』에서 단역을 했던 무명의 저격수와는 달리『호랑이 여전사』의 주인공 카이는, 신화시대의 '끔찍한 어머니'(terrible mother)와 같은 형상으로 나타나 그 광포한 힘으로 소설의 서사를 압도하고 있다는 점일 것이다. 제목 그대로 해병대원들이 주인공이 되는『단기사병』과는 달리『호랑이 여전사』의 주인공은 여전사 카이였으며, 이러한 점에서『호랑이 여전사』는 끔찍한 어머니와 아마존에 관한 문학적 서사와 어깨를 같이 하고 있다.

3

『호랑이 여전사』에 나타난
"흡혈귀" 여전사 카이

국내외를 통틀어 워낙 알려지지 않은 작품이기에 줄거리를 간략히 소개하여 독자들의 이해를 구하기 전에, 그 묘사의 끔찍함과 대담함으로 필자를 포함한 남성 독자들의 간담을 서늘하게 했던 여주인공 카이에 의해 주도되는 살육 장면에 대한 소개를 먼저 하기로 하자.

검붉게 변한 피가 한 병사의 사타구니로부터 삐져나오고 있었다. 조그마한 여자가 등을 구부리며 꼼지락거리는 병사의 성기를 잘라 그의 입속에 처넣은 것을 보자 알렌은 공포 속에서 숨을 할딱거렸다. 타이거 우먼은 그가 고통 속에서 경련을 일으키자 갈비뼈 아래 배를 찔러 피가 낭자한 사타구니 아래까지 난도질했다. 그리고나서 그 여자는 한 손 가득히 내장을 빼내어 단말마의 비명을 막으려는 듯 그의 얼굴에다 패대기쳤다. (…)
여자가 무엇인가 베트남말로 말하자 두 사람의 병사가 패터슨(Patterson)의 머리를 붙잡으려 앞으로 쏜살같이 내질렀다. 그녀는 패터슨의 한쪽 눈알을 엄지손가락으로 후벼 파 눈알을 뺨에 매달린 채로 두었다. 비명에 차 소리를 지르자 그녀는 다른 눈알을 안구로부터 후벼 팠고, 한쪽 손으로 턱

주가리를 잡고 다른 한 손으로는 칼을 잡고 혀를 썰어버려 그를 핏속에서 겔겔거리게 했다. 그녀는 곧이어 잽싸게 두 번에 걸쳐 양쪽 귀를 떼어내고 배를 갈라 내장을 그의 앞 땅바닥에 내쏟았다.

"지금은 내가 니 놈을 엿 먹였지(bitch)?" 두 베트남 병사가 패터슨을 그녀 앞에 고꾸라지도록 내동댕이치자 그녀가 비아냥거렸다. (⋯)

피가 낭자한 그녀의 손은 다른 병사인 솔콤(Solcomb)의 뺨을 어루만지고 있었다. "이 귀여운 자식. 나하고 하고 싶지?" 그녀는 혁대를 칼로 자르고 바지를 잘라 굽혀진 무릎 위로 축 늘어지게 만든 후 훤히 드러난 사타구니를 가득 움켜잡았다. "한 번 세워보지 그래 이 귀여운 놈아? 면발같이 가느다란 니 물건으로는 나를 어쩌지 못할걸." 솔콤이 몸서리치자 여자는 사타구니를 짓이겼다. "나를 어쩌지 못하면 니놈한테도 이 물건은 쓸모가 없지!" 그녀는 그의 성기를 잘라 흐느끼는 비명을 막으려는 듯이 그의 입에 쳐넣었다. "이제 나하고 그 짓도 못 하겠지, 이놈아"를 연발하며 그녀는 배를 가르고 귀를 잘라 낸 후 그의 가슴에 발을 올리고 내장이 질질 끌리는 그의 몸을 뒤집었다. (12-13)

앞서 언급한 『단기사병』과 〈풀 메탈 재킷〉에서 여성 전사에 의한 저격 행위가 베트콩 게릴라의 임무를 수행하는 정도로만 언급되고 있어 그녀에 의한 어떠한 잔혹 행위도 서술되고 있지 않은 것과는 달리, 이 작품에 나타나는 잔혹한 행위에 대한 묘사의 철저함과 섬뜩함은 베트남전쟁을 다룬 어떠한 작품보다 그 수위를 상회하고 있다. 예를 들어보자. 실화 소설을 표방하고 있는 헨더슨의 소설 『해병 저격수』(*Marine Sniper*, 1986)에 단역으로 등장하는 인물인 여성 저격수 출신 베트콩 소대장 아파치(Apache)의 고문 장면은 소설 『호랑이 여전사』의 잔인함에 비하면 비교할 수 없을 정도로 부드럽다.

그 베트콩 여전사 아파치는 사로잡은 병사의 손톱을 잡아 빼었고 손가락을
뒤로 꺾어 중간에서 부러지게 하였다. (…) 그녀는 젊은 해병을 보면서 다음
과 같이 말하였다. "요 귀여운 녀석? 귀여운 놈이네. 니놈 나라에 가면 많은
계집들이 있겠구나, 그렇지. 베트남 여성들도 건드렸겠지, 그렇지 이놈. 차이
나 해변에서 많은 여자들을 해치웠겠구만." (…)
그녀는 옆에 쪼그리고 앉아있는 병사에게 베트남 말로 뭔가를 중얼거렸고
병사들은 미 해병을 쏘아보았다. 아파치는 대나무로 만든 형틀에 축 늘어져
있는 어린 해병에게 다가가 "이 빌어먹을 미군 잡종 놈아" 하며 검정색의 베
텔 밤즙(betel nut)을 그의 눈에 뱉었다. (99-100; Lembcke 103 재인용)

미국의 베트남 참전 반대 운동을 주도한 제인 폰다(Jane Fonda)를 모
델로 "미군 병사를 괴롭혔던 베트남 여전사"를 지칭하는 일명 하노이 제인
(Hanoi Jane)의 여러 양태 중, 검은 밤즙을 뱉어대는 베트남의 여성과 여전
사에 관한 위의 묘사에서 여전사 아파치는 기껏해야 손가락을 부러뜨리는
정도의 행위를 저지르고 있다. 그러나 우리가 분석하고 있는 소설 속 여전
사의 행동은 기술할 수 없을 정도로 무자비하다. 일방적인 학살에 가까운
전투에서 유일하게 포로가 되어 꾸치(Cu Chi) 터널로 끌려가는 일등병 알
렌(Allen Hayes)은 그녀가 벌이는 야만적인 장면 앞에서 형언할 수 없는 공
포에 젖어 연신 토악질을 하게 된다. 알렌의 눈에 비쳤던 학살 장면은 이 작
품을 서술하는 전지적 작가를 거쳐 묘사되고 있지만, 이 장면에 드러나고
있는 외설적 묘사는 독자들의 상식적 기대치를 상회하여 사건 자체의 사실
성을 심각하게 부정하고 있을 정도이다.
일등병 알렌에게 공포를 가져다주는 베트남 말로 "여성 자체를 의미
하는 카이(Cai←con gai)"(22)는, "자그마하고 섬세한 몸"(22)의 소유자이
며 "동그랗고 굴곡이 있는 엉덩이"를 지닌 "심지어는 아름다운"(23) 여성
으로 그려지고 있기도 하다. "선혈이 낭자한 학살행위"(gory carnage 26)를

작품 전체에 걸쳐 최소한 5회 정도 수행하고 있는 카이는 짐승(animal 20, 26), 잡년(bitch 20, 32), 사악한 여성(evil 40, 75), 악마(she-devil 79), 미친년(psychopath 87, 193), 흡혈귀 또는 여자 뱀파이어(blood-sucking vampire, she-vampire 118, 160) 등의 다양한 이름으로 호명되고 있으며, 미군에 의해 붙여진 그녀의 공식적인 코드명은 "타이거 우먼"(40, 254)이다. 서양의 역사가 여성에게 붙여 준 온갖 부정적인 이름을 지니고 있는 카이는 살육을 할 때마다 비정상적으로 "달콤한 감정"(33)과 "묘한 흥분"(166)을 느낀다는 면에서 "매혹적인"(alluring 26) 베트콩 살인녀, 즉 팜므 파탈로 서양인의 상상력에 다시 각인되고 있지만, 지나치게 살인에 집착을 보인다는 면에서는 '괴상한 팜므 파탈'(perverse femme fatale)의 극단을 보여주고 있다.

그녀는 심지어 꾸치 지역의 총사령관인 응웬 반 쉬엥(Ngugen van Chien)이 그녀의 무절제한 도살 행각에 대한 체벌로 얼굴을 가격하자, 입술에 흐르는 피를 맛볼 정도로 피와 살인에 대한 "이상하고"(bizarre 167) "가학적이고"(sadistic 187) "변태적인"(perverse 187) 충동만을 지닌 여성으로 묘사되고 있을 뿐이다. 그녀의 "유일한 즐거움"은 "사람을 죽이는 것"에 있다고 표현되어 있으며(111, 167), 카이의 피에 대한 과도한 집착은 "페티쉬"(fetish 187)로 규정되어 진다. 카이의 이러한 행위는 서양의 상상력이 상투적으로 표현하는 폭력과 죽음이 환기하는 성, 즉 폭력 후의 성행위를 상회하고 있다.

> 붙잡혀온 미군 병사들이 그들의 값어치 없는 목숨을 구걸할 때 맛보는 엑스터시와 한 번도 느껴보지 못했던 흥분을 주어 그녀의 살갗을 적실 뜨거운 피의 느낌을 다시 한번 음미하면서 그녀는 위장에서 무엇인가 펄럭거리는 것을 느꼈다. 쉬엥의 벌을 주는 듯 행해지는 그녀의 몸에 대한 탐닉도 살인에서 느끼는 이러한 감미로운 감각을 지울 수는 없었다. (33)

"증가일로에 있는 그녀의 가학적인 성격"(187)은 그녀보다 30살 많은 쉬엥 대령을 불안하게 하는데, 이는 그녀의 행각이 미군의 분노를 유발할 뿐 아니라 꾸찌 사령부의 북베트남 병사들에게도 이상한 불안감을 느끼게 하고 있기 때문이다. "그녀의 눈은 죽음을 말하고 있는데"(108) 정신분석학에 익숙한 독자들은 여성이 죽음과 동일화되는 과정을 통하여 카이가 "광기"(105)의 화신이 되고 죽음 그 자체가 된다는 사실을 어렵지 않게 추론할 수 있게 된다. 전투병들도 아닌 공병대원들을 공격하는 4번째 도살 장면은 다시 인용을 요한다.

> 카이는 한 병사에게 다가가 그의 고통에도 아랑곳하지 않고 귀 한쪽을 잘라냈다. 그녀는 배를 갈라 파헤쳐고 비명소리를 들으며 혀를 잘라냈다 (⋯) 카이는 흐느끼고 있는 병사의 옆에 다가가 칼끝으로 눈을 후벼 파기 전의 순간을 즐기려는 듯 잠시 멈추어 섰다. (⋯)
> "제발 처자식이 있는데." "죽이지 마! 나는 공병대원이고 너희들을 도우려 시설물들을 지키러 왔는데 아아아." 살아 있는 마지막 병사가 탄원했다. 그녀는 병사의 애원을 무시하고 배때기를 난자하기 시작했다. 창자를 꺼내면서 따뜻하고 끈적한 피가 손을 적시자 그녀는 쾌락에 헐떡거리며 몸을 떨었다. 번쩍이는 칼날을 피하면서 울부짖는 6번째 병사에게 다가가 양쪽 귀를 잘라내고 고뇌에 찬 소리로 할딱이는 병사의 배를 천천히 갈라 창자를 빼어냈다. (⋯) 황홀감(rapture)에 젖어 병사로부터 멀어졌고 그녀의 욕망(lust)은 충족되었다. (157-158)

살인에 대한 과도하고 괴상한 행태로 카이는 부하들로부터도 외면당하게 되지만, 그러나 우리는 "영원한 어두움" 그리고 그것에 대한 "두려움"(276)이 그녀의 내면으로부터 발원하는 것이 아니라, 프랑스군으로부터 당한 강간에 대한 그녀의 내면적 상처, 즉 트라우마(trauma)로부터 연원 한다는 사실을 곧 알게 된다. 한국전에서도 비일비재했던 카이의 '귀 떼기'(severing ears) 행각은 미군들로부터 배운 행위였으며, 이러한 미군의 행위는 소위 "필립왕 전쟁"(1675-78) 당시 성인 인디언의 머리 가죽뿐만 아니라 아이들의 머리 가죽에도 반 셜링을 쳐주던 영국과 프랑스가 얽혀있었던 미국의 식민지 시대의 폭력으로 소급되어 진다.

그러나 그녀의 살인에 대한 욕망은 여성성 자체가 죽음과 동일화되는 원형적 요소 때문도 그리고 죽음에서 즐거움을 느끼는 가학적인 심리적 욕망에서 우러나오는 것도 아닌 구체적인 사건, 즉 계속된 강간으로부터 촉발된 편집증적인 성향의 방어기제로 최종 판명된다. 미군들의 꾸치 터널 공격을 저지하기 위해 땅굴 밖으로 나간 그녀는 4명의 미군 포로들을 붙잡고 5번째 도살 행각을 벌이게 되는데, 그녀를 "맛이 간 쪼만한 썹"(depraved little cunt 275)으로 부르며 지옥에 함께 가자는 "악마"(devil man 277) 같은 미군 포로에게서 알 수 없는 두려움을 느끼며 그를 그만 놓아주게 된다. 그러나 우리는 이러한 두려움이 "불분명하지만 금지된 마음의 한구석으로부터 튀어나오는 두려운 기억"(275), 즉 프랑스군의 강간에 대한 기억의 반향임을 알 수 있게 된다.

> 그녀를 장갑차로 끌어들인 프랑스군 또한 휘번득거리는 누런빛으로 가득 찬 끔찍한 눈을 가졌다. 곁을 맴도는 암흑에 대한 두려움을 전적으로 결핍한 이 새로운 악마는 그녀를 무기력하게(unnerved) 했다. 이 미군 병사 놈이 그녀를 기다리고 있을 것이라는 생각에 그녀의 몸은 날카로운 경련을 일으켰다. 그녀는 고아였을 때부터 가톨릭 선교사들이 가르쳤던 전통적인 의미의 천국과 지옥을 믿지 않았다. 카이는 그녀가 겪었던 경험을 자라나는 아이들에게까지 짐 지우는 그러한 신을 받아들일 수 없었다. 만약에 그와 같은 자가 창조주의 정원에 속할 수 없게 되면 그러한 악마의 종자는 또한 [그녀가 가야 할] 불타는 지옥에서도 살아서는 안 된다. (285; 강조 필자)

포로로 잡힌 미군 병사를 죽일 수 없었던 이유는 앞으로 그녀가 가게 될 지옥에서 두려움을 모르는 그 병사를 보게 될 것이라는 이유에서뿐만 아니라, 바로 그 미군 병사가 그녀를 범했던 5명의 프랑스 군인들과 똑같은 눈빛을 지녔기 때문이기도 하다. 그녀는 그들이 지옥에서조차 존재하지 않기를 바랄 정도로 두려움에 가득 차 있다. 작품은 그녀가 총상을 입어 혼수상태에 머물게 될 때의 회상 장면에서 그녀를 범했던 5명의 프랑스군을 "거대한 막대기로 그녀의 내장을 찢어놓은 (…) 휘번득거리는 누런 눈을 가진 악마"(demon man 349)로 다시 한번 명확하게 표현하고 있으며, 이때 당한 충격으로 카이가 비단 쉬엥 대령뿐만 아니라 전사한 전 남편과의 사이에서도 성적인 즐거움을 느끼지 못했다고 기술하고 있다(386). "거대한 막대기"가 한 프랑스 군인의 성기임은 재론을 요하지 않는다. 그녀를 복수의 화신으로 만든 것은 "짐승 같은"(brutal 162) 프랑스군들이었고 그들이 심지어는 "2명이 동시에 덤벼들어 그 거대한 성기로 그녀의 내장을 휘적거렸을 때"(255), 몸과 마음은 죽게 되고 복수심에 불타 그녀는 이제 프랑스군 대신 들어선 미군들의 "내장을 맨손으로 빼내는"(255) 짓도 서슴지 않게 된다. "이제 그들은 그녀가 그들의 내장을 맨손으로 빼내었을 때, 프랑스군에게 당했을 때 그녀가 느꼈을 똑같은 고통을 느끼게 될 것이다"(255).

　이전 장면에서 미군 병사를 말 그대로 거세하여 "무기력하게 한"(unnerved 187) 행동은 그녀를 "무기력하게 한"(unnerved 285) 프랑스군의 강간에 대한 반향임이 분명하다. 도처에서 언급되고 있는 도살 장면들은 프랑스군에 의한 카이의 강간에 대한 기억(162, 254-55, 275, 285, 349)과 거의 맞물려 서술되고 있어, 카이의 이러한 행각이 단순히 그녀의 잔혹함에서 비롯되지 않는 것을 보여 주고 있다. 외부에서 부과된 악마적인 잔혹함으로부터의 탈출과 카이의 여성성의 회복은 그녀의 부관 루와(Le Loi) 중위와의 관계에서 이미 암시되고 있었다. 악마가 거주하는 지옥에서 그녀를 겁탈했던 프랑스군과 이들의 행태를 반복했던 미군들을 다시 대면하고 싶지 않은 카이의 두려운 마음은 의지할 곳을 찾게 만들고, 그녀는 루와가 제공하는 "안전한 품"(286)에서 그동안 거부되었던 성적인 즐거움(ecstasy 303) 또한 누릴 수 있게 된다. 과도할 정도로 성의 화신이 되거나 남성의 성에 부수적인 역할을 하는 여성이 아니라 성관계에서 적극적으로 즐거움을 찾는 여성으로의 변신을 꾀하는 카이가 비록 완전하게 순종적인 여성으로 변한 것은 아니지만, 부관 루와와의 정사는 전남편 핑(Ping)이나 쉬엥 대령과의 관계에서는 "알 수 없었던 감각"(295)을 느끼게 해주기에 충분하다. 루와를 통하여 카이는 잊어버렸던 친아버지로 연상되는 안전함과 따뜻한 정을 되찾게 되면서 "포로들을 도륙할 기회를 잃어버렸지만 아무런 후회를 하지 않게 되었다." 미군 병사들의 사타구니를 잔인하게 도륙했던 카이의 손은 루와의 "사타구니를 감싸는 부드러운 손"(295)으로 변화한다.

> 루와의 품에 안겨 애무를 받으며 옷이 벗겨질 때 몸에 전해져 오는 손길을 즐기며 카이는 전해져 오는 쾌락에 몸을 떨었다. 부드럽고도 격렬히 그녀를 취하자 카이는 절대 불가능하게 생각했던 가슴을 불태우는 쾌락으로 신음을 질렀다. (303)

통속 소설의 상투적인 장면을 연상케 하는 이와 같은 묘사는 카이의 '여성 길들이기'가 섹스를 통하여 이루어졌다는 점을 강조하고 있는 것처럼 보이게 한다. 왕을 의미하는 프랑스어(le roi)와 발음이 유사한 "르 루와"는 이러한 점에서 카이에게 결핍되었던 여성성을 그의 "강인한 남성"(hard maleness 295)으로 복원시켜준다. 총상 후 루와가 제공해주는 "따스함과 안전함"(327) 속에서 신분 세탁을 거친 후 사이공의 한 병원에서 요양하던 카이는 6년 후에 나타난 퇴역군인 쉬엥과 함께 전 남편 핑이 남기고 간 아이를 키우자는 말을 들으며 역사 속으로 사라져 간다. 루와는 전사하고 쉬엥은 그녀의 보호자가 되는데, 카이에게 있어서 루와의 죽음은 초 절정 괴물이 되었던 그녀에게는 더 이상 주어지지 않을 응분의 보상이라고 말할 수 있다.

뱀 같이 "쉬쉬 소리를 내며"(113) 미 제국주의뿐만 아니라 쉬엥을 포함한 남성 일반에게 강력한 적개심을 보였던 카이의 이와 같은 결말을 두고(쉬엥(Chien)이 프랑스어로 '개'인 것을 상기하자), "두려운 포식자"(fearful predator 95)로 규정되어 남성들을 거세했던 카이가 이제는 남성에게 순종하여 그 괴이한 물성을 상실한다고 혹자는 말할 수도 있다. 사실 작품은 카이의 광포한 힘을 소멸시키기 위하여 "진정한 남성이 무엇인가를 보여주기 위하여" 동료 포로 알렌을 살리려는 부바(Bubba)의 전우애와 남성미를 부각시키고 있었다(345). 부바는 "나약한 계집"(little pussy 149)으로 오인 받고 싶지 않아 알렌을 탈출시키고 그의 남자다움을 지켜내는데, 미군의 이러한 남성성의 회복은 흥미롭게도 카이의 여성성의 회복과 병치되고 있다.

카이는 죽음을 두려워하지 않는 미군 병사에게 그녀가 방사하는 죽음의 힘을 빼앗기고 부관 루와에게 전적으로 의존하게 되지만, 여성이 성적인 즐거움을 느끼는 순간 여성 길들이기는 끝났다고 생각하는 뭇 남성들에게 그러나 작가는 여전히 편안한 결말만을 선사하지만은 않는다. 총상으로 인한 수술후유증으로 백치가 되어 6년 동안 실어증의 상태에서 깨어나지 못하고 있는 카이는 "무표정한 얼굴"(365)로 프랑스와 미국과 북베트남의 군인들, 더 나아가 남성들 전체에게 무언의 항거를 하고 있다. 카이는 쉬엥과 더불어 그녀의 고향으로 떠나지만 이는 그녀의 의지와는 무관한 처사였다. 쉬엥 대령도 그렇지만 미군 또한 결국 "타이거 우먼"의 신원을 확인하지 못하여 그녀를 완전히 제거하지는 못하였는데, 이는 그녀가 신화의 메두사처럼 침묵을 견지하며 여전히 우리 곁을 맴돌고 있기 때문일 것이다.

살인에 대한 그녀의 변태적인 욕망은 서양의 상상력이 "최음제로서의 죽음"(death as aphrodisiac)으로 상투적으로 표현하는 수준을 상회하고 있는데, 앞서 쉬엥 대령과의 성적인 관계에서도 살펴보았듯이 살인에 대한 집착이 성에 대한 욕망으로 변질되지 않았던 이유를 우리는 다시 한번 알게 된다. 프랑스군에 의해 자행된 강간에 대한 기억과 수치심이 카이를 피에 굶주린 여성으로 만들었다고 작품은 분명하게 서술하고 있지만, 그럼에도 작가는 카이를 지나치게 변태적으로 묘사함으로써 카이의 상처가 대변하고 있는 베트남 민중들에 가해진 폭력의 정치적 의미를 희석하고 있는 것 같다. 작품은 강간을 당한 여성이 살인마로 변할 수밖에 없었던 필연성에 대해서 어떠한 정치적 해석을 제시하고 있지도 않으며, 이는 앞서 기술한 카이의 강간에 대한 기억과 그녀의 도살 장면의 병치 구조로 인한 인과관계에 대한 암시가 거듭되는 도살 장면에 대한 지나친 생경한 묘사로 인하여 무력화되고 있다는 면에서도 확인할 수 있다. 카이에 의해 자행되고 있는 살육 장면들이 사실은 미라이 학살로 익히 알려진 미군에 의해 자행되었던 학살 장면을 상회하거나 방불하게 한다는 점에서, 그들의 잔인함과 폭력이 오히려 거꾸로 카이에게 투사되었다는 점을 간파하기란 쉽지 않다.

미라이 학살을 주제로 하여 사람을 소와 돼지와 매한가지로 죽이는 장면과 포로들을 고문하고 있는 다음과 같은 미군들의 행태를 보여주는 장면은, 앞서도 지적했듯이 카이에 의한 학살 장면이 실은 미군들이 저지른 학살의 키치가 되고 있음을 드러내기에 부족함이 없다.[4]

> 나는 언젠가 베트남 여성이 우리 군의 저격수에 의해 총상을 입었던 적을 기억한다. 우리가 그녀에게 다가갔을 때 그녀는 물을 찾고 있었다. 중위가 그녀를 죽이라고 말하자 그들은 옷을 찢고 양쪽 유방에 칼질을 해댔으며, 사타구니(eagle)를 벌려 참호용 삽을 성기에 쑤셔 넣었을 때 그녀는 여전히 물을 찾고 있었다. 그들은 사타구니에서 삽을 빼낸 뒤 나뭇가지를 쑤셔 넣었고 이후 그녀를 총살했다.
>
> (*Winter Soldier Investigation* 14; Eisen-Bergman 71 재인용)

"참호용 삽"으로 여성의 음부를 심각하게 훼손하고 있는 병사들의 행동을 '면도칼을 자궁에 숨긴 동양 여성'(razor woman)의 제거로 보는 사고방식은 서양의 젠더 상상력 중의 하나인 바기나 덴타타(vagina dentata)의 동양식 변종에 불과하며, 그들이 베트남 여성에게 가한 다양한 종류의 폭력의 반향이자 그들의 잔혹한 폭력행위를 무마하기 위한 고안물로 작동한다. "코카콜라 병 혹은 전구로 여성들의 자궁을 상하게 하여 출산을 불가능하게 하고, 45구경 경기관총(grease gun)의 총신으로 죽은 여성을 재차 강간하고 (⋯) 출산을 2주 앞둔 여성을 간살 한 연후 도검을 사용하여 태아를 끄집어내었을 때 (⋯) 저항하기 위하여 다른 여전사와 함께 참전할 수밖에 없었다"는 베트남 처자 끼엥(Hyun Thi Kien) 등의 증언(Eisen-Bergman 70-71)은, 비단 여전사뿐만 아니라 베트남의 수많은 여성들에 대한 잔혹한 행위의 원인이 여성 성기에 대한 비하로부터 발원하는 성차별주의와 타 인종에 대한 적개심에서 비롯된다는 사실을 잘 설명하고 있다.[5] 더더군다나 베트남의 여성을 창녀로 만들고 그녀들을 더럽고 사악해서 죽인다는 논리는 누차 강조하지만, 인구에 회자 되었던 "베트남을 구하기 위해 파괴했다"는 식의 결과와 원인이 뒤바뀐 언급처럼 강간과 학살의 원인을 여성 탓으로 돌리는 것과 유사하다. 베트남에 왔기 때문에 민간인 학살을 자행하였고 여전사에 의해 저격당하는 미군들이 생긴 것이지, 저격당한 미군들 때문에 여전사들과 민간인들을 학살하기 위하여 베트남에 온 것은 아니다.

> 이 더러운 잡년아 윌슨을 죽였고 웨버를 죽였고 콕스와 로저와 벨을 죽였고 나를 전장으로 불러냈으니 내 전우들이 어떻게 되었는지 한 번 보아라. 나는 이 전쟁이 싫고 내가 여기 베트남에 온 것은 너희들 잘못 때문이다.
>
> (Lifton 54; Eisen-Bergman 74 재인용)

통킹만 사건 이후 베트남의 파병결의안(1964)을 철회하는 미국 상원의 뒤 늦은 번복(1970)에도 불구하고 베트남에 관한 간섭과 파병을 베트남의 잘못으로 여전히 생각하는 참전 용사의 위와 같은 언급은, 통킹만 사건에 의해 촉발되는 참전이라는 결과를 정당화하기 위하여 통킹만 사건으로 인한 참전의 이유를 날조해내는 해묵은 논리가 여전히 작동한다는 사실을 드러내고 있다. 미군들은 베트남인들 때문에 베트남에 온 것이 아니다. 베트남인들을 농사에 똥통을 사용하는 야만인들, 5피트도 안 되는 피그미 찌꺼기들(gooks), 베트남의 여성들을 지상에서 가장 더러운 400,000만의 창녀, 또 그들을 이 소설에서 나오는 가장 잔혹한 살인마로 등장시키는 배후에는 학살과 침공을 정당화하려는 저의가 숨어 있었다. "강간과 학대, 그리고 전쟁의 희생자인 여성이 오히려 탐욕스러운 창녀로"(Weaver 18) 그리고 가해자로 묘사되는 이면에는, 귀향한 미군들의 전쟁의 상흔, 즉 PTSD를 강조하는 논리가 오히려 숨어 있다. 가해자가 피해자로 둔갑하기는 역사에 대한 진정한 성찰을 방해한다.

풀브라이트(J. William Fulbright) 상원의원이 확언한바 남베트남의 수도 사이공은 "말 그대로도 비유적으로도 창녀촌"(Stur 58; Weaver 50)에 지나지 않았고 "하루에도 몇 톤씩 외국군의 정액이 여자들의 몸속으로 뿌려"지는 도시로 변하였다. 그러나 사이공을 악녀와 간부가 득실거리는 거대한 창녀촌으로 만든 것은 미군들을 포함한 사이공의 남성들이 아닌가?

실컷 퍼부어라. 기절할 때까지. 여자가 기절하고 기절해 버릴 때까지. 그래서 그 여자의 추한 몸뚱이가 산산조각이 나 질질 끌려나올 때까지 (…) 오오 트린씨 (…) 사정사정할 때까지. 이젠 지쳤어요. 네? 용서해 주세요. 살려주세요, 트린씨. 네, 트린씨? (…) 사정하고 사정할 때까지. 손발이 닳도록 싹싹 빌어라. 더러운 여자 (…) 사정하고 사정할 때까지 (…) 때까지 (…) 악녀! 이 간부! 여자야 (…) 이 여자야. (박영한 559-560)

성적인 불결함과 이로 촉발되는 이상한 성적인 매력과 유혹에 대해 여성 스스로 책임이 있다는 생각은 오늘날 여성의 미니스커트 착용에 대한 논란처럼 오래된 '성에 관한 논쟁'(battle between the sexes)의 한 부분일 텐데, "베트남 여성을 창녀로 취급하는 습속은 미국 여성을 똑같이 창녀"(Weaver 61, 115)로 그리고 대부분의 여성을 창녀로 취급하는 결과를 자아내었다고 말할 수 있다. 그러나 원래 여성을 창녀로 파악했던 사고방식이 오히려 베트남 여성을 또한 창녀로 파악하게끔 만들었고, 창녀를 취하고 파괴하며 수많은 여성들을 마녀로 몰아 화형했던 남성들이 오히려 '창남'(娼男)이고 '마남'(魔男)일 수 있었다는 의식은 아직 찾아보기 힘들다. 베트남의 모든 여성, 특히 여성 전사는 창녀이고 괴물이고 흡혈귀인데 바로 이러한 까닭을 만들어 내며 미군들은 타이거 우먼으로 추정되는 "여성의 옷을 벗기고 유방을 자르고 머리 가죽을 벗겨 (…) 고무나무에 거꾸로 매달게 된다"(359). 타이거 우먼을 강간한 프랑스군뿐만 아니라 그녀를 밀고한 그녀의 소꿉친구 킴리(Kim-Ly)를 복수라는 명목으로 강간하고 죽인 자들은 놀랍지도 않게 '북'베트남의 해방 전사들이었는데(192), 작품은 이렇게 피아를 가리지 않고 여성을 악의 화신으로 취급하여 강간이라는 형태로 여성을 파괴하는 남성들의 이데올로기와 습속을 여전히 답습하고 있다.

베트남 여성이든 미국 여성이든 그들은 "더러운 몸"이라는 공통분모를 갖고 있다는 점에서 동일하다. 이러한 점은 바로 할리우드의 영화들에서 여성 스파이와 자객과 스나이퍼와 전사로 등장하는 많은 수의 여성들이 그들의 몸을 무기 삼아 작전을 수행하는 이유를 잘 설명해주고 있을 뿐 아니라, 전리품으로서 여성의 몸을 소유와 파괴라는 강박관념 하에 강간하기를 즐겨했던 남성들의 습속 또한 재확인해 주고 있다.[6] 타이거 우먼과 그녀의 변태적인 학살 행위는 프랑스군과 미군의 잔혹함을 역으로 여성에게 전가하는 남성들의 기만적 투사의 결과일 뿐이며, 그녀가 전쟁과 죽음의 흡혈귀로 변했다면 그것은 서양의 상상력이 여성을 창녀와 마녀로 죽음과 전쟁의 에이전트로 이미 파악하고 있었기 때문일 것이다.

4

여전사는 흡혈 전쟁귀인가,
드래곤 레이디인가?

작품『호랑이 여전사』는 여성이 죽음이 되고 전쟁의 화신이 될 때 여성이 "부자연적인"(unnatural 93) 괴물로 변한다는 사실을 보여주고 있는 것처럼 보인다. 베트남 여성 전사가 특별히 괴물로 변하여 도태되어야 했던 이유는 그들이 비단 젠더의 경계를 혼란케 하는 여성 전사, 그것도 열등한 인종으로 치부 당한 동남아시아의 여성 군인에게 패배당했다는 곤혹스러움에서 뿐만 아니라, 설상가상으로 이들에 대한 미디어의 과열된 취재 경쟁으로 인하여 '연약하고 상처받기 쉬운 남성성'(vulnerable masculinity)의 표본으로 전락한 지상 최강의 미군 병사들의 수치심에 대한 방어기제에서 기인하고 있다(Weaver 64). 여성 전사의 개념은 군인은 남성이라는 당연한 가정을 혼란케 하였으며(Weaver 109, 183), 여성이 전쟁을 주관하는 에이전트가 될 때 거대한 남성적인 힘을 이기지 못하고 타락하고 추락하여 괴물이 되고 만다는 사실을 보여주어, 아마존 여성으로 대표되었던 여전사가 실제로는 불가능한 개념임을 입증해주고 있다. 아마존 여전사가 "아마존" 뜻 그대로 한쪽 가슴을 제거당한 채 역사에 출몰했던 이유와 다르지 않은데, 오늘날 한국의 활쏘기 여전사들은 가슴을 제거하지 않아도 금메달을 가슴에 품는다.

알렌과 쉬엥 대령을 포함한 남성 병사들이 제정신을 갖고 살아남는 반면 카이가 오로지 광기 속에서 생존할 수밖에 없는 이유도 매한가지이다. "남성들은 항상 강인한 여성들을 그들의 입맛대로 심리적인 필요에 따라 창조하는데"(Schubart 244), 공격적 여성에 대한 판타지(fantasy of aggressive woman)를 창출하는 심리적인 이유 중의 하나는 종극에 가서는 강인한 여성들을 길들이는 더 강인한 남성을 부각하기 위함이다. 여성 전사의 강인함과 폭력성은 그러하기 때문에 남성들의 강인함과 폭력성을 긍정적으로 받아들이고 찬양하는 역할을 하는 것에서만 그 효용가치를 지니고 있게 되며, 여성 전사는 따라서 이 작품의 결미에 나타난 것처럼 아이를 키우는 본연의 임무로 회귀 당하거나 제거되기가 다반사이어서 궁극적으로는 남성성을 보강하고 젠더의 경계를 다시 강화하는 기제로 사용되고 만다.

카이에 대한 선정적인 묘사와 마치 할리우드의 연쇄살인마들의 '칼로 베기'(slasher)를 방불케 하는 모골이 송연한 살인 장면은, 과장된 기술이라는 자연주의적 서술의 측면에서 볼 때 여성을 필요 이상 용맹한 짐승의 수준으로 격상시키는 듯하다가 바로 이상한 괴물(grotesque monster)로 격하하여, 여성이 죽음과 전쟁 자체가 될 때 나타나는 폐해를 지적하고 있는 것처럼 부각되기도 한다. 이러한 현상은 여성이 꼭 군인이 아니더라도 살인자로 나오는 팜므 파탈을 소재로 한 영화의 단골 메뉴이기도 한데, "이들은 대부분 그들의 강인한 성질들이 '정상적인' 것이 아니라 병리적인 상태를 말해주는 표징임을 암시하듯 전형적으로 미친 여성들로 나타나고 있다"(Inness 72). 죽음과 전쟁이 여성, 그것도 '괴물적 여성성'(monstrous femininity)으로 규정되었으니, 이제 당연히 남은 수순은 그것을 정복하는 과정만이 남아있게 된다. 그러나 전쟁과 죽음 자체를 실제로는 정복할 수 없다는 인식은 그것의 등가물인 여성을 정복하는 수순으로 궤도 수정을 해야만 했고, 이러한 이유 때문에 여성 전사를 길들이고 제거하는 것은 남성들의 마지막 의무가 되기도 하였다.

1965년부터 1973년 전쟁이 거의 끝나기까지 170,000명 정도의 베트남 젊은 남녀들이 전쟁에 참전하였고 그들 중 전선에 투여된 여성 전사의 수는 70%를 상회 하며, 후방의 여성 자위대와 민병대의 수는 백만에 달한다는 하노이 당국의 공식적인 통계(Turner 94), 그리고 숫자는 약간 편차가 있지만 전체 참전 여성들의 80%에 달하는 군 간호원을 포함하여 대략 7,500-11,000명의 베트남 여성들이 참전하였다는 베트남 퇴역군인협의회의 보고(Stur 7)에서도 알 수 있듯이, 여성 전사들은 직·간접적으로 베트남전의 주역으로 활동하였다. 베트남 여전사에 관한 신화는 비일비재했고 미국인에게 각인된 대표적인 예는 문맥은 조금 다르지만 "스네이크 우먼"(snake woman)과 비슷한 의미의 "용처럼 맹렬하고 사악한" "드래곤 레이디"(dragon lady, 龍女, 蛇女)이다. 보호해야 할 여성으로서의 베트남의 일반 처자들과 정복해야 할 여성전사의 이미지를 어느 정도 공통으로 소유하고 있는 드래곤 레이디는, 서양인의 상상력에서 매혹적이지만 위험한 팜므 파탈로 이미 나타난 바 있다. 드래곤 레이디의 대명사로 베트남 전쟁 당시 인구에 회자되었던 마담 누(Madam Nhu)는 쇄골을 어느 정도 드러내고 있으면서도 몸매를 훤하게 드러내고 있는 베트남의 전통 복장인 '아오다이'(ao dai)를 입고 사격 연습을 하고 있는 모습으로 나타나 매스컴의 관심을 받았는데, 그녀가 서방세계의 군인들에게 고혹적이었지만 위협적인 성의 화신으로 정복되고 제거되어야 할 대상으로 나타났다는 사실은 더 이상의 설명을 필요로 하지 않는다.[6]

드래곤 레이디보다 더욱 전투적인 개념인 타이거 우먼의 운명 또한 본론에서 설명한 것처럼 여성전사의 상투적 말로와 다르지 않았다. 여성 전사가 비록 영육 간에 강건한 1920년대의 "단순히 활동적이고 단발머리를 한 페미니스트들"과는 다른 새로운 의미의 여성이 될 수 있었고, 젠더의 경계선을 뛰어넘는 니체의 초인에 버금가는 여성들이 될 수 있었으나(Davies 55-56), 총 멘 여성의 모습은 대개 낯선 것이 사실이었고 이러한 "소총 여성"(rifle woman)이 남성도 여성도 아닌 비자연적이인 모습으로 비쳐질 때 그것은 제거되어야 할 기형(mutant)으로 자리매김을 한다. 그녀가 기형에서 벗어나는 유일한 방법은 남성의 보호를 받아들일 때인데, 남성과 여성 사이를 모호하게 오고 가는 여성 전사는 이러한 점에서 기존의 가부장제 사회가 전범으로 삼고 있는 어머니와 순결한 처녀, 즉 "처녀 신부"에 관한 신화를 대신하는 것에 모자란 감이 없지 않다(Brandt 89). 21세기는 다음 장에서 상술하겠지만, 이상하고 괴물 같은 개념으로 취급되었던 여성 전사에 관한 새로운 개념, 예컨대 평화를 위해 싸우는 여성 전사, 또는 모성애적인 여성 전사의 개념을 새롭게 요구하고 있는지도 모른다.

평화와 자주의 실천을 위해 "싸우는 여성들", 즉 여성 전사들의 폭력을 어느 정도로 인정할 수 있는가에 대한 논의는 아직 구체적으로 진행되고 있지 않다. 여전사로 대표되는 "아마존주의(Amazonism)는 따라서 일견 문화의 가장 최고의 그리고 문명화된 단계에서 종국적으로는 가부장주의의 정점으로 치닫는 인류 문명의 상승과정"(Santini 23)으로 규정될 수 있다. 여성 전사라는 개념이 결국은 남성성을 고양하고 가부장제를 공고히 한다는 점에서 문명의 "상승"인지 하강인지는 의견이 분분하겠으나, 여성 전사를 제거하거나 순화하는 주체가 다시 남성이고 보면 기존의 개념 안에서 전사의 범주에 여성이 처음부터 배제되어 있었다는 사실은 지적해도 마땅하다. 잔 다르크의 비참한 최후는 이를 잘 말해주고 있다. 여성 전사에 관한 TV 드라마나 영화가 최고조의 유행을 탄 시점이 레이건-부시의 보수주의 기간 (1981~1989; 1989~1993)이었다는 점은 많은 것을 시사해 주고 있다.

여성 전사는 남성 전사의 통제 하에 있을 때만 안전하고 효용이 있을 뿐, 남성성을 해체하는 주체로서 부상하게 되면 불편하고 위험한 존재로 인식되어 제거되었는데, 이는 이 시대에 등장한 많은 여성 전사들에 관한 영화들의 결말이 하나같이 여성 전사의 통제를 직접적으로 보여주거나 암시하고 있다는 점을 보면 알 수 있다. "싸우는 그리고 반항하는 여성은 남성들의 방어적 반응 속에서 권한을 회수당하거나 처벌 당한다"(Davies 245). 폭력과 전쟁이 남성이나 여성에게 공히 남성적인 이슈로 받아들여지고, 총검을 든 여성의 모습이 부자연스럽게 비쳐진다 하더라도 서양의 상상력은 끊임없이 전쟁을 여성화하여 다시 이것을 남성적인 것으로 귀결하고 흡수하는 작업을 계속해왔다. 여성 전사에 관한 작품들의 대량 생산은 이러한 남성들의 표리부동한 이데올로기적 투사가 계속되고 있음을 보여주고 있다.

그러나 소설 본문에 대한 지금까지 우리의 분석은 『호랑이 여전사』가 이러한 남성들의 이데올로기 작업을 어느 정도 거부하고 있고 바로 이러한 불편한 점이 이 소설에 대한 남성 독자들과 평단의 주목이 전혀 없는 이유가 되고 있음을 밝혀주고 있다. 그녀가 무자비한 살인마로 변한 이유가 본문에서도 수차례 밝힌바 그녀에게 행해졌던 프랑스군과 미군의 강간과 학살에 대한 트라우마적 반작용 때문이었고, 비록 그녀가 전쟁과 죽음의 화신으로 종극에는 제거되고 있지만 그녀가 침묵과 광기로 남성들의 규정하기와 의미화 작업에 대항하고 있다는 사실은 불편함으로 계속 남아있다. 남성들의 강간과 학살에 맞서는 카이의 광포한 힘은 순화의 과정을 거치지 않은 '거친'(crude) 자연주의적 묘사의 힘과 더불어 카이를 그들의 통제에서 벗어나게 해주고 있다. 기존 전통에 순응하는 전형적인 여성의 역할, 즉 '엄마역할하기'(mothering)는 카이의 동의 없이 이루어지며, 기억을 잃어버린 또는 잃어버린 척하는 베트남 여성 카이는 마치 메두사처럼 히스테리칼한 침묵으로 굴곡진 베트남과 미국의 비극적 현대사를 굽어보고 있다.

카이가 여성을 뜻하는 베트남어라는 사실은 앞서 이미 언급한 바 있다. 카이의 광포한 힘은 파괴와 전쟁의 대모신을 연상하게 하며, 이러한 점에서 그녀는 여성을 전쟁으로 규정하고 다시 전쟁에 합당한 젠더에 부적합하다고 규정하는 협소한 남성 이데올로기를 넘어서서 남성성을 포함했던 시원의 여성성으로 우리를 다시 인도하고 있다. 여성전사는 젠더 혼란(gender trouble)을 다시 잠재우는 젠더의 고착화 또는 강화가 아니라, 여전히 그 한계에도 불구하고 젠더를 무화 하고 있다. 여성으로 표상되곤 하는 자연은 문화를 압도한다. 남성=전쟁, 여성=평화의 이분법이 또 다른 질곡을 산출하고 있는 마당에 여성 전사를 포함하는 다양한 형태의 여성에 대한 재규정이 다양한 남성들(men)에 대한 재 정의와 더불어 의미 있는 작업이 되고 있는 이유가 바로 여기에 있다.

다음 장에서는 논의를 확대하여 여성 전사와 대척점에 서 있다고 말할 수 있는 '평화로운 여성' 또는 '평화적 여성'의 개념을 "평화를 품는 여성 전사"의 가능성에 비추어 천착하기로 하자. 전쟁과 평화는 우로보로스의 안과 밖인 것 같았으나, 언제서부터 인지는 모르지만 양자는 상즉상입(相卽相入)의 상호 드나들기와 갈마들기를 그쳐 평화는 전쟁으로 전쟁은 평화로 이르지 못하고 있다. 세기말에 이어 소위 안티 우로보로스가 인류의 역사에 군림하게 된 것이다. 평화는 전쟁이라는 탈출구를 그 속성에 지니지 못하고 2차 대전 이후 지나간 반세기를 반추해보면 알 일이지만 소위 생산적이지 못한 소강상태를 지속하고 있으니, 이에는 핵전으로의 확전과 인류의 멸망이라는 어두운 전망을 현대의 전쟁이 함의하고 있어 전쟁 발발 자체를 불가능하게 만들고 있다는 사실이 한몫을 거들고 있다. 그러나 핵 억제력(nuclear deterrence)은 아이러니하게도 미증유의 핵 발산과 폭풍을 내재하고 있어, 전 지구의 파멸을 목전에서 부추기고 있다.

13장 주

1. 2010년 차세대 작가 액션과 모험 부분 수상작(Next Generation Indie Book Awards)인 이 작품에 대한 유일한 언급은 2011년 3월 16일 작가가 수상 기념 으로 "The Balancing Act" 쇼 프로그램에서 진행자인 녹스 양(Danielle Knox) 과 행한 5분 남짓한 인터뷰이다. 작가는 이 인터뷰에서 이 소설이 실화에 근거 하였으며 여성 독자층이 아니라 군인들을 위한 소설이었으나 여성 독자들에게 인기가 있다고 밝히고 있다. 그 원인이 무엇인지 잘은 모르겠으나 여성독자들은 가장 사나이다운 집단인 미해병들을 무력화하는 여성전사에게 매력을 느꼈을 지 모른다. (http://www.youtube.com/watch?v=UqgpUaVMdQc&feature=youtube_gdata_player; johnwhuffman.com 참조.)

2. 우연의 일치인지는 모르나, 카이는 이 작품의 배경이 되는 지금은 관광지로 유 명해진 사이공 외곽의 꾸치 터널에서 여성으로만 된 C3 중대를 이끌었던 10대 소녀 "Tran Thi Dung"과 성이 같다(Taylor 87). 이 시대의 유명한 여성 전사는 그녀 말고도 프랑스군과 싸웠던 월맹의 응옌 티 딩(Nguyen Thi Dinh), 일본군 과 항전한 응옌 티 헝(Nguyen Thi Hung), 그리고 미군과 항쟁한 현역 중령인 응오 티 뚜엔(Ngo Thi Tuyen) 등을 거명할 수 있다. 베트남 여성전사의 역사는 서기 39~43년 중국의 한나라 군 8만과 싸워 이긴 쯩짝, 쯩니 자매(Trung Trac

and Trung Nhi Sisters)로 거슬러 올라가는데, 여전사와는 약간 다른 문맥이지만 남부 베트남의 대통령이었던 응오 딘 디엠(Ngo Dinh Diem)의 여동생 응오 딘 누(Ngo Dinh Nhu), 약칭 누 여사(Madame Nhu)는 용의 여성전사(Dragon Lady)로 베트남 전쟁 당시 서방세계의 매스콤을 장식했다. 누 여사에 대해서는 이어지는 주석 6 또한 참조.

3. 저격수 여성 니키타는 마르코(Marco)라는 남성을 만나 위안을 얻고 편안함을 느끼게 되며, 〈미 해병 제인〉(*G. I. Jane*, 1997)의 동명의 여주인공은 훈련 담당 교관인 우르가일(Master Chief Urgayle)을 만나 정예 해병으로 길들여지고 있다는 점에서, 007 영화의 여성 전사 역의 여주인공들의 운명과 다를 바 없다. 여성 전사 길들이기의 최고봉은 아마도 〈레옹〉 1, 2부(*Leon*, 1994, 2001)에게 돌아갈 터인데, 이는 연대기상으로 볼 때 작품 〈레옹〉에서 〈저격수 여성 니키타〉의 니키타가 그대로 나오는 것은 아니지만, 분위기상으로 여성 전사 니키타의 역할과 흡사한 1부의 어린 소녀 마틸다(Mathilda: Natlie Portman 분)와 2부의 일본 태생의 소녀이자 딸 유미(Hirosue Ryoko)를 이제 레옹이 보살피고 접수하고 있기 때문일 것이다. 그러나 007 영화가 특이한 점이 있다면 그것은 여성 전사들이 남성 전사의 도움을 받는 지점에서 그치는 것이 아니라 성적으로도 완전히 굴복당한다는 사실일 터인데, 이는 우리가 분석하는 『호랑이 여전사』의 결말과 흡사하다.

4. 베트남 병사들에 의한 미군 포로에 대한 가혹행위는 베트남 전쟁 소설과 할리우드 영화에 간혹 등장한다. 영화 〈디어 헌터〉에 등장하는 미군 병사들을 나무로 만든 틀에 집어넣어 강물 속에서 쥐에 뜯어 먹히게 하는 장면 등이 베트남 병사들에 의해 자행되지 않았다고 전적으로 주장하는 것은 아니다. 다만 작품 『호랑이 여전사』에 나오는 상식을 벗어난 기괴하고 변태적인 학살 장면과 미라이 학살과 같은 장면의 유사성을 지적할 뿐이다.

5. 필자가 「폭력의 탈신화화를 위하여: 미라이(My Lai) 학살로 돌아보는 미국의 역사」(2003)에서 인용한 글들이지만 성과 인종의 차별과 학살과의 관련 문맥에서 독자들을 위하여 다시 제시하고자 한다. 인용문들에 대한 더 이상의 설명은 필요를 요구하지 않는다.

우리는 베트남의 그 소녀를 강간하고 젖꼭지를 자른 후 그녀의 머리를
날려버렸소. 무슨 말인지 알 겁니다. 우리들은 말 그대로 그녀를 짓밟기
시작했고…. 모두들 웃고 있었소. 귀를 자르기 시작했고. 코도 자르고….
중대장이 말했소. 누가 귀와 코를 갖겠느냐고…. 우리들은 그녀의 유방
을 잘라냈고 한 병사가 그것을 가져갔소. 그렇지만 단연 인기가 있었던
것은 귀였소. —마크 베이커(Mark Baker)의 『베트남』(Nam) 211-12

코가 콜라 병들로 자궁을 고문당하는 여인들을 보았을 때 나는 아무
것도 할 수 없었다. 다른 팀이 한 여성을 강간하고 M-16을 그녀의 음부
로 밀어 넣어 방아쇠를 당겼을 때 나는 아무 말도 하지 않았다. 웬 미군
지아이(GI)가 매복임무를 수행하던 중 임신부를 죽이고 태아를 짓밟았
을 때 나는 아무런 행동을 취하지 않았다. 내가 무엇을 할 수 있었을까?
—미 육군 아더 우들리(Arthur E. Woodley, JR.)의 증언; Terry 298

한국 해병이 조사를 하는 중이었다…. 그는 야광탄을 꺼내 베트남 여인
의 다리사이 몸속으로 밀어 넣었다. 야광탄. 그는 그것을 빠져 나오지
않게 그녀의 음부에 꽉 밀어 넣었다. 불을 붙였고 그녀의 다리는 타 들
어갔다. 그녀는 의자에서 떨어져 바닥을 떼굴떼굴 굴렀다. 몸을 움직였
다. 불꽃은 계속 타들어갔고 비명 소리가 밖으로 들려왔다. 비명소리. 비
명을 멈추었을 때 나는 그녀가 죽은 것을 알았다. —미 해군 루터 벤톤
(Luther C. Benton III)의 증언; Terry 84

6. 아킬레스는 브리세이즈에 관한 소유권으로 아가멤논과 다투었으며 바로 이러한
   이유로 초기에 트로이전쟁에 참여하지 않았는데, 이러한 까닭으로 위대한 서사
   시 『일리아스』의 첫 행은 다음과 같이 시작 한다. "노래하소서, 여신이여! 펠레우
   스의 아들 아킬레스의 분노를!"

7. 마담 응오 딘 누(Ngo Dinh Nhu)는 남부 베트남의 초대 대통령 응오 딘 디엠(재
   임기간 1956~1963)의 동생인 응오 딘 누의 아내로서 "매혹적이면서 위험한 베
   트남에 대한 메타포어"(Stur 26)로 서방세계의 매스컴에 자주 출몰했다. 케네디

정부의 각료들에게 "아름답고 잡년 같으며 잔인하기까지 한" 여성으로, 시사 주
간지 타임에 의해 "불타오르는 페미니스트"(flaming feminist Stur 28)로 그리고
소설가 할버스탐(Daniel Halberstam)에 의해 "부정적 여신(anti-goddess)으로
아름답고 악마적인 성 독재자"(Stur 34 재인용)로 묘사되었던 누여사는 시아주버
니 디엠을 대신하여 많은 정책에 관여했다. 중국의 한 나라에 대항하여 독립을
선도했던 쯩 자매의 동상을 사이공에 건립하고 미국 병사의 방탕한 성행위에 대
하여 고언을 마다하지 않았으며, 그녀의 노력으로 인하여 적어도 디엠 정권하의
남베트남에서 매춘은 표면적으로는 불법이 되었다. 틱 꽝득 스님의 분신을 "바
베큐"라 일컬으며 불교 세력을 탄압해 온 가톨릭 신자 마담 누는 하이힐을 신어
도 5피트 2인치에 불과한 여성이었지만, 권력 지향적이고 좌충우돌의 저돌적인
성격으로 미 당국의 입지를 곤혹스럽게 하였으며 CIA와 미 대사 롯지(Lodge)에
의해 추이뒤 남베트남 군부에 의해 결국은 유럽으로 추방당한다.

"평화를 원하거든 전쟁을 준비하라"(Si vis pacem, para bellum)

　—레나투스(Flavius Vegetius Renatus)의 격언

전쟁과 평화는 둘 다 문제가 있는 관념들인데, 평화는 전쟁 없이는 존재하지 않으며 핵무기와 계속해서 축소되는 핵무기 발사 경고 시간과 첩보 위성들과 국민 전체의 자폭의 가능한 한 형태로서의 국가방위 시대에는 더 이상 쓸모가 없어졌다.

　—엘쉬타인(Jean Bethke Elshtain), 『여성들과 전쟁』 253

전쟁과 평화에 관한 논쟁을 지배하는 페미니스트들은 암묵적으로 또 때로는 명시적으로 내가 이제까지 지적하고 비판해 왔던 존재론적 지렛대를 추인하는 사상가들이며 이데올로기에 빠진 연구자들이다. 그들은 여성화되었고 변형되었다는 이유로 자비로운 사적인 영역으로부터 평화적인 공적인 영역으로의 전환을 요구하면서 단순히 위계질서와 그것에 대한 평가를 바꾸었을 뿐이다. (…) 이러한 것이 바로 전적으로 뒤집어 해석하기, 즉 전도(轉倒)된 종합(total inversions)의 아이러니인데, 이것들은 그들이 애초 반대한 것들을 추인하고 사실상 필요로 하고 있다. 반대만 하는 것이 아니라 비판적이고 아이러니한 페미니즘의 세례를 받아 그러한 절대적인 생각들이 도전받을 때까지 평화는 문제로 남을 것이다.

　—엘쉬타인(Jean Bethke Elshtain), 「평화는 문제적인가?」(1990) 265

제14장

"평화를 원하거든 평화를 준비하라":
핵전쟁 시대에 되새기는 전쟁과 평화,
혹은 여성적 평화-평화적 여성에 대한 대위법적 성찰

1

여성과 평화에 대한 단상

12장과 13장에서 필자는 여성이 죽음과 전쟁과 동일시되어 죽음이 삶으로, 전쟁이 평화로 이어지지 않는 안티 우로보로스 현상에 대한 고찰을 하였다. 이번 장에서는 주제를 바꾸어 여성과 평화의 상관관계에 대해 논해 보기로 한다. '여성은 평화적인가'라는 다소 시사적인 질문은 가정, 모성, 수동성, 포용성, 생명, 죽음 등의 여성적 속성, 즉 여성성이 평화와도 전적으로 또는 부분적으로 연관되는가 하는 질문인 동시에 그렇다면 남성은 배타적이고 폭력적이며 호전적이고 죽음 지향적인가라는 질문을 함의하고 있다. 반면 '평화는 여성적인가'라는 질문은, 평화는 남성적일 수도 있다는 반문과 전쟁은 남성적인 것인가에 관한 질문을 동시에 품고 있다. 전자와 같이 특정 젠더를 전위(前位)개념으로 상정하게 되면 그 정치적 함의와 향배에 따라 여성의 배타적인 평화적 속성을 공고히 하는 기제로 작동할 수는 있겠지만, 남성을 호전적인 동물로 규정하고 그들을 평화운동에서 배제하는 등의 부작용을 낳기도 하여 여성이 호전적인 많은 사례들을 찾아 여성도 언제나 평화적이지만은 않다는 반박을 자아낼 뿐만 아니라, 더 나아가 전쟁을 남성과 여성이 공동으로 참여하는 축제의 장이자 인류 역사의 한 구동력으로, 또 필수요소로 주장하는 정전론자들(just war theorists)의 입장을 공고히 하는 결과를 산출하게 되기도 한다.

이에 반하여 후자와 같이 평화라는 추상 관념을 전위개념으로 하여 젠더성을 규정하려는 시도는 젠더를 어느 한 틀에 가두지 않아도 되면서 여성과 평화, 그리고 전쟁과의 함수관계를 논할 수 있다는 장점을 갖는다. "여성과 평화", "여성과 전쟁" 또는 "여성과 평화주의" 등의 내용을 논하는 대부분의 글들이 후자가 논의하는 입장을 취하고 있는 것처럼 보이나, 여성이 남성과 동일하다거나 남성과 여성의 영역을 구별하는 '동등한 권리를 주창하는 페미니스트들'(equal rights or equality feminists) 또는 이보다 더 넓은 포괄적 의미에서의 '자유주의적 페미니스트들'(liberal feminists)과 여성의 우월함을 주장하는 '급진적 페미니스트들'(radical feminists)의 주창자들이, 역사상 명멸해갔던 전쟁에 적극적으로 참여했던 소수의 여성, 예를 들어 잔다르크나 마가렛 대처 여사 등을 운위하며 여성이 언제나 평화스럽지는 않다는 주장들을 할 때면, 평화는 여성적이라는 후자의 입장은 여성은 평화적인가 하는 더 논쟁적이고 시사적이고 정치적인 질문으로 어느새 탈바꿈한다.[1]

전쟁과 평화, 그리고 젠더에 관한 얼개는 대개 전쟁과 평화를 따로따로 남성적인 것으로 보는 두 개의 시각, 그리고 이에 맞서 그것을 각각 여성적인 것으로 보는 시각만을 본다면 합하여 4개, 전쟁과 평화를 동시에 남성적인 것으로 보는 시각과 동시에 여성적인 것으로 보는 시각에 더하여, 둘 다 남성적인 것도 여성적인 것도 아닌 것으로 보는 시각을 합하여 대략 최소 7개의 시각이 있을 수 있다. 전쟁을 남성, 평화를 여성적인 것으로 보는 사유는 전통적인 시각이었는데, 이러한 이분법적 시각의 폐해는 잘 알려진 대로 남성을 호전적인 전사와 항구여일한 지배자로 그리고 여성을 가정의 수호천사로, 남성의 보살핌을 받아야 하는 수동적인 젠더로 자리매김해 왔다. 이러한 젠더의 고착화가 분쟁과 전쟁으로 점철된 현대사회의 문제를 해결할 수 없다는 인식은 그런데 남성도 평화를 갈구하며 여성도 때로는 호전적일 수 있다는 젠더 해체적인 사유로 그 지평을 확장해 왔다.

전쟁과 남성성이라는 해묵은 주제를 논외로 하고 목하 논의될 평화와 여성성에 관한 다양한 사유들을 앞의 설명을 참고하여 다시 세분하여 보면 1) 평화는 여성적이다. 2) 평화는 여성적이지도 남성적이지도 않다. 3) 평화는 남성적일 수 있다. 4) 평화는 여성적이고 때로는 남성적이다 등으로 구별할 수 있겠다. 그러나 젠더 중립적인 이러한 분류는 여성과 전쟁, 그리고 평화라는 시사적이고 실용적인 주제를 다루는 페미니즘과 연관된 정치학의 측면에서는 앞서서 밝혔듯이 보다 더 시의적절하고 실용적인 양상으로 변모하였다. 이 분류는 1) 여성은 평화적이다. 2) 여성도 전투적이고 호전적이다. 3) 여성은 평화적이지도 호전적이지도 않다. 4) 여성은 평화적이며 때로는 호전적이다 등으로 대별 할 수 있겠다.

중언부언이 되겠지만 따라서 '여성은 평화적인가'에 관한 논의는 '평화는 여성적인가'에 관한 논의와 완전히 같지 않다. 간단히 다시 말한다면, 전자는 여성의 다양한 속성 중에 평화적인 성질에, 후자는 평화의 다양한 속성 중에 포함되는 여성적 성질에 방점이 주어진다. 이와 같은 논의는 여성을 죽음, 전쟁, 사랑, 평화로 보는 시각과 그것을 거꾸로 하여 죽음, 전쟁, 사랑, 평화를 여성적으로 보는 시각에도 공히 적용된다 할 수 있다. 후자의 시각이 배타적이고 폐쇄적으로 작동할 수 있다는 점은 레비나스(Immanuel Levinas)의 '타자는 여성이다'는 『시간과 타자』(1947)에 나타난 언명에 관한 보부아르(Simone Beauvoir)의 비판(1949)에 견주어서 설명할 수도 있겠다.

나는 여성도 자기에 대하여 역시 의식하고 있다는 것을 레비나스도 잊지 않고 있다고 상상한다. 그러나 그가 주체와 객체의 상호관계를 표시하지 않고, 남자의 관점을 고의로 채택하고 있는 것은 주목할 만하다. 그가, 여자는 신비하다고 쓸 때 여자는 남자에 대하여 신비하다는 의미를 포함하고 있는

것이다. 따라서 객관적이고자 하는 이 기술도 사실상 남성적인 특권의 주
장에 불과하다.

(『제2의 성』 xix; 주석 3)

'타자는 여성이다'는 레비나스의 언명은 타자를 죽음, 시간, 신 등으로
보는 그의 언급과 궤를 같이하고 있는데, 그의 타자성의 철학이 보부아르가
비판하듯이 부정 일변도의 사회학적 함의를 갖는가는 별개의 문제이지만,
이러한 여성관은 보부아르에게 있어서 그리고 최근의 한국의 한 비평가에
이르기까지 신비스러울 정도로 "객관성을 표방하고 있으나 사실상 남성적
인 특권을 주장하는 것"으로 그리고 "현실에 있어서 여성을 타자로 만드는
가부장제의 힘과 권력을 반영하고 강화한다"고 계속 해석된다(『제 2의 성』
xix; 주석 3, 김애령 2012, 79).

여성과 전쟁, 여성과 평화 또는 전쟁과 여성, 평화와 여성 등의 논의는
등위접속사 "와"(and)로 연결되어 두 항목이 공히 서로를 종속하지는 않는
반면, '여성은 평화적이다' 또는 '평화는 여성적이다'와 같은 서술형은 종속
적 관계에 민감한 젠더정치학적 함의를 갖게 된다. 특히 후자는 평화의 담
론과 실천에서 남성을 배제하는 의도치 않았던 결과를 갖게 될 수도 있
어, 우리의 논의는 '여성은 평화적인가' 하는 주제로 국한됨을 미리 밝히
면서 전쟁불가피론과 평화무용론의 기수로 이름을 떨쳤던 엘쉬타인(Jean
Elshtain 1941~2013)의 전쟁과 평화에 관한 논의로 그 서두를 시작해 보기
로 하자.

우리가 앞으로 상술할 시카고대학 신학과에서 사회정치윤리를 담당하
였던 국제정치학자 엘쉬타인 교수는 "쓸모가 없는"(obsolete 1987, 253) 평화
에 관심이 있는 것이 아니라 절대로 지구상에서 "쓸모가 없어질 (…) 가능성
이 없는"(1998, 454) 전쟁에 관한 성찰을 지속적으로 수행하고 있는 것 같다.
핵무기 시대 평화무용론을 설파하고 있는 아래와 같은 구절은 워낙 중요한

구절이고 원문의 구문이 의도적으로 복잡한 면이 없지 않아 일단 원문을 인용한 후 필자 나름의 번역을 제시해 보기로 한다. 그녀의 글이 잘못 이해되고 있다는 항변을 그녀 스스로 행했기 때문이다.

> 전쟁과 평화는 둘 다 문제가 있는 관념들인데, 평화는 전쟁 없이는 존재하
> 지 않으며 핵무기와 계속해서 축소되는 핵무기 발사 경고 시간과 첩보 위성
> 들과 국민 전체의 자폭의 가능한 한 형태로서의 국가방위 시대에는 더 이
> 상 쓸모가 없어졌다. (『여성들과 전쟁』, 253)[2]

> Peace cannot exist without war, and both are problematic notions,
> obsolete in an era of nuclear weaponry, constantly reduced launch-
> on-warning time, spy satellites, and national defense as a potential
> form of civic suicide.

평화의 쓸모없음과 평화의 전쟁 의존성을 강력히 주장하고 있는 위의 인용문을 포함하고 있는 그녀의 저작 『여성들과 전쟁』(1987, 1995) 그리고 이와 관련된 10여 편의 논문에 대한 읽기를 통해서, 본 장은 여성과 죽음이라는 우리의 주제의 연속적 양태로서 여성과 (핵)전쟁, 그리고 평화의 관계를 비판적으로 성찰하는 것을 목표로 하고 있다.

여성과 평화의 문제를 오히려 여성과 전쟁의 문제로 천착한 그녀의 정치학적 상상력에 관한 글들로 우리의 주제를 들여다보는 이유는, 비단 그녀가 어느 누구보다도 여성과 평화에 대한 주제를 여성과 전쟁이라는 주제로 치환, 상당한 시간 동안 전쟁 불가피론적인 입장을 고수하여 전쟁과 평화와 여성의 함수관계를 지속적으로 성찰해서뿐만 아니라, 평화와 불가분적 관계에 있다고 여겨지는 서구 사회의 전쟁에 관한 성찰이 평화에 대한 사유와 다르지 않고 결국은 이로 갈음되기 때문이다. 평화학(Peace Studies)

으로 알려진 학문이 전쟁에 관한 사유를 지속적으로 행하고 있는 이유와 다르지 않은데, 전 세계에 흩어진 유수한 수의 평화연구소들이 평화보다는 전쟁에 관한 연구를 주로 하고 있다는 사실은 이를 방증하고 있다. '전쟁의 이론과 평화의 실천'이라는 관용구는 평화에 관한 실천이 전쟁에 관한 이론적 성찰에서 비롯된다는 사실을 잘 보여주고 있지만, 그러나 세상은 거꾸로 '전쟁의 실천과 평화의 이론'을 답습해 오고 있는 것 같다.

앞으로 이어질 논의에서 따라서 필자는 엘쉬타인 본인이 스스로를 그렇다고 밝힌 바는 없지만 일정 부분 자유주의 페미니즘의 맥을 이었다고 할 수 있는 그녀의 『여성들과 전쟁』 출판 이후의 15년간의 전쟁과 평화에 관한 축적된 논의들을 비판적으로 검토한 후,[3] 여성도 전투적이고 호전적이라고 주장하고 있다는 점에서는 엘쉬타인과 같지만 그녀의 의도와는 정반대로 여성이 더 전투적이고 따라서 우월하다고 주장하는 에렌라이히(Barbara Ehrenreich), 그리고 이들과는 달리 "여성은 평화적이다"는 주장을 하고 있는 루딕(Sara Ruddick)과 리어든(Betty Reardon)의 입장을 간략하게 다룰 것이다. 그런 연후에 엘쉬타인의 평화에 대한 관념이 전쟁의 부재로서의 평화라는 '소극적 평화'(negative peace), 그리고 전쟁에 의해서 이루어지는 아우구스티누스적인 '전쟁에 의해 이루어지는 평화'(pax bellō)라는 개념에 정초하고 있는 한, 평화로의 실천적 도약이 그녀의 이론에서 원천적으로 봉쇄되어 있음을 밝히게 될 것이다.

여성이 본질적으로 평화적이지도 않지만 호전적이지도 않다는 입장은 남성도 여성과 같이 평화적일 수 있다는 엔로우(Cynthia Enloe)로 대표되는 반군사주의적 페미니스트들(antimilitaristic feminists)의 이상주의적인 주장과는 사뭇 다르다. 여성이 평화적이면서도 때에 따라서는 호전적일 수도 있다는 비교적 새로운 입장은 반군사주의적 페미니스트들의 입장과 더불어 여성과 평화에 관한 갑론을박에서 하나의 대안으로 부상하고 있는데, 여성의 평화적 속성을 인정하면서도 어느 정도의 폭력을 용인한다는 점에서 현실주의적이면서도 여전히 이상주의적인 성향을 버리지 않고 있다고 말할 수 있다. 엘쉬타인처럼 여성을 호전적이라고 규정하지 않아도 되는 전략적 이점을 지니면서 굳이 말하자면 이중 긍정을 취한다고 할 수 있는 이러한 입장은 여성도 호전적이라는 정치적 현실주의를 표방하는 엘쉬타인의 입장과는 차별된다고 할 수 있다. 한쪽의 방점이 평화에 있다면 다른 한쪽은 전쟁에 있으며 우리의 주된 논의의 대상이 된 엘쉬타인이 후자에 속하는 것은 분명하다.

전쟁의 부재가 평화가 아니라 폭력, 궁핍, 억압, 그리고 환경오염이 없는 상태, 그리고 이것을 개념화하여 조화, 협력 및 통합의 상태가 '적극적인 의미에 있어서 평화'(positive peace)라고 노르웨이 출신의 평화학의 기수 갈퉁(Johan Galtung)은 규정한 바 있다. 전쟁의 부재가 평화, 그리고 평화의 반대는 전쟁이 아니라는 사실은 전쟁으로 이루어지는 평화라는 개념에서 이미 역설적으로 그 한계를 드러냈다. 평화가 타자와의 관계에 있어서 타자와 대화하는(dialogic) 화평(和平)한 마음의 상태를 나타내는 것이라면, 전쟁은 타자의 지양을 지향하는 변증적인(dialectic) 과정을 거친다는 점에서 또한 차원을 달리하여 구별된다. 이분법이라는 오류를 무릅쓰고 말한다면 전쟁이 실용적이고 정치적인 차원의 개념이라면 평화는 윤리적이고 존재론적인 차원에서의 마음 상태를 의미한다. 정치학의 영역을 벗어나는 보다 적극적인 의미에서의 평화는 그렇다면 전쟁이 난무하는 실제 상황에서는 어떤 쓸모를 지니게 될까?

2

엘쉬타인(J. Elshtain)의
전쟁과 평화에 관한 사유

여성은 평화적이지도 않으며, 평화는 그 자체로 이미 문제이다

전쟁을 남성의 전유물로 보는 시각은 평화를 여성의 배타적인 영역으로 보
는 시각처럼, 폭력과 전쟁을 추인하고 고취하는 제도 자체를 영속화하는 우
를 범하게 한다. 생물학적 의미에서든 사회문화적 의미에서든 남성은 원래
폭력적이고 호전적이어서 평화의 구축과 실천에서 하등의 역할과 책임을
지니고 있지 않다고 간주될 수 있기 때문이다. 한편 평화를 배타적으로 여
성적인 것이라고 규정하게 되면 이의 실천에 있어서 남성들의 책임이 없어
지고, 이를 단순히 여성적인 것만은 아니라고 규정하면 이의 실천에 있어서
여성의 역할이 축소되고 만다는 역설은 젠더에 관한 본질주의와 구성주의
의 논쟁에서 이미 확인된 바 있다.

그러나 우리는 많은 이들이 주장하듯이 여성이 "생득적으로 평화
적"(inherently peaceful)이라고 받아들이지는 않더라도(Skjelsboek & Smith
47; Reardon 1993, 40), "전장에서 여성들이 당하는 수많은 범법 사례들에 비
추어 볼 때 평화와 평화운동에서 여성들이 행하는 권리와 의무를 다급한
필요성"(Reardon 1993, 72)으로 보는 시각에 대해서 또한 공감하게 된다. 전
쟁이 남성의 전유물이라는 생각은 비단 남성들뿐만 아니라 여성들도 공감

해왔던 바인데, 여성이 생득적으로 평화적이 아니라는 언명이 그러나 작금의 역사가 증명하고 있는 남성의 폭력·전쟁 친화적인 속성을 부정하는 기제로 사용될 수는 없기 때문이다. 평화의 실천에 있어서 여성의 역할이 더 중요했고 앞으로도 그럴 것이라는 전망은 우리 시대가 여전히 필요로 하고 있는 윤리적 요청이다.

'전쟁의 이론과 평화의 실천'이라는 관용구에서 드러나듯이 평화에 문제가 있다면 그것은 군이 심대한 이론을 필요로 하지 않는 평화의 개념에 관한 이론상의 문제이지 실천의 장에서의 문제는 아닐 것이며, 이는 앞서도 밝혔듯이 대부분의 평화연구소가 평화를 이론적으로 연구하는 것이 아니라 분쟁과 전쟁을 연구하여 전쟁의 예측과 방지가 평화라는 입장을 취하고 있는 것에서 드러난다. 엘쉬타인은 평화가 "존재론적으로 의심쩍은 개념이어서 (⋯) 그것의 폭력적인 복사판(doppelgänger)인 전쟁 없이는 나타나지 않고 (⋯) 전쟁이라는 프레임의 바깥에 있는 것이 아니라 전쟁 안에 있는 것"(Elshtain 1990, 258)이라고 주장을 하면서 일부 페미니스트들의 평화 추구 활동을 폄하하고 있는데, 그녀의 주장은 잘 살펴보면 현실주의적 정치에서 벗어나 이상주의적 이론으로 경도되는 성향을 보이는 페미니즘에 대한 반감으로 인하여 페미니즘이 옹호하는 평화라는 개념마저 홀대하는 듯한 인상을 주고 있다. 우리가 계속 인용하게 될 그녀의 유명한 「평화는 문제적인가?」(1990)의 마지막 구절을 다소 길지만 인용해 보자.

전쟁과 평화에 관한 논쟁을 지배하는 페미니스트들은 암묵적으로 또 때로는 명시적으로 내가 이제까지 지적하고 비판해 왔던 존재론적 지렛대를 추인하는 사상가들이며 이데올로기에 빠진 연구자들이다. 그들은 여성화되었고 변형되었다는 이유로 자비로운 사적인 영역으로부터 평화적인 공적인 영역으로의 전환을 요구하면서 단순히 위계질서와 그것에 대한 평가를 바꾸었을 뿐이다.

우리가 듣고 있기에 페미니즘은 힘 또는 권력을 "건강한 형식" 속에서만 "조화로운 생존에 필수 불가결한 협동적이고 자양이 풍부한 행동으로 자연스럽게 이끌어주는" "전체적인 이해의 차원"으로 파악하고 있다. 칸트의 정언명령의 망령 또는 아마도 날개를 파닥거리는 칸트의 천사가 이러한 그리고 이와 유사한 생각에 지평을 제공해 주고 있다. 이러한 것이 바로 전적으로 뒤집어 해석하기, 즉 전도(轉倒)된 총합(total inversions)의 아이러니인데, 이것들은 그들이 애초 반대한 것들을 추인하고 사실상 필요로 하고 있다. 반대만 하는 것이 아니라 비판적이고 아이러니한 페미니즘의 세례를 받아 그러한 절대적인 생각들이 도전받을 때까지 평화는 문제로 남을 것이다. (1990, 265)

'비판적이고 아이러니한 페미니즘'(critical and ironic feminism)은 그녀를 따르자면 "남성주의와 가부장제, 폭력, 그리고 무질서에 반하여 페미니즘과 모계제, 비폭력, 그리고 조화 있는 질서를 선호하는 (…) 흐리멍텅한 여성적 보편주의(watery feminized universalism)"라는 "절대적 구성물들"(absolutist constructions), 그리고 그것들이 기존의 체계와는 정반대의 "전도된 총합"(total inversions)에 지나지 않는다는 것을 인식하고 문제 삼는 성숙한 정치적 입장이다(1990, 265; 1995, 357).

여성이 더 평화적이라는 언급은 엘쉬타인의 '비판적이고 아이러니한 페미니즘'의 견지에서 보자면 여성을 순진하고 비현실적으로 규정하게 되며 결국에는 여성으로부터 힘과 권력을 제거하는 역기능을 지니고 있다. 전쟁은 남성적인 것이고 평화는 여성적인 것이라는 관념을 거부하는 그녀의 의도가 그녀 자신도 또 그녀의 정치적 입장을 옹호하는 비평가들도 밝혔듯이 "여성을 열등한 위치로 간주하는 것을 거부함에 있다"(Tickner 621)하더라도, 정책 입안과 결정 그리고 수행 등 현실 정치로부터 여성을 소외하는 결과를 야기하는 여성과 평화를 동일화하는 사고방식 자체를 거부하며 오히려 여성도 전쟁을 수행할 수 있고 또 하고 있다는 그녀의 논리는 전쟁을 우월하고 자연적인 상태로 보는 현실주의적 자유주의자의 시각을 함의하고 있다. 시각을 달리하면 평화가 보다 더 적극적인 우월한 상위 개념이 될 수도 있다는 사실을 그녀는 인정하지 않는다. "자연적으로 평화주의자들인 여성이 평화 속에서 언젠가는 다스리는 자들이 될 것"이라는 엘쉬타인의 의견(1996, 223)은, 여성 그중에서도 특히 자식을 가진 여성의 군 참여를 반대하면서도 어쩔 수 없이 일어나는 "정당한" 전쟁을 인정할 수밖에 없다는 그녀의 현실주의적 입장이 십분 반영되었다고 하더라도, 오히려 현실적이지도 못하며 논리적으로도 침소봉대와 가정의 오류에 속한다. 평화가 도래하여 여성이 지배자였던 시절을 인류 역사에서 실증적으로 쉽게 찾아보기는 힘들다.

전쟁 참여와 평화의 추구에 있어서 남성과 여성의 "동등한 권리를 주창하는 페미니스트"(equal rights feminist)들은 엘쉬타인이 보기에는 "전쟁을 반대한다는 상념과 여성들도 전쟁에 참여해야 한다는 주장 사이를 위험하게 줄다리기 하고 있다"(Elshtain 1996, 223). 그러나 이러한 비판은 부메랑이 되어 그녀에게 다시 돌아갈 수 있다. 국가 방위에 있어서 전쟁을 포함하는 집단적 폭력(collective violence)이 비록 예전처럼 똑같은 역할을 하지는 못하더라도 그 유효성이 여전히 건재하다고 믿고 있는 정치적 현실주의자(political realist)의 입장(1987, 257)[4]에 서서 "아무것도 전쟁을 막을 수 없기 때문에 전쟁들이 일어나고 또 일어나야만 한다"(1985, 40)고 그녀는 주장한다. 모든 여성들이 평화를 원한다는 반군사주의적 관념이 그녀에게는 미치지 않는 것 같다. 스스로를 "군사(주의)에 반대하지 않는" 그러면서도 "평화는 옹호하지만 평화주의자들이 아닌 미국인들"(1991b, 14)의 일원에 속한다는 정전 옹호적인 입장 표명은, 평화주의가 언뜻 전쟁을 영속화하는 역기능을 가져온다는 그녀의 주장을 십분 이해한다고 해도 평화 자체에 대해서는 적대적이기까지 하며 아직 일어나지 않은 유토피아적인 사건인 '평화'를 서둘러 부정하는 인상을 주고 있다.

> 전쟁이 종료되었을 때 무지개 또한 사라졌다. (…) 우리에게 약속되었던 평
> 화는 존재하지 않았다. (…) 사람들은 애초의 열정들과 가능성이 없는 "불모
> 의 평화"를 두려워한다. 그들은 리드(Eric Leed)의 말처럼 평화와 대척되는
> 개념으로 전쟁을 추인하고 있는데 이는 부분적으로나마 그들이 "부르주아
> 사회와는 현저히 다른" 삶의 양식을 갈구하기 때문이다. 제1차세계대전은
> 그러한 삶의 방출을 약속해 주었다. 역설적이게도 전쟁의 "탄환 충격 신경
> 증"(shell shock)에 대한 치료에서 현대 서구 사회의 심리학 이론을 석권했
> 던 견고한 정체성을 갖는 통일된 자아의 개념이 도출되었다.
>
> (1987, 254-255)

제1차세계대전은 무기력한 삶으로부터의 탈출이며 지속되어 왔던 평
화는 "불모의 평화"(sterile peace)이다. 칸트의 영구평화론을 강대국들처럼
"'동등한 힘을 갖고 있는 나라들에서나' 이루어지는 유아론적인 꿈"에 지나
지 않는다고 일축하는 그녀의 논의(1987, 255)는 다시 인용해 보면 "평화는
원하지만 평화운동을 옹호하지 않는 많은 미국인들"(1987, 253)의 성향과 일
맥상통한다. 그러나 그녀는 그가 속한 미국이라는 나라가 강대국에 속하며,
영구 평화가 강대국과 약소국 사이에서도 이루어질 수 있는가 하는 문제에
주의를 기울이지 않는다. 영구 평화는 그녀에게 있어 용어(冗語, pleonasm)
에 지나지 않는데, 이는 영구적이지 않은 평화는 단순한 휴전이지 평화
가 아니기 때문이다. 그녀가 영구 평화의 개념을 일축하는 또 다른 이유
는 평화라는 개념 속에 "차이를 처리하기 위해 인류가 고안한 정치학이 제
거"(1987, 255)되기 때문이기도 하다.

역설적인 의미에서 정치학이 분쟁과 전쟁을 끊임없이 필요로 하고 있다
는 사실을 은연중에 드러내고 있는 그녀의 언급이 십분 양보하여 현실적임

에도 불구하고 전쟁 불가피론을 표방하고 있는 까닭이기도 하다. 서두에서 인용한 그녀의 핵심적인 주장을 다시 읽어보자.

> 전쟁과 평화는 둘 다 문제가 있는 관념들인데, 평화는 전쟁 없이 존재하지 않으며 핵무기와 계속해서 축소되는 핵무기 발사 경고 시간과 첩보 위성들과 국민 전체의 자폭의 가능한 한 형태로서의 국가방위 시대에는 더 이상 쓸모가 없어졌다. (『여성들과 전쟁』, 253)

전쟁은 불가피하고 평화는 문제적이다. 그러나 비록 평화가 전쟁 없이는 존재하지 못한다고 해서 전쟁이 아니라 평화를 문제로 상정하는 그녀의 논의가 선후가 바뀐 궤변에 지나지 않을 수 있다. "전쟁이 종료되었을 때 (…) 평화는 존재하지 않았다"는 그녀의 논의를 역으로 사용하여 그녀의 논의를 그대로 반박하자면 전쟁은 언제나 주위에 존재하였고 평화는 일시적으로나마 간헐적으로 존재해 왔고 어차피 달성할 수 없는 유토피아적 개념인 평화는 적어도 정치학적 견지에서는 문제 삼을 하등의 필요가 없게 된다. 문제는 여전히 전쟁이지 평화가 아니다.

그녀는 계속 언급되고 있는 주저 『여성들과 전쟁』(1987)에서 남녀 시민의 전범을 "정당한 전사"(just warrior)와 "아름다운 영혼"(beautiful soul)으로 개념화한 바 있다. "정당한 전사"라는 개념도 그러하지만 그녀가 여성의 이상으로 삼고 있는 "아름다운 영혼"이라는 개념이 루딕(Sara Ruddick)의 "모성적 사유"(maternal thinking)와 유사하게 너무 포괄적이어서 현실적이지 못할뿐더러 때로는 전투적으로 들릴 수 있다는 사실은 그러나 잘 지적되지 않았다. 현실주의자의 지나친 비관론을 타개하려는 그녀의 "아름다운 영혼"이 이상하게도 "정당한 전사"뿐만 아니라 "아름다운 전사"를 종용하는 것처럼 들리는 것은 비단 필자만은 아닐 것이다. 남성과 여성을 "정당한 전사"와 "아름다운 영혼"으로만 대별하여 규정할 수는 없는데, 이는 다시 그녀의 용어를 사용한다면 "소수의 전쟁참여자들"(ferocious few)과 "스파르타식의 어머니"(Spartan mother)로 표현되기도 하는 여성 전사, 그리고 전쟁에 참여하지 않는 "다수의 비전투원"(non-combatant many)이 있음을 그녀 자신도 인정하듯이 그녀의 이항 개념의 하나인 '아름다운 영혼'이 포괄하고 있지 못하기 때문이다. 그녀도 잘 알듯이 특히나 현대전에 있어서 "전투원과 비전투원의 개념은 아주 자주 선명하게 나눌 수 없다"(Elshtain 1995, 454).

헤겔의『정신현상학』에 출몰하는 "아름다운 영혼"(222)[5]이 그녀의 정치철학에서 구체적으로 무엇인가를 그러나 그녀는 거의 설명하고 있지 않는데, 이는 비단 헤겔의 아름다운 영혼이라는 개념이 그의 정신현상학 관념 내에서 절대정신의 출현을 예고하는 다소 소극적이고 경우에 따라서는 부정적인 개념이기 때문만이 아니라, 절대정신의 구현이라는 지상 명제에 별다른 구체적인 영향을 미치지 못하는 헤겔의 "아름다운 영혼"보다는 그녀의 방점이 절대정신의 수행자인 "정당한 전사"에 있기 때문일지도 모른다. 헤겔의 아름다운 영혼을 끊임없이 언급하면서도 이에 상당한 관련 구절은 엘쉬타인의 논의에서는 빠져 있는데, 이와 관련된『정신현상학』(1807)의 한 구절을 직접 따라가 보자.

> 자기에게는 스스로를 외화 하는 힘, 즉 스스로를 물화하여 그의 존재를 감내해낼 만한 힘이 결여되어 있다. 자기는 본래 자기 내면에 안겨져 있는 영광이 행위와 생활로 인해 더럽혀지지 않을까 하는 불안 속에 살고 있다. (…) 여기서 자기는 이를 도저히 해낼 수 없는 무력감에 젖어 있다. 따라서 자기가 산출 해낸 속이 텅 빈 멍청한 대상은 공허한 의식을 가지고 자기를 충만 시킬 뿐이다. (…) 내면에 번져 있는 이렇듯 제 몸을 가누기조차 힘든 투명한 순수함을 안고 살아가는 것이 불행한, 그러면서도 '아름다운 혼'인데, 그 내면의 혼 불은 차츰 사그러지면서 어느덧 대기 속에 녹아 들어가는 형체 없는 안개와도 같이 사라져버린다. (222)

아름다운 영혼은 본문에서 확인되듯이 여성의 이상화 과정과 흡사하며 정당한 전사를 옹립하는 하위 개념이 될 수 있다. 꼭 헤겔에게만 국한되는 것은 아니지만 여성의 이상화가 그 배면에 여성의 멸시를 동시에 품고 있다는 사실은 익히 알려져 있다. 아름다운 영혼은 이에 관한 헤겔의 언급을 따르자면 "무력"하고 "멍청한" 것이고 "공허"하여 안개처럼 형체가 없어 곧 사라져버리는 존재이기에 여성을 닮아 있으며, 이러한 아름다운 영혼의 모습들이 엘쉬타인에게는 스스로를 외화 할 수 있는 정당한 전사의 하위 개념으로 자리 잡는 것은 당연할지도 모른다.

그녀의 "아름다운 영혼"은 요컨대 풀러(Margaret Fuller), 스탠턴(Elizabeth C. Stanton), 아담스(Jane Addams) 등을 위시하는 19세기 문화적 여성주의자들과 또 일정 부분 남성을 배제한 채 여성과 평화를 직·간접적으로 연관시키는 20세기의 여성주의적 평화정치학자들이 그것을 "지나치게 과장하게 되는 위험이 있다고 엘쉬타인이 경고"(이혜정 2015, 294)해서가 아니라, 아름다운 영혼이 여전히 빅토리아식의 가정의 천사라는 이데올로기를 의도와는 무관하게 답습하고 있다는 점에서, 그리고 엘쉬타인이 이 점을 간파하여 그것을 정당한 전사의 보족적 하위 개념으로 사용하고 있다는 점에서 문제를 드러내고 있다. 평화는 옹호하면서도 평화운동과 평화주의를 반대하고 있으면서 기묘하게도 적어도 표면적으로는 전쟁을 반대하는 그녀가 결국은 전쟁을 남성적으로 보는 현실주의자와 본질주의자의 주장을 버리고 있지 못하고, 전쟁의 한 형태인 정전(正戰, just war)을 그리고 이의 수행자인 정당한 전사를 옹호하고 있다는 점은 그러나 이 장의 후반부에서 핵과 정전의 가능성이라는 논의로 재론되겠지만 추후의 성찰을 더 필요로 한다. 정전은 '정당화된 전쟁'(justified war)이기 때문이다. 정전이 불가능하다면 정당한 전사라는 개념 또한 설 자리를 잃어버리게 된다는 것은 더 부연할 필요가 없다.[6]

페미니즘을 현실감 없는 이상주의의 하나로 파악하고 있는 현실적 정치 철학자인 그녀에게 중요한 것은 어떤 이론이 여권(women's right)신장에 이익이 또는 손해가 되는 것인가를 성찰하는 것이 아닌데, 이는 이러한 입장들이 그녀가 보기에는 "천박한" 수준의 논의로 그치기 때문이다(1991b, 16). 국제정치학자인 그녀에게 중요한 것은 초국가주의의 시대에 있어서도 민족과 국가, 그리고 시민이라는 개념이고, '세계시민'을 표방하고 있지만 결국은 미국이라는 한 국가의 시민을 핵심 개념으로 삼고 있는 그녀의 국가주의가 19세기식의 민족주의가 아니고 미국식 연방주의에 대한 옹호임은 분명하다. 그러나 그녀의 시민 국가에 대한 옹호는 그 주장이 이미 현실로 들어와 있는 페미니즘 정치학을 추상적이라고 무시하고 있다는 점에서, 그리고 시민의 개념에 여성이 배제되어 있다는 면에서 그녀의 주장을 아이러니하게도 여전히 추상적으로 보이게 한다.

> 하나이며 분리될 수 없는 국가는 존재하기 위하여 외부의 적을 필요로 한다. 이러한 것은 한나 아렌트의 주장이기도 한데, 그녀는 근대의 국가주의에 내재하는 통일성을 꿈꾸고 있다. 개인들과 국가들이 모방하는 관계들 속에서 발견하는 생성적인 폭력은, 그것을 통하여 위협을 받는다고 느끼는 위험을 가까이 있게 하며 적을 필요로 하게 만들고 있는데, 빈번히 정치적 상상력을 석권하고 있다. 역사적으로 본다면 전쟁은, 그것 속에서 그리고 그것을 통하여 다양한 민족들이 서로를 견주어 보고 그들이 아닌 것으로부터 서로를 멀어지게 만들어 그들이 그들인 것을 분별케 해준다는 점에서, 국가의 존재감을 결정화하고 하나의 체제로 만들고 있다. (…) 일단 국가가 전쟁을 통하여 스스로를 규정하면 이러한 관행은 해체하기 어렵게 될 수도 있다. (1987, 256-57)

국가를 변형하는 정치학의 가능성, 그리고 모든 것을 옳고 그름으로 재단하지 않고 이질적인 것들과 다른 것들을 용인하는 정치학의 가능성을 엘쉬타인이 비록 말하고는 있으나, 아렌트를 빗대어 꿈꾸는 용서와 화해라는 덕목이 구체적으로 어떻게 가능한지 그녀는 말하고 있지 않다. 구체적 보편주의를 실현하는 학문으로 파악되고 있는 "전쟁과 평화를 넘어서는 (…) 끝이 없을 정치학"(1995, 270; 1998, 447, 459)에 너무 많은 기대를 하고 있는 것이 아닌지 의심스러운 것은, 그녀도 밝히고 있듯이 그러한 기대가 "꿈꾸는 꿈으로"(1987, 258) 그치고 있고 『여성들과 전쟁』이 바로 이 지점에서 그 구체적 대안을 제시하지 못하고 끝나고 있기 때문일 것이다.

실용주의적이고 실제적인 학문을 표방하는 정치학이 오히려 지극히 이상주의적이고 포스트모더니즘이 추인하고 있는 상대주의로 기울어 그러한 상태를 암묵적으로 용인하고 있다는 것은, 상대주의와 이상주의적 블랙홀에서 결국은 힘 있는 당사자가 국제 질서를 도모할 수 있는 주체로 부상한다는 사실을 자신도 모르게 은밀히 인정하고 있기 때문인지도 모른다. 전쟁과 평화에 대한 다양한 입장이 페미니즘 진영 내에 존재한다는 사실을 당연히 모르지는 않겠지만, 페미니즘을 보편주의의 일종으로 파악하는 변함없는 입장은 물론이거니와, 민족과 국가를 수호하기 위한 정전이라는 개념과 이를 성공적으로 이끌기 위한 애국심에 대한 옹호는 8년 후에 쓰인 『여성들과 전쟁』의 「후기」(1995)에서도 여전히 나타난다.

> 순화된 애국주의자는 정의상 남성과 여성이 같이 나눌 수 있는 삶의 방식에 대한 충성으로 표상되고 구체화되어, 초젠더적인 정체성을 경멸하는 페미니즘에 대한 비평을 수행하는 자이다. 그러나 그는 또한 여성의 위엄과 권리에 대한 페미니스트의 관심이라는 보편적인 성향에 대해서 경멸을 표하면서 삶의 구체성을 찬양하는 비판자들이기도 하다. 이렇게 본다면 다른 모든 시민적 상황에 있어서도 우리는 끊임없는 정치적 삶을 영위하고 있다.
>
> (1995, 270)

보편주의자도 구체성을 옹호하는 학자도 아님을 주장하는 엘쉬타인의 입장을 우리는 그녀의 부인에도 불구하고 구체적 보편주의라고 말할 수는 있겠지만, 그녀가 결론적으로 옹호하는 '시민적 미덕'이 국가의 힘과 권력을 옹호하면서 불가피한 전쟁을 준비하는 시민적 군대를 필요로 하는 개념임을 상기할 때, 그녀의 후기가 여전히 "순화된 애국주의", "경멸" 등 듣기에 따라서는 전투적이고 폭력적인 수사로 끝나는 것은 놀랍지 않다. 그녀가 시민의 전범으로 삼고 있는 순화된 애국주의자가 그러나 어떻게 "여성의 위엄과 권리에 대한 (…) 경멸을 표하는" 자에 포함될 수 있을까? 이론의 추상적 보편성이 언제나 정치학의 구체성 앞에서 효력을 상실한다는 주장은 그녀의 이러한 주장 또한 보편적일 수 없다는 점에서 역시 그 구체적 효력을 상실한다.

> 남성들과 여성들이 다 같이 "시민들"이 될 수 있는 방법을 모색하였는바 이는 엄밀한 의미에서 이를 가능하게 하는 유일한 방법이 남성과 여성의 정체성이라는 절대적인 공식들과 완고한 관념으로부터 물러날 때 가능해진다.
>
> (1997, 270)

그러나 남성과 여성의 정체성에 대해 "완고한 관념"을 갖고 있는 쪽은 그녀의 젠더 초월적인 입장 표명에도 불구하고 오히려 엘쉬타인 자신이 아닐까? 여성과 평화의 밀접한 관계를 부인하기 위하여 지속적으로 강조하고 있는 "호전적인 여성들과 평화적인 남성들"(1995, 349; 1998, 453)에 관한 수많은 예들은 그녀의 성 관념이 여전히 생물학적으로 규정되어 있다는 점만을 드러낼 뿐이다. 호전적인 여성들은 굳이 사회문화적인 성 관념으로 본다면 남성, 그리고 평화적인 남성들은 이미 여성적 젠더에 속하기 때문이다.

물론 그녀의 의도는 "그녀가 명명하는 정당한 전사와 아름다운 영혼, 즉 남성과 여성의 사회적인 정체성에 대한 비유들이 남성들과 여성들이 본질주의적인 의미에서 무엇을 의미하는지"(1995, 349)를 밝히는 것에 있지 않다. 그것은 하나의 "기능"인데 이로부터 "여성의 사회적 위치를 비전투원들로, 남성의 위치를 군인-시민들(soldier-citizens)로 규정하고 옹립하는"(1998, 454) 습속이 생겼고, 엘쉬타인은 이 둘의 구별이 "아주 자주 선명하게 구별이 될 수 없음"(454)을 강변하고 있다. 여성들도 시민으로 규정되어야 한다는 것이 엘쉬타인의 입장인 것 같은데, 그러나 그녀의 "정당한 전사와 아름다운 영혼"의 비유는 "호전적인 여성들과 평화적인 남성들"에 대한 그녀의 예시에도 불구하고 생물학적으로 남녀를 구별하고 차별하는 이데올로기적 비유임에는 틀림이 없다. 호전적인 여성들은 이미 정당한 남성 전사와 동일화되고 평화적인 남성들은 아름다운 영혼인 여성으로 변화되기 때문이다.

페트만(Carole Pateman)도 지적한바 서양의 시민사회계약론에서 시민 계약의 주체로 여성이 배제되어 있어 시민이라는 개념이 여성에게는 문제 되어 왔다(Tickner 627 재인용). 비록 엘쉬타인이 아렌트의 "남성과 여성들을 행동 능력(faculty of action)을 상호 간 품고 있는 시민들로 구성하는 정치화"(1985, 53)를 강조하고 있었지만, 글에 면면히 흐르고 있는 남성적인 공격성과 호전성은 시민 국가를 유지하는 필수 불가결한 힘으로 제시되어 있어 그녀의 시민의 개념 안에서 여성은 원래부터 배제되어 있다는 사실을 알게 된다. 시민사회를 대변하는 그녀의 "정치적 남성성"(1991c, 129)은 생물학적 관념에 의거하지 않는 남성성인 것처럼 착시 현상을 일으키는데, 잘 드러나지 않는 논의의 맹점은 그녀가 사회문화적인 젠더와 생물학적인 성 관념 사이에서 편의에 따라 두 관념을 양수겸장하고 때에 따라서는 일부러 혼동하여 사용하고 있다는 점이다.

「후기」에 나타나는 "순화된 애국주의자", "끝이 없을 정치학"(1995, 270)이라는 그녀의 정치적 입장을 드러내는 표현 등은 책의 발간 후 이루어진 11년 후의 회고에서도 거듭 그대로 드러난다(1998, 458, 459). 이미 인용한 바 있지만, 여전히 전쟁에 참여하는 몇몇 여성들의 예를 들어 전쟁이 "쓸모가 없어질" 혹은 "시효가 만료될"(obsolete) 가능성이 없다고 주장하며(1998, 454) 전쟁의 활력과 필요 불가결성을 역설하는 그녀의 입지는 여전히 확고부동하다. 페미니스트들이 주장하는 출산(mothering)과 병사 역할 또는 전쟁하기(soldiering or warring)와의 동일화를 비판하고 있는 그녀는 "여성들의 사회적 위치가 비전투원이고 남성들이 군인-시민들"(1998, 454)이라는 서사에 만족하고 있다. "순화된 애국주의자"가 그리고 "회의적인 시민"(skeptical citizen)이 테러와 국지전이 범람하는 현실 정치에서 구체적으로 어떻게 가능하는지에 대한 논의는 없고, 전쟁으로 이어지는 세상에 대한 현 상태(status quo)의 고수를 표방하는 논의가 오히려 이상주의적으로 보일 수 있다는 점을 그녀는 10년이 넘도록 여전히 성찰하고 있지 않았다.

'만인에 대한 만인의 전쟁' 또는 '투쟁'(bellum omnium contra omnes; bella omnia contra omnis)이 판을 치는 자연사회 속에서 '만인에 대한 만인의 이리'(homo homini lupus)라는 속성을 넘어서려 하지만 결국은 이를 넘지 못하는 시민사회를 오히려 실제 정치학의 영역 속에서 추인하고 있는 것이 아닌가 의구심이 드는 것은, 그녀가 파악하는 현실 정치가 여전히 계약적 이성에 의해 통제되지 않고 있는 까닭이기도 하다. 그녀의 시민사회는 홉스(Thomas Hobbes)가 초극하고 싶은 그러나 초극되지 않는 이기주의와 폭력이 창궐하는 자연사회를 벗어나고 있지 못하고 있다.

토비아스(Sarah Tobias)는 자유주의적 페미니즘과 포스트모던 페미니즘 사이를 오락가락하는 엘쉬타인의 의견에 강력한 이의를 제기하면서, 엘쉬타인의 이론은 페미니스트 여성을 '스파르타식 어머니'(Spartan mother)와 '아름다운 영혼'으로 단순하게 이분할 뿐만 아니라, 급진적 페미니스트들의 이론을 너무 단순하게 평가하여 평화의 한 구성 요소로서 작동할 수 있는 자웅동체(androgyny) 개념에 대한 긍정적이고 심층적인 평가를 하지 않는다고 비판하고 있다(229-232). 토비아스가 보기에 자웅동체 개념은 엘쉬타인이 주창하는 아름다운 영혼과도 상응하는 개념인데, 엘쉬타인은 전쟁을 가부장제와 동일시하는 급진적 페미니즘에 대한 지나친 반감으로 그들이 주장하는 자웅동체의 개념이 사실은 남녀의 본질적 구분을 넘어설 수 있는 개념임을 간과하고 있다는 것이다. 불가피한 전쟁의 정당성을 주장하는 엘쉬타인에게 있어서 그러나 일부 페미니즘 진영의 전쟁과 동일시되는 가부장제에 대한 비판은 경우에 따라서는 그녀가 옹호하고 있는 정당한 전쟁에 대한 비판으로까지 파급될 수 있다.

자웅동체가 본질주의적 기도를 넘어서려는 개념인 것은 확실한데, 본질주의적 성향을 드러내는 엘쉬타인이 자웅동체 개념에 대해 확고히 반대 입장을 표하고 있다고 그러나 비판만을 받을 수는 없다. 어느 정도 "담론적 조형물"(discursive artifact 1981, 244)로서 유토피아적 성향을 지니게 되는 자웅동체에 대한 반대는, 실제 정치학을 표방하는 그녀의 학문의 논리적 귀결일 수밖에 없기 때문이다. 그녀가 비판받아야 한다면 그것은 오히려 자웅동체의 옹호가 본질주의적인 것으로 매도당하는 현상(1981, 229)을 지적하는 것이 아니라, 오히려 그 반대로 본질주의의 장점을 그녀가 적극 옹호하지 못하는 것이라고 말할 수 있다. 현대 젠더 이론에서 본질주의는 더 이상 단순한 보수주의적인 개념으로 파악되지 않는다. 드러내어 놓고 말은 하고 있지 못 하지만 혹시 그녀는 젠더에 관한 한 본질주의적인 입장을 옹호하고 있는 것은 아닐까? 그녀의 성 관념이 생물학적 성이라는 개념에 머무르고 있지만 자웅동체를 주창하는 이론가들의 성 관념이 이와 다르다는 사실은 그러나 지적해도 마땅하다.

전쟁과 젠더에 관한 착종적인 논의 말고도 지적되어야 할 더 중요한 사실은 핵전쟁의 시대에 엘쉬타인의 정의로운 전사의 개념이 여전히 유지될 수 있는가 하는 점이다. 전쟁이라는 개념 자체가 "수행 불가능한" 핵이라는 개념에 의해서는 존재론적으로 불가한 것으로 판명되는 세계 속에서, 정전과 정의로운 전사라는 개념은 이미 그 시의성을 잃어버린 지 오래이다. 그녀가 주장하듯이 세상은 복잡다단하다. 그러나 복잡한 세상 문제의 해결이 시민적 미덕으로 충만한 "순화된 애국주의자들"의 정전의 옹호로만 이루어 지지 않는다는 점에서 그녀의 이상적 현실주의는 더욱더 현실적일 필요가 있다. 아렌트(Hannah Arendt)의 새로운 시작 즉, '출생'(natality)이라는 비유를 빌어 핵전쟁을 방지할 수 있다고 믿는 그녀의 논의(1985, 52-53)가, 의도와는 달리 추상성을 벗어나지 못하고 있는 이유가 여기에 있다.

여성의 생명 창출력을 높이 평가하고 있는 아렌트의 출생에 관한 "장황하게 인용할 필요성이 있는"『인간 조건』(The Human Condition, 1958)의 한 구절을 우리도 엘쉬타인을 따라서 인용해 보자.

> 평상적이고 자연적인 황폐함이라는 인간사라는 영역, 즉 세속을 구원하고 있는 기적은 존재론적으로 행동 능력(faculty of action)이 발아하고 있는 출생이라는 능력이다. 그것은 다른 말로 하자면 새로운 인간, 새로운 시작, 태어남으로써 행할 수 있게 하는 행동 능력이다. 이러한 능력에 대한 전적인 체험만이 인간실존의 두 가지 중요한 특성인 신의와 희망을 인간사에 부여할 수 있다. (…) 이러한 능력의 탄생은 아마도 복음서에 나타나듯이 "복된 소식"을 전하는 영광스럽고 간결한 새로운 말로 표현되었다. 한 아이 (독생자)가 태어났도다.
>
> (Arendt 222-223; Elshtain 1985, 52)

아렌트의 출생이라는 개념이 프로이트와 하이데거가 설파했던 죽음지향적·죽음실천적 서양철학에 대한 반론이었음을 모르는 바는 아니지만, 그녀의 '출생' 또는 '행동'(action) 개념은 여전히 모호할 뿐 아니라, 나치가 휩쓸었던 당대에서도 좋은 평가를 받을 수 없었던 것은 그녀의 논의에 내재해 있는 근거 없는, 구체성을 띠지 못하면서 희망만을 부추기는 종교적 속성 때문이기도 하였다. 여기서 말하는 한 아이가 비단 예수그리스도를 의미하던 또는 아렌트가 좋아했던 베르길리우스의 4번째 목가시에 나타난 보편적인 믿음과 희망을 담보하는 새로운 시대의 출현을 알리는 아이라고 항변하여도(Lütkehaus 68-69), 아렌트의 종교적 성향에 대한 부정적 평가는 그리 달라지지 않는다. 당대 지식인들, 특히 하이데거 추종자들은 『인간 조건』에 대한 폄하를 주저하지 않았다.

　인용한 글의 끝부분에서도 드러나듯이 기독교적 색채가 암시되고 있는 그녀가 꿈꾸는 유토피아적 시민사회에 아렌트가 제시하고 있는 '용서'와 '절제'(ascesis 1985, 53; 1987, 258)가 중요한 것은 자명하지만, 실천 학문으로서의 정치학의 지평은 그것이 어떻게 구체적으로 가능한가를 보여주는 것이라고 본다면, 엘쉬타인의 실제적인 논의는 의도치 않았던 유토피아적 속성으로 인하여 오히려 아이러니하게도 이를 충족시키지 못하고 있다. 아렌트에게 있어서 행동은 우리에게 다시 삶을 허락한 나사렛예수의 "기적을 이루어 가는 행동 능력"(miracle working faculty of man)이고 소크라테스의 "용서하는 힘"으로 나타났다고 할 수 있지만(222), 엘쉬타인이 여전히 몸담고 있는 만인에 대한 만인의 투쟁을 구현하고 있는 20~21세기 국제정치학의 장에서 기적과 용서라는 개념이 쉽게 작동할 수 있을 것 같지는 않기 때문이다. 절망의 시대에 절망을 파고들어야 하는지 희망을 말해야 하는지가 전적으로 선택의 문제이지 호불호를 수반한 우열의 문제는 아니지만, 엘쉬타인이 살고 있었던 시대는 아렌트가 살았던 시대처럼 이상적으로 희망을 말해야만 하는 나치가 횡행했던 완전한 암흑의 시대는 아니다. 21세기 후반의 시대는 보기에 따라서는 그녀처럼 섣불리 그리고 아렌트처럼 절망적으로 희망을 말할 필요가 없는 시대이며, 이러한 시대의 지식인으로 엘쉬타인 자신의 전투적이고 폭력적인 성향을 곱씹어 볼 일이다.

　21세기의 전쟁이 종교전쟁, 그리고 목하 상황을 감안해 본다면 유대-개신교와 이슬람교와의 분쟁이 될 수 있는 소지가 있음을 간과해서도 안 되겠지만, 더욱더 문제가 되는 것은 그녀의 핵전쟁에 대한 애매모호한 태도이다. 「전쟁과 정치이론에 대한 성찰: 핵 시대에 있어서의 현실주의, 정전, 그리고 페미니즘」(1985)에서 개진된 그녀의 현실주의적 입장이 해석에 따라서는 위험할 수도 있는 이유는, 앞서도 인용한 "아무것도 전쟁을 막을 수 없기 때문에 전쟁들이 일어나고 또 일어나야만 한다"는 그녀의 주장(1985, 40-41, 54; 1987, 253)이 문맥을 잘 살펴보면 핵전쟁마저 옹호하는 것이 아닌가 하는 의구심을 자아낼 수 있기 때문이다. 잘 지적되고 있지는 않지만 미국은 처음이자 마지막으로 핵전을 감행한 나라이며, 끊임없이 핵전쟁 생존 서사를 광범위하게 유통시키고 있는 나라이다. 이러한 시대적 조류에 편승해서 핵전 가능성과 불가피성을 엘쉬타인이 암시하고 있지 않은가 하는 의구심이 또한 들기도 하지만, 그러나 핵전쟁의 당위성을 두고 말하자면 미국은 군축을 말할 자격이 없을뿐더러 핵전을 몸소 실천한 나라이면서도 핵의 종주국으로 여전히 버티고 있다는 점에서 지탄받아 마땅하다. 핵전 가능성을 운운하는 펜타곤의 전쟁 지식인들(war intellectuals)의 추상적 전쟁관의 무서움과 공포를 환기할 뿐이다.

"핵무기 체계로 상징되는 복수와 무서움이라는 악순환을 벗어나는"(1985, 54) 대안이 "무기 통제와 군축이 아니라" 아렌트적인 용서와 절제라는 그녀의 주장이 과연 그녀가 오매불망하는 정치학적인 결론이 되는 것일까? 핵 억제력을 포함하는 "군사적인 준비가 (…) 정치의 필수 불가결(sine qua non)"(1985, 42)이라는 그녀의 생각은 "세계 질서 또는 전적인 무장해제라는 유토피아적인 환상들"(1985, 54)에 대한 비판으로 확장된다. 그러나 현실 정치에서 세계 질서에 대한 희구는 공염불에 지나지 않는다.[7] 나치즘에 맞서기 위해 드레스덴을 포함하는 독일의 도시들에 대한 연합국의 융단폭격을 정전이라 옹호는 하였지만 히로시마의 핵무기 사용과 핵전쟁 억지력을 비판했던 왈저(Michael Walzer)식의 '정전'(正戰, bellum justum)론에 동의를 보내고 있지 않는 그녀의 입장(1985, 47)을 십분 그대로 받아들인다면 더욱더 그러하다. 드레스덴 폭격이 왈저의 의견을 따르자면 정전이었다면, 엘쉬타인이 보기에 왈저가 비판하는 핵전쟁 또한 정전으로 규정되었어야 마땅했다.

핵전쟁과 정전이 결국은 상호배타적 개념인 것을 그녀가 모른다고 생각하지는 않지만 그 구체적 함의에 대해서 그녀가 의도적이든 아니든 함구하고 있다고 여겨지는 것은, 연달아 발표된 그녀의 글들이 페미니즘과 전쟁의 상관관계를 고찰하고 비판하지만 대안을 제시하지 못하는 차원으로 여전히 머물고 있기 때문이다. 그녀의 말대로 "전쟁의 테크놀로지는 전장의 싸움을 무기력하게 하며 전사는 그의 무기들과 멋있기까지 한 (awesome) 핵무기 체계를 위해 존재하고 또 그것들에 의해 쇠락한다"(1985, 49). 그러나 핵은 그녀의 표현을 뒤집어서 말한다면 무시무시하지(awful) 멋있지(awesome) 않다. 칸트의 용어를 빌리자면 그것은 오성의 범주인 아름다운(beautiful) 것이 아니라 (초)이성의 범주인 기괴하고 경이롭고 숭엄한(sublime) 것인데, 그의 철학에서 이성은 사실상 정언명령(categorical imperative)에 의해 요청된 초이성이다. 타자의 존재를 절멸한다는 의미에서 핵은 어느 정도 타자의 존재를 용인해야만 하는 전쟁 자체의 개념을 위반하고 있다. 이러한 의미에서 "불가능한 핵"이라는 개념을 가능케 하는 '핵억제력'(nuclear deterrence)은, 정전(正戰)을 무화할 뿐 아니라 전쟁 자체를, 그리고 세계의 존속 여부를 지나 존재 자체를 또한 무화한다. 아무도 남아 있지 않을 땅에는 죽음 자체도 존재하지 않는바, 우로보로스의 복원력은 소실된다. 핵이 함의하는 소멸의 시학은 모든 것의 해체를 요구하게 되는데 이에는 신에 대한 관념마저도 포함된다.[8]

'평화를 원하거든 전쟁을 준비하라'는 격언을 인용하는 그녀의 입장을 따라 전쟁(만)을 예비하고 준비할 수는 없는 일이며, 더더욱 그녀가 주장하는 "전사(戰士)와 피해자의 교착상태"(1985, 54, 57 note 39)를 넘어서는 새로운 사유로의 선회, 그리고 힘의 논리에 의거한 강대국 편리 위주의 정책과 전략을 무비판적으로 받아들일 수만은 없다. 그녀는 "증오하거나 무서움을 주기보다는 차라리 사라지고 (…) 증오와 무서움을 느끼기보다는 갑절로 아주 없어져 버려라"는 니체의 말을 인용하기도 한다(1985, 54 재인용). 무서운 말이다. 엘쉬타인이 보기에 환멸을 겪은 니체는 예수나 소크라테스처럼 인내를 실천하였다.

> [니체는] 환멸을 통하여 "무장한 평화"로부터 벗어나 전쟁들과 승리들로 확연히 드러나는, 허약함이 아니라 힘으로 "무기를 제패함으로써" 평화를 누리는 것을 가능하게 하는 민족[시민]이 되는 법을 선포하였다. (1985, 54)

미국을 포함한 강대국 정치가들의 상투적 수사를 방불케 하는데, 그러나 "힘으로 무기를 제패"하는 평화와 "무장한 평화"는 많이 다르지 않다. "갑절로 없어져 버려라"는 차라투스트라의 수동적 언급이 "갑절로 멸망케 하라"는 공격적인 말로 들리는 이유는 니체가 나치즘에 의해 오용된 소이와 그리 다르지 않다. 니체의 힘의 논리가 오용되고 악용되었음을 그녀가 모르고 있다고 생각하지는 않는다. 그러나 전사(戰士)와 피해자의 구분을 넘어서기가 그녀가 주장하는 용서의 미덕으로 포장되어 니체의 보다 더 일반적인 개념인 선악의 피안을 넘어서기와 혼동될 수는 없다. 전쟁의 피해자가 분명 있는데 가해자인 전사의 반성은 뒤로 하고 피해자의 고통과 회한을 넘어서자는 용서의 논리로 와전될 수 있기 때문이다. 한국의 "정신대"에 관한 갑론을박도 마찬가지이다. 종교가 아니라 정치학의 장에서 용서는 반성을 전제로 한다.

굳이 어떤 두셋 나라를 염두에 두고 하는 말은 아니지만 가해자가 피해자로 탈바꿈되는 기이한 현상, 자국민 가해자의 고통과 회한, 그리고 전쟁 외상 증후군(PTSD)을 선전하는 적반하장을 목도하면 더욱 그러하다. 전장의 참혹함을 뒤로하고 귀향하는 소위 "정당한 전쟁"의 수행자 율리시즈가 신들의 "정당한" 복수를 감내한 것과는 달리, 현대사회에서 신의 심판과 정당한 분노는 잊혀진 지 오래이다. 가해자와 피해자를 확실히 구별하지 않고 용서하기는 하버마스(Jürgen Habermas) 또한 적절히 지적한바 가해자가 피해자가 되기도 하는 희한한 논리 또한 산출해 내는데, 니체의 '선악의 피안'이 선악의 구별이 이루어진 연후에 가능하다는 사실을 마땅히 알아차릴 일이다. 선악의 이원론이 사라진 시대에 힘의 논리가 선악의 기준으로 들어선다는 사실은 상대주의를 표방하는 해체주의와 후기구조주의의 맹점임이 이미 지적된 바 있다.

계속되는 전쟁과 이에 관한 이야기가 물론 그녀가 주장하듯이 전쟁을 지속적으로 있게 하는 하나의 동인(動因)임은 분명하다. 그러나 주지하듯이 전쟁문학이 전쟁을 일변도로 찬양하는 것만은 아니다. 그녀의 입장에서는 물론 반전(反戰)이 전혀 현실적이지 못한 탁상공론이 되겠지만, 20세기 전쟁문학은 오히려 반전의 메시지를 지속적으로 언급하고 있다. 첨언하자면 그녀가 계속 그것도 베이유(Simone Weil)를 염두에 두고 주장하듯이 『일리아스』가 오로지 무자비한 힘에 대한 서사시도, 그리고 『오뒷세이아』도 귀향과 평화에 관한 이야기만이 아님은 분명하다. 정책가로서 간교한 율리시즈가 귀향하면서 일으키는 평지풍파도 풍파이지만, 그가 고안한 트로이의 목마로 인하여 한 도시의 몰락이 이루어졌다는 사실을 엘쉬타인은 지적해야 하지 않았을까? 트로이의 몰락은 베르길리우스(Vergilius)가 서술하는 대로 로마의 건국으로 이어지지 않았다. 페미니즘에 대한 그녀의 비판을 이해한다고 하더라도 전쟁을 고취하는 문학에 대한 일방적인 옹호는 그녀의 입장을 호전적으로 보이게까지 한다. 불가피한 전쟁과 평화 무용론을 강변하고 있는 그녀의 입장을 고려해 보면 더욱 그러하다.

그녀의 이러한 입장은 향후 출판된 『테러에 대한 정당한 전쟁』(2004)이라는 연구서에서 평화의 문제점과 정전에 관한 옹호로 확고히 굳어져 갔는데, 이는 나치즘과 일본 제국주의에 관한 정전의 의미가 알 카에다와 빈 라덴에 관한 보복 전쟁의 정당화, 즉 "전쟁 개시의 정당성"(jus ad bellum)으로 그대로 이어지기 때문이다. 테러를 옹호하자는 것이 아니라 그리고 테러에 대한 전쟁의 정당성을 폄하하자는 것이 아니라, 테러의 이유나 원인 또한 성찰할 수 있는 시민 의식 또한 전 세계적으로 필요한 시점에 우리가 당도하였음을 말하고자 함이다. 그녀가 아렌트에서 차용하고 있는 "세계시민"(citizen of the world 2004, 108)이라는 개념이 미국의 시민, 더 나아가 미국의 지배적 남성들에 국한된 개념이라는 의구심을 더욱 확신케 하는 것은, 비록 그녀가 천안문사건을 애도하고 기념하기 위한 "민주주의상"(Democracy Award)을 받은 이슬람 근본주의와 일상의 폭력에 맞선 알제리와 우즈베키스탄, 이란과 소말리아의 용감한 4명의 이슬람계 여성을 거론하고 있는 반면, 자유민주주의와 신자유주의에 항거한 서방세계의 용감한 여성은 전혀 거론하지 않고 있기 때문이기도 하다. "시민적 평화"(civic peace)가 '미국인들'만의 평화로 읽혀질 수 있다는 점을 그녀는 여전히 사유하고 있지 않는 것 같다. 폭압에 맞서는 폭력과 전쟁의 필요성을 부각시키기 위하여 전작 『여성들과 전쟁』에서처럼 여전히 여성 전사의 예를 들어 여성이 평화적이지 않다는 사실을 강변하는 그녀의 논리는 여전히 일관되게 침소봉대에서 자유롭지 않다.

여성 전사는 여성이 평화적이 아니라는 사실을 드러내는 손쉬운 예로 기능해 왔지만, 그것이 여성=전쟁이라는 관념을 추인하는 대표성을 지닐 수 없다는 사실은 '일반화의 오류'를 거론하는 것으로 충분하다. 이러한 일반화의 오류는 우리가 이미 논의한 바 있는 「평화는 문제적인가?」(1990)와 같은 제목으로 시작되는 『테러에 대한 정당한 전쟁』의 9장에서도 여전히 드러나고 있다. 그녀가 한결같이 주장하고 있는 것은 몇몇 이슬람 세력의 기괴한 호전성에 대한 반대급부로서의 정전에 대한 옹호이지 "문제적인 평화" 자체에 대한 성찰은 아닌 것 같다.

정통적인 이슬람 세력이 아닌 전쟁광들인 일부 소수 집단의 문제점을 예로 들어 평화 자체를 폄하 하는 그녀의 논리는 평화를 원하지만 평화주의자는 아니라는 그녀 자신의 언급(1991b, 14)만큼이나 문제적이다. 이라크와 아프가니스탄에서의 미국의 전쟁 수행 과정과 전개 양상에 관한 추인으로 이용되었던 소수의 전쟁광에 대한 비판이 일반 시민들에게로까지 확산되었기 때문이다. 니부어(Reinhold Niebuhr)와 틸리히(Paul Tillich)의 나치즘에 대한 저항은 엘쉬타인의 『테러에 대한 정당한 전쟁』 7장에서 이슬람에 대한 저항과 동일한 위계를 띠고 논의가 전개되는데, 그러나 "몇몇" 이슬람 세력들의 광기가 나치즘의 그것과 동일하게 갈음될 수 있을 것 같지는 않다.

평화의 달성에 있어서 어느 정도의 폭력을 인정하는 "pacificist"의 입장이 실질적인 대안이 될 수 없음을 모르지는 않지만, 엘쉬타인을 다시 인용하자면 그녀는 평화는 원하지만 전적인 "평화주의자(pacificist)는 아니다"(1991a, 14). 용어의 혼돈이 있을 수 있는데 그녀가 사용하고 있는 "pacificist" 개념은 평화의 달성에서 폭력을 전혀 인정하지 않는 "pacifist"의 입장 또한 포괄하고 있는 것으로 보인다. 정치학이 실용 학문이고 실질적인 학문이라는 그녀의 입장이 자유주의적이고 실용적일 수밖에 없다는 사실을 십분 이해한다고 하더라도, "정치학이 유치원 놀이"가 아니라는 그녀의 입장 표명(2004, 1)은 여전히 그녀가 다른 페미니즘 진영의 입장을 평가절하하고 있는 것이 아닌가 하는 인상을 주기에 충분하다. "pacifist"뿐만 아니라 폭력을 어느 정도 인정하고 있는 "pacificist"의 입장 또한 그녀가 거부하고 있기 때문이다. 그녀에게 있어 중요한 것은 전쟁이지 평화가 아니다. 전쟁은 마치 그것이 그리스인들에게 그러했다고 믿듯이 "자연스러운 상태"(1990, 256)이며 이러한 상태는 불행하게도 그녀가 전범으로 여기고 있는 시민사회에까지 통용된다.

전쟁의 부재라는 소극적 평화의 개념을 그대로 따르고 있는 그녀가 따라서 전쟁을 평화보다 중요하고 때에 따라서는 "좋은" 개념으로 보고 있는 것은 당연하다. 그녀는 "흐리멍텅한 여성적 보편주의"(watery feminized universalism)를 벗어나는 '비판적이고 아이러니한 페미니즘'(critical and ironic feminism)을 계속해서 주창하고 있는데(1990, 265; 1995, 357) 이러한 페미니즘은 "지배적인 견해들을 공격할 때조차도 자제와 중용을 껴안는 시도"이며, 그녀가 보기에는 이것이야말로 국제 관계라는 복잡한 현실에 활로를 열어줄 수 있는 "순진하지" 않은 "강건한 페미니스트적인 기도"이다 (1995, 358).

　이러한 페미니즘은 "평화가 그것의 판박이인 전쟁 없이는 이루어지지 않는다"는 것을 인식하는 강건함을 지닌, "전쟁처럼 아무것도 그것을 막을 수 없는 성차별"(1995, 357, 342) 또한 인정하는 젠더 정치학적 입장이다. "전쟁이란 (…) 정치적인 남성성을 획득하기 위한 유일한 수단이며 (…) 국가와 더불어 단순히 전쟁의 가능성이 아니라 그 필연성이 존재하며 (…) 전쟁 속에서 국가의 힘은 검증을 받는다"(1991c, 129; 강조 필자). 그녀의 주된 관심사는 평화가 아니라 전쟁이고 그 전쟁을 수행하는 시민 그중에서도 특히 "남성" 시민이지만 그러나 그녀가 생각하듯이 시민적 행동(civic action)과 동일시되고 있는 "파괴가 없는 전쟁의 창조적 힘"의 행사는 실제 역사에서는 찾아보기 힘들다. 이는 그녀가 인정하고 있듯이 그녀의 이러한 "꿈꾸기"가 형용모순이고 불가능한 말이긴 하지만 그녀의 말을 그대로 사용하자면 "전쟁이 없는 전쟁의 열정들"(1987, 231)이기 때문이다.

　대부분의 전쟁과 평화에 관한 국제정치학의 논의들이 "이론적 추상화"(Sylvester 2012, 483)에 머물러 있는 것이 사실이고, 이러한 면에서 엘쉬타인의 논의는 그녀가 소망하는 대로 도덕적인 정치학자 그리고 정치학적인 실재론자의 입장에서 결론을 추구하기보다는 "겸손하지만 확고하여 주장들이 튼튼하게 지지되어 우리에게 통찰을 주는 단면들"(1993, 101-102; Sylvester 2002, 29 재인용)을 드러내는 시도라고 볼 수는 있다. 대중적인 그러나 진보적이라 말할 수 없는 잡지 『진보』(Progressive)에서 "페미니즘과 전쟁"이라는 제목의 포괄적인 논의를 여성의 전투 참여 문제로 축소하여 "'어머니는 전쟁에 참여해서도 안 되고 또 그것을 원하지도 않는다'는 사악한 신화(pernicious myth)"에 분명한 반대를 천명하면서, 이러한 그녀의 입장이 동시에 "여성의 권리들을 옹호하거나 반대하는 천박한 논의"가 아님을 항변하는 엘쉬타인의 논의(1991b, 15, 16)는 그런데 "언제나 폭력을 회피하는 평화주의자와 엄격한 한계 내에서 그것이 정당화되고 배치되어야 한다는 정전옹호주의자"(1991c, 452)라는 이분법에서 후자를 택하는 방향으로 기울어지고 있는 것 같다. 정전과 평화는 서로 배타적인 개념이 되어가고 있다. 그녀의 논의가 군사주의자들의 논의와 흡사한 이유가 여기에 있다.

"어떻게든지(somehow) 역사에 있어서 목적이 수단을 정당화"(1985, 51)하는 신념을 견지하는 고전주의적 자유주의자들과 마르크스주의자들에 대한 그녀의 날선 비판이 그녀 자신에게도 적용되지 않는다고 말할 수 없는 것은, 그녀의 정전 옹호적이고 반페미니즘적인 정치적 입장이 정치학과 미국의 시민을 지키기 위한 목적으로 전쟁이라는 수단을 용인하고 있는 것이 아닌가 하는 의구심을 끊임없이 자아내고 있기 때문일 것이다. 생각해보면 엘쉬타인은 2018년 3월 새로 임명된 트럼프 정부의 국가안보보좌관 볼튼(John Bolton)도 되뇌이고 있는 "평화를 원하면 전쟁을 준비하라"는 서사에 함몰되어 있어, 핵전쟁 시대에 전쟁이 평화를 예비하는 우로보로스적 기능을 상실하고 있음을, 의도적이었는가 아니었는가에 관한 논의는 있을 수 있겠으나, 의도적으로 알아차리지 않은 인물이었다. "논쟁적이기는 하지만 (…) 구식의 (…) 뒤처진, 안정적이지 못한, 부분적으로는 당황스럽고 심히 편파적"(Sylvester 2002, 29)이기까지 한 그녀의 정치적 입장이 단지 그녀가 공격하고 있는 다른 페미니즘적 사고와 더불어 "또 다른 하나의 옳은" 이론(Tickner 630), 즉 또 다른 관점과 또 다른 이론의 폭력에 머무르고 말아 그녀가 공격하고 있는 페미니즘에 대해 그 어떠한 대안을 제공해 줄 수 있을는지, 윤리신학과 정치윤리를 가르치고 있는 자타가 공인하는 네오콘(neo-con)으로서의 그녀의 미덕 있는 전투적 행보를 지켜보고 싶었지만, 안타깝게도 그녀는 2013년 향년 72세 심장마비로 세상을 하직했다.[9]

3

급진주의 페미니즘과
모성적 평화주의의 주장과 한계

여성은 평화적이건 호전적이건 우월하다

필요에 따라 군대와 전쟁을 옹호하는 엘쉬타인의 입장과는 확연히 다르지만 여성이 나약하고 수동적인 평화를 상징하고 있다는 사실을 해체하기 위하여 남성뿐만 아니라 여성을 또한 전쟁의 수행자로 보았던 에렌라이히(Barbara Ehrenreich)와 같은 이론가들의 주장은, 엘쉬타인의 주장과 유사하게 결국은 전쟁을 추인한다는 점에서 의도하지 않았던 문제점을 또한 노정하고 있었다. 엘쉬타인의 주장대로 남성=전쟁, 여성=평화라는 진부한 이분법을 벗어나기 위하여 남성+여성=전쟁이라는 새로운 도식을 만들어내는 소위 "동등한 권리를 주장하는 페미니스트"(equal rights feminist)들의 주장은 본질주의적이라 간주할 수 있으며, 이러한 면에서 그들의 주장은 또한 전사 신화(warrior mystique)를 추종하며 군대와 전쟁이 여성에게도 이익이 될 수 있다는 자유주의적 페미니스트(liberal feminist)들의 주장(D'Amico 121)과 유사하다.

에렌라이히는 고대 서양의 많은 풍요의 여신들, 그중에서도 특히 수메르의 모신 닌후르쌍(Ninhursag)과 유사한 역할을 하는 그리스의 출산의 여신 아르테미스가 사냥의 여신이기도 하다는 점에 착안하여 여성이 전쟁과 밀접한 관련이 있다고 주장하고 있다(98-99). 서양의 대모신들이 그리스의 고전주의 시대에 이르면 한결같이 그 파괴적 속성을 잃어버리고 공히 상냥하고 자애로운 신으로 변한다는 그녀의 주장(100-101)은 신화 해석에서 시대와 공간적 특성을 무시하고 있을 뿐만 아니라, 풍요와 평화를 상징하는 여성적인 가치를 평가절하하고 폭력과 전쟁을 상징하는 남성성을 옹호하게 되는 엉뚱한 결과를 가져오게 된다.

종교성을 띤 전쟁과 이의 현대적 형태로서의 민족주의를 설명하기 위하여 전쟁이 남성이라는 젠더에 국한되지 않는 성차를 초월한 제의적 행사임을 주장하여, 전쟁의 "탈성화(脫性化)"[10] 또는 탈젠더화(de-gendering)를 이끌어내는 에렌라이히의 논의는 따라서 그 시의적절함에도 불구하고 여성을 전쟁과 동일화하는 논리로 오용될 수 있는 여지를 범하고 있다. "어느 시점에 이르면 여성이 사용하지 못할 무기는 존재하지 않았다"(231)는 주장에 이르러서 그녀의 탈젠더적인 언급은 그녀의 의도와는 상관없는 남성 쇼비니스트들의 주장과 닮아 있는 것처럼 들린다.

> 전쟁의 탈젠더화는 "남성성"이 바람직한 속성이 되기를 그친다는 것을 의미하지 않는다. 그것은 남성뿐만 아니라 여성도 소유할 수 있는 특질임을 의미할 뿐이다. 폄하적 뉘앙스를 지닌 "겁쟁이"(wimp)라는 유행어는 이미 남성들과 여성들에게도 손쉽게 사용될 수 있는데, 이는 남성과 여성에게 적절한 입장이라는 것이 강인하고 언제든 전투준비가 되어 있는 것을 의미하고 있다. (230)

그러나 문제는 여성도 전쟁 수행 능력이 있기 때문에 우려하는 바대로 그들도 군대를 가야 한다는 논쟁이 아니라, 그녀의 탈젠더화에 관한 사유가 전쟁을 옹호하는 논리로 비칠 수 있음에 있다. "죽음과 전쟁을 지니고 다녔던" 복수의 여신들이 등장하는 아이스퀼로스의 『복수의 여신들』을 인용하며 "폭력적이고 짐승과 다름이 없는" 포식자(predator)로서의 여성이 사냥물(prey)이 되었음을 추적하는 그녀의 논의는(113), 포식자로서의 여성을 역사에서 복원해야 한다는 회고적인 상념을 드러내곤 한다. 남성들이 하는 것을 여성들도 할 수 있다는 부정적 페미니즘(negative feminism)의 주장이 결과적으로는 역으로 남성적인 수단과 가치들을 추인할 뿐 아니라 그것을 강화하기도 하여 전쟁의 시스템을 옹호한다는 비판(Reardon 1985, 25; 1998, 292; Goldstein 406), 그리고 전투적 여성이 실상은 "남성적 모델의 복제로 볼 때만 설명이 가능하다"는 사실주의에 입각한 지적(Elshtain 1996, 222)을 상기할 만하다.[11] 전투적 페미니스트들은 여성 우월주의를 넘어 때로는 아이러니하게도 그들이 비판했던 남성주의자들(masculinity)이 되었다.

에렌라이히와는 정반대로 여성을 본질적으로 평화적이라고 규정하는 루딕(Sara Ruddick)과 리어든(Betty Reardon)의 의견 또한 본질주의를 추종하는 급진주의적 페미니즘의 일종으로 간주할 수 있다. 표출되는 성향을 말할 수는 있지만 본질적으로 전쟁이 남성적이고 평화가 여성적이라고 말할 수 없다고 모성 평화학의 기수 루딕은 말한 바 있다. 남성들 또한 어머니가 될 수 있는데(41), 이러한 어머니가 생물학적 어머니가 아닌 것은 굳이 지적하지 않아도 자명하다. 루딕은 특별히 정전을 옹호하는 이론가들에게 비판적인데, 그녀의 모성적 사유는 사실상 평화의 달성에 있어서 폭력의 완전한 추방을 요구하고 있어 향후 논의하게 될 갈퉁(Johan Galtung)의 적극적 평화의 개념과 유사하다 말할 수 있다. 정전을 옹호하는 엘쉬타인이 보기에 루딕의 전쟁과 평화에 관한 사유는 "아름다운 영혼"의 계열에 속한 것이고, 폭력의 완전한 추방을 주창한다는 점에서 루딕을 현실주의자가 아니고 이상적인 차원에 머문 "결과주의자"(consequentialist)로 파악하게 한다.

루딕의 평화에 관한 사유는 그러나 결과만 두고 본다면 평화주의적이지도 않고 탈존재론적이지도 않다(Tobias 238). 남성적 의미의 "보호"(protection)에서 여성적 의미의 "보살핌"(caring)이라는 프레임으로의 전환이 의미가 없다는 것이 아니라, '모성적 사유'(maternal thinking)의 주창이 결국은 남녀를 구별하고 역차별하는 본질주의로 경도될 수 있기 때문이다. 모성을 평화와 동일시하는 다소 이상주의적인 루딕의 논의는 그런데 기묘하게도 출생에 관한 아렌트의 유토피아적인 주장을 옹호하면서도 여성과 평화를 동일시하지 않는 현실주의를 표방하고 있는 엘쉬타인의 주장과 흡사하여 인용을 요하고 있다. 본질주의는 현실주의자건 이상주의자건 쉽게 벗어날 수 없는 그러나 벗어나야 할 필요성이 제기되고 있는 억견이기도 하다.

> 모성적 평화로움은 하나의 신화이다. 그 중심에는 출산의 약속이 있다. 육체를 위협하는 것은 — 굶겨 죽이고, 위협하고, 절단하고, 또는 의도적으로 상해를 입히는 것은 — 그러한 약속을 깨는 것이다. 모든 육체는 중요하며, 희망의 서약이다. 세계의 희망은 갓 태어난 아기에게 달려 있다. 아기의 희망은 세계의 환대 속에 있다. (Ruddick 1995, 340-341)

여성을 전쟁 또는 평화와 동일시하여 의도치 않았지만 결국은 전쟁을 추인하게 만드는 본질주의의 이러한 이율배반적 사유는 남녀의 동등한 능력과 권리를 주장하는 페미니즘의 예기치 못했던 논리적 귀결이기도 하다. 그런데 이러한 사유는 서양의 대모신들이 전쟁과 평화를 동시에 표상하고 있었다는 사실을 간과하고 있고, 궁극적인 탈젠더화가 여성을 남성적인 가치의 최고의 발현인 전쟁의 수행자로 재젠더화 하는 것이 아니라 여성을 규정하는 습속 자체에서 벗어나 그 아무것으로도 규정하지 않는 것이라는 인식에는 도달하지 못하고 있다. "부정적인 남성적 가치들이 너무 과중하게 강조되었듯이 긍정적인 여성적 가치에 대한 몰이해" 또한 진행되어 왔지만, "대부분의 다른 종들에 비해 사람은 남성과 여성의 유사성이 강하다"(Reardon 1993, 3, 8)는 사실을 반추한다면 남성성과 여성성을 지나치게 가르는 본질주의적 이분법의 폐해는 어느 정도 해소될 수 있을 것이다. 남녀차별(sexism)이 비단 여성뿐만 아니라 남성에게도 해로운 것임을 상기하고 보면, 젠더로 규정하는 것, 즉 젠더(화)하기(gendering)는 그 자체로 부정적인 정치적 함의를 갖게 된다. 그런데 '탈젠더'는 여성을 평화로 동일화하는 습속에 반하여 여성을 전쟁으로 다시 규정하는 것이 아니라, 젠더하기로 부터 완전히 자유로운 것을 의미한다.

전쟁 옹호적인 전통을 보여왔던 서양의 지적 전통에 다소 거슬리는 단순한 말이 되겠지만 평화는 전쟁보다 좋은 것이고, 여성은 여성이고 전쟁은 전쟁 그리고 평화는 평화일 뿐이다. 전쟁과 평화 개념을 동시에 포함하고 있는 원초적 의미의 대지의 신으로서의 대모신을 역사시대 이전에 유일하게 존재했던 여신으로 볼 수 있다면, 전쟁은 그리고 평화는 여전히 여성적이라고 말할 수 있으며, 이러한 의미에서만 서양의 전쟁이 그 문법적 성이 함의하듯이 여성적으로도 재현되어온 소이를 이해할 수 있게 된다.[12] 평화의 달성이 인류의 유토피아적 사명이라면, 그 실행에 남녀 간의 성별 차이가 있을 수 없다. 여성이 평화를 구현하는 것에 재능을 보인다는 사실의 인정이 평화의 추구를 페미니스트 이슈로만 만드는 것이 아니고, 모든 페미니스트 여성들이 평화를 추구하는 것은 "그들이 페미니스트들이고 또 여성들이어서가 아니라 평화에 관심을 갖는 사람들이기 때문"이며, 비단 남성뿐만 아니라 여성이 평화를 추구하는 것은 그것이 여성에게 특별히 더 좋은 것이 아니라 "평화가 전쟁보다 더 좋기 때문이다"(Richards 224, 219). 평화가 전적으로 페미니스트 이슈가 될 수는 없지만 그것이 여성적인 성질에 더 가깝다는 것을 인정하는 것은 평화를 위한 한 초석이 될 수 있다. 그러나 우리의 논지는 여성이 생물학적으로 더 평화적이라는 것이 아니라 "다소간은, 여성들의 지식과 경험이 남성들에 비해서 여성들로 하여금 창의적으로 문제를 해결하고 평화를 만들어 가는 데 유리한 위치에 있다"(Boulding 109)는 것이다.

『젠더와 평화 그리고 갈등』(Gender, Peace and Conflict, 2001)에 수록된 다양한 저자들 중에서도 특히 편저자들인 스키엘스보엑과 스미스(Inger Skjelsboek and Dan Smith)의 본질주의와 여성, 그리고 평화에 관한 논의 속에서 우리는 남성을 전쟁으로 여성을 평화로 파악하는 이분법의 폭력을 넘어서려고 하는 새로운 시도를 보게 된다. 여성이 "평화적이면서도 전쟁 친화적(war prone)이기도 하여"(64) "생득적으로 평화적"(inherently peaceful)이라고 강변은 할 수 없지만 "잠재적으로 평화적"(potentially peaceful 65)이라고 결론을 맺고 있는 그들의 논의는, 톨스토이나 간디, 그리고 킹 목사와 같은 평화를 주창했던 남성들이 있는가 하면, 아이를 지키기 위해 기꺼이 무기를 들었던 엘살바도르나 베트남의 여전사 또한 있기 마련이라는 사실에 근거하고 있다. 여전사의 존재는 그들의 논의 속에서는 여성과 평화의 등식을 와해하는 하등의 논리적 필연성을 함의하고 있지 않다. 오늘날 아프리카의 짐바브웨와 모잠비크에서 다수의 여성들의 식민지에 대한 항거는 여성도 전쟁을 할 수 있다는 사실을 드러낼 뿐이지, 그들이 전쟁 친화적이라는 언급, 더 나아가서 여성과 평화의 긍정적 함수관계를 비판적으로 성찰하고 반대하는 엘쉬타인을 비롯한 몇몇 국제관계학자들의 "전쟁 친화적 여성"이라는 언급으로 더더욱 일반화되어 해석될 수는 없다.

전쟁도 그러하지만 평화 또한 특별한 젠더성을 부여받고 있지 않다. 본질주의와 구성주의의 논쟁은 굳이 스피박(Gayatri Spivak)의 이에 관한 논평을 따르지 않아도 빛바랜 이론의 유희일 수 있다. 남성 또한 언제나 태생적으로 폭력적이고 호전적인 동물은 아니다. 본질주의건 사회문화적 구성주의건 남성을 폭력과 전쟁의 책임자라는 화인으로부터 건져내기 위한 이성의 간계는 이미 작동하고 있었으며, 평화를 여성적인 것으로만 파악하는 페미니스트적인 기도 또한 젠더의 이분법을 고착시키고 평화의 실천에서 남성들을 배제할 수 있다는 점에서 의도하지 않았던 문제점을 노정하고 있었다.

물론 여성성을 생물학적 젠더로 규정하지 않고 평화적인 남성들 또한 포함하는 넓은 의미의 젠더로 규정한다면 목하 우리의 논의, 즉 "여성은 평화적이다"는 주장은 언제든지 가능하다. 중요한 것은 평화적 여성이라는 주장의 정치적 함의일 것이다. 그러나 더욱더 기억해야 할 사실은 여성 전사에 관한 앞 장의 논의에서도 밝힌 바 있지만 여성을 전쟁으로 보는 시각 또한, 엘쉬타인의 논의에서도 역설적으로 도출되고 있듯이 남성 고유의 영역인 폭력과 전쟁을 추인하는 결과를 야기한다는 사실이다. 문제는 이론이 아니라 실천이다. 이론도 중요하지만 평화학에서 더욱 중요한 것은 그것을 완성해 나가는 프락시스 즉, 수행과 실천이다.

4

평화적 여성과 전쟁:
여성은 평화적이며 때로는 전쟁에 참여한다

전쟁과 평화에 대한 입장 차이로 평화의 실천에 있어서 여성의 역할뿐만 아니라 남성의 역할 또한 똑같이 강조하는 "동등한 권리를 주창하는 페미니스트"(equal rights feminist), 그리고 이와 유사한 자유주의 페미니스트 (liberal feminist)인가, 아니면 평화의 실천에 관한한 여성이 주도적 역할을 전담해야 한다고 주장하는 "페미니스트 평화주의자"(feminist pacifists)인 가? 또는 평화의 문제 말고도 여성 문제 전반에 걸쳐서 여성의 보편적이고 배타적인 권리를 주장하는 급진적인 페미니스트(radical feminist)인가? 혹은 남녀 간의 차이를 강조하면서도 여성에 관한 일반화의 불가능성을 인정하는 포스트모던 페미니스트(postmodern feminist)인가 등으로 구별되는 페미니스트들의 다양한 이론적 논의들은, 카터(April Carter)가 지적하는 대로 "그 자체만으로는 여성 평화에 대한 설득력 있는 답변을 제공하지 못한다"(36).

　이미 시효가 만료된 본질주의와 구성주의의 논쟁을 다시 상기하게 하는 위와 같은 분화 현상은 카터의 논의와도 거의 비슷하지만 부르구이레스 (Mary Burguieres)의 분류를 대략 따르자면, 여성을 모성으로 파악하여 여성이 남성보다 더 평화로운 존재임을 주장하는 페미니즘과 전쟁과 평화에 있어서 남성과 여성의 동등함을 강조하지만 남성적인 것에 기준을 삼는 페미니즘, 그리고 여성이 본질적으로 평화로운 존재도 아니지만 그렇다고 자유주의 페미니스트들의 주장처럼 여성도 군대와 전투에 참여하자는 주장을 하고 있지 않는 '군사주의에 반대하는 페미니즘' 등으로 구분할 수도 있는데(3, 9), 황영주는 이를 각각 본질주의적 페미니즘(essentialist feminism), 자유주의 페미니즘(liberalist feminism), 그리고 반군사주의적 페미니즘(anti-militaristic feminism)과 대응시키고 있다(82). 동등한 권리를 주장하는 페미니즘은 자유주의적 페미니즘에 그리고 페미니스트 평화주의와 급진적인 페미니즘은 아이러니하게도 본질주의적 페미니즘에 각각 대응한다.

동등한 권리를 주장하는 페미니즘에서 급진적 페미니즘으로의 역사적 전이를 주장하는 페미니즘의 일반적인 발전 단계(Moi 12)를 뒤집는 듯 하는 이러한 논의는 그러나 예견되었듯이 "군사주의적이고 성차별적인 사회를 강화하는 결과를 산출"(Burguieres 6)하였는데, 이는 자유주의 페미니즘이 남녀평등을 주장하면서 남성들의 권위를 재추인하고, 페미니즘 운동사에서 급진주의 페미니즘과 유사한 페미니스트 국제 관계 평화학의 본질주의적 페미니즘이 결국은 여성≠평화를 주창하면서 남성=전쟁이라는 도식을 벗어나지 못하는 퇴행적인 상황을 드러내고 있는 현상과 무관하지 않다.

"여성들이 직접 군대에 입대하거나, 심지어 전투에도 참여해야 한다"고 주장하는 자유주의 페미니즘의 입장에서 벗어나 "여성만이 본질적으로 평화로운 존재임을 거부하면서도, 동시에 군사화된 사회적 관행에 적극적으로 반대하는 입장"을 견지하는 "반군사주의적 페미니즘"(황영주 2007, 82)은 여성이 평화적임을 주장하는 본질주의 페미니즘이나 여성도 전쟁을 할 수 있어야 한다는 자유주의 페미니즘에도 속하지 않는 제3의 입장이라고 규정할 수 있다. 여성을 평화로도 전쟁으로도 규정하지 않는 반군사주의적 페미니즘은 군사주의를 반대한다는 점에서는 반자유주의적이고 여성만을 평화로운 존재로 보지 않는다는 점에서 반본질주의적 입장을 동시에 견지한다고 할 수 있다.

반군사주의적 페미니즘은 이러한 점에서 제3단계 페미니즘이라고 규정되는 '자웅동체 페미니즘'(feminism of androgyny)과 상응하면서도 나름대로 시의성을 확보하고 있다는 점에서, '자웅동체 페미니즘'의 의도치 않았던 보수성과 결별하고 있다고 할 수 있다. '자웅동체 페미니즘'이 쇼월터(Elaine Showalter)가 주장하듯이 추상적인 유토피아에 대한 기대로 인하여 정치적 효과에 있어서 미진한 점을 보일 수 있다는 사실은 지적된 바 있다(264, 282). 핵전쟁의 위협 속에서 타협과 중용을 요구하는 이상적인 '자웅동체 페미니즘'이 그 이상적 성질로 인하여 실효성을 잃을 수 있기 때문이며, 평화운동은 실천적인 측면에서는 정치적 급진성을 요구하고 있다.

현실주의-자유주의, 본질주의-구성주의 논쟁뿐만 아니라, 평화를 달성하는 한 방편으로 무력을 어느 정도 인정하느냐("pacificism"의 입장이면서 자유주의 페미니즘과 상응) 완전히 인정하지 않아야 되는가("pacifism"의 입장이면서 본질주의 페미니즘과 상응)에 대한 논의도 중요하지만, 더욱더 중요한 것은 실천적인 장에서의 유연함과 치열함이다. 이러한 의미에서 여성과 평화를 한 묶음으로 보아 전통적 의미의 여성 전사에 관한 부정적 이미지를 넘어 "평화를 위해 능동적으로 헌신하는 여성 전사"라는 새로운 개념을 모색하는 국제정치학자 피트만(Jan Pettman)의 다음과 같은 논의는 비록 시론적이기는 하지만 전쟁과 평화라는 이분법을 넘어서는 새로운 대안으로 부상한다.

> 모성애적이며 평화를 애호하는 여성 또는 여성 전사(woman warrior)라는 분명한 구별은 점차로 힘들어지고 있다. 사실상, 많은 여성들은 전사가 되는데 그것은 여성이 어머니이자 동시에 평화를 추구하는 사람이기 때문이다. (Pettman 114; 황영주 2003, 58 재인용)

전적으로 전쟁을 반대하면서 평화의 실천에 남녀가 따로 있을 수 없다는 반군사주의적 페미니즘의 이상주의적 성격은 평화적인 모성과 필요에 따라서 전쟁을 수행하는 여성 전사를 동시에 옹호하는 개념으로 바뀌고 있다. 엘살바도르나 베트남, 짐바브웨와 모잠비크의 여전사는, 동등한 평화주의자 또는 자유주의적 페미니즘이 주장하듯이 여성이 어느 정도 전쟁을 옹호하고 좋아해서가 아니라, 아이를 지키기 위해 전장에 참여하였을 뿐이다. 이를 두고 "pacifism"이 아니라 "pacificism"이라 하고 또한 한국어 번역을 "전적인 평화주의"와 "일부 평화주의"로 번역한다면 자칫 탁상공론에 불과할 수도 있게 된다.

5

갈퉁(J. Galtung)의 평화론과
적극적 평화의 의미

"평화를 원하거든 전쟁을 준비하라"(Si vis pacem, para bellum)는 로마의 장
군 베게티우스 레나투스(Flavius Vegetius Renatus)의 격언은 "상호 불신과
(…) 폭력적 충돌이 잠재되어 있는 세계를 반영"하는 "현실주의적 이론과
정당한 전쟁 이론"에서 아직도 공허하게 이용되는(이혜정 77) 철 지난 격언
으로 자리 매김되고 있지만, '핵 억제력'(nuclear deterrence)이란 용어의 지
속적 쓰임새에서 알 수 있듯이 세상은 여전히 그러한 격언에 새겨진 세계
상을 유지하고 추종하고 있는 것처럼 보인다. 보살핌과 사랑이라는 여성의
특성을 적극적으로 해석하고 받아들이기도 하면서 불의와 폭력에 맞서는
전투적 여성의 필요성에 대해서도 긍정적 평가를 행하고 있는 이러한 주장
이 실질적으로 어떻게 구현 가능한가는 여전히 미래의 과제이다. 노르웨이
의 평화학자 갈퉁(Johan Galtung)이 폄하하고 있는 톨스토이의 완전한 무저
항주의가 그리고 그가 극찬하고 있는 간디의 비폭력 저항이 실효적인 결과
를 띠지 못하는 세계로 우리는 이미 들어섰다.

　진리도 그리고 죽음도 여성적인 것만으로 규정할 수 없듯이 전쟁 또한
남성적인 것으로만 규정될 수는 없다. 현대전이 전후방을 가리지 않는다는

면에서도 그러하고, 부정적인 의미로 파악할 수 있지만 직·간접적으로 전쟁에 참여하는 여성들의 수가 계속 늘어난다는 점에서도 그러하다. 전쟁의 대척 개념에 서 있는 평화 또한 여성적인 것으로만 규정될 수 없다. 그리스의 평화의 여신(Eirēnē)의 말뜻이 "전쟁 전의 고요함"이고 보면[13] 그리고 평화가 "그 잔혹함에 있어서 [전쟁과] 경쟁 관계에 있다"(Elshtain 197, 62 재인용)는 아우구스티누스의 생각을 반추해 보면, 굳이 우로보로스를 소환하지 않아도 전쟁은 이미 평화를, 평화는 이미 전쟁을 포함하고 있었다.

로마의 평화도 그러하지만 미국의 세계 지배 전략 또한 전쟁에 의해서 이루어져 왔다(Pax Romana & Pax Americana bellō). 그러나 평화를 쟁취한다는 것은 전쟁을 수행한다는 것과는 개념 차이가 있다. 전쟁에 의해 이루어지는 역설적 평화에 관한 소위 소극적, 부정적 개념이 전쟁 자체의 개념과 상이한 것은 분명하다. 이러한 점에서 전쟁의 부재를 평화로 보는 소극적 개념의 평화를 넘어서, 평화를 모든 종류의 폭력의 부재로 보는 적극적 평화 개념을 주창하는 평화학의 기수 갈퉁의 이론은, 비록 그것이 이론상으로는 젠더를 고착화하는 본질주의의 함정을 벗어나고 있지는 못하지만 실천적인 면에서는 그 시의적절한 효용성이 있다고 할 수 있다. 전쟁의 부재가 평화, '소극적 평화'(negative peace)라는 해묵은 이념은 이제 조화, 협력 및 통합이라는 포괄적 안보 개념을 아우르는 적극적 평화를 주창하는 갈퉁뿐 아니라 이미 틱낫한, 파니카르 등에 의해서 새로운 전기를 맞게 된다. 소극적 평화가 개인에게 영향을 미치는 개별적 폭력과 전쟁의 부재임에 반해 적극적 평화는 구조적 폭력의 부재를 의미하는데(Galtung 1969, 183; 1985, 145), 소극적 평화라는 개념이 변하지 않고 고전적 의미를 지닌 채 계속 사용되는 것에 비해 적극적 평화는 "사회정의"로 설명될 수 있으나(Galtung 1969, 190) 그 개념이 모호하기도 하여 구조적 폭력 또는 문화적 폭력이 없는 사회정의를 어떻게 규정하느냐에 따라 다양한 정의(定義)가 가능하다.

갈퉁은 현대사회의 4대 위기로 폭력, 궁핍, 억압, 그리고 환경오염을 대표적으로 거론하는데 비록 그의 이론이 소극적 평화와 적극적 평화를 대극적으로 보는 양상을 드러내고 있을 뿐 아니라 잠재력이 소진된 사회를 평등의 이상향으로 설정하는 우를 범하고 있고, 또 적극적 평화의 개념이 너무 포괄적이어서 실제 분쟁이 일어나고 있는 곳에서는 무의미한 공염불이 될 수 있다손 치더라도, 빈곤과 정치적 억압, 인종차별, 무질서, 문맹, 기아 등 구조적 폭력과 이를 정당화하는 사상과 종교, 언어와 예술 등의 문화적 폭력을 규정하고, 구조적 폭력과 문화적 폭력이 없는 상태를 적극적 평화의 개념으로 정립하여 평화의 달성을 무저항이 아니라 비폭력에 의한 저항으로 규정한 점은 인정받아도 마땅하다. 모든 악의 근원이 마치 "저속한" 페미니스트가 주장하듯이 가부장제가 아닌 것은 분명하지만(Galtung 1995, 64) 그에게 있어서 가부장제의 반대는 모계제가 아니라 "동등함, 성의 평등, 동반자의 관계에 있는 남녀 성의 수평적인 구조들"(Galtung 1996, 102)이다. 폭력 범죄의 경우 남성과 여성의 범죄 비율이 1996년 통계에 의하면 25:1이라는 사실에 의거 여성의 폭력성을 강력하게 비토하고 있는 갈퉁에게 있어서, 전쟁의 반대는 소극적 의미에 있어서 평화는 단연코 아니며, 남성에 비해 여성은 타고난 평화주의자임이 분명하다. 갈퉁의 평화의 개념은 사실상 심리 생태학적인 화평(和平)의 개념과 유사한데, "문화적인 무장해제"(cultural disarmament)를 주장하고 있는 인도의 종교학자 파니카르(Raimon Panikkar)에게 있어서도 평화는 화평스러운 마음의 상태, 수단이 아니라 목적 그 자체로서 우주적 질서에 동화되는 상태를 말한다(101, 24). 그에게 있어서 전쟁의 결과로서의 평화는 정복당한 자들이 평화로울 수 없다는 점에서 평화가 아니다. 평화는 '평화의 실천'이라는 의미에서 본다면 오히려 세간의 "실용적 가치"(ad usum value)를 지니는 것이 아니다.

다른 무엇인가를 하기 위해서 평화를 소유하는 것이 아니다. 에베소서 2장 14절을 바꾸어 말하자면 나는 평화이며, 평화의 상태에서 나는 삶의 '충일

함'(fullness)을 누린다. (Panikkar 24)

　　그의 말처럼 자아와 타자의 공존을 추구하는 "대화적"(dialogic) 속성을
지닌 평화는, 자아와 타자의 반목을 전제로 하는 "변증적"(dialectic) 과정을
거쳐야 하는 전쟁의 반대 개념이 될 수 없다. 전쟁의 부재로서의 평화라는
기존의 개념을 강력히 거부하고 있는 파니카르의 논의가 그 종교적 함의를
넘어 갈퉁의 '문화적 폭력의 부재'와 유사하게, 부정적 논리에 의한 단순히
소극적이고 실용적 가치가 아니라 보다 더 적극적인 의미에 있어서 그 수행
적·실천적 효용성을 지니는 순간이다. 물론 인식의 지평이 바뀌고 확장되
어야 변화의 단초가 가능한 것이 사실이기는 하지만, 인식의 변화만으로 평
화는 다가오지 않는다. 말하기는 쉽지만 실천하기는 어려운, 평화는 일상적
삶이다. 페미니즘과 좌파에 대한 곱지 않은 시선과 정전이라는 개념을 충실
히 따르고 있는 엘쉬타인이 실용적이고 현실적인 입장을 취할 때 반추해야
할 대목들이다. 전쟁의 반대가 평화이고 그것이 여성적인가 하는 논의, 그
리고 전쟁에 의해 이루어지는 평화라는 개념은 결국 평화의 프락시스적 성
격으로 인하여 그 논의 자체의 타당성을 상실하게 된다.

　　아힘사(ahimsa)도 중요하지만, 행동이 요구될 때 적극적으로 행하는 것
이 무위(無爲)와 중용의 도라고 경전들은 말하고 있다.[14] 적극적인 평화운동
은 따라서 평화의 기본적인 속성이며, 이러한 점에서 평화를 원하지만 전쟁
을 용인하면서 평화운동은 거부하는 엘쉬타인의 이론은 평화론의 관점에
서는 그 입지를 상실하게 된다. 비록 그녀가 계속해서 주장하듯이 삶은 그
리고 인류의 문화는 끊임없는 전쟁으로 지속되긴 하였지만, 그러한 현 상태
를 그대로 유지하기에 우리는 이미 핵우산의 보호와 핵 억제력이라는 미명
아래 아마겟돈의 심각한 위협 속으로 들어선 지 오래이다. 전쟁과 평화가 모
순되는 개념이 아닌 것은 확실하지만, 전쟁의 반대가 단순히 평화가 아니라
일상이고 삶 자체로 재규정되어야 하는 이유가 여기에 있다. 평화는 삶이다.

6

유발 하라리의 장밋빛 환상에 관한 사족:
"평화를 원하거든 식량을 준비하라"

평화를 원하거든 전쟁을 준비하라는 베게티우스 레나투스의 명언은 전쟁을 포함한 평화의 개념이 더 이상 불가능한 핵전쟁의 시대에서는 '평화를 원하거든 평화를 준비하라'(Si vis pacem, para pacem)는 진부하지 않은 말로 대체되어야 한다고 말할 수 있어야 한다. 갈퉁이 말하고 있는 적극적 평화는 평화를 전쟁의 부재로 생각하지 않고 전쟁을 평화의 수단으로 생각하지 않는 바로 그러한 것이라고 필자는 생각한다. 우리가 살고 있는 핵 시대는 삶과 죽음의 등가성, 그리고 전쟁과 평화의 상호작용과 교호작용을 더 이상 불가능하게 하고 있다. '너 또한'(tu quoque)이라고 알려진 정치 외교 진영의 상호 면피성 무책임주의는 때로는 '내로남불'로까지 희화화되며 핵에 대한 근본적 성찰을 불가능하게 하여 핵의 저지와 확산을 기묘하게 동시에 부추기고 있다. '투 쿠보크베'(tu quoque)는 발화 당사국 또는 가해자의 책임을 일시적으로는 은폐하는 목적으로 도입되었으나, 이러한 수사는 결국에는 부메랑이 되어 가해자에게 되돌아가기 마련이다. 스스로에 대한 성찰과 반성은 '내불남로'까지는 아니어도 '내불남불'이라는 인식의 전환을 요구하고 있다.

전쟁, 특히 전쟁 억제라는 미명 아래 도입된 '핵전의 불가능성' 개념은 오히려 역설적으로 그것의 가능성을 부추기고 있어 결과적으로 전쟁억제력이 추구하는 평화를 담보하고 있지 않으며, 전쟁은 그것이 부산물로 이룩했던 과학기술의 발전과 문명의 진보를 유실하게 되며 적극적 의미에 있어서 그것이 함의했던 평화의 개념 또한 상실하게 된다. 우리 시대 마치 현자처럼 등극한 하라리(Yuval Harari)의 다음과 같은 언급은 핵의 심대한 결과를 고려하지 않은 장밋빛 환상으로 가득 차 있어 주의를 요한다.

전쟁이 드물어진 것보다 훨씬 더 중요한 사실은 삶의 점점 더 많은 부분에서 사람들이 전쟁을 생각조차 못 할 일로 여긴다는 것이다. 역사상 처음으로 정부, 기업, 개인들이 미래를 생각할 때 전쟁의 가능성을 고려하지 않는다. 핵무기는 초강대국 사이의 전쟁을 집단 자살과도 같은 미친 짓으로 만들었고, 따라서 대부분의 강대국들은 무력 충돌을 평화롭게 해결할 수 있는 다른 방법을 모색해야 한다. 이와 동시에, 세계경제가 물질 기반 경제에서 지식 기반 경제로 탈바꿈했다. (…) 지식이 가장 중요한 경제적 자원이 되면서 전쟁의 채산성이 떨어졌고, 전쟁은 아직도 시대에 뒤떨어진 물질 기반 경제를 운영하는 지역, 예컨대 중동이나 중앙아프리카에서만 일어나게 되었다. (…)
그 결과 '평화'라는 말은 새로운 의미를 얻었다. 이전 세대들이 평화를 일시적인 전쟁 부재 상태로 생각했다면, 지금 우리는 평화를 전쟁을 생각하지 않는 상태로 여긴다. (…) 이런 '새로운 평화'는 그저 히피들의 판타지가 아니다. (2015, 32-33)

그런데 그가 말하고 있는 더 이상 작동하지 않는 정글의 법칙이 '만인에 대한 만인의 이리'라는 정치경제학적 상황의 부재를 그리고 이보다 더 나아가 핵 억제력으로 인한 전쟁의 부재를 의미한다고 말할 수는 없다. 상호확증파괴(MAD: mutual[ly] assured destruction)로 인한 '핵 불가능성'(nuclear impossible)에 대한 순진한 믿음을 견지할 수 없는 것은 지금의 우크라니아와 중국과 대만의 양안 분쟁에 미국이 개입하고 있는 것을 보면 알 수 있다. 핵억제력이 오히려 군비경쟁을 또 핵 재처리능력과 핵무기의 수를 증가시키고 있다는 사실을 그는 애써 무시하고 있는 것일까? 21세기 인류의 최고의 적이 그의 말대로 더 이상 전쟁이 아니라 기아와 비만이라는 동시대적 상황을 연출하는 식량의 불균형적 수급 문제가 도사리고 있다 하더라도, 국지적 전쟁과 전쟁 발발에 대한 불안감, 그리고 무기 구입과 전쟁 준비를 위한 막대한 방위비 지출이 현재를 여전히 잠식하고 있기 때문이다. 인간은 그가 생각하는 것처럼 신이 아니며, 또한 신이 되어서도 곤란하다. 전쟁의 원인에는 이 책의 부록에서도 언급되겠지 많은 이유가 있으며, 단지 경제적인 이유만으로 전쟁이 개시되지 않는다.

"중동이나 중앙아프리카"뿐만 아니라 지구의 곳곳에서는 전쟁의 가능성이 현재진행형으로 다가오고 있다. 필자가 살고 있는 아시아 지역에만 국한해도 핵전을 포함하는 전쟁의 기미는 여전히 맹위를 떨치고 있다. 일본과 한국의 독도를 둘러싼 자원과 영토 분쟁, 티베트와 신장 위구르 지역에서의 중국 정부에 대한 항거, 북한과 미국의 핵을 둘러싼 줄다리기, 그리고 댜오위다오-센카쿠를 둘러싼 중일 분쟁과 대만을 두고 일어나고 있는 중미 갈등 등은 결코 소략한 예들에 지나지 않는 것이 아니다. 2년이 되어 가고 있는 우크라이나 전쟁은 무엇인가? 하라리는 그가 몸 담고 있는 팔레스타인의 슬픔과 고난에 대해 별다른 언급을 하고 있지 않다. '새로운 평화'를 말하고 싶다면 도처에서 일어나는 전쟁에 버금가는 상황들, 경제난과 생존으로 기아와 자살이 창궐하는 하루하루가 전쟁인 수많은 지구인들의 '새로운 전쟁' 또한 언급하여야 할 것이다.

전쟁과 평화를 동일화하여 그것의 등가성을 우로보로스적인 사유로 보았던 인류의 미숙한 깨달음은, 정전(bellum justum)을 무화할 뿐만 아니라 전쟁 자체를 불가능하게 하는 핵전쟁의 개념으로 인하여 그 효용성을 상실한다. 우리가 살고 있는 핵의 시대는 우로보로스가 함의하고 있는 삶과 죽음의 등가성, 그리고 전쟁과 평화의 상충·상호작용과 교호작용을 더 이상 불가능하게 한다. 전쟁은 소극적 의미의 평화로도 이어지지 않으며 과학기술의 발전과 문명의 진보를 더 이상 선도하지도 않는다. 우리는 평화뿐만 아니라 평화를 위한 전쟁 자체도 불가능한 세계로 들어섰으며, 전쟁은 적어도 개념적으로라도 평화로 이어지지 않고 있다. 이성적이고 숭엄한 전쟁은 우로보로스가 가능한 세상에서만 유효한 개념이었다. 우로보로스라는 상징이 이미 인류를 떠나간 지 오래되었다는 인식과 깨달음은 전쟁이 평화가, 죽음이 삶이 되지 못하는 핵우산으로 가려진 세계 속에서 우리를 불안하게 하고 있다. 우리는 전쟁의 준비가 평화가 될 수 있었던 우루보로스적 사유와 실천을 잃어버린 불행한 세대이다.

14장 주

1. 백인 여성 중심의 헤게모니 페미니즘을 자유주의 페미니즘, 마르크스주의 페미니즘과 사회주의 페미니즘, 그리고 급진적 페미니즘(세분하여 다시 문화적 페미니즘, 급진적 페미니즘, 젠더 페미니즘, 정신분석적 페미니즘, 포스트모던 페미니즘) 등으로 구분하는 글로는 Elshtain 1991a, 국내 학자의 글로는 이정희(2004), 특히 198-208 참조.

2. 혹자에 따라서는 전쟁과 평화 양자가 공이 쓸모없다는 것으로 문장의 대의를 파악할 수는 있지만, 다른 저작들에서도 나타나듯이 엘쉬타인의 방점이 국가 주권을 형성하는 "전쟁의 불가피함"(inevitability of war 1991c, 129), 그리고 그러한 가능성의 부재(1998, 254)에 있는 것으로 보아 평화의 무용함을 말하는 우리의 번역을 그대로 택하기로 한다. 아울러 그녀의 주저인 "*Women and War*"는 전쟁에 관한 다양한 여성들의 입장을 존중까지는 아니더라도 마지못해 인식하고 있다는 저자의 취지와 주장을 십분 반영하여, "여성과 전쟁"이 아니라 『여성들과 전쟁』으로 번역한다.

3. 엘쉬타인은 스스로를 페미니스트라 칭한 바 없으나, "비판적이고 아이러니한 페미니즘"을 옹호한 적은 있다(1990, 265; 1995, 357). 그녀는 스스로를 정치적 현실주의자(political realist) 또는 도덕적 현실주의자(moral realist)라고 밝힌 바

는 있으며(1985, 40; 1998, 448), 토비아스는 자유주의 페미니즘과 포스트모던 페미니즘을 오락가락하는 엘쉬타인의 면모를 부각하였으며, 실베스터(Christine Sylvester)는 『여성들과 전쟁』을 집필할 당시의 엘쉬타인을 포스트모던 페미니스트로 칭한 바 있다(Tobias 229; Sylvester 26). 정치적으로 신현실주의자이면서 신자유주의자, 그리고 자타가 공인하는 네오콘(neo-con)으로도 구별될 수 있는 그녀의 정치적 입장에 관한 설명으로는 이어지는 다음 주석 참조.

4. 엘쉬타인은 스스로를 "도덕적 현실주의자"(moral realist)로도 불렀다(1998, 448). 그녀는 브란다이스 대학에서 신현실주의자(neo-realist)인 월츠(Kenneth Waltz)의 지도하에 박사 논문을 완성했으며 콜로라도대학과 반더빌트대학을 거쳐 시카고대학 신학과로 입성했다. 신현실주의자 월츠가 엘쉬타인에게 끼친 영향은 현실주의자를 자칭하는 그녀의 입장 표명에서도 나타났다. 브란다이스는 전쟁과 관련된 국제정치학의 또 다른 메카가 되는데, 월츠가 버클리로 떠난 후 그의 후임으로 온 학자는 신자유주의자 코헤인(Robert Keohane)이었고 그는 이후 페미니즘과 국제정치학을 이론적으로 연결하는 티크너(Ann Tickner)의 지도 교수가 된다. 이상주의적 페미니즘에 일종의 적의까지 느꼈던 그리고 그녀를 비판했던 많은 학자들로부터 네오콘의 대표적인 이론가로 규정된 엘쉬타인이 월츠와 코헤인, 그리고 티크너와 학문적인 교류를 했음은 물론이다.

국가 간의 힘과 동맹을 중시하는 신현실주의의 사유는 "기존의 질서를 자연적 질서로 간주하고, 정치적 담론을 확장하기보다 제한하고, 시공간을 가로지르는 다양성의 중요성을 부정하거나 대수롭지 않은 것으로 만들고, 모든 실천을 통제에 대한 이익에 복종시키며, 책임감을 넘어서는 사회적 권력의 이상에 굽신거리고 (…) 그럼으로써 정치적 상호작용으로부터 사회적 학습과 창조적 변화를 가능하게 하는 실천력을 탈취해 버린다. 그 결과 등장하는 것은 범세계적 규모의 전체주의적 프로젝트인 세계 정치의 합리화를 예상하게 하고, 정당화시켜주고, 지향하게 만드는 이데올로기"(Ashley 258; 정진영 18-19 재인용)이며 엘쉬타인 또한 이러한 비판으로부터 자유롭지 않다.

신현실주의에 대한 이러한 비판은 신자유주의에 대한 전형적인 비판과도 매우 유사한데, 신자유주의는 "기존의 질서를 자연적 질서"로 간주하는 신현실주의의 이론적 기초를 받아들여 현실주의가 해결할 수 없는 복합적인 문제를 시장 방임주의와 국가 간의 상호의존으로 설명하였다. 넓게 보아서 신자유주의가 현실주의를 포함한다는 코헤인의 주장(42)은 이러한 맥락에서 이해 가능하다. 엘쉬타인이 주로 공격하고 있는 페미니즘과 관련된 국제정치학 진영은 관념론과 연관된 탈실증주의적 구성주의를 표방하는 비판 이론과 페미니즘 등이다.

이러한 논의들은 그러나 논쟁의 구도만 더욱 복잡하게 만들었는데(정진영 9), 이는 우리가 나열하고 있는 동등한 권리를 주창하는 페미니즘, 자유주의적 페미니즘, 급진적 페미니즘, 포스트모던 페미니즘, 반군사적 페미니즘 등의 구분에도 적용된다. 문제는 이러한 분류가 문제점을 해결할 대안을 제시할 수 있는가이다. 국제정치연구의 세 패러다임이라 할 수 있는 현실주의와 자유주의, 그리고 마르크스주의에 대한 구분, (신)현실주의와 (신)자유주의의 밀접한 관계에 대한 소개로는 정진영 특히 8-13 참조.

5. 실상 헤겔의 "아름다운 영혼"이란 개념은 매우 모호하며 국내 학자들의 이에 대한 평가도 상이하다. "영혼의 측면에서 형성된 인간을 말하는 것으로 천성적으로 선을 지향하는 하나의 조화로운 영혼에 대한 일반적 표현"이라는 괴테(Johan W. Göthe)의 규정에서 연원(『빌헬름 마이스터의 수업시대』 763; 최신한 42 재인용)하는 이 낭만적 개념은 헤겔에 의해서 비판되었는데, 이는 아름다운 영혼이라는 개념이 헤겔 스스로도 인정하듯이 아무런 내용을 지니지 않는 "꺼져가는 아름다운 영혼"(verglimmende schöne Seele 484)일 수 있기 때문이다. 아름다운 영혼은 본문에서도 인용되었지만 "극단적 순수함으로 인해 자신의 외화(자신의 부정)를 감내할 내적 힘이 결여되어 안개처럼 사라져버리는 존재자"(김성민·김성우 48)이기도 하지만, "어떤 최후의 경계나 전환점에 서 있는 인간으로" 니체의 초인에 버금간다고 주장된 바도 있다(김상환 77; 주석 38). 아름다운 영혼은 변증법의 내용적인 면에서 본다면 양심, 종교, 절대지의 영역으로 헌신한다. 이렇게 본다면 아름다운 영혼이 아무런 객관적 내용을 지니고 있지 않다는 헤겔의 주장은 "형식과 내용을 함께 고려한 평가라기보다 오로지 형식적 측면의 평가로 보아야 할 것이다"(최신한 52).

그러나 의식의 최종 형태라 할 수 있는 아름다운 영혼은 "근대성을 완성하는 절대정신의 출현을 유도"하나 변증적 체계 내에서는 기만과 위선에 빠져들어 "다른 양심을 왜곡하는 사악한 주체로 뒤바뀐다"(김상환 69-71). 이런 맥락에서 본다면 칸트의 순수이성의 범주(신, 영혼, 자유, 불멸)의 다른 말이기도 한 물 자체 개념에 지극히 적대적이어서(『즐거운 지식』 359), 헤겔의 이상적 개념 중의 하나인 "아름다운 영혼"에 대해서 심히 비아냥거리는 니체를 이해할 만하다. "'신'개념은 삶의 반대 개념으로 고안되었다. (…) '영혼' 개념, '정신' 개념, 결국에는 '영혼의 불멸 개념도 고안되었다." "'아름다운 영혼'이 되어야 한다고 요구하는 것 (…) 은 삶에서 그 위대한 특성을 빼내버리는 것을 의미하고, 인류를 거세하는 것을 의미"한다(『이 사람을 보라』 467, 461). 이러한 갑론을박은 그러나 외부 세계와는 아랑곳없이 자신만의 고고한 내면세계를 지녔던 낭만주의자들에 보냈던 헤겔의 조롱조 섞인 비판 용어임을 상기할 때 일정 부분 상쇄된다. 물론 헤겔이 자기 자신도 모르게 그가 비판하고자 했던 낭만적인 환상에 오히려 침잠했다고 보는 경우 니체의 비판은 여전히 유효하다.

6. 엘쉬타인의 정전에 관한 이론은 피치(Linda Peach)가 정리한 바에 의하면, 첫째 가상적인 사람들로 실제의 생명을 대체하는 추상화를 범하고 있어 전장에서 죽어가는 사람들의 고통을 무시하고, 둘째 적의 군인들을 지나치게 일차원적으로 악으로 규정하고 있고, 셋째 사랑과 보살핌보다는 권리와 정의를 우위에 두고 있고, 넷째 전쟁과 평화를 이원론적으로 파악하고 있어 전쟁의 부재를 소극적 평화로 보는 관념에서 벗어나고 있지 못하다.

    선악과 옳고 그른 전쟁에 대한 이분법적 개념을 그녀가 비록 거부하고 있기는 하지만, 총체적 전쟁(total war)이나 핵전쟁하에서 옳고 그름의 이분법이 작동하지 않는다는 점을 고려해 보면 그녀의 정전에 관한 관념은 문제점을 노정한다 (159-161). 정전에 대한 보다 보편적인 이론적 규정은 왈저(Michael Walzer)의 정전에 대한 개념을 따르고 있는데, 이와 관련된 자세한 논의는 이 글의 이어지는 주석 8 또한 참조.

7. 1985년에 쓰여진 「전쟁과 정치이론에 대한 성찰: 핵 시대에 있어서 현실주의, 정전, 그리고 페미니즘」의 위와 같은 구절은 그러나 1987년 이 논문의 일부가 상재되어 있는 『현대 정치 사고의 성찰』(*Meditations on Modern Political Thought*)

에서는, 이러한 유토피아적 환상들을 "핵 억제력과 방어의 도매금 해제"(the wholesale dismantling of defence along with deterrence)로 추가로 수식하여 폄하하고 있다.

8. "불가능한 핵"은 데리다(Jacques Derrida)에서 차용한 개념이다. 핵이 불가능한 개념이라 할 때 통상적으로 파악하던 전쟁의 하위 개념으로서의 평화는 범주적으로 불가능하게 된다. 평화가 전쟁의 상위 개념이 될 수밖에 없기 때문인데, 이러한 경우 "정의는 평화 아래 종속되어야만" 한다(박정순 176). 왈쩌의 정전에 대한 개념은 "전쟁 자체 혹은 개시의 정의(jus ad bellum), 전쟁 수행의 정의(jus in bello), 전쟁 종결 혹은 이후의 정의(jus post bellum)"로 구성된다(박정순 121). 그러나 정당한(just) 전쟁이 실상은 정당화된(justified) 전쟁일 수밖에 없다는 점을 간과하지 않는다는 측면에서 필자는 "정의"(jus)를 이후 "정당성"으로 번역하고자 한다.

핵전쟁은 핵의 개념이 인류 멸종을 전제로 하고 있다는 측면에서 개념적으로도 또 사후 처리 면에서도 정전의 개념에 부합하지 않고, 지켜야 할 교전규칙이나 수행 규칙이 가능하지 않다는, 즉 전쟁 수행의 정의라는 측면에서도 정전으로 규정할 수 없다. 제1차세계대전은 전쟁 종결 혹은 이후의 정의를 지키지 않았다는 점에서 역시 정전으로 규정할 수 없는데, 주지하듯이 바이마르 독일에 대한 과도한 전비 배상은 제2차세계대전으로 가는 길목을 열어주었다. 일본의 태평양전쟁 수행 과정 중 불거진 "정신대" 문제 또한 전쟁 수행의 정당성을 지키지 않았다는 면만 보더라도 당연히 정전의 개념에 부합하지 않는다.

9. 2000년 출판된 『실제 정치학들』(Real Politics)은 그녀의 전작 1992, 1996을 포함한 논문 선집이고, 『새 포도주와 오래된 병들』(New Wine and Old Bottles, 1998)은 국가와 민족주의에 대한, 그리고 신보수주의자 즉 '네오콘'으로 명성을 누리면서 출판한 『심판대에 선 민주주의』(Democracy on Trial)와 2008년 출판된 『주권: 신, 국가, 자아』(Sovereignty: God, State, and Self)은 마키아벨리와 홉스에 관한 연구서이다.

그녀의 관심은 본 장에서도 밝혔듯이 전쟁을 논할 때도 국가와 시민에 주어져 있는 것 같은데, 이는 그녀의 주저 중의 하나인 『여성들과 전쟁』(1987)이 정작 전쟁을 구성하는 제 요소를 밝히는 것이 아닌 국가와 시민에 관한 성찰로 이어지는 것을 보아도 알 수 있다. 전쟁은 그녀에게 있어 다만 "무장한 시민 행동"(armed civic action Sylvester 2002, 27)이다. 그녀의 논의가 아우구스티누스적인 정전(正戰)의 개념과 아렌트(Hannah Arendt)적 시민 개념에 늘 머물고 있는 까닭이다.

10. "탈성화"는 에렌라이히의 "de-gendering"에 대한 이미경의 번역어(20)이다.

11. "폭력성과 전쟁이 여성성의 발현으로 여겨지던 시대가 선사시대에 현존했고, 이러한 선사는 남성성이 조직화 된 폭력을 독점하는 상황을 해체하기 위해서도 복원되는 역사"(17)이었음을 주장하는 국내의 페미니즘 연구가 이미경의 반전(反戰)에 관한 에세이(2003)는 또한 에렌라이히의 주장(1997)처럼 오해될 소지를 다분히 포함하고 있다. 그녀의 주장은 물론 폭력을 해체하자는 것인데, 그 수단으로 폭력을 여성이 공유해야 한다고 주장하고 있는 것처럼 들리게 한다.

12. 독일 문명권을 제외하고는 서양의 거의 모든 문명권에서의 전쟁에 대한 문법적 성은 여성이다. 다만 독일어에서 남성적 성으로 표기되는 전쟁, 즉 "der Krieg"는 마치 달에 대한 그들의 표기법이 남성적인 성인 "der Mond"인 이유와 유사한 것 같다. 문법적 성이 바뀌었을 뿐, 그 실제적 성이 여전히 여성인 이유는 오누이 달이 밤이 무서워서 낮에 운항하는 동생인 해와 역할을 바꾸었다는 독일의 민담에서 추론 가능하다. 전쟁의 경우에도 여전히 그 문법적인 성은 여전히 남성이지만 그 파괴적인 속성을 여성으로 취급하는 독일 문화권의 습속은 여전히 작동하고 있다. 파괴적인 여성의 대명사들인 물의 요정 멜루지네(Melusine), 로렐라이와 운디네(Undine)와 더불어 아마존 신화가 가장 잘 받아들여진 곳은 다름 아닌 독일이다.

후대로 갈수록, 예컨대 수메르-바빌로니아 문화권에서도 전쟁의 신이 되는 닌우르타(Ninurta)의 경우도 그러하지만, 전쟁에 대한 젠더 부여는 남성으로 가기도 하는데 그렇다고 전쟁의 여신 이슈타르가 완전히 세력을 잃은 것은 아니다. 쌍둥이 로물루스와 레무스의 아비가 되는 전쟁의 신 마르스(Mars)를 시조 신으로 삼은 로마의 경우 전쟁은 중성명사 "bellum"으로 표기되었는데, 로마가 실질적으로 전쟁을 어떻게 취급했는가는 또 다른 연구 과제이다.

13. 에이레네는 질서와 법의 여신인 테미스(Themis)와 더불어 제우스의 소생들인 호라이(horai), 즉 계절과 질서의 여신들 중의 하나로서, 그 자매들로는 "좋은 이름" 혹은 "좋은 법"을 의미하는 에우노메(Eunome)와 적절한 때 아테나 여신을 동반하는 정의의 여신 디케(Dike)이다. 호라이는 시간(hora)의 변화와 밀접한 관련이 있는데 그러나 그들이 표상하는 '좋은 시절'은 언제 역사로 진입할 것인가? 디케는 그러나 황금시대 이후 타락한 지구를 떠났다고 되어 있으며 에이레네 또한 대동소이하다.

에이레네의 의미는 신약에서는 "경쟁 집단 간의 적대감이 중단되었거나 또는 사라진 상태"를 말하는 것에 국한되지 않고, 히브리어 샬롬이 의미하는 바를 포함한다. 샬롬은 주지하듯이 "흠 없는, 건강한, 완전한"을 뜻하는 아카드어 "살라무"(salamu)에서 파생된 명사형이다(위형윤 12, 10).

14. 아힘사가 비폭력, 불상해 등의 소극적 의미로 사용되기도 하지만 애정, 동정, 자비, 관용, 봉사, 자기희생 등의 적극적 의미로도 사용된다는 것은 이미 지적된 바 있다(김명희 27). 아힘사가 전투적 행동으로까지 확장될 수 있는가에 대한 논의는 아직 적극적으로 개진된 바 없다. 아힘사가 무력의 사용을 인정하지 않는 평화주의(pacifism)와 동일시되기도 하지만, 후자가 "죽음과 고통을 유발시키는 것에 대항하는 반전운동이라면 아힘사는 전쟁과 힘의 사용을 중단하는 것에 그치지 않고 인간의 숭고한 본성과 완전한 조화를 이루는 것을 추구하는 것"이라는 논의는 있었다(Sharma 4-5; 류경희 51 재인용).

원을 품은 뱀: 테베(현 룩소르) 소재 고대 이집트 왕가의 계곡, 네페르티티(투탕카멘의 모후) 여왕의 고분에서, 2019.11.18. 필자가 카메라에 담은 "원을 품은 뱀"을 그린 채도 벽화

제5부

결론

그 바퀴의 형상과 구조는 넷이 한결같은데 황옥 같고 그 형상과 구조는 바퀴 안에
바퀴가 있는 것 같으며 행할 때에는 사방으로 향한 대로 돌이키지 않고 행하며
—〈에스겔 1:16-17〉

원의 둘레에서 시작과 끝은 공통이다.
—헤라클레이토스, 단편 103; DK22B103

혼(魂)은 천구(天球, ouranos)의 중심에서 바깥쪽에 이르기까지 모든 방향으로 엮
이어 있고 또한 천구를 바깥쪽에서 둥글게 에워싸고 있어서, 자신 안에서 스스로
회전하면서, 영원히 끝나지 않는 슬기로운 삶의 성스러운 시작을 보게 되었습니다.
(…) 이 우주(kosmos)는 눈에 보이는 생명체들을 에워싸고 있는 눈에 보이는 살아
있는 것이며, 지성에 의해서[라야] 알 수 있는 것의 모상(eikōn)이요, 지각될 수 있
는 신이고 가장 위대하고 최선의 것이며, 가장 아름답고 가장 완벽한 것으로 탄생
된 것이 이 유일한 종류의 것인 하나의 천구(ouranos)입니다.
—플라톤, 『티마이오스』 36d; 92b

천지의 만물은 각기 모두 종류가 다르고 형체가 다르므로 서로서로 이어 변하기
마련이다. 시작과 끝은 둥근 고리와 같이 연결되어 있지만, 그 둥근 고리(環)의 구
조는 누구도 파악할 수 없다. 이것을 천균이라 하는데, 천균이란 하늘이 사물의 상
호차별성을 두지 않는 것이다(萬物皆種也, 以不同形相禪. 始卒若環, 莫得其倫, 天
均者, 天倪也).
—장자, 『莊子』, 「寓言」 2

무엇보다도 기본적인 문제가 되는 것은 더 없이 직접적인 것이 기원인 것이 아니라
오직 전체가 그 자체 내에서 원환작용(Kreislauf)을 이루는 가운데 최초의 것이 곧
최후의 것이며 최후의 것이 곧 최초의 것이 된다는 데 있다.
—헤겔, 『대논리학』 60

제15장

여성과 죽음, 전쟁과 평화:
탈우로보로스의
가능성에 대한 성찰

기쁨 속에서는 둥근 고리를 향한 의지(des Ringes Wille)가 몸부림친다.
—니체, 『차라투스트라』 IV: 11, 531

환(環), 원(圓), 혹은 구(球)… 완전함의… 상징
—융, 『원형』(Archetypes), 164

원의 상—연금술 철학의 최고 권위인 플라톤의 『티마이오스』 이래로 가장 완전한
형태라고 간주된—은 또한 가장 완전한 실체인 황금의 형태라고 했고, 더 나아가
세계혼, 또는 자연의 중심인 혼, 그리고 첫 번째 창조된 빛의 형태라고 하였다….
하나, 즉 전체(en to pan)라는 공식의 상징이 자신의 꼬리를 집어삼키고 있는 뱀
우로보로스다.
—융, 『인간의 상과 신의 상』, 「심리학과 종교」, 83; 「미사에서의 변환의 상징」, 203

신은 자비심이 있는 존재임과 동시에 공포를 주며, 창조적임과 동시에 파괴적이고,
태양적임과 동시에 뱀적(다른 말로 하면 현실적임과 동시에 잠재적)이라는 것을 보
여주고 있다. 이러한 의미에서 (…) 신화는 더욱 깊이 모든 속성을 초월하고 모든
대립물을 통합하고 있는 신의 구조 자체를 계시해준다고 말할 수 있을 것이다.
—엘리아데, 『종교형태론』 541

"동일성도 없고 비동일성도 없고, 불일치도 없다. 안과 바깥이 서로서로 돌고 도는
것 밖에 없다." (…) 인간이 누구나 그의 몸을 떠날 수 없는 한에서 존재론적 근원
적 창립도 결국 내가 보는 것일 수밖에 없기에, 이 세계의 역사에서 어떤 종합도 일
치도 인간의 상호주체성에서 이루어질 수가 없다. 모든 상호주체적 존재의 모습이
나 형태도 분리와 근접의 사이에서 이루어지는 상호잠식(l'empiètement)의 감염
(Übertragung)이지, 결코 변증법적 종합이나 낭만주의적 화해의 일치는 성립되지
않는다. —메를로퐁티의 『보이는 것과 보이지 않는 것』(376)에 대한 김형효의 변주;
『애매성의 철학』, 376

1

죽음과 전쟁의 무젠더성

우리는 이제까지 성과 여성 그리고 여성적인 것으로 표상되는 전쟁과 죽음에 대해 알아보았다. 성 그리고 종종 그것과 동일시되는 여성(성)은 뱀과 물을 동물적 표상과 원소적 기치로 그리고 달을 그 천체적 구현으로 삼아 죽음과 연관되고 있었음을 확인할 수 있었으며, 죽음이 지향하고 있는 것은 또 다른 삶이었음을 또한 알 수 있게 되었다. 우로보로스는 필자에게는 이러한 해석을 용이하게 해주는 마법의 홀 내지는 지팡이였으며 불가해(不可解)한 세상의 여러 면면을 드러내는 개념일 것이라는 기대 속으로 필자를 인도하는, 말하자면 일종의 현자의 돌과 같은 것이었다. 삶이 죽음이며 죽음은 삶이었음을 끊임없이 속삭이는 우로보로스적인 상징과 엠블럼은 도처에 존재하고 있었으니, 이 책의 여러 곳에서 밝힌바 그중에 대표적인 것은 뱀이었으며 이것을 이루고 있는 원소인 물, 그리고 그것을 다스리고 있는 달이기도 하였다. 여성과 죽음과 전쟁을 젠더라는 틀을 빌려 말하고 있는 것 같았으나 기실 이 책의 이면에서 필자가 말하고 있었던 것은 뱀과 물과 달의 초젠더적 성품이었으며, 삶이 죽음으로 죽음이 삶으로 계속된다는 바람이었다.

11장에서 이미 논의가 진행되었지만 비단 죽음뿐만 아니라 전쟁을 여성적인 것으로 보는 사유 또한 항상 있어 왔다. 특별히 개인의 자유와 인권이 중요시되는 세기말과 모더니즘 시기의 서양 문학은 전쟁을 여성적인 것으로 더욱더 취급하기도 했다. 그러나 주인공 남성들이 성불구가 되었다고 하여, 그들이 "탈남성화되었다"(emasculated)고 말할 수는 있지만 "여성화되었다"(effeminated)고 말할 수는 없으며, 더군다나 이를 근거로 전쟁을 여성적인 것이라고 말할 수는 없다. "전쟁이 여성들의 화냥질"(War is bitchery 465)이라는 『누구를 위하여 좋은 울리나』에 나오는 주인공 조단(Robert Jordan)을 통한 헤밍웨이의 유명한 이 말은, 전쟁의 참화로 인하여 생계형 창녀가 된 벨기에 처녀 조젯(Georgette Leblanc)의 말을 빌자면, 전쟁이 비윤리적인 "추잡한 짓거리"(dirty war 『태양은 또 다시 떠오른다』, 17)라는 것이지 그것이 여성성 자체라는 말은 아니다.

전쟁과 여성의 동일화에 대한 고찰은 죽음과 여성의 동일화의 연장선이지만, 이러한 동일화에 대한 고찰은 그 동일화가 사실은 부정적인 것을 여성에게 투사하는 남성들의 전략적 이데올로기이었음을 밝혀주고 있다. 전쟁을 대신할 투우를 헤밍웨이가 옹호했지 전쟁 자체를 옹호한 것이 아니라는 궁색한 변명을 해 보아도, 『우리들의 세대』에서 『무기여 잘 있거라』, 그리고 심지어는 『누구를 위하여 좋은 울리나』에 이르기까지 그가 전쟁 비판적인 자세를 유지했다 하더라도 끊임없이 전장을 찾아다녔다는 사실은 변하지 않을 것이다. 폭력과 전쟁을 비판하면서도 그것들에 끊임없이 매혹되고 미혹 당하는 그의 모순적 태도는 전쟁이 남성적인 것임에도 불구하고 때로는 그것을 여성적으로 비하하게끔 한다. 비단 그뿐만 아니라 전쟁이 남성들의 전유물이었음을 모르는 사람은 아마 없을 터인데, 전쟁은 수사(학)적으로 부정적인 것을 투사할 때만 여성적인 것을 입어 여성성으로 표현되고 있을 뿐이다. 죽음과 전쟁이 어떤 이유에서이건 여성, 그것도 화냥년으로 규정되었으니 이제 헤밍웨이에게 당연히 남은 수순은 그것을 정복하는 과정만이 남아 있게 된다. 전쟁과 죽음 자체를 정복할 수 없다는 인식은 그것의 등가물인 여성을 정복하는 수순으로 궤도 수정을 해야만 했고, 이러한 이유로 그의 『누구를 위하여 종은 울리나』(1940)에서 남편 파블로(Pablo)를 심하게 폄하하는 필라(Pilar)와 같은 여성 전사를 길들이는 것은 조단(Robert Jordan)을 포함한 남성들의 마지막 의무이자 보루였다.

그러나 우리가 필자의 3권의 책들에서 발견하고 있었던 것은 죽음이 젠더가 없듯이 전쟁 또한 성이 없다는 사실이었다. 죽음으로 표상되는 여자로부터 벗어나기 위하여, 남성성을 보강한다고 믿어지는 전쟁에 나간다는 크레인(Stephen Crane)이나 캐더(Willa Cather) 등을 위시한 미국 문학에 자주 나타나는 "청년기적"(adolescent) 발상 자체야말로, 치미노(Michael Cimino) 감독의 베트남 영화 수작인 『디어 헌터』(1978)가 제시하듯이, 전쟁을 일으키는 한 동인이 될 수 있다. 영화에서 나타나는 것처럼 남성들은 자기들의 문제로 또는 그 문제로부터 도피하기 위하여 전쟁에 참여하지만 그들의 여자와 아이들을 위해 전장에 나간다고 넋두리하며, 그들에게 전쟁이라는 지옥을 가져온 에이전트를 여성이라고 착각하는 경향이 있다. 친구의 부인이 될 여자를 임신시켜 놓고 홀로 전장으로 떠나는 닉(Nick)의 무책임한 행각은 친구 스티브(Steve)가 죽고 난 후에도 여전히 계속된다. 여성에 대한 무책임은 여성으로부터 도피하여 외국의 전장으로 향하는 경박함과 무모함으로 이어지며, 때문에 전쟁의 윤리성과 파괴적 행위 자체에 대한 깊은 성찰은 찾아보기 힘들다. 남자들이 여성적인 것으로부터 벗어나기 위해 또 여성을 정복하고 보호한다는 명목으로 전장에 나가고, 종국에는 남성들을 거세하고 무기력하게 하는 여성으로 표상되는 전쟁을 이기고 전쟁과 동일시되는 여성을 통제하고 정복해야만 한다는 잘못된 환상으로부터 벗어나야 하는 시의적 근거가 여기서 마련되고 있다. 전쟁의 승리는 여성에 대한 승리로 치환되곤 하였으나 여성을 통제한다고 역으로 전쟁이 통제되고 죽음이 다스려지는 것은 아니다.

쿠르베(Gustav Courbet)의 〈세상의 기원〉을 패러디한 오를랑(Saint Orlan)의 〈전쟁의 기원〉("L'origine de la guerre" 1989)에서도 극명하게 제시되고 있지만, 세상의 기원으로서의 전쟁은 아주 분명히 남성적인 것이다. 인류사를 반추해 보면 사실 죽음과 관련이 있는 폭력과 전쟁 행위들의 주체가 대개 남성임에도 불구하고 특별히 19세기 말과 20세기 초에 들어서서 죽음의 공격 대상을 남성으로, 그리고 죽음의 에이전트는 물론이지만 죽음 그 자체를 여성으로 주로 보았던 이유는, 물론 슈베르트와 노발리스를 포함하는 많은 낭만주의 작가들의 죽음과 소녀 연작들에서처럼 죽음이 남성으로 파악되는 많은 예들이 존재하기는 하지만, 권력의 담지자로서의 남성들의 재현의 폭력이자 기만적 술수에 기인함이었다고 말할 수 있다. 문학, 특별히 20세기 문학이 철학적인 전통과는 달리 반전을 말한 것은 사실이었으나, 오히려 문학은 전쟁을 여성으로 치환하는 방법으로 의도했건 의도하지 않았건, 전쟁의 좋은 점과 효용을 인정하는 철학적 전통에 동조하게 된다. 우리는 많은 편파적인 지식, 기만 또는 이데올로기적 세계관을 갖고 있는데 전쟁과 젠더에 국한시켜 논의를 전개하면, 전쟁은 남성적인 그리고 남자들이 수행하고 실천하는 폭력적 행위임에도 불구하고 오늘날에 이르기까지 여성적인 것으로 표상되어 인식되기도 했다. 전쟁은 다시 한번 언급하자면 헤밍웨이(Ernest Hemingway)가 말하듯이 남성이라는 백정이 하는 도살 작업(butchery)이기도 한 반면, 남성을 거세시키는 짓(bitchery)이기도 하다. 전장을 의미하는 "금남의 땅"(No Man's Land)[1]은 사실 이것을 비유적으로 말한 것에 지나지 않는다.

그러나 비록 전쟁이 "남성성을 보강하는 것이 아니라 그것을 잃어버리게 한다"(Higonnet 204)고 하여 어떻게 그것이 갑자기 여성적인 속성으로 치환되고 치부될 수 있을까? 제1차세계대전 이후의 수많은 전쟁문학, 예컨대 웨스트(Rebecca West)의 『병사의 귀환』(The Return of the Soldier, 1918)의 탄환충격신경증(shell shock)에 걸린 크리스(Chris Baldry)와 울프(Virginia

Woolf)의 『댈러웨이 부인』(*Mrs. Dalloway*, 1925)의 자살하는 남주인공 셉티무스(Septimus Smith), 로렌스(D. H. Lawrence)의 『채털리 부인의 사랑』(*Lady Chatterley's Lover*, 1930)이나 헤밍웨이의 『태양은 또다시 떠오른다』(*The Sun Also Rises*, 1926)의 주인공들인 클리포드(Clifford Chatterly)나 제이크(Jake Barnes)가 신경병자나 성불구자가 되어 전장에서 돌아왔다고 하여 전쟁이 여성적인 것이 될 수는 없는데, 이는 전쟁의 에이전트로 간주되는 여성으로 인하여 남성들이 "여성화되었다"(effeminated)고 말할 수는 없는 이치와 같다. 프랑스어와 스페인어 등의 로망스어에서도 확인할 수 있듯이(la guerre; la guerra) 전쟁을 여성적으로 보는 것은 여성을 죽음으로 보는 증상과 많이 다르지 않다.[2]

전쟁을 여성적인 것으로 혹은 남성적인 것으로 보는 습속에서 벗어나야 하는 당위성이 제기되는데, 본질적으로 볼 때 전쟁이 여성적인 것이 아님은 분명하지만 전쟁을 남성적인 것으로 보는 사유는 남성을 전쟁 친화적 존재로 보아 남성의 전쟁 참여를 당연시하는 결과를, 전쟁 방지와 평화 추구라는 과정에 자칫 여성의 역할을 축소하는 의도치 않은 결과를 또한 불러들이게 될 수 있기 때문이다.

전쟁은 남성과 여성 그리고 이를 분별해 내는 사랑이라는 이분법 또는 질병의 재앙이기도 하다. 보드리야르(Jean Baudrillard)는 전쟁을 피하기 위하여 "남성/여성의 대립을 넘어서 이해되는 [여성의] 차원"(「섹스의 황도」 205)의 회복을 힘주어 말하고 있지만, 다음과 같은 원론적인 말을 되풀이할 뿐 그 구체적인 실행 가능성에 대해서는 함구하고 있다. "불확정 원리로서의 여성성"은 양성적이고 포괄적이다.

[여성성은] 극을 이루고 있는 두 개의 성을 동요시킨다. 여성성은 남성에 대립되는 극점이 아니다. 그것은 변별적인 구별을 소멸시키는, 그리하여 성 그 자체를 소멸시키는 것이다. 여기서 말하는 성이란, 남성적인 남근 지배주의

속에서 역사적으로 구현되어 왔던 것, 그리고 여성적인 남근 지배주의 속에서 앞으로 구별될 수 있을 것으로서의 성을 모두 포함하는 것이다. (211)

남성성을 포함하는 여성성은 보드리야르의 말대로라면, 프로이트가 상정했던 성차별적 해부학에 대항하는 성전환, 성초월(trans-sexualité) 유혹이며, 이러한 유혹을 가능케 하는 한 방법은 남장·여장하기, 즉 "이성(異性)으로 가장하기"(le transvestisme 206-207, 211)이기도 하며, 이는 필자가 11장에서 언급한 양성적인 대모신의 개념과도 합치하고 있다.

논리학의 반대와 모순에 관한 정의를 잠시 접고 논의를 진행하자면, 남성의 반대어는 일정 부분 여성이 되기도 하지만 '반' 남성이기도 하다. 이성의 반대어가 반이성 또는 광기이지 감성이 아닌 것과 같다.[3] 삶과 죽음 그리고 전쟁과 평화의 관계도 이와 유사하다. 삶과 죽음의 반대 관계도 죽음 속의 삶, 삶이 되는 죽음 등 다양한 명제들을 창출해 내었지만, 전쟁과 평화 또한 모순의 관계가 아니라 반대의 관계라는 언술은 전쟁의 부재로서의 소극적 평화의 개념을 가능하게 하였다. 우리가 목하 여성과 죽음 그리고 전쟁에서 말하고 있는 여성성은 그러하므로 "남성성의 부정 그 이상을 함축하고 있는데"(During 208, 212), 이는 원시적 여성성의 개념에서 남성성과 여성성이 분화되었다는 우리의 논의에도 부합한다. 성의 구별이야말로 그리고 이로부터 배태되는 사랑이라는 감정, 즉 에로스가 원초적인 그리고 분별적이고 때에 따라서는 폭력적인 이분법을 배태하는 근원적 기능 중의 하나이지만, 남성과 여성의 관계는 상보적이며 사랑은 그 낯설음과 폭력성에도 불구하고 인류가 여전히 그것에 의지하고 있는 삶의 원천이자 삶과 죽음을 동일화하고 있는 우주의 무한 순환의 원동력이다.

그러나 여성성이 "남성성의 부정 그 이상을 함축한다"거나 신화시대의 대모신은 남성신과 여성신을 포함하는 양성구유 신이었다는 많은 평자들의 언급을 우리가 다시 상기한다면, 그것은 구체적으로 무엇이 될 수 있을까? 미국의 소설가 호손(Nathaniel Hawthorne)은 지금으로부터 150여 년 전 "남녀의 상호 행복에 확실히 기초한 남녀 관계를 정초할 (…) 새로운 진리", "증오와 적의가 황금빛 사랑으로 변하는" 새로운 "영적인 세계"(199)를 『주홍 글자』의 여주인공 헤스터(Hester Prynne)를 통하여 밝힌 바 있다.

> 새로운 계시의 천사와 사도는 고상하고 순수하고 아름답고 현명하고 그리고 무엇보다도 쇠락하는 슬픔을 통하지 않고 기쁨이라는 영원한 수단을 통하여 그리고 그런 목적에 성공한 삶의 참다운 시험에 의하여 얼마나 신성한 사랑이 우리를 행복하게 하는지를 보여주는 진정한 여성이어야 한다. (201)

레비나스(Emmanuel Levinas)는 "새로운 계시"의 동력을 성차, 즉 섹슈얼리티나 젠더를 초월한 여성성 또는 타자성이라고 정의하고 있는데 그렇다면 그의 사유 안에서 "동일한 류(類) 안에서 두 종(種)의 대립으로 [인하여], 순전히 그리고 단순하게 포섭되지 않는 타자성"(103)은 구체적으로 어떠한 것인가? "전적으로 다른" "영원히 여성적인 것", "물러남과 부재 안에서 자기를 나타내는 것", "한없이 부드럽게 받아들이고 친밀하게 환대하는 것"(155) 등으로도 표현되는 "여성성에 내포되는 신비"(105)는 과연 무엇일까? 구원의 여성으로서 우리가 표현해 왔던 단테의 베아트리체나 괴테의 그레트헨이 지니고 있는 여성적인 순수함과 아름다움이라고 말하는 것으로 충분할 수 있을까?

2

젠더와 음양의 무화,
그리고 토톨로기의 귀환

필자는 베트남 전쟁소설에 나타난 여성과 죽음 간의 동일화 과정을 추적한 논문(2006)에서 다음과 같이 '여성으로부터의 도피'(escape from woman)라는 주제를 진부한 토포스(topos)이긴 하지만 미국 문화에 나타난 '여성적 자연'과 '남성적 문화'와의 연관성 속에서 밝힌 바 있다.

미국 문학의 큰 주제 중의 하나인 여성으로부터의 도피 또는 자연으로의 도피 또한 이러한 맥락에서 다시 논의할 수 있다. 자연은 남성들이 정복해야 할 혼란함과 파괴, 그리고 죽음으로 상징되는 여성성도 아니고, 그것에 대한 회피 또는 정복이 남성성을 발현시키는 그 고유한 무엇도 아니다. 여성적인 '가정적 문화로부터의 도피'(escape from domestic culture)를 하여 남성적 자연으로 돌아간다는 쿠퍼(James F. Cooper)류의 이데올로기는 따라서 여러 가지 논리적인 눈속임수를 갖고 있다. 일견 자연이 남성으로 표현되고 있어 "남성적 문화-여성적 자연"이라는 유럽의 젠더 이분법을 뒤집어놓은 것 같지만, 사실은 그 자연에 대한 정복을 남성성으로 [재]규정한다는 면에서 유럽의 젠더 이데올로기를 답습하고 있다고 할 수 있겠다. 자연은 여성적이고 문화는 남성적이라는 이러한 이분법적 도식주의는 파괴나 죽음을 여성적으로, 건설과 창조를 남성적으로 보는 시각과 다름이 없다. 죽음으로 표상되는 여자로부터 벗어나기 위하여 전쟁에 나간다는 미국 문학에 자주 나타나는 발상 또는 여자를 보호한다는 미명 아래 전쟁을 한다는 핑계 또한 논리적 근거를 갖고 있지 못하다. 자연이 성이 없듯이 죽음 또한 성이 없다. 죽음은 죽음일 뿐이다. (147-148)

아울러 이에 대한 사족으로 본질주의-구성주의 논쟁이 양자 공히 젠더에 대한 고착 관념을 드러내는 한 지표에 불과하기 때문에, 여성을 상징하는 광포한 바다가 『모비 딕』(Moby-Dick, 1851)의 멜빌이나 『사랑에 빠진 여인』(Women in Love, 1920)의 로렌스에게는 남성적인 것으로, 그리고 작자 미상의 『베어울프』(Beowulf, 700-750; 1815 출판)의 저자에게는 여성적인 것으로 받아들여지고 있어, 바다 자체가 젠더가 없듯이 부정적인 의미에서 여성적인 것으로 규정되었던 전쟁 또한 성이 없다는 주장을 하였다. 이와 마찬가지로 죽음 또한 성이 없다.

진리도 죽음도 그렇지만 전쟁 또한 여성적인 것으로 규정될 수 없었다. 전쟁의 대척 개념에 서 있는 평화, 그리고 죽음의 이면인 삶 또한 그러하다. 서양 문화에 나타난 여성과 죽음 그리고 전쟁의 동일화라는 필자의 애초 논의를 뒤집는 것 같은 이와 같은 결론의 도출은, 그러나 필자가 전쟁과 여성의 상관관계를 논하는 11장에서 이미 밝혔지만 표면적으로 드러난 음양학, 즉 서양 젠더학의 역설적이며 자연스러운 결과일 뿐, 필자가 상정했던 우로보로스 논의 자체를 무력화하지 않는다. 삶과 죽음이 그리고 남성과 여성이 상보적이고 대대적이라는 인식은 따라서 젠더를 무화하고 있으나 이는, 자웅동체의 개념이 그러하듯이, 비록 그것이 대모신의 개념과는 달리 결국에는 여성성이 남성성에 포함 내지는 포괄된다는 비판을 받지 않는 개념은 아니지만, 젠더의 완전한 소멸을 의미하지는 않았다. 융(Carl Jung)의 사유 속에서 남성의 아니무스와 여성의 아니마라는 개념이 불가능한가에 관한 질문과 의문은 여전히 남지만, 남성의 아니마와 여성의 아니무스는 서로 꼬아져 있어 개개인이 나름대로의 남성성과 여성성의 일정 부분을 지녀 조화를 이룰 때 우로보로스적인 양성구유의 전인격적인 존재가 된다. 아니마와 아니무스는 서로가 엇갈려 마치 두 마리 뱀처럼 서로를 얽어 꼬고 있는 중첩 구조를 이루고 있는데, 이는 융의 아니마-아니무스가 이미 우로보로스적 속성을 이루고 있다는 주장을 뒷받침하고 있다.

우리가 말하고 있는 여성성은 따라서 이미 이 책의 10장과 11장에서 논의가 진행되었지만 삶과 죽음을, 평화와 전쟁을 동시에 포함하고 있어 애초부터 이미 이분법적 젠더를 넘어서고 있다. 우리가 파악했던 우로보로스 뱀 또한 다르지 않았다. 그는 창조와 파괴, 생사와 음양을 동시에 지닌 복합적인 또 일견 보기에는 모순적이지만 서로를 반대하지 않아 결코 모순적이지 않은 원융의 개념으로 나타났으며, 예수 그리스도와 심지어는 야훼가 양성구유의 뱀의 모습으로 나타나는 것은 우로보로스의 속성을 그들이 지니고 있다는 사실과 무관하지 않았다. 양성구유의 신은 그러나 우리의 논의가 함축하는 바를 더 따라가자면, 남성도 여성도 아닌 토톨로기적인 신으로 언명될 뿐이다.

젠더, 즉 우주의 생성 원리이자 상보적 개념이지만 현실에서는 모순적 개념으로 작동되는 음양으로 무엇인가를 일단 규정할 수는 있지만, 사물은 음양의 편파적 이분법을 마침내는 초극하는 과정을 거치게 된다. 음양은 지구라는 현실 세계에서는 남성과 여성으로 구별되고 분별되고 차별되어 나타나니, 여성이라는 부정적 젠더에 대한 칭송과 멸시를 동시에 수반하였다. 이렇게 견주어본다면 남성과 여성의 모습을 포함하고 있는 서양의 대모신의 개념, 그리고 우리가 설명한 바 있는 윌버(Ken Wilber)의 논의(220), 즉 원조 아담으로부터 우리가 알고 있는 아담과 이브가 출현하였다는 생각은, 음양을 지니고 생성하게 하는 동양의 음양태극의 개념과 일정 부분 상응하는 부분이 있다고 보아도 많은 무리는 없다. 원래 공자가 입안한 음양 태극의 개념이 분별되고 차별하는 개념인가 아닌가에 대해서는 논란이 있었으나, "一陰一陽之爲道"(「계사전」 5)라는 공자의 언급이 무색하게 음양지도는 후대에 이르러 "태극'양'음"이라는 위계적 이데올로기로 변질되어 여성의 복속과 예속을 공고히 하는 개념이 되었다는 것을 우리는 잘 알고 있다.

대개의 경우 여성을 이상화하여 찬미하는 행태는 다시 신비화된 여성을 정복하는 습속으로 굳어져 여성에 대한 멸시로 귀결되곤 하였다. 고요한 아침의 나라 혹은 샹그릴라(香格里拉, Shangri-La) 등에 대한 강대국들의 정복과 강탈이 신비화와 더불어 멸시와 정복을 부추긴다는 사실과 다르지 않다. 좋은 것이든 나쁜 것이든 따라서 여성을 규정하려는 시도는 대개 규정된 객체, 즉 타자를 다시 소유화하는 전략으로 일관되게 진행되어 왔다. 미인(美人)과 가인(佳人), 그리고 팜므 파탈들로 규정된 수많은 여성들의 비극적 말로가 이를 증명하고 있다. 니체의 여성과 진리에 관한 은유는 결과적으로만 본다면 그의 반여성주의적 태도를 보여주는 하나의 예가 될 수 있겠다. 표면적으로는 진리의 가변성과 상대성을 설파하고 있는 것 같지만, 여성과 동격으로 규정되고 있는 진리를 파지하는 남성 초인(Übermensch)의 도래를 니체가 여전히 희구하고 있기 때문이기도 하다.

우리가 1권 3장의 말미에서 밝힌바 융에게 있어 해와 달을 갈무리하여 '세계 혼'(anima mundi)으로 표상되고 있는 여성 자신이 아니라 그녀의 아들이 만국의 주재자로 나타나듯이, 인간의 영원회귀라는 소소한 운명을 그대로 받아들여 위대함을 이룩하는 니체의 초인 또한 아이의 모습을 띠는 남성으로 표상되고 있음을 주지할 일이다. 그를 위시하여 동시대 많은 사상가들에게서도 나타나는 젠더에 관한 이러한 기민하고 기만적인 태도는 프로이트나 쇼펜하우어에게도 따라붙는 여성혐오증이라는 화인으로부터 일정 부분 니체 또한 자유롭게 하고 있지 못하고 있다. 물론 죽음으로 조건 지워진 반복적 삶을 그대로 받아들여 "운명을 [그대로] 사랑하라"는 '운명애'(amor fati)의 개념이 홀대받을 필요는 없다. 니체가 보기에 인간은 신에게 주어져 있지 않은 죽음을 받아들인다는 면에서 영원회귀라는 허무주의를 그대로 받아들이어 끝내 허무에서 벗어날 수 있는 "위대한" 종족이다. 인간은 죽기 때문에 아름답고 굳이 위대하다고 말할 필요도 없지만 그런대로 편안하고 때로는 괜찮다.

규정과 정의는 분별과 폭력을 불러들인다. 전쟁과 평화가 그리고 죽음이 남성적인 것인가 또는 여성적인 것인가에 대한 논의가 또 다른 불필요한 이론의 질곡을 양산한다면, 그러한 논의는 폐기되어도 마땅할 것이다. 연구의 결론치고는 무미건조하고 스스로 제시한 입장을 무력화하고 있는 듯 하는 인상을 주기까지 하지만, 그래도 죽음과 전쟁이 여성성에 관한 한 표상, 즉 남성적 투사일 뿐이고 여성이 죽음과 삶을 동시에 품고 지시하고 의미하고 있다는 사실 하나는 밝혀낸 것으로 만족하고자 한다. "진리는 비진리"라는 니체를 모방한 언명들은 젠더와 연관된 부정적 함의에도 불구하고 유효한 것 같았지만, 은유를 매개로 한 동일성과 역설의 철학은 이제 효력을 상실하고 있다. 여성은 죽음이고 삶인 것 같았지만 여성일 뿐이었고, 삶은 죽음인 것 같았지만 삶은 삶, 죽음은 죽음일 뿐이었다.

1권 3장의 말미에서 밝힌 바대로 서양 세계의 거대 서사(巨大敍事, grand narrative)인 '신의 강간' 혹은 '강탈'이라는 창조의 서사가 오히려 인간의 오이디푸스적 혼음과 강탈 습속을 신에게 역투사한 당대의 편의적 담론이었다면, 사물과 세계를 바라보는 객관적 시각 또는 관점은 언제든지 인간의 상황과 편의에 따라 주관적으로 변하였다는 점을 수긍할 수밖에 없게 된다. 죽음과 전쟁, 음양에 관한 인류의 사유도 마찬가지이다. 이론은 항상 정반대의 논의를 이미 그 안에 포함하고 있어 언제든지 '반(反→半) 이론'을 가능케 했다. 보수와 진보의 논리 또한 현실과 실천의 장에서는 대체로 정반대의 결과를 내는 것이 관찰되었다. 관점과 이론의 폭력을 관(觀)하는 방법, 즉 학문의 엄밀함과 삶의 지난함을 이룩하는 길을 루쉰(魯迅)은 찌르고 빼고 견디는 쟁찰(掙扎; 쩡짜 혹은 정쯔), 그리고 그러한 루쉰을 좋아한 다께우찌 요시미(竹內好)를 연구한 쑨거(孫歌)는 이를 상이한 관점들의 '종이 한장 차이'로 밝힌 바 있다. 학문은 아마도 이러한 미세한 틈을 발견하고 그들의 삼투와 위치 조정의 매듭과 효능을 발견하는 일일 것이다.

"죽음과 젠더에 관한 연구가 죽음의 성질에 관해서는 우리에게 어떠한 것도 설명해 주지 않으며, 이러한 이미지를 창출해 내는 인류의 성질에 관해서 무엇인가는 제공해 준다"는 우리가 이미 이 책의 11장에서 논의한 구스케(Karl Guthke) 교수의 언급(256)은, 죽음과 전쟁뿐만 아니라 삶과 평화 또한 본질적인 젠더로 규정될 수 없다는 필자의 주장에 무게를 더해준다. 사물은 그저 사물일 뿐 음양과 젠더로 최종적으로는 규정되지 않는다. 그렇다면 '젠더의 고착화'(gendering)는 인류의 습속일 뿐 그 어떠한 본질적인 가치를 지니고 있지 못하다. 중세로부터 이어진 '죽음의 춤'(Totentanz)의 시연자가 남성도 아니고 여성도 아닌 것은, 분더리히(Uli Wunderlich) 교수가 수많은 화보로 잘 보여주듯이(233, 241) 그 또는 그녀가 꼭 육체를 여윈 해골 모습을 띠고 나타나서만은 아니다. 물론 풍만한 살이 없는 상태를 남성적인 것으로 간주할 수는 있으나, 죽음의 춤의 시연자가 파멸과 전쟁만을 가리키고 있는 것이 아니라 부드러운 죽음을 선사하기도 한다는 면에서(253-257) 죽음의 젠더를 일의적으로만 규정할 수 없다.[4] 죽음이 그리고 자살이 여성적인 것으로 재현되었던 19세기 말은 전쟁이 여성으로 재현되기도 하였던 20세기 초와 단지 맞물려 있을 뿐, 이 시기를 확대해석하여 죽음과 전쟁이 보편적으로 여성성으로 규정되었다고 우리는 말할 수 없다. 다른 학문들의 경우도 그러하지만 특별히 신화와 전쟁, 그리고 죽음에 관한 연구는 그 기원에 관해서 어떠한 것도 충분히 설명해주지 못한다. 네트실릭 에스키모인들의 말처럼 진리 또는 신화는 "그렇다고 말해졌기 때문에 그런 것"(Eliade 『성과 속』 85)이고, 죽음은 죽기 때문에 죽는 것일 뿐이다. 여기서 필자가 제사(題詞)에서 제시한 장자를 다시 읽는 것은 시의 적절하다.

"어째서 그런가? 그러니깐 그렇다. 어째서 그렇지 않은가? 그렇지 않으니깐
그렇지 않다(惡乎然? 然於然. 惡乎不然? 不然於不然)."

(장자, 「제물론」; 이강수·이권 I: 118-119; 번역은 김영진 2012, 160)

천체물리학이 발전한 21세기의 우주에서 우리는 다시 우리가 아는 것
은 여전히 아무 것도 없으며 우리는 여전히 아무 것도 모른다는 사실을 알
뿐이라는 체념과 관조 속으로 돌아가고 있다. 동일성과 역설로 세상에 대
한 설명을 시도했던 은유의 시대는 설명 자체가 원래 불가능한 동어반복
(tautologos)이라는 불가해(不可解)의 세계로 다시 회귀하고 있다. 그러므로
우리는 여성이 여성이듯이, 죽음은 죽음이고 전쟁 또한 전쟁일 뿐이라고 말
할 수 있을 뿐이다. 이렇게 쉽고도 어려운 되풀이를 말할 수 있기 위하여
그러나 많은 시간과 지면이 요구되었던 것은 필자의 우둔함 탓도 있겠지만,
그만큼 국내외의 연구 결과가 충분할 정도로 많이 축적되지 않았던 소이연
또한 존재한다.

필자의 연구 의도와는 정반대로 필자가 이 책을 준비하면서 발견하고
있었던 것은 죽음과 여성의 동일화와 그 고착화 과정에서 등장하는 여성은
젠더로서의 여성이 아니라, 오히려 현대의 젠더 학문이 경원하고 있는 듯
한 생물학적 의미에서의 여성(성)이었다는 사실이다. 젠더는 고착되면 성(性)
이 되는 법이다. 젠더가 본질주의적 여성을 구성한다는 현대 젠더 이론가들
의 주장과도 같이 고착화 과정은 사회문화적으로 구성된 개념인 여성성을
넘어서 본질적 개념의 여성성과 죽음의 동일화를 요구하였는데, 적어도 필
자가 일부 간헐적으로 다루고 있는 지난 3~4천 년 서양의 역사 안에서 발
생한 죽음과 여성의 고착화 과정에서 여성과 죽음의 관계는 비교적 현대의
사회 구성주의적 젠더 논의를 제외하고는 시대를 역류하여 기이하게도 본
질주의를 강화하는 방향으로 나아갔다. 오히려 고대사회의 성 관념이 현대
적 젠더 관념을 갖고 있었다는 사실은 군혼잡교(群婚雜交)와 일부다처 내

지는 다부다처제를 받아들였던 모계제를 예로 들어보면 알 수 있다.

　죽음을 여성적인 것으로 간주할 수는 있지만 모든 여성적인 것이 죽음이 아니어서 여성을 죽음으로 간주할 수도 없듯이, 전쟁 또한 여성적인 것이 아니었던 바는 그것을 바라보는 지나간 3~4천년 서양인의 시각이 상이했던 바가 증명하고 있다. 여성이 죽음과 동일화될 수 없듯이 죽음 또한 여성과 동일화될 수 없다는 중언부언은 여성은 여성이고 죽음은 죽음, 그리고 전쟁은 전쟁이라는 동어반복으로 귀결될 뿐이다. 생명은 생명이고 죽음은 죽음이며 여성은 생명도 아니고 죽음도 아니니, 죽음은 생명을 창출하지 않으며, 전쟁은 평화의 기원이 아니다! 삶을 원하는 자 죽음을 준비하고 평화를 원하는 자 전쟁을 준비하라는 격언들이 힘을 잃어버리는 순간이다. 메타포의 퇴조는 환유를 넘어 토톨로기의 부상과 맞물려 있고 우리가 사는 당대는 유대의 신 야훼가 그의 이름을 통하여 선포한 것처럼 야훼라는 토톨로기의 귀환을 다시 요구하고 있는지도 모른다. 토톨로기라는 직관을 통하여 은유일 수밖에 없는 존재의 본질에 도달하는 것이 가능했던 시대는 그러나 얼마나 행복하였을까. 인간의 언어에서 토톨로기가 과연 가능한 것인가에 대한 문제를 차치하고서라도, 토톨로기가 그 존재론적 품위를 잃어버리고 말장난(pun)과 허무개그로 변해가는 것이 지금의 세태라면 토톨로기의 복원과 귀환은 아직은 시기상조일지 모른다.

　이상과 같이 죽음과 전쟁을 여성적인 것으로 파악하는 서양 문화에 대한 비판적 읽기를 시론 삼아 먼저 제시하였다. 확인된바 적어도 3~4천 년 정도 지속해 왔던 서양의 가부장적 문명이 죽음과 전쟁을 계속하면서 그것을 여성적인 것으로 치환하고 투사하여 전쟁하기를 남의 탓으로 돌릴 때, 지구촌 인류의 밝은 미래는 담보되지 않을 것이다.

3

삶과 죽음의 우로보로스적 동일성과
안티 우로보로스의 등장

죽음에 대한 사유를 좀 더 진행해 보자. 토인비가 지적했던 서양의 죽음 지향적 사유는 죽음 후의 세상에 관한 온갖 이설과 저승의 보상을 인류에게 선전해 왔으나 21세기 인류는 삶도 좋고 죽음도 좋다는 장자식의 사유, 즉 맹자반-자금장 우화에서 나타난 것처럼 삶과 죽음을 동일하게 여겨 "죽음 그 자체로 존재성을 획득"받아(김상희 79)[5] 더 이상 삶에 대척되는 부정적 의미를 띠지 않는 새로운 관념을 필요로 하고 있는지 모른다. 생사는 우열이 없다!

> 그들[孟子反과 子琴張]은 삶을 군살이나 혹이 달라붙고 매달린 것처럼 생각하며, 죽음을 붓거나 곪은 데가 터졌다고 여긴다. 대체 이런 인물들이 어찌 죽음과 삶의 우열의 소재 따위를 아랑곳하겠느냐.
> (彼以生爲附贅疣決. 以死爲決汍潰癰. 夫若然者. 又惡知死生 先後之所在 「大宗師」 31편)

삶을 공짜로 받은 덤으로 그리고 죽음을 삶이라는 악창이 곪아터진 것으로 보는 사유는 다분히 삶보다는 죽음을 생명의 본령으로 보는 사유라 할 수 있으며, 장자의 이러한 사생에 관한 사유는 삶과 죽음의 동일성을 강조하는 그의 논의의 기저에서 끊임없이 감지되고 있다.

그러나 삶이 덤이 아닐 수도 있다는 사실은 최면·전생심리학의 수많은 사례들이 증거하고 있다. 장자가 이미 말한 바 있듯이 삶도 좋고 죽음도 좋다(善始善終 『장자(莊子)』, 「대종사(大宗師)」 15)! 삶은 그 어느 것으로 태어나든 최선을 다할 뿐임이다. 흔히 행복으로 번역되는 아리스토텔레스의 "eudaimonia" 또한 "최선을 다함"이라는 뜻에 가깝다. 최선을 다할 때 인간은 떳떳해진다. 21세기 인류에게 닥친 난제와 그에 대한 대처는 삶과 죽음의 동일성을 역시 인식한 공자 또한 설파하였듯이 내세에 대한 관심이 아니라 지금 살고 있는 현세에서 최선을 다하는 것인지도 모른다. 최선의 삶은 죽음을 뛰어넘어 그것을 무화하는데, 삶과 죽음, 죽음과 삶의 동일성으로 발원하여 죽음이 또한 새로운 삶으로 이어진다는 우로보로스적 인식은 이를 가능하게 했다.

생사는 하늘에 달려 있지만 지천명(知天命)은 필자에게 여성이 삶과 죽음을 동시에 표상하고 있다는 것을 가르쳐주고 있으며, 삶이 죽음이라는 사실을 받아들이라고 부추기고 있다. 삶이 죽음이라는 은유는 홀연한 깨달음의 토톨로기이기도 하다. 세상이 슬프고 비극적인 것은 그리고 우리가 삶이라는 슬픔의 길에서 아프다고 느끼는 것은 그러나, 죽음 속에서 다시 새로운 삶을 되찾는 사유와 습속을 잃어버려 그것을 되찾고 있는 도정에 우리가 참여하지 못하고 답보 상태에 여전히 머물고 있기 때문일 것이다. 여성이 여성이듯이, 죽음은 죽음이고 전쟁은 전쟁일 뿐이다. 그렇다면 삶은 삶일 뿐이고 죽음은 죽음일 뿐이다. 삶은 죽음이 아니며 더군다나 여성은 삶이지도 죽음이지도 않았다. 이미 11장에서 인용한 바 있지만 문맥을 상관하지 않고 새롭게 의미를 주어 말하자면 "생명은 죽음을 낳지 않고, 어둠은 빛의 기원이 아니며, 병은 건강을 만드는 것이 아니다"(Basilius 61; Jung

Aion 47 재인용).

이렇게 쉽고도 어려운 동어반복을 말하기까지 10년이 훌쩍 넘게 필자는 무미건조한 길을 통과하고 있었다. 우리는 더 이상 은유가 가능한 세대에 살고 있지 못하며 토톨로기를 액면 그대로 받아들이는 세대에는 더더욱 살고 있지도 못하고 있다. 기대와는 달리 삶은 죽음이 되지 못하고 죽음은 삶이 되지 못할뿐더러, 참담하게도 삶은 삶이, 죽음은 죽음조차 되지도 못하고 있다. 삶은 죽음으로 향하고 있으나 죽음은 삶을 지시하고 있지 않으며, 죽음에서 소생하는 삶이 다시 삶으로 귀환하는 우로보로스적인 토톨로기에서 우리는 멀어져 갔다. 우리 시대의 죽음은 부활의 소망을 허락하고 있지 않으며 부활과 재생을 인류에게 담보해 주었던 여성성은, 우리가 베트남 전쟁의 여성들을 다룬 이 책의 12장과 13장에서 확인하였듯이, 이미 사라져 버린 지 오래이다. 우연적 매개에 의한 퇴행적 은유, 즉 환유의 부상은 "여성은 죽음, 죽음은 여성"이라는 말이 함의하고 있는 새로운 삶을 약속하지 못하게 된다. 우리는 안티 우로보로스가 창궐하는 시대를 살고 있다.

삶이 삶에 미치지 못하는 불온한 삶을 우리는 살아가고 있다. 죽음이 삶임을 말하고 싶었으나 결론은 죽음이 죽음도 되지 못하는, 죽음 이후에는 아무것도 없는 죽음이라는, 아무것도 의미하지 않는 텅 빈 토톨로기를 말하고 있었을 따름이었다. 죽음으로 인하여 인간세계에 들어온 신은 토톨로기적인 신으로 표현되어 서양의 신 야훼처럼 보통명사에서 고유명사로 전환되어 작동하는 경우도 있었지만, 아주 늦게 잡아보면 19세기 말~20세기 초 어느 순간부터 특정 종교의 고유명사, 즉 "이름 짓기" 은유로 더 이상 작동하지 않는다. 우로보로스 시대에 종교에 대한 믿음이 가능하였다면, 안티 우로보로스의 시대에 종교는 조건적으로만 기능한다. 우리는 은유라는 희망을 잃어버린 세대이다. 이제 다음 절에서부터는 필자가 입안하고 해체하고 있는 "우로보로스의 현상학"에 대한 이론적 정초를 시도해 보자.

4

우로보로스 현상학과
탈우로보로스 해석학의 정초

곧바른 것은 존재하지 않는다.

진리는 하나같이 굽어 있으며 시간 자체도 일종의 둥근 고리다.

(니체『차라투스트라』, III: 2, 262)

우로보로스는 반대되는 것, 즉 그림자와의 통합과 동화에 대한 극적인 상징이다. 이 '되먹임'의 과정은 동시에 불멸의 상징이다. 우로보로스가 스스로를 살해했다가 다시 생명을 돌려주고 스스로를 비옥하게 하여 스스로를 낳은 것으로 이야기되고 있기 때문이다. 우로보로스는 상반된 것들의 충돌에서 나오는 '절대자'(the One)를 상징하며, 따라서 우로보로스는 하나의 투사로 틀림없이 사람의 무의식에서 비롯되는 원물질의 비밀에 해당한다.

(Jung『융합의 신비』, 365; 강조 필자)

영겁 회귀라는 니체의 사상은 아우구스트 호르네퍼(August Horneffer)가 니체 사후에 니체의 원고를 묶어 펴낸 책에 담겨 있다. (…) [우로보로스] 고리와 함께 전체성이라는 개념이 등장하는데, 이 전체성은 항상 존속과 불멸, 영겁회귀 사상과 연결된다. 이는, 종교적 경험으로 언제나 신을 경험하는 것으로 표현되는 전체성이라는 심리적 경험이 불멸성과 영원성의 특성을 지닌다는 사실에 의해 뒷받침되고 있다.

(Jung 『칼 융, 차라투스트라를 분석하다』, 「덕이 높은 사람들」, 298; 강조 필자)

우로보로스 현상학의 출현:
헤겔의 순환논리와 하이데거의 원의 현상학적 해석학

직선과 곡선에 대한 입장을 표명하였던 헤겔과 하이데거를 중심으로 우로보로스 사유를 검토해 보자. 헤겔은 그의 『대논리학』(1812) 서론에서 순차적으로 발생하는 사건 혹은 원인과 결과에 관한 부정적 속성에 대한 언급 가운데, "본질적으로 결과 속에는 바로 이 결과가 빚어지게끔 된 그의 원인이 내포되어 있는 셈이다. —그러나 실제로 이것은 동어반복일 뿐"이라고 말한 바 있다(43). 사실 이 언급은 부정이 "바로 그에 선행했던 개념의 부정이며 동시에 그 대립자이기도 한 까닭에 (…) 그 선행했던 개념과 이 개념의 대립자와의 통일을 이루는 것이 되겠다"는 의미에서, 반복과 그 반복 속에서의 차이를 산출하는 부정의 변증에 대한 언급이기도 하다. 역사의 발전을 넘어 그것의 종언을 말하고 있다고 여겨지는 헤겔의 역사철학이 은유를 가능케 하는 차이와 반복을 언급하고 있는 가운데, 차이보다는 반복과 순환을 강조하고 있다는 점은 우리의 논의와 합치하는바 계속 인용을 요한다.

> 무엇보다도 기본적인 문제가 되는 것은 더 없이 직접적인 것이 기원인 것이 아니라 오직 전체가 그 자체 내에서 원환작용(Kreislauf)을 이루는 가운데 최초의 것이 곧 최후의 것이며 최후의 것이 곧 최초의 것이 된다는 데 있다.
>
> (『대논리학』, 60)

『대논리학』보다 5년 먼저 출판된 『정신현상학』(1807)에서 헤겔은 또한 오성적 인식에 의해 분리, 분해되기 전 직관이나 표상에 의해 포착된 전체인 원환(圓環, der Kreis)에 대해 다음과 같이 말한 적이 있다.

진리는 자체적으로 생성되는 것으로서, 이는 자기의 종착점을 사전에 목적으로 설정하고 이 지점을 출발하여 중간의 전개 과정을 거쳐 종착점에 다다를 때라야 비로소 현실적인 것이 되는 원환과 같은 것이다.

(『정신현상학』, 53)

'회복된 동일성'으로서의 회귀·순환적 진리를 말하고 있음인데, 헤겔의 원환운동이 나선(螺線, Spirale)을 그리고 있어 어느 정도의 방향성이 있는 직선운동을 하고 있다는 점은 지적되어야 하겠다. 그의 다음과 같은 언급, 즉 "시원은 (…) 매개된 것으로 화하는 바, 여기서 마침내 학적인 진전을 이루는 바로 그 진행의 선(Linie)이 원(Kreis)을 형성하게 된다"(『대논리학』, 61)는 구절은, 또한 직선적 시간과 원형의 공간으로 이루어지는 세계정신의 실현이라는 그의 나선형적 역사철학관을 밝혀주는 한 대목이라 하겠다. 이렇게 본다면 헤시오도스 발 헤겔의 황금, 영웅, 시민시대의 구분 혹은 스펭글러와 야스퍼스의 인도와 중국과 서양적 사유의 분류는 단선적이지 않고 서로 혼재하여 각각의 시대와 개념이 서로를 함의하게 된다. 주제가 조금 다를지는 모르겠으나 이 책의 부록에서 논하고 있는 뮈토스와 로고스의 상호 의존과 발전은 또한 이를 예시하고 있으며, 적절한 예가 또 될는지 모르겠고 또 이에 대한 '쇼월터-모이'(Showalter-Moi) 논쟁처럼 첨예한 갑론을박이 있을 수 있겠으나 페미니즘 3기의 인식은 1기와 2기의 사유를 품어 안고 있다. 역사는 직선으로 나아가 소위 '발전'에 머물지 않고 순환의 '원만(圓滿)'함을 동시에 품고 있다. 각 문화의 서로 공존과 상호순환이 어느 때보다 절실한 시대를 우리는 살고 있다.

결과가 원인을, 종착점이 시작점을 이미 그 안에 함의하고 있다는 헤겔의 순환에 관한 '대'논리, 즉 나선형 구조는 하이데거의 후기 저작으로 가면 "뱀과 원환"으로 그 구체적 표현을 얻게 된다.

'근거의 명제-명제의 근거'라는 정식으로 나아가는 것을 수용한다면 한동안 자제가 필요하다. 여기에는 무엇인가가 그 자체에서 스스로 회전하고 있다. 여기에는 무엇인가가 자신 안에서 회전하고 있지만 묶여 있지 않고 풀려나 있다. 여기에는 원환(Ring), 즉 뱀과 같은 살아 있는 원환이 있다. 여기에는 어떤 것이 자기 자신의 끝을 잡고 있다. 여기에는 이미 완성된 것으로 존재하는 시원이 있다. (『근거율』 39; 강조 필자)[6]

최상욱의 첨언처럼 "마치 서로의 꼬리를 입으로 물고 있는 두 뱀의 모습" 즉, "우로보로스적 순환"(69)의 대 연쇄 속에서 우리는 존재하기에 생각하며, 존재는 존재이기 때문에 사유하는 존재가 된다. 존재의 기원과 존재와 존재자 혹은 창조의 원인에 대한 탐구가 다람쥐 쳇바퀴처럼 순환적이고 상호의존적임을 밝히는 하이데거는 그러므로 그의 사유의 시작점에서 다음과 같이 일찍이 묻고 있었다.

그러한 시도가 명백한 순환에 빠지고 있는 것은 아닌가? 앞서 먼저 존재자를 그 존재에서 규정해야 하는 일, 그래서 그 근거로 존재에 대한 물음을 제기하기를 원하는 것, 이것은 원 속을 걷는 것이 아니고 무엇인가? 물음의 정리 작업을 위해서 이 물음에 대한 대답이 이제 비로소 데려와야 할 그것을 이미 '전제'하는 것은 아닌가? (『존재와 시간』, 22)

철학자 박동환이 역설하고 있듯이 현대의 비극은 철학자들을 대신하여 물리학자들이 최초와 최후가 그리고 원인과 결과가 이미 엮어져 있는 우로보로스적 세계를 망각한 채, 우주의 기원을 포함하는 사물의 "기원" 혹은 "원인"에 관한 설명자, 속칭 진리의 파지자(把持者)들로 자처하고 있기 때문인지도 모른다.

우리는 하나의 인식론적 프레임을 따라 생명의 탄생을 역추적하고 지구에 도달한 전파를 분석하여 생명과 우주의 기원을 추측할 뿐, 과거의 과거 즉, 대과거라는 원인을 밝히는 일은 아직 요원한 시대에 살고 있다. 푸코(Michel Foucault)가 왜(why)와 무엇(what)에 대한 정신분석을 접어둔 채 사회 역사적 상황이 어떻게(how) 연관되는지 계보학적 분석을 택한 행보는 비트겐슈타인의 불가지론적 인식과 그리고 현상학이 "일차적으로 일종의 방법 개념"으로서 "철학적 탐구 대상들이 사태내용적으로 무엇인가가 아니라 오히려 철학적 탐구의 어떻게[방법]를 특정 짓고 있다"는 하이데거의 지적(『존재와 시간』, 47-48)과도 일맥상통한다. "모든 지나가는 것은 비유에 지나지 않는다"(Alles Vergängliche ist nur ein Gleichnis)는 파우스트의 입을 빌어 행하는 괴테의 말은 필자에게 이런 의미를 띠고 있다. 진리는 비유 혹은 은유의 더미라고 니체 또한 말한 적이 있다.

헤겔의 "최초의 것이 곧 최후의 것이며 최후의 것이 곧 최초의 것"(『대논리학』, 60) 즉, 원인을 포함한 결과와 결과를 이미 포함한 원인, 하이데거의 "죽음은 또한 삶이다"(『이스터』, 184) 혹은 물음과 전제가 같은 원에 속하고 있다는 순환적 언급(『존재와 시간』, 22), 그리고 "신은 원인이 아니라 결과"라는 카시러 등의 언급은 우리가 상정하고 있는 우로보로스의 현상학을 정초하고 있다. 현상학을 "일차적으로 일종의 [현상학적인] '방법' 개념"으로 정의한 후(47) 하이데거는 현상학에 이미 해석학이 "선-구조"(Vor-struktur 『존재와 시간』 212)로 순환 개입되고 있는 현상을 염두에 둔 듯 "현상학이 낱말의 근원적인 의미에서 해석학"이기도 하다고 말하고 있다(『존재와 시간』 47, 61). 김동훈의 의견을 따르자면 "현상학적 방법으로서의 해체는 순환적 구조를 갖게 된다"(147)는 말인데, 현상학적 해체는 이미 해석학적 순환이 함의하는 "[앞]선-구조"내지는 "선입견"(Vorurteil), 즉 "해석학적 순환과 지평"
의 영향을 받아 이루어지고 있다.

> 결정적인 것은 순환에서 빠져나오는 것이 아니라 오히려 올바른 방식으로
> 순환 안으로 들어서는 것이다. 이해의 이러한 순환은 그 안에서 어떤 임의
> 의 인식 양식이 움직이고 있는 그런 하나의 원이 아니다. 그것은 오히려 현
> 존재 자신의 실존론적 앞선-구조의 표현일 따름이다. (⋯) 이해에서의 "순
> 환"은 의미의 구조에 속하며, 그 현상은 현존재의 실존론적 구성틀에, 즉 해
> 석하는 이해에 뿌리를 내리고 있다. (『존재와 시간』, 212)

이러한 해석학의 순환을 경유하는 이해는 "사태 자체에서부터 그것을
정리 작업하여 학문적인 주제로 확실히 하는 데에 있음을 이해한 경우에
만" "긍정적인 가능성"을 띠게 된다. 해석학적 이해의 가능성은 "사태 자체
로!"(zum den Sachen selbst!)라는 현상학의 모토를 철저하게 추구할 때 이
루어진다. 이해와 해석이라는 은유적 작업이 현상학의 철저 사유와 철저
기술이라는 방법에 의거하여 사물의 현상학에 대한 고찰, 즉 시원의 원래
본질, 즉 A=A라는 토톨로기의 의미를 탐구할 때 가능해진다는 설명으로
필자에게는 읽혀지는데, 그렇다면 은유는 사물의 토톨로기적 속성을 충분
히 이해하려 할 때 "드러나는" 진리(aletheia)의 편린이다.

계속해서 하이데거는 『존재와 시간』의 서문에서, 존재자를 논하는 "형
식적인", "통속적인" 현상학과 감추어진 존재를 드러내는 "내용적" 현상학
의 구별을 시도한다. 그리스 사회와 유럽의 중세에서 형이상학이 '존재자
적'(ontisch) 존재론과 신론으로 나타났다면, 존재의 사유에 관한 형이상학
은 하이데거가 보기에는 훗설을 필두로 새로운 철학의 가능성을 보여주는
'존재론적'(ontologisch) 현상학으로 현신한다.

사태내용적으로 볼 때 현상학은 존재자의 존재에 대한 학문, 즉 존재론이다. 앞에서 제시한 존재론의 과제에 대한 필연성이 생겼는데, 이 기초존재론은 존재론적-존재적으로 뛰어난 존재자, 즉 현존재를 주제로 삼으며, 그래서 그것은 핵심적인 문제, 즉 존재 일반의 의미에 대한 물음으로 인도되어야 한다. [기초존재론적] 탐구 자체에서부터 귀결되어 나올 것은 현상학적 기술의 방법적인 의미가 해석이라는 점이다. 현존재 현상학의 로고스는 헤르메네우에인(해석함)의 성격을 가지면, 그 해석함을 통해서 현존재 자체에 속하는 존재 이해에 존재의 본래 의미와 현존재의 고유한 존재의 근본 구조들이 알려지게 된다. 현존재의 현상학은 낱말의 근원적인 의미에서 해석학인데, 그 의미에 따르면 그것은 해석의 업무를 지칭하고 있다.

(『존재와 시간』, 60-61)

하이데거가 제시하는 '해석학적 현상학'의 정수를 보여주는 이 문장에 이어지는 하이데거의 보충 설명에서 우리는, 존재론과 현상학이 초월론적 진리를 탐구한다는 면에서 철학의 상이한 분과가 아님을 알게 된다. 초월론적 진리는 현상학적 진리와 다름이 없으며, 이러한 면에서 "존재론은 오직 현상학으로서만 가능"하며(58), 철학은 "현존재의 해석학에서 출발하는 보편적인 현상학적 존재론"(62)으로 규정되고 있음을 알 수 있게 된다.

이로써 우리는 사물의 시종과 존재의 나타남과 숨음, 즉 삶과 죽음을 탐구하는 우리의 시도를 '우로보로스의 현상학'이라 이름한다. 존재와 진리의 숨음과 드러남이라는 하이데거의 독특한 관점에서 보자면 통속적으로 밖으로 드러나 있는 것에 대한 연구는 형식적인 현상학의 영역, 내적으로 숨은 현상을 드러내는 것은 내용적 현상학의 영역이라 할 수 있는데(52-53), 이렇게 보자면 우리의 우로보로스 현상학은 형식적·통속적 현상학, 안티 혹은 탈우로보로스에 대한 현상학적 연구는 해석학적 현상학 내지는 하이데거식의 "해석학"이라 이름 할 수 있을 것이다. 필자가 여러 곳에서 지적한바 우로보로스는 안티-우로보로스를 시초부터 함의하고 있으며, 우로보로스의 현상학은 탈우로보로스의 해석학과 순간학을 정초하고 있다. 독자들은 그러나 각 장들을 읽어왔을 때, 우리가 이미 이 책의 총 서문에서 밝힌 바 있지만, 이를 굳이 우로보로스라는 협소한 관념만으로 독서를 진행하지는 않았을 것이라 생각한다. 현상학이든 해석학이든 철학의 본령은 철저하게 기술하고 철저하게 사유하고 실천하는 것일 뿐, 학문의 분과가 그리고 방법론이 따로 있는 것은 아니다. 우리는 하이데거가『존재와 시간』에서의 그의 입론이라 할 수 있는 "현상학적 해석학"을 이러한 표현 말고도 그의 작품 전반에 걸쳐 "직관과 표현의 현상학", "해석학적 현상학", "현사실성의 해석학", 해석학적-현상학적 "기초존재론", 즉 "존재론적 현상학" 내지는 "현존재의 현상학" 등으로 다양하게 명명한 것을 알고 있다(김재철 2012, 5, 11 참조). 첨언하자면 하이데거 사상에서 해석학과 동일시되는 "삶의 현상학"(『현상학의 근본문제』 66, 72-74; 김재철 2009, 154 재인용)은 소위 관념적인 "선험적 현상학"을 벗어나는 후기 훗설의 "초월론적 현상학"내지는 "존재론적 현상학"과 상응한다. 초월은 그런데 두 학자에게 공히 시간과 역사성이라는 의미로 쓰이고 있음을 주지할 일이다.

한국의 철학자 김형효와 박동환을 예로 들어 논의를 조금 더 진행해보자. 하이데거를 원용하면서 하늘과 땅, 신과 인간의 사중물(四重物)의 세상사가 서로가 서로를 비추이는 사사무애(事事無礙)와 이사무애(理事無礙)의 '새끼 꼬기' 혹은 대대(待對)와 교직(交織)의 윤무(輪舞, der Reigen), 즉 우리가 말하고 있는 우로보로스의 둥근 고리(der Ring)임을 주장하는 김형효를 보자.

> 세상의 거울놀이는 성기하고 있는 윤무輪舞(Reigen)이다. 그러므로 윤무輪舞는 사물을 하나의 테(ein Rief)처럼 처음으로 에워싸는 것이 아니다. 윤무輪舞는 거울로서 놀이하는 것처럼 새끼꼬기와 같이 교차하는 둥근고리

(der Ring, der ringt)이다. 성기性起하면서 그 윤무輪舞는 사물을 그 순진 무구성의 광휘로 나타나게 한다."(…) 하이데거는 고대 독일어의 〈ring〉이나 〈gering〉이 전부 유연한(schmiegsam), 유순한(schmiedbar), 부드러운(geschmeidig), 온순한(fügsam), 가벼운(leicht) 등과 유사한 의미라는 것을 말하고 있다. 그가 그렇게 말하고 있는 까닭은 이 세상(Welt)이나 사물(Ding)은 유연하고 유동적인 해면체처럼 타자의 것을 수용하여 거기에 접목하는 차연差延(Unter-schied)과 다르지 않음을 알리기 위해서이다. (…) 앞장에서 우리는 [회전이라는 의미의] 〈das Geringe〉를 〈작고 하찮고 유연하고 보석처럼 귀중한 것〉으로 번역했다. 법성이 세상에 성기하는 모습을 하이데거가 횔덜린의 깨달음의 시를 해석하면서 그렇게 지칭한 것을 우리는 그런 내용으로 옮겼다. (…) 그런데 〈Gering〉은 명사 〈Ring〉(고리/반지)을 집합적으로 합친 뉘앙스를 풍기고 있다. 말하자면 세상만사가 하나의 커다란 고리의 대순환이라는 의미를 표시하고 있는 듯 하다. (…) 우리가 이미 앞에서 사중물은 삼라만상의 연계성을 대변한 말이라고 언급하였다. 그렇다면 사중물의 거래(dingen)가 바로 〈둥근 고리의 유연한 대회전〉(das Gering des Ringes)과 같은 뜻으로 풀이된다. (…) 화엄적으로 말하여 마치 제석천帝釋天의 궁전에 걸려 있다는 인드라(Indra)망網의 보석들이 서로서로 〈빤/짝〉이면서 서로가 서로를 상호 조영照映하고 있듯이, 이 세상의 사물들이 서로 상호 조영의 관계를 이루고 있다는 것이 하이데거가 말하고자 하는 물物의 物化(das Dingen des Dinges)의 의미이리라. (…) 본질의 성기性起가 순환의 큰 고리와 같은 회전을 이루고 있기 때문에 그는 이것을 〈Gering〉이라 명명하였다. (김형효 2002, 641-642; 645; 650; 강조 필자)

둥근 고리, 혹은 윤무는 인드라망의 상호 조영과 차연 작용을 거쳐 "커다란 고리의 대순환"을 형성하는 화엄의 이미지로 등장한다. 화엄의 이사무애, 사사무애를 가능하게 하는 교직과 대대 작용은 고리, 즉 순환의 원을 형성하고 있는데, 보다 더 적극적으로 말하는 것이 허락된다면 화엄 자체가 원(圓)이 된다고 우리는 말할 수 있게 된다. 어원학적으로 다소 무리가 없지는 않은 분석이지만, 원효 철학을 해석하면서 또한 시비와 선악, 진여와 세속, 예토와 정토, 그리고 그 인식론으로 불일이융이(不一而融二)와 융이이불일(融二而不一)을 설파하는 김형효(2006, 82-83; 136-146; 334-336) 선생의 말을 가볍게 넘길 일이 아니다. 그는 혜능 선사의 종보본 육조단경 9편(확인해 보니 사실은 10편인 「부촉품」)에 대한 해설에서 천지와 일월, 명암과 음양에 관한 물질세계의 대대와 유무와 색공과 성과 속의 언어의 대대, 그리고 정사(正邪)와 지혜와 어리석음, 번뇌와 보리, 생과 멸(滅) 등 자성의 활용으로 인하여 일어나는 대대법 등 총 36 상대법을 정리한 바 있으니, 그에게 있어 대대법적 사유는 『육조단경』이 설파하고 있는 중도(中道), 즉 반야중관의 지혜에 이르는 첩경이다(241-244). 각(覺), 즉 지혜와 깨달음에 이르는 대대적 사유의 중요성을 원효로부터 인용하는 김형효를 따라 우리도 원효를 인용해 보자.

> 자성이 없다는 것은 곧 각(覺)이 존재하는 것이 아니라는 것이며, 각(覺)이 존재하는 것이 아니기에 상호 대대법으로 짜여 있다. 그러나 상호 대대법으로 이루어졌다고 해서 각(覺)이 없다는 것은 아니다. 각이 없는 것은 아니기에 이름이 각(覺)이 된다고 한 것이다. 자성이 있지 않으므로 이름하여 각(覺)이라 한다. (無自性者 則非有覺 非有覺者 由互相待 相待而成 則非無覺 『대승기신론소』 회기본 I: 148; 김형효 2006, 334 재인용)

김형효에 반하여 철학자 박동환(2001)은 대대(對待)적 사유 방식을 넘어 한반도의 철학이 대대적 사유에서 발원하는 무대(無待)를 넘어 "무한 [ ]"을 지향해야 한다고 그의 "3표 철학"에서 강변하고 있다. 그에게 있어 대대적 사유는 음양의 대대 혹은 모순의 대대로 파악되고 있기는 하지만, 그러나 박동환도 익히 잘 표현하고 있듯이 무대(無待)로 가기 위해서는 대대(對待)를 지나가야 하니 무대(無待)는 사실상 대대(對待)에 대한 깨달음에서 시작된다.[7]

　우리가 이제까지 논의했던 미추, 선악(신과 악마), 전쟁과 평화, 생사의 개념 또한 그러하지만 개념을 확장시켜 보면 엠페도클레스적인 의미의 사랑과 미움으로 표현되었던 사물의 결합과 분리 혹은 인력과 척력(斥力), 원인과 결과, 창조와 진화의 개념, 그리고 심지어는 중용의 개념 또한, 교직과 대대, 그리고 대대가 이룩하는 '무대'의 우로보로스를 그리고 있었다. 음양과 선악, 그리고 생사의 대대가 무대의 우로보로스적 태극을 이루면 태극은 이미 무극으로 기화할 준비가 되어 있는 것이리라. 그러므로 닭과 달걀을 필두로 이와 연관된 진화와 창조, 원인과 결과에 관한 온갖 착종된 논의는 우주의 우로보로스를 이해하지 못하는 단견에 불과하다. 진화론적 창조관을 따르자면 우리는 끊임없이 거듭나고 있다. 미메시스적 창조(mimetic poesis)와 창조를 포함하는 미메시스(poetic mimesis)의 상호 영향과 진작(振作)! 리얼리즘과 관념론, 순수와 참여 논쟁에 관한 갑론을박들이 일견 가벼워지는 순간이다.

　서문에서 우리가 언급한 갈조광을 다시 인용하자면 도인위과 도과위인!(倒因僞果 倒果爲因!). 악함이 없으면 선함 또한 없어지는 역설을 우리가 모르는 바는 아니지만, 미추, 선악, 혹은 생사의 대립 속에서 우로보로스는 우리가 추함과 악함, 죽음을 추구해도 된다는 말을 전하고 있는 것은 아니며, 더더군다나 물론 우리가 지향해야 할 것은 선과 삶이겠지만 오로지 선함과 생명을 추구하라고 말하고 있지도 아니한다. 약이 지나치면 독약이, 선이 지나치면 독선이라는 악이, 옳음이 지나치면 옳음의 폭력이 된다고 많은 사람들은 이구동성으로 말해왔다. 가인박명(佳人薄命)과는 조금 다른 의미이지만 아름다움은 쉽게 추함으로 변하며, 삶이 지나치면 싫증과 질병과 죽음이, 전쟁이 지나치면 재앙이 따르는 법이다.

원형적 사유와 직선적 사유를 포함하는 대원(大圓)에 관한 사유가 요구되고 있다. 필자는 이것을 완벽하지 않은 찌그러진 원, 즉 "타원의 우로보로스"라 명명한다. 지나간 3천년 파르메니데스와 플라톤으로부터 릴케와 엘리엇에 이르기까지 서양 문학과 철학에 나타난 원 이미지의 변용 과정을 추적한 풀레(Georges Poulet)는 서양인들이 원의 중심인 신 관념을 잃어버리고 언제든지 와해될 수 있는 원주로 표상되는 피폐해진 세계를 소유하게 되는 역사적 과정을 『원의 변신들』(1961)에서 추적하고 있다. 영원을 인류에게 약속했던 원은 유럽의 낭만주의 시대에 이르면 시간의 개입으로 인하여 파편화되어 나선형 소용돌이(vortex)나 원추형(gyre)의 찌그러진 타원으로 변하게 되는데, 풀레가 인용하는 다음과 같은 콜릿지(Samuel Coleridge)의 시 구절은, 라마르틴(Alphonse Lamartine)의 빛을 머금은 낭만적 원형의 호수와는 사뭇 다르게, 중심을 잃어버리고 있는 원이 그가 피어대고 있는 마약의 취기 가운데 그나마 태양 물결들의 "부서진 조각들"로 "흩어진 총체성"(107)으로 인식되고 있음을 잘 보여주고 있다. 원형의 물결들은 "다른 물결들을 이그러지게 하고 있다."

그리고 돌연 듯, 시간과 장난하며
물웅덩이에 흩뿌리고 있다! 모든 마법은 깨어진다.
너무 아름다웠던 모든 환상의 세계는
사라지며 수천의 물결들을 자아내며
다른 물결들을 이그러지게 하고 있다.

And suddenly, as that toys with time,
Scatters them on the pool! Then all the charm
Is broken — all that phantom-world so fair
Vanishes, and a thousand circles spread,

And each mis-shapes the other.

(Coleridge Poetical Works 370; Poulet 104 재인용)

고전적 원형을 유지한 괴테의 "완벽하며 스스로를 품고 있는 자기 충족적인 실체로서의 원"(Poulet 113 재인용)은 낭만주의의 찌그러진 원을 지나 프랑스의 리얼리즘을 선도하는 발작(Honoré Balzac)에게서는 중심은 말할 것도 없지만 원주의 자기 폐쇄적인 비어 있는 공허함(void)마저 사라져 원주(circumference)를 유실한 하나의 소실점으로, 그리고 플로베르(Gustav Flaubert)에 이르면 폐쇄 공포감마저 불러일으키는 사각형으로 변질된다. 원이 그 순환성을 되찾게 되는 희귀한 순간은 릴케나 엘리엇 등에서 간혹 나타나지만, 엄밀하게 말하자면 그들의 시편들에서 원이 그 중심과 원주를 동시에 찾고 있다고는 말할 수는 없다. 이는 그들의 문학이 신을 잃어버린 세대의 마지막 몸부림을 영원이 아니라 베르그송(Henri Bergson)이 말한 바 "순간의 지속"으로 밖에 표현하고 있지 못하기 때문이다(Poulet 139, 155, 254-255, 345-346). 완벽의 상징이었던 원은 시간의 침범으로 인하여 사각이 막힌 둘레 공간으로 변하였다. 안티 우로보로스가 말하는 사각의 순간은 원형이 약속하고 있는 영원으로 이어지지 않으니, 순간이라는 직선의 점들이 이룩하는 영원의 원들은 콜릿지의 이그러진 물결들처럼 물빛을 잃어버려 시인 엘리엇(T. S. Eliot)의 구름 덮인 풀장, 즉 황무지로 변모한다.

물결의 표면은 빛의 중심으로부터 반짝였다.
풀장에 반영된 빛의 물결들은 우리를 지나쳤다.
구름이 지나가자 풀장은 황량해졌다.

The surface glittered out of heart of light,
And they were behind us, reflected in the pool.

Then a cloud passed, and the pool was empty.

(*Four Quartets* "Burnt Norton": 38-39)

　사실 원형을 그리고 있는 수많은 상징들은 앞서 언급한 종교적 상징들 뿐만 아니라 구형을 띤 각종 보석들의 신기함과 운동 경기용 공들의 쾌활함, 원형의 난자(卵子)와 웅크린 모습을 지닌 태아와 아이의 얼굴, 풍선의 설렘, 별스러운 지구의(地球儀), 적혈구와 백혈구의 핏빛 사랑, 반딧불의 초저녁 사랑, 새벽녘 이슬의 영롱함, 함박 눈송이의 푸근함 등 다양하지만, 자본주의를 살고 있는 원의 상징의 대표적인 것은 보석이나 금속을 대신하게 되는 때로는 차가운 돈이 아닐 수 없다.

　한국의 화폐단위인 '원' 또한 원래 둥글다는 의미의 원에서 나온바, 돈은 구르고 굴러 교환의 제국 속에서 공평하게 분배되어야 하지만 독과점의 그늘 아래에서 그 원형적 성질을 잃어버리게 된다. 그러나 동시대를 살아가는 우리의 비극은 원이 그 원형적인 속성을 잃어버리고 찌그러진 원 또는 타원으로 변질되었다는 점에 있는데, 대표적인 예로 금화와 은화와 엽전으로 유통되던 동전들은 그 교환가치의 무게 때문에 천상적인 원형의 본질을 잃어버리고 직사각형의 지폐로 변질되었다. 사악한 우로보로스인 돈은 이제 은유적 상징의 세계에서 환유적 자본의 악마적 역할을 마다하지 않고 있다.[8] 인류는 또한 여성의 몸이 체현하고 있는 원형의 상징을 잃어버리고 여성성의 부정적 체현일 수도 있는 S라인과 그것이 선사하고 있는 섹스와 블랙홀에 골몰하게 된다. 남녀를 표시하는 ♂·♀ 부호들은 공히 원을 기반으로 한 모습을 취하고 있는데, "O"는 비어있음으로 인해 모든 것을 받아들이는 애초의 성질을 잃어버리고 욕망과 허무의 원으로 변질되었다. 우리는 원과 직선이 만나는 성교의 신비가 포르노가 되어 버려 관음이 난무하는 불행한 세대이다.[9]

　자본주의와 허무로 가득 찬 우주를 사는 것을 형상하는 블랙홀에 매몰되어 가고 있는 인류에게 함석헌의 다음과 같은 언급은, 비록 단편적이고 한국인들을 "고생하고 학대받기 위하여 나온" 투우사 검노(劍奴) 혹은 몸보시를 하는 갈보(461)로 비유할 때는 지금의 관점에서는 성차별을 넘어 지나치게 성무분별적이고 마조히즘적이나, 슬픔에서 기쁨이 죽음에서 삶이 피어나는 생명 십자가의 구원 가능성을 열어주고 있는지도 모른다.

> 인류의 역사란 결국 눈물의 역사요, 피의 역사가 아닌가? 고난을 당하는 것은 우리만이 아니다. 온 인류가 다 그렇다. (…) 고난은 인생을 하나님께로 이끈다. 궁핍에 주려보고야 아버지를 찾는 버린 자식같이, 인류는 고난을 통해서만 생명의 근원인 하나님을 찾았다. (…) 눈에 눈물이 어리면 그 렌즈를 통해 하늘나라가 보인다. (함석헌 462, 464)

후대에 이르러 철학자 박동환과 김상봉, 문학자 임철규가 공명하고 있는 함석헌의 원형의 눈물은 주체와 타자를 이어주는 공감일 뿐 아니라, 자기 비움이라는 지상적 명제를 지시하는 신의 선물일는지 모른다. 각종 시에서 사랑과 은총의 결정체인 진주로 그리고 "눈물의 비"로 비유되어 지상과 천상을 이어주었던 눈물은 탐욕과 분노로 이그러진 소위 "사악한 눈"을 정화하는 별스러운 눈, 즉 관음의 자비로운 눈빛의 결정체이다. 사악하고 탐욕으로 꽉 찬 눈은 이제 백제 관음상의 그윽한 눈매를 닮아 선하고 그러하기 때문에 구원을 약속하는 공감과 비움의 눈으로 전이한다.

도가의 허령창창(虛靈蒼蒼)이나 불교의 색공, 그리고 마음 비움을 실천하는 예수와 그의 사상을 십분 해석한 에크하르트의 사상은 신(神)과 공(空) 내지는 무(無)와의 만남을 가능하게 하는 우로보로스적인 사유를 가능하게 하고 있었지만, 공을 일부 잃어버린 동양의 불교도 일정 부분 그러하지만 서양 특별히 계몽주의 이후의 서양의 기독교 문화는 무의 개념이 사장된 신적인 개념으로 충만하였다. 요컨대 무 혹은 공은 지나간 2~3

백 년 서양 세계에서 홀대를 받게 되고 무는 그 충만함을 잃어버리고 급기야는 '통속적' 니힐리즘이 말하는 '니힐'로 전락하게 되었으니, 서양 사유에서 무의 사라짐은 역설적으로 신의 사라짐으로 귀결되었다. 비움과 자비의 눈은 축적의 사악한 눈으로 변하였고 원형의 성질을 지닌 무 혹은 공(空, sunyata) 또한 그 비움과 충만함, 더 정확히 말하자면 '텅 빈 꽉 참' 혹은 '꽉 찬 텅 빔'을 잃어버리어 탐욕과 포만과 파멸만의 블랙홀이라는 안티 우로보로스 상징으로 스스로를 현시하였다. 그러나 20세기 말~21세기 초 존재와 무의 우로보로스적인 변증의 되살아남과 서양의 무와 비견되는 동양적 공에 대한 천착은 고래로부터 전해오는 원의 상징이 여전히 유효할 수도 있겠다는 사실을 말해주고 있다. 우리는 사실 블랙홀이 어떠한 것인지 잘 모른다. 바라건대 블랙홀을 통하여 새로운 창조가 이어지기를 바랄 뿐이니, 블랙홀은 화이트홀로의 변신을 꿈꾸고 있다.

우로보로스 현상학과
삶과 죽음의 우주적 등가성

삶과 죽음, 창조와 파괴의 우로보로스적 등가성은 전 우주적 현상이었다. 적색초거성(질량이 적은 적색거성), 초신성(행성상 성운), 중성자별 혹은 블랙홀(백색왜성)에서 다시, 비록 그 과정이 엄밀하게 밝혀진 바는 없지만, 미지의

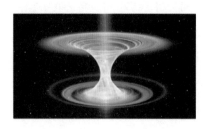

성운을 이루어 거성 혹은 초거성이라는 별자리로의 탄생이라는 행성의 진화 과정은 우로보로스 우주를 말하고 있다. 초신성의 폭발 혹은 행성상 성운의 우주먼지(stardust)와

그 응집에서 촉발되는 새로운 별의 탄생뿐만 아니라, 블랙홀과 가상의 화이트홀을 연결하는 수학적인 개념인 웜홀(worm hole) 또한 비록 그것이 수학 방정식상의 가상적인 개념이라 할지라도 우주 자체가 생성과 파괴를 반복하는 원형의 우로보로스임을 알려주고 있다. 웜홀 모양을 옆으로 누이면 적어도 시각적으로는 뫼비우스의 띠와 유사하다.

다음의 그림(아래)은 두 마리의 뱀, 혹은 두 개의 원이 꼬리를 무는 뫼비우스 형의 우로보로스 혹은 타원인데, 필자는 이를 쌍원(雙圓), 즉 "자전거 우로보로스"(bicycle uroboros)라 이름한다. 우연의 일치인지는 모르지만 자전거 우로보로스는 두 개의 원으로 펼쳐져 무한(∞)의 삶과 우주를 그려내고 있다. 페북의 후신인 메타(버스)가 나비 모양의 자전거 우로보로스를 회사이 로고로 사용하고 있는 것은 우연이 아니다. 안팎과 생사, 그리고 더 나아가 선악과 미추, 전쟁과 평화의 짝패를 연결하고 있는 뫼비우스의 띠는 두 개의 원이 합쳐져 하나의 원으로 똬리를 틀고 있다고 말할 수 있으니, 이에 관한 논의는 결국 우로보로스와 타원의 현상학으로 우리를 이끌어 가고 있다. 원은 무한에 비치어 그것에 바치는 우주의 찬가이다.

만다라(mandala),[10] 즉 원 상징의 다양한 형태들로서의 뫼비우스의 띠나 고리(環, annulus)들과 부처의 초전법륜을 포함하는 온갖 바퀴, 즉 차크라(chakra)들과 이의 집적체인 뱀 똬리형의 쿤달리니(kundalini)들, 신들이나 성인의 후광 혹은 배광(背光), 초기 기독교인들과 켈트족, 그리고 정교회의 십자가와 이집트와 터키의 십자가인 앙크(ankh)에 나타나는 마치 한 겹의 만다라와 흡사한 사각과 원의 혼합 형상들, 논란이 있을 수 있지만 사각을

그 안에 품고 있는 만자(卍字)형의 십자가인 스와스티카(swastika), 각종 제식에 쓰이는 성배를 포함하는 옥으로 만든 술잔과 제주용 그릇과 잔(盞)들, 그리고 심지어는

의도치 않았지만 교환가치로서의 순환의 도구와 상징이 되어야 하지만 대개 그 무게를 견디지 못하고 사악한 우로보로스로 전락한 금화 혹은 은화와 동전으로 대표되었던 돈과 또 근자의 S라인에 관한 모든 논의 또한 "뱀의 왕인 우로보로스"(김응종·김용철 115)의 변형임이 분명하다. "모든 존재는 그 자체에 있어서 둥근 듯이 보인다(Jaspers 『진리에 관하여』; Bachelard 『공간의 시학』, 383 재인용).

안과 밖, 있음과 없음, 삶과 죽음, 전체와 부분, 시작과 끝, 그리고 더 나아가 선악과 미추와 호오를 그 안에 품고 있었던 유실된 우로보로스의 상징! 『우파니샤드』는 비단 아트만을 '나는 나다'(aham asmi)의 순환으로 규정하고 있을 뿐 아니라(『브리하드아라냐카』 I.4.1: 이명권 270 수록), 진리(sattiyam)를 불멸(sat)과 죽음(ti)의 묶음(yam)으로 그리고 실재 중의 실재인 브라만의 모습을 시작(ja)과 끝(la)의 지속(an)인 '타잘란'(tajjalān)으로 일찍이 파악한 바 있다(『찬도기야 우파니샤드』 VIII.3.5; III.14.1; 이명권 213, 264 수록). 시작과 끝, 삶과 죽음의 동일성이라는 우로보로스 진리를 갈파하고 있는 『우파니샤드』는 이러한 인식에 도달하게 될 때 비로소 우리는 우리가 되고 아트만으로서의 나 자신은 브라만으로서의 완전한 '자기'(Self)가 될 수 있음을 밝히고 있다. 창조와 파괴의 '시바의 춤' 또한 이러한 우로보로스에 관한 인식을 드러내기에 부족함이 없었으니, 때로는 두 마리 뱀이 그리고 있는 완벽한 우주를 그려내고 있는 원형의 상징 안에서 시바(Śiva)의 왼발은 무지를 상징하는 난장이를 밟고 서 있으며, 천지사방을 향하여 있는 4개의 손들 중에 왼손은 불을 머금어 시바의 파괴, 바깥 오른손은 작위의 북을 지녀 브라흐마의 창조, 그리고 내민 왼쪽 손바닥 수인은 비슈누의 보존과 유지를 각각 상징하고 있다. 치켜든 왼발을 가리키고 있는 나머지 왼손은, 항마촉지인(降魔觸地印)이 말하는 대지의 휴식을 의미한다. 우로보로스의 원을 둘러싸고 있는 횃불은 파괴의 불이자 창조의 불이 되는데, 우로보로스는 이렇게 창조와 파멸의 연환(連環) 속에서 존재(sat)와 비존재(asat)를 포

춤의 제왕 시바: 인도의 구리 합금으로 만든 시바 조각상
약 950년에서 1000년 사이. 로스앤젤레스 카운티 미술관

함하는 모든 것의 상징이 된다. 시초의 알에서 태어난 수많은 위인들의 우주 알(cosmic egg) 탄생 설화 또한 알로 나타난 원의 총체적인 완전함을 나타내기에 부족함이 없었으니, 기독교 부활절의 달걀은 이러한 신비를 그 속에 품고 있다. "원은 어디에 나타나든지 항상 시간적 총합과 새로운 시작의 상징이다"(Durand 『인류학』, 494). 해와 달은 우주가 원형의 천체라는 사실을 제유적으로 드러내고 있었으며, 하늘의 혼이 깃드는 인간의 머리는 이러한 완전함을 몸으로 체현하고 있다. 원형의 우주를 묵상하며 "영원히 끝나지 않는 슬기로운 삶의 성스러운 시작"(플라톤 『티마이오스』, 36d; 100)을 간파한 티마이오스는 소크라테스에게 다음과 같이 계속해서 말하고 있다.

> 신들은 구형(球形: peripheres)인 우주(to pan)의 형태를 모방하여 둘[동일성과 타자성]인 신적인 회전을 구형체 속에 묶어 넣었는데, 이 구형체는, 우리가 지금 머리라 일컫는 것으로서, 가장 신적인 것이고 우리에게 있는 모든 것에 대해 주인 노릇을 하는 것입니다. (『티마이오스』 44c; 121)

티마이오스의 입을 빌려 구형의 머리로 체현된 인간 지성의 완벽함을 논하는 소크라테스의 언급과 본문의 제사로 인용한 장자의 말을 다시 인용하여 비교해 보자.

> 천지의 만물은 각기 모두 종류가 다르고 형체가 다르므로 서로서로 이어 변하기 마련이다. 시작과 끝은 둥근 고리와 같이 연결되어 있지만, 그 둥근 고리의 구조(環)는 누구도 파악할 수 없다. 이것을 천균이라 하는데, 천균이란 하늘이 사물의 상호차별성을 두지 않는 것이다.
> (萬物皆種也, 以不同形相禪. 始卒若環, 莫得其倫, 天均者, 天倪也).
>
> (『莊子』, 「寓言」 2)[11]

"한 점으로부터 같은 거리에 있는 점들의 집합"이라는 피타고라스의 원의 정의를 그리고 기하학적 완전성의 결정으로서의 구(球)에 관한 파르메니데스의 정의를 무색케 하듯이, 장자의 천균의 개념은 구형, 즉 "環"으로 표상되고 있다. 그런데 그러한 천균 혹은 천환(天環)의 개념을 하늘아이 "천예"(天倪)로 기술하고 있는 마지막 구절에서 우리는 장자를 이은 장자학단의 천재성을 엿볼 수 있다. 산꼭대기와 물가를 뜻하는 "단예"(端倪)의 용례에서 확인할 수 있듯이, "하늘아이"는 재생을 뜻하는 물의 가장자리 즉, 끝과 시작을 동시에 품고 있다. 안동림은 하늘아이를 "시비를 초월하여 대자연과 하나가 됨", 이강수·이권은 "자연의 몫"(III: 301)이라 번역하였으나, 원문의 "倪"는 어린아이 또는 물가, 혹은 끝이라는 뜻을 지녀, 우리는 연약하지만 "끝과 시작"(始作)을 품고 있는 아이의 모습을 드러내주는 우리의 번역인 "하늘아이"를 고수하기로 한다.

　둥근 고리의 구조, 즉 원환(圓環)의 개념과 동서양을 막론하고 유연하여 굳어 있지 않은 온갖 가능성의 시작으로서 유연하고 모가 나지 않아 품성이 둥그러운 어린아이와의 연결! 워즈워드(William Wordsworth)의 시 세계 속에서 "어른의 아버지", 즉 인류의 조상으로 등극하는 어린아이는 이미 "고독 속에서 꿈을 꿀 때 (…) 한없는 존재를 알았다"(Bachelard 『몽상의 시학』, 113). 아마도 편린으로 기억에 남아 있는 전생과 영적인 존재들에 관한 기억이리라. 이러한 천예는 급기야는 "삶과 죽음을 한없이 되풀이하며, [그] 처음과 끝을 알지 못한다. [무엇에도] 구애되지 않는 모양으로 속세 밖을 한가로이 노닌다"(反覆終始 不知端倪 茫然彷徨 「대종사」 31)는 방황소요(彷徨逍遙)의 경지에 올라 둥그렇고 원만한 원환의 모습으로 나타난다고 할 수 있다. 불교 혹은 기독교의 동서양의 종교적 전통이 때로는 이기적일 수도 있는 아이를, 따지지 않아 구별과 차별에서 벗어난 모습으로 파악하여 공히 순진무구함 자체 혹은 천국의 모습을 지닌 존재로 파악하고 있는 이유이다.[12]

"원을 둥글게 하라. 그러면 너는 현자의 돌을 얻으리라"(『현자의 장미원』 261; Jung 『인간의 상과 신의 상』, 「심리학과 종교」 85 재인용). 뱀 우로보로스라는 상징으로 표현되는 원, 즉 환은 다시 한번 말하지만 "하나, 즉 전체"(en to pan)를 나타내는 연금술적 의미를 함유하게 된다(Jung 『인간의 상』, 「미사에서 변환의 상징」, 203)는 의미에서 신의 구현으로 파악되기도 하였다.

> 자고로 전해지는 말에 따르면 "신은 그 중심이 어디에나 있고 둘레는 어디에도 없는 원이다." 신은 그 전지전능하고 편재한다는 의미에서 아주 훌륭한 최고의 총체성의 상징이며, 둥글고 완벽하고 완전하다. (…) 신들은 놀라울만한 총체성의 발현들이며 그 단순하고 둥근 형태는 자기(Self)의 원형을 그리고 있다. (융 『변화하는 문명』, 「비행접시들」; 1958, 327)

서론에서 우리가 말했던 쿠자누스와 융의 대극의 합일(coincidentia oppositorum; coniunctio oppositorum), 동양 문화권에서 위대한 개념으로 떠오른 음양과 이기일원(理氣一元)을 표상하는 수많은 태극의 문양들과 전통은 이미 불이(不二)의 사상을 시현하고 있었다. 원은 이미 태극, 즉 음양의 길(道)과 진리를 그 형상 안에 품고 있어 무극을 지향하고 있다. 그러나 앞서서 폴레를 인용하면서 이미 설명한 바 있지만, 원은 펼쳐지면 시작과 끝이 있는 직선이 되고 만다. 무한 우주론을 주창하고 대부분의 기독교 교리를 부인하여 화형장의 이슬로 기화한 현자 브루노(Giordano Bruno, 1548~1600)는 이를 일찍이 다음과 같이 표현한 바 있다.

> 가장 큰 것에서 무한한 원과 직선 사이에서 어떤 차이가 존재합니까? 원이 클수록 원은 자신의 호(弧)와 함께 더욱더 직선에 근접한다는 것을 그대는 알지 못합니까? (…) 가장 큰 것은 모든 것에 관해서 최상으로 다른 모든 것보다 직선적이지 않으면 안 됩니다. 그러므로 결국 무한한 곧음은 무한한

원으로 증명됩니다. (437)

원과 직선이 만나 이룩하는 역사와 우주의 운항! 역사에 진입한 수많은 원의 상징들이 지상의 영고성쇠를 겪어 원의 형상을 일부 상실하고 때로는 찌그러진 원이 되고 타원이 되고 사각이 되는 이유이다. 그렇다면 우리는 오목 볼록하고 시작과 끝이 그리고 생사가 여일하지만은 않게 얽혀 있는 이 세상에서 "여기저기를 기웃거리며"(umwegen) 자기에게 주어진 길(道)을 마쳐야 하는 일밖에 무슨 다른 일을 할 수 있을까? 사각의 원에서 발출하는 세익스피어판 "소리와 분노"는 그렇기 때문에 아무것도 의미하지 않은 것이 아니라 무언가를 항상 말하고 있다. 단지 소리와 분노라는 세상사에 대한 거리두기, 말하자면 체념과 달관이 어느 정도 유지된다면, 소리와 분노는 항차 삶을 마감하여 고요한 우주의 심연으로 들어가야 하는 이번 생의 무대가 되고 있다. 사바세계의 소음으로 가득한 사각의 링에서 원을 바라보아야 하는 직선과 곡선, 시간과 순환의 길항과 알력의 인간 조건 그리고 그 필연성! 직선이 없다면 원은 그 추진력을 잃게 되며, 직선은 원이 없다면 의미를 상실하게 되니, 둥그러움과 네모짐은 서로에게 기대어 시공간의 우주를 형성하고 있다.

우로보로스와
천원지방(天圓地方)

동양은 이러한 사상을 천원지방(天圓地方)이라는 말로 표현해 왔는데, 동양 사상에서 원은 결코 머물러있는 현상태(status quo)를 옹호하는 엠블럼만으로 작동하지는 않았다. 『역경』의 "하늘은 둥그럽고 땅은 네모나다"(乾爲圜, 「설괘전」 11장; 坤德方 坤卦 「文言」)는 표현은 이를 말하고 있음인데, 오히려 원은 "하늘의 무한함과 동적인 속성을 상징하고, 네모는 땅의 유한함과 정적인 속성을 상징"(박태봉 280)하면 했지, 운동과 정지, 변화와 정체, 진보와 보수의 양항 구조에서 후자 쪽으로 기울었다고 볼 수는 없다. 서양의 원에 관한 상념이 정지와 정체라는 개념으로 머물러 있다면, 동양의 원의 개념은 오히려 앞으로 나아가고 있었으니 범엽(范曄 398~445)의 『後漢書』, 「律曆誌」는 이를 다음과 같이 기록하고 있다. "양은 원으로 형을 이루며 그 성질이 동적이고 음은 방으로 마디를 이루며 그 성질이 정적이다"(陽以圓爲形 其性動 陰以方爲節 其性靜 박태봉 280; 주 35 재인용).

天地, 動靜, 體用 등의 대대(對待)적 항목들에서 곡선 혹은 원과 직선이 서로 대응하는 것은 대체로 수긍이 가지만 이를 陰陽과 剛柔 등 이분법의 엄밀한 잣대로만 풀 때 우리는 천원지방의 묘미를 놓치게 된다. 복희가 직선을 상징하고 여와가 곡선 혹은 원을 상징하고 있기는 하다. 陰은 자고로 땅과 고요함(정)과 연상되었는데, 천원지방의 개념에서 그러나 陰은 圓, 즉 하늘의 움직임과도 연관된다. '젠더 역전'이라기보다는 이러한 '젠더 상호 침투' 현상은 이집트의 해와 달 혹은 밤낮의 신이 하늘 여신 누트(Nut)와 땅의 남신 게브(Geb)로 표현되고 있는 것에서도 알 수 있다. 천지만물과 음양동정에 있어 서로가 서로를 배제하고 배척하지 않는 '대대'(對待), 혹은 상보

(相補)를 이루고 있음을 유념할 일이다. 아무튼 하늘 원은 陽으로써 동적인 순환의 세계이며 네모난 땅은 정적인 마디(節)를 이루어 음에 속하지만, 의미 부여에 따라 언제든지 상대의 영역과 세력을 대변할 수 있다. 대나무의 원형 마디 또한 하늘을 향해 수직으로 솟아나고 있기 때문이니, 땅이 언제나 머물러 있지 않는 이치와 같다.

전한 시대(서기전 206~208)의 개천설(蓋天設)로부터 유래하여 후한 시대(25~220) 후기에 유행했다고 전해지는 천원지방설(스기우라 131, 272)은 그런데 문헌 고증에 의하면 『주비산경』(周髀算經 전국 시대 서기전 2~3세기경)에서 처음 사용된 것으로 알려져 있다. "方屬地 圓屬天 天圓地方!" 『주비산경』의 "원은 방에서 나오고, 방은 구에서 나오며 구는 구구팔십일에서 나온다"(圓出于方 方出于矩, 矩出于九九八十一 券上之一; 박태봉 279 재인용)는 또 다른 표현은 필자에게 원의 역사적 속성을 강조하는 말로 들리고 있다. 주희 또한 『周易本義』에서 이를 다음과 같이 기록하고 있다. "天圓地方 圓者一而圍三 (…) 方者二而圍四"(박태봉 279, 278 각각 재인용). 여기서 운위되고 있는 '구'(矩)는 직각이나 네모를 그리는 데 사용하던 "ㄱ"자 모양의 자로서 곡척(曲尺)을 말함이며, 이와 짝을 이루는 규(規)는 원을 그리는 데 사용되던 연장으로 쉽게 말하자면 컴퍼스(compass)이다. 신장 지역에서 출토된 〈복희여와도〉에서 여와가 들고 있는 것이 규이고 복희가 들고 있는 것이 구인데, 이는 각각 일월과 음양을 말하고 있다.

명나라 시대 서상달(徐上達)은 그의 저서 『인법참동』(印法參同)에서 방과 원의 교호 작용의 필요성에 대해 다음과 같이 말하고 있다.

규는 圓의 법이다. 規를 한 번 펼치면 천하에 둥글게 만들지 못하는 것이
없다. 矩는 方의 법이다. 矩를 한번 펼치면 천하에 네모를 만들지 못하는 것
이 없다. (…) 方의 오묘함을 얻어야 方의 矩가 되고, 圓의 오묘함을 얻어야
圓의 規가 되며, 印의 오묘함을 얻어야 印의 법이 된다. (…) 사람들은 方이

반드시 矩를 지향해야 한다는 것만을 알고 결국 方에만 뜻을 두고 規를 버린다. 또한 圓이 반드시 規를 지향해야 한다는 것만을 알고 결국 원에만 뜻을 두고 矩를 버린다. 그렇지만 사람들은 규가 원을 사용하지만 몸이 실제로는 방이며, 방이 아니면 원을 바르게 할 수 없게 되어 원이 결국 사방으로 펼칠 수 없다는 것을 모른다. 또한 矩가 방을 사용하지만 몸은 실제로는 원이며, 원이 아니면 방을 가지런히 할 수 없게 되어 방이 결국 일관되지 못할 것을 모른다. 방이 주가 되면 반드시 원이 방을 돕고, 원이 주가 되면 반드시 방이 원을 돕는 것이 바로 規와 矩를 잘 사용하는 것이다.

(김현숙 346, 348 재인용; 강조 필자)

규와 구의 상호의존성 혹은 음양일월의 천지조화를 말하고 있음인데, 실제로 역사는 지역에 따라 한쪽으로 치우쳐 두 요소, 즉 직선과 곡선의 평형과 조화는 잘 이루어지지 않았으니, 동양이 곡선의 문화를 서양이 직선의 문명을 이룩했다는 세간의 평가는 이를 말하고 있음이다. 한장경의 천원지방에 대한 해설은 우리의 논지와 적합하여 인용을 요한다.

역(易)에 「乾爲圓 = 건(乾)은 환(圓)이 된다」함은, 양(陽)의 유동(流動)하는 작용(作用)이 원(圓)함을 말함이오, 「坤德方 = 곤(坤)은 덕(德)이 방(方)하다」함은, 음(陰)의 안정(安定)하는 작용(作用)이 방(方)함을 말함이며, 또 「蓍之德圓以神 卦之德方以知 = 시(蓍)의 덕(德)은 원(圓)하여 써 신(神)하고, 괘(卦)의 덕(德)은 방(方)하여 써 지(知)하다」하니, 시(蓍)는 삼오착종(參伍錯綜)으로 변화(變化)하는 것이오 괘(卦)는 이미 형체(形體)를 이루어 정지(靜止)한 것이라, 이는 시(蓍)는 신(神)하여 방(方)이 없이 변화(變化)함으로 그 작용(作用)이 원(圓)하고, 괘(卦)는 정지(靜止)하여 정리(定理)가 있으므로 그 작용(作用)이 방(方)함을 말함이다. (…) 만물이 方을 구성한 요소는 直이므로 方한 자는 直한 體를 가지고 있고, 圓의 운동하는 궤도는 圓이므

로 圓한자는 圓하는 用을 가지고 있으니, 方과 圓이 互根하고 있으므로 直
과 圓이 또한 互根한다. 대지의 형상은 圓하고 그 운행하는 궤도는 圜이 되
고 있으나 지상의 수평선은 직하고 남북극을 연결하는 지축이 또한 직하며
모든 원구가 일정한 궤도를 따라서 圜行하는 자는 그 속에 직한 축이 없는
것이 없으니 (…) 이와 같이 만사만물은 모두 圓周運動과 直線運動의 양면
이 있으니, 이는 천지의 생존 작용이 體가 用을 생하고 그 用이 體로 변하
고 그 體가 다시 用을 생하여 體와 用이 서로 循環함으로 환주운동이 되지
아니할 수 없고, 또 체용이 서로 계승하여 세대의 분별이 있으므로 직선운
동이 되지 아니할 수 없는 것이다. (136, 138-139)

"方"과 "圓"의 교호 작용을 말하고 있음인데, 세상 만물은 모두 이 요
소를 지녀 운동과 머무름을 조화롭게 이루고 있다. 지구가 원형이지만 평면
적으로 보면 직(直)한 속성을 지녀 돌아가면서도 멈추어 있는 것처럼 보이
는 이유이다. 지구의 자전과 공전 또한 23.5도의 지축으로 일부러 이그러져
체용(體用)의 직선운동과 환주운동을 하면서 일정 거리를 유지하고 있다고
말할 수 있으니, 원주율 파이(pi, π)가 상징하는 직선과 원의 협력을 넘어 필
자는 이를 원과 직선을 역시 갈무리한 파이(phi, φ)로 이름 하고자 한다. 헤
겔의 나선운동과 다음 절에서 언급할 토인비의 진보적인 원은 후자인 파이
(φ)에 가깝다.

우로보로스가 전하는 혜광(慧光)의 심어(心語): 윤회의 공포
혹은 영생의 지겨움과 죽어야 사는 인간, homo vitae morti![13]

길희성의 다음과 같은 최근의 언급(2020)은 직선적 세계관과 순환적 세계관의 장단점을 잘 지적하고 있다.

> 유일신 신앙은 (…) 세계와 역사(시간)가 창조로부터 종말에 이르기까지 불가역적인 방향으로 직선적으로 진행된다는 세계관과 역사관과 인생관을 낳는다. (…) 이러한 태도는 자연히 현실의 변혁을 추동하는 역동적 힘으로 작용하게 된다. 이런 역사관과 대조적으로, 중국이나 인도 그리고 고대 그리스에서도 세계와 역사(시간)는 끝없이 반복되는 순환적(cyclical) 성격을 띤다. 순환적 세계관에서는 시간이 경과함에 따라 세계와 역사가 점점 더 도덕적으로 쇠퇴해간다고 보기 때문에, 우리가 지향하고 동경하는 이상 세계는 미래의 희망이기보다는 먼 옛날 요순시대처럼 신화적 과거에 존재했던 세계로 이해되거나 혹은 플라톤 철학에서처럼 감각적 세계(sensible world)와는 전혀 차원이 다른 초시간적인, 다시 말해 영원불변하고 완벽한 이데아들의 세계로 파악된다. (40-41; 강조 필자)

유일신 신앙이 지시하고 명령하고 있는 직선론적 세계관이 현실의 변혁을 추동하는 역동적인 힘으로 역사에 작용했다는 말인데, 직선론적 세계관에 대한 순환론적 세계관의 우위를 선전하고 있었던 20세기 특별히 포스트모더니즘의 잠식에 대한 반대급부로 충분히 일리가 있는 말이다. 그러나 유교적 낙관주의와 마르크스, 레닌을 거친 모택동의 공산주의 사상을 순환적인 것으로, 그리고 기독교 신앙의 현실도피적 성격을 일면 플라톤의 이분법에서 발아하는 이데아 사상의 영향으로 간주하는 길희성 교수의 언급은 많은 토론거리를 제공하고 있다. 과거와 미래지향적이라는 두 가지 술어로 순환론적, 직선론적 시간관이 깔끔하게 나누어지지 않는다는 것을 본인도 인식하고 있는 바이지만, 미래지향적 직선론적 사고와 소위 과거지향적 순환론적 사고가 그러나 우열의 문제는 아닌 듯 보인다. 따라서 "유일신 신앙은 역사의 세계를 도피하기보다는 오히려 신의 뜻이 구현되는 의미 있는 과정으로 본다"(41)는 그의 언급은 재고되어야 한다. 순환론적인 윤회 사상이 일견 기독교의 선형적 사고관이 역설적으로 제공하는 절멸 내지는 적멸의 사상보다 더 공평할 수 있기 때문이다.

우리의 원은 이제까지의 논의를 따르자면 따라서 직선을 배제하지 않지만 직선 또한 원의 일부일 때 의미를 갖게 되니, 우리는 이러한 원을 방과 원으로 구성되는 '대원'(大圓)이라 칭할 수 있다. 우리의 원은 따라서 직선을 필요로 하며 직선이 함의하는 진보와 발전을 이미 갈무리하고 있다. 토인비(Arnold Toynbee)의 문명의 수레바퀴가 회귀적이면서도 진보적인 이유이다.

수레바퀴의 비유는 그 스스로 순환적 반복이 진보와 맞물리고 있다는 한 예시를 제공해준다. 수레바퀴 운동은 수레바퀴의 굴대와의 관계에서 보자면 분명히 반복적이기는 하지만, 수레바퀴는 바퀴를 단순히 부품으로 하는 차량을 움직이도록 만들어졌고 해서 굴대에 바퀴가 부착된다. 바퀴의 존재 이유인 차량이 굴대 주위를 회전하는 바퀴의 원주운동으로 인하여 움직일 수 있다는 사실은 그런데 차량 자체를 마치 회전목마와 같이 똑같은 궤도를 움직이도록 강요하지 않는다. (⋯)

문명의 진행 과정에 대한 분석에 나타난 주기적인 반복적 운동에 대한 발견들은 그러므로 그러한 과정 자체가 꼭 같은 순환적 질서라는 것을 함의하지 않는다. 이와는 반대로, 만약 이러한 소규모의 운동들의 주기성에서 무엇인가 합당한 논의를 끌어낼 수 있다면, 우리들은 차라리 그들이 수반하는 대규모의 운동은 회귀적인 것이 아니라 진보적인 것이라고 추론하는 것이 나을 것이다. 인류는 그의 바퀴에 영원히 묶여 있는 익시온도 같은 산의 정상으로 바위를 굴려 올려 그것이 허망하게 다시 떨어지는 것을 바라보는 시지포스 또한 아니다. (Toynbee 253-254; 강조 필자)

원형의 구슬을 직선으로 엮으면 다시 원이 되는 이치이니, 직선으로 표상되는 인간의 길과 원으로 표상되는 하늘의 길은 상호 적절한 모양새를 지닐 때 음양태극과 무극이 이루는 편안함과 완전함을 다시 찾게 되는데, 무극이 태극이면서도 따로 태극을 끊임없이 요구하고 그 무극에 자양분을 대고 있는 태극마저도 음양으로 나누어져 있는 이치이기도 하다.

태극에 관해서는 원래 공자의 「계사전」 11장에서 간단한 언급(易有太極, 是生兩儀, 兩儀生四象, 四象生八卦)이 이루어지고 있는데, 그 위계적이고 발생론적 병폐에도 불구하고(김상일 2006, 95) 이를 '무극이태극'(無極而太極)으로 정형화한 이는 주돈이었고 이를 더욱 발전시킨 이는 주자였다. 무극을 상정하고 있는 태극은 음양의 밑받침을 형성하고 있는데, 우리는 시작도 끝도 없는 태극이라는 원형의 둘레에서 시작과 끝을 갈마들며 오목볼록한 가운데의 곡선으로 형상화된 나와 너, 순간과 영원, 유와 무의 투쟁과 조화를 이루어가고 있다(○+음양=☯). 시작점이 없으며 어느 곳에서도 시작할 수 있는 태극문양은 끝 또한 없으니, 어느 점도 시작과 끝을 이루면서 시작과 끝으로 함몰하지 않는 성질 또는 기능을 우리는 무극이라 말할 수 있다. 주자는 소위 '아호사 논쟁'을 시작하는 陸梭山(陸象山의 형)과의 서신 교환에서 다음과 같은 구절을 보낸다.

무극을 말하지 아니하면 태극이 하나의 사물과 같아져서 만 가지 변화의 뿌리가 되지 못하고, 또한 태극을 말하지 아니하면 그 무극이라는 것이 공적(空寂: 허무)에 빠지게 되어 능히 만 가지 변화의 뿌리가 될 수 없다.

(『晦庵集』, 장윤수 173 재인용)

북송 시대 기학(氣學)의 기수인 장재(張載)의 영향을 받아 주자와는 대척점에 선 남송 시대 육상산의 심학의 체계 안에서도 태극과 음양과의 교호라는 기본틀은 유지되고 있다.

> 태극이 움직여 양을 낳고 양이 극에 달하면 고요해진다. 고요함 속에서 음은 생겨나고 고요함이 극에 달하면 다시 움직인다.
> (太極動而生陽, 陽極而靜, 靜而生陰, 靜極復動. 주광호 2007, 20-21 재인용)

"태어난다"(生)는 말이 원인과 결과로 새겨지지 않는다는 점은 유의할 필요성이 있는데, 원인과 결과는 그리고 우리의 주제인 시작과 끝, 유와 무, 생과 사는 서로를 이미 함의하고 포함하고 있으니 우리는 이를 '우로보로스의 순환'이라 이미 설명하고 있었다.

> '생(生)한다'는 말을 부모가 자식을 낳듯이 현실 시간상 선재했던 것이 뒤에 나타난 것을 낳는다(出生)는 의미로 해석할 수 없다. 이는 단지 태극이 음양의 선험적 가능 근거가 된다는 말에 지나지 않는다. 선험적인 관점에서 본다면 태극이 음양의 근거가 되어, 한 번 음했다가 양하는 운동의 근거가 되지만, 현실상에서는 음양에 내재하여 그 지도리가 된다. 음양은 시작도 끝도 없이 무한히 순환하는 바, 바로 거기에 태극이 내재한다. (임헌규 2005, 179)

이는 태극과 무극의 관계에서도 드러난다. 무극이태극이라는 말은 무극에서 태극이 생긴다는 말이 아니고 더더욱 태극에서 음양이 형성된다는 주장 또한 아니다. 음양오행이라는 현상 속에서 태극과 무극은 동시에 현시하고 있으니, 기(氣)의 원칙이 리(理)인 것은 분명하지만 기에 이미 리가 내재하고 있다는 주장과 일맥상통한다. 무극이태극을 알기 쉽게 설명하는 김용옥(2022)을 보자.

[무극이태극은] "무극이면서 태극이요, 태극이면서 무극이다"라고 해석되어야 한다. "이而"는 시간의 선후를 말한 것이 아니라, 동시적 교감의 총체성을 지시하는 것이다. (⋯) 태극의 본 모습은 극極(한계, 한정)이 사라진 무극無極의 카오스다. 태극은 분별적 코스모스의 체계이지만, 그 코스모스의 이면에는 극이 무화되는 카오스가 도사리고 있는 것이다. (24)

태극을 태허(太虛)로 파악한 장재와 세월을 격해 이와 유사한 사유를 드러내는 花潭 서경덕, 유무와 음양, 그리고 리기(理氣)의 동시발생설을 근간으로 주자를 받아들여 무극을 포함하는 태극의 개념을 정초하는 율곡의 태극에 대한 사유는 다양한 스펙트럼을 보이고 있는데, 음양은 태극에서 그리고 우리가 아직 그것이 무엇인지는 모르는 무극에서 만나기 마련이다.[14] 진화된 우로보로스라 할 수 있는 무극이 잠재된 주돈이의 태극은 중국의 주자학과 조선의 성리학으로 개화하였다. 오목볼록하여 갈마들기가 가능한 태극은 상생하고 상극하는 음양오행으로 현실화되어 갔는데, 상생상극하는 태극의 개념은 3태극의 개념과 더불어 혼돈과 조화의 우주를 표현하는 상징이 된다.

원은 멈추면 내재된 고유의 역동적 속성을 잃어버리고 죽음의 성질을 띠게 되는데, 공간을 점하고 있는 원이 또한 직선을 포함하는 시간적인 속성을 지닌다면 우리는 이를 굳이, 많은 이들이 비판해 왔던 것처럼 순환론적인 역사관으로의 퇴행이라 서둘러 말할 필요가 없다. 모종삼(牟宗三)이 인용하고 있는 「계사전」 11장의 "원만하고 신묘한 지혜"(圓而神 1974, 295)는 도가와 조화를 이룬, 혹은 도가를 넘어선 유가의 역사적이고 순환적인 상상력을 말하고 있으니, 이는 "蓍之德 圓而神" 구절 다음에 "卦之德 方而知" 구절이 바로 나오는 연유에서도 짐작할 수 있다. 직역하면 "시초의 덕은 둥글며 신비하고, 괘의 덕은 모나며 지혜롭다." 물론 땅의 유한함에서 비롯된 운동이야말로 진보를 함의한다고 말할 수는 있겠으니, 맹자의 '사람의 길'이

하늘을 열고 바꾸는 까닭과 다름이 없다.[15] 직선과 원의 만남에서 우리는 그러나 최종적으로는 그 순환론적인 위험을 무릅쓰고 결국은 원을 지향해야 한다고 말할 수 있으니, 반복으로서의 신화적 세계관과 차이로서의 역사적 세계관은 "하늘 원", 즉 대원(大圓)의 세계로 수렴하고 있다. 하늘을 열고 있는 공자와 맹자의 인륜과 왕도 혹은 패도가 다시 노장의 자연과 하늘로 섞어져 돌아간다는 말인데, 인간의 길은 그렇지 않다고 강변할 때에도 하늘 아래에 있으니 "가장 큰 하늘은 언제나 그대 등 뒤에 있다"(강은교 「사랑법」).

우리가 이 책의 말미에서 이 책의 결론이자 새로운 책의 주제로 상정하고 있는 '우로보로스의 해석학' 혹은 '우로보로스의 순간학'은 그렇기 때문에 시작과 끝, 역사와 영원, 원과 직선, 순환론적인 시간관과 발전론적인 시간, 동양의 윤회와 서양의 구원, 종교와 역사, 뮈토스와 로고스, 신과 인간, 그리고 수사학적으로는 토톨로기와 은유의 길항작용을 배제하지 않는다. 꼬리를 무는 뱀 우로보로스(ouroboros, uroboros), 또는 허물을 벗고 되살아나는 뱀은 윤회라는 허물을 계속해서 탈피하여 "생에서 비롯한 죽음과 죽음에서 비롯한 삶의 변증"을 드러내는 "살아 있는 영원의 상징"(Bachelard 『물과 꿈』, 309), 즉 정신의 '자기순환성'을 표상하는 것이 되기도 하거니와, 뱀과 관련된 여신을 숭배하는 지중해 연안의 고대 종교에서 뱀은 대체적으로 불멸과 지혜의 상징이었다.

뱀만큼 삶이 죽음이고, 죽음이 다시 삶임을 드러내는 상징을 표현하는 동물은 없었다. 우로보로스 상징이 우리에게 말하고 있는 것은 직선으로 표상되는 순간이 원이 표상하는 영원의 일부분 혹은 영원 자체로 변한다는 사실이 아니라, 순간이 그대로 영원 자체가 된다는 사실일 것이다. 그리스 신화에서 '시간'의 신 크로노스가 시간의 상징인 뱀을 휘둘러 감아 '영원'의 신 아이온(Aion)을 배태하는 것을 기억하자. 영원은 그리고 영혼은 시간에서 출몰한다.[16] 세이건(Carl Sagan)이 『우주』의 제사(題詞)에서 말하고 있듯이 우주는 모든 현재이고 과거이고 미래이다(The cosmos is all that is or ever was or ever will be). 뱀과 달에 대한 현상학적 고찰은 순간이 영원이고 변화와 생성이 항상성과 존재 그 자체가 된다는 사실을 우리에게 전해주고 있다. 현세의 번뇌가 열반으로 치환되며 예토(穢土)가 불국토(佛國土)요 신국 (神國)이 되는 이유와 다르지 않다.

진흙에서 개화하는 연꽃과 마구간에서 태어나야만 하는 예수의 운명, 그리고 삶과 죽음의 우로보로스를 체현하고 있는 십자가의 죽음과 부활! 저자가 근자에 방문한 화순 운주사의 원형 다층석탑과 예산 수덕사의 만 공탑 또한 이러한 사실, 즉 땅을 의미하는 8각과 하늘을 의미하는 원의 조 합을 잘 보여주고 있었다.[18] "지극히 높은 곳에서는 하느님께 영광이요 땅 에서는 기뻐하심을 입은 사람들 중에 평화"(누가 2:14)라는 구절의 의미와

운주사 원형 다층석탑(보물 제798호):
2018년 저자가 카메라에 담은 화순 운주사 원형 다층석탑

운주사의 원형 다층석탑이 구현하는 천원지방(天圓地方)의 개념은 많이 다르지 않다. 우리의 원은 (직)선을 필요로 한다. 지상과 영원, 이승과 저승, 역사와 신화, 순환과 발전 혹은 혁명의 절묘한 조합. 장미원의 지복을 알기 위해서 우리는 "허황하지만 슬픈 시간으로 뻗어 있는"(Ridiculous the waste sad time / Stretching before and after. "Burnt Norton") 황무지를 거쳐야 한다.

But only in time can the moment in the rose garden,

The moment in the arbor where the rain beat,

The moment in the draughty church at smokefall

Be remembered; involved with past and future,

Only through time, time is conquered.

(Eliot *Four Quartets* "Burnt Norton")

수덕사 만공탑: 2017년 8월 24일 국가등록문화재 지정,
예산 수덕사 만공탑 전경. 사진출처: 문화재청

그러나 거듭 말하지만 우리가 바라보아야 할 것은 천원을 지탱하는 8각 (←4각)의 모양새에서도 알 수 있듯이 "땅에서 발원하는 하늘"일 것이다. 4 는 동서양을 막론하고 땅, 혹은 대지의 어미를, 원은 하늘 혹은 일자와 무한과 영원을 상징하고 있다(Schneider, passim). 직선은 원을 구성하고 있으나 그것은 또한 풀리고 이어져 곡선을 이루는 숙명을 띠고 있다. 이것이 바로 카뮈가 티파사의 폐허에서 발견하였던 '향일화'(heliotrope)와 카뮈를 좋아했던 바슐라르가 말하는 초의 불꽃(la flamme d'une chandelle)이 지향하는 하늘이겠지만, 그것이 한때 고딕 성당이 재현했던 직선론적 형태로의 회귀는 더 이상 아닐 것이다. 직선으로 한없이 올라가는 고딕 첨탑이 머물고 지향하는 것은 둥그런 하늘이었지만, 인류는 한동안 직선의 꿈에 취해 그것이 지향하는 하늘을 무시하기도 하였다.

'지상에서 영원으로'라는 표어에 내재하는 지상과 영원의 길항작용![18] 우리의 주제인 우로보로스 뱀만큼 남성적 직선과 여성적 곡선이 함의하는 땅과 하늘의 배합이 절묘하게 어울리는 신품(神品)은 없으니, 그는 우리가 이 책 2장과 4장에서 줄기차게 소명한바 빳빳하게 살아 있을 때는 남근의 모습으로 그리고 똬리를 틀고 있을 때는 여근의 굴곡진 모습으로 나타나고 있다. 미래불인 비로자나, 즉 광명불(光明佛)의 수인(手印, mudra)인 '지권인'(智拳印)은 중생과 부처, 남성과 여성, 직선과 곡선, 땅과 하늘의 합을 말하고 있다(다음 도판은 해인사의 목조 비로자나불). 남근과 여근, 직선과 곡선은 서로 만나 비로자나이자 신이 표출하는 빛, 즉 "Φ"를 그리고 이루고 있다.[19]

원은 구르면 바퀴(輪)가 된다. 직선으로 뻗은 바퀴살과 중심의 비어 있는 축심의 절묘한 조합! 부처의 초전법륜(初轉法輪)이나 야스퍼스의 차축시대의 비유는 바로 이를 말하고 있음이니, 다시 인용하자면 "원을 둥글게 하라. 그러면 너는 현자의 돌을 얻으리라"(『현자의 장미원』 261; Jung 「심리학과 종교」 85 재인용).[20] 윤회의 바퀴는 구르고 굴러 어느새 진리와 지혜의 바퀴로 변하여 다시 한번 문명을 일구는, 지나간 차축시대의 바퀴, 즉 다소간 선형적인 운동을 주로 하여 점령과 지배의 도구가 되었던 바퀴와는 구별되는, 새로운 바퀴로의 변신을 준비하고 있다. 인류는 아직 가운데 축심인 두 번째 원의 비어있음, 즉 무심(無心)을 실현해야 할 미래를 짊어지고 있다. 첫 번째 외곽의 바퀴는 다소 직선적인 운동을 보여주어 원의 심상을 완전히 실현하기에 미흡함이 있었다. 부처의 초전법륜과 예수의 산상수훈으로 극치에 달했던 첫 번째 바퀴는 새로운 신화와 종교의 가능성을 모색하고 있는데, 바퀴의 축심이 상징하는 비어 있음 혹은 지나간 4천 년 무시하고 저버렸던 무(無) 혹은 허(虛)의 묘리를 복원하고 구현해 낼지, 그리고 한창 인기몰이를 하고 있는 제2의 차축으로 미화되고 있는 소위 "4차 산업혁명"이 이러한 차원을 실현해 낼 수 있을지 귀추가 주목된다. 무심의 두 번째 바퀴가 상징하는 원이 '무극이 태극'으로 정형화되어 지배 체제의 도구가 되었던 것으로 머물러있을지, 새로운 차원의 타원이 될지는 더욱더 궁구할 일이다.

합천 해인사 법보전 목조비로자나불좌상:
보물 제1777호. 사진출처: 문화재청

무 혹은 허의 구현체인 원의 귀환은 역설적으로 "비어 있는 신", 유영모의 표현을 사용하자면 "없이 있는 신"을 불러들이게 된다. 인류는 '비어 있으나 꽉 찬' 두 번째 허심(虛心)의 바퀴를 소망하고 있다.[21] 노자는 도덕경 11장에서 허(虛)의 철학, 무 혹은 공의 효용에 대해서 다음과 같은 언급을 하고 있다.

三十輻共一轂,

當其無,

有車之用.

………

故有之以爲利,

無之以爲用.

삼십 개의 바퀴살이

하나의 바퀴통으로 모여 있으되,

그 중심에 빈 구멍이 있음으로써

수레로 쓰여진다.

………………….

그러므로 유(有)가 이로운 것은,

무(無)가 용(用)이 되기 때문이다.

(임채우 80-81 수록)

"폭은 바큇살이고, 곡은 수레바퀴의 가운데에 들어 있는 구멍이 뚫린 조그마한 통"(최진석, 98)인데, 왕필은 이 구절을 다음과 같이 해석한 바 있다. "바퀴통이 서른 개의 바큇살을 거느릴 수 있는 까닭은 비었기(無) 때문이다. 무(無)로써 사물을 받아들일 수 있기 때문에, 적음으로써 많음을 통괄할 수 있다"(임채우 80).

휠라이트(Philip Wheelright)의 다음과 같은 언급을 보자.

원형 상징 가운데 가장 철학적으로 성숙된 상징은 아마 원과 그 가장 흔한 이미지 구현체인 수레바퀴이다. (…) 원이 차바퀴로 구현되었을 때 두 가지 특질이 부가되는데, 차바퀴에는 살이 있고 이는 또 회전한다는 것이다. 차바퀴의 살은 심상적으로 태양광선을 상징하고, 살과 광선은 둘이 다 중앙에 자리하는 생명력의 원천에서 우주 만물을 향해 창조적 영향력을 발산한다는 상징성을 갖는다. (132-133)

"중앙에 자리하는 생명력의 원천"은 물론 두 번째 원인 허심의 축심을 말하고 있는데, 이것이 무극 혹은 새로운 차축이 타원형 상징이 될지 초미의 관심사가 될 수 있음은 이미 바로 앞에서 밝힌 바와 같다.

삶과 죽음의 우로보로스가 어느 정도 완성되면 인류는 개안의 순간, 즉 니르바나 혹은 신의 은총을 체험하게 된다. 순간이 영원의 일부로서 영원으로 가는 도상, 즉 길 위의 한 점이 아니라 영원 그 자체임을 괴테는 또한 다음과 같이 표현하고 있다. "오늘은 오늘, 내일은 내일 — 그 이전의 것과 그 이후의 것은 아무래도 좋은 것이요 여기에는 없는 것이다"(Cassirer 1925, 213 재인용). 이러한 인식에 도달하게 되면 "과중한 일과를 매일 준수하는 것, 그 외에는 어떠한 계시도 필요치 않다"(괴테의 『서동시집』중 「고대 페르시아 신앙의 유산」; Cassirer 1925, 191 재인용). 날은 날에게 말하고 밤은 밤에게 지식을 전하니(시편 19:2), 달이 뜨면 달을 볼 것이며, 해가 뜨면 일을 할 뿐이다. 조금 다른 맥락이 될 수도 있겠으나 선가는 이를 다음과 같이 말하고 있다. 일면불, 월면불!(日面佛, 月面佛!) 달과 해가 뜨는 한 호시절이니 일면보살처럼 1800년을 살아도 월면보살처럼 하루를 살아도 좋다. 이렇게 되면 공자는 지천명(知天命)과 그 천명을 따르는 이순(耳順)을 넘어 마음 가는 대로 행하는 "從心所慾不踰矩"의 경지에, 그리고 우리의 장자는 "죽음도 태어남도 없나니 (…) 일찍 죽어도 좋고, 늙어 죽어도 좋고, 태어나도 좋고 죽어도 좋다(不死不生 (…) 善夭善老 善始善終 (『莊子』, 「大宗師」 15)는 인식에 도달하게 된다. 장자의 순명(順命) 내지는 소요유는 니체의 '운명애'와 흡사하니, 단순하게 말하면 장자의 덕이 있는 자(德者)는 니체의 초인(Übermensch)이다.

스스로 자기 마음을 섬기는 자는 눈앞에 어떤 일이 일어나던 그것으로 애락의 감정이 움직이지 않으며, 사랑의 힘으로는 어쩔 수 없다는 사실을 잘 알아서 마음 편히 운명을 따르게 됩니다. 이것을 최고의 덕이라 합니다.
(自事其心者. 哀樂不易施乎前. 知其不可奈可. 而安之若命. 德之至也.『莊子』, 「人間世」 18)

[사람의 힘으로는] 어쩔 수가 없음을 알고, 그러한 경지에 편안히 머물러 운명을 [순순히] 따르는 것은 덕이 있는 자만이 할 수 있는 일이다.
(知不可奈可. 而安之若命. 惟有德者能之.『莊子』, 「德充符」 8)

쉽지는 않겠으나 "한 날의 괴로움은 그날에 족하나니"(마태 6:34), 선사 운문(雲門)은 이를 다음과 같이 말한다. "매일매일 좋은 날이라"(日日是好日). 괴테는 바로 앞서 말한 "과중한 일과", 즉 일상의 소중함 내지 "일상성의 은 총"(Alltags in Gnade)의 중요성을 말하고 있는데, 이 책 1권 1장에서 우리가 살핀 것처럼 '출 에덴'과 더불어 창세기가 노동이 존재해야만 하는 새로운 낙원을 그리고 있는 이유와 일맥상통한다. 사물인터넷과 챗GPT가 그리는 세상과는 달리 사람에게는 일과 노동이 필요하니, 일이 없으면 지겹고 무료해져 권태하다고 한다. 우리가 말한 영생의 지겨움, 혹은 윤회의 공포는 노동하는 인간(homo laboris)이라는 개념으로 상쇄되기도 하니, 원죄와 죽음, 영생에 관한 온갖 요설은 여기서 그 의미를 잃고 있다. 그르니에(Jean Grenier)가 말하고 있는 다음과 같은 토톨로기는 그러나 우리에게 여전히 허락될 수 있을까?: "우리는 걷기 때문에 걷는 것이다"(Nous marçons parce que nous marçons).[22] 굳이 앞의 걸음걸이를 역사, 뒤의 걸음걸이를 영원의 그것이라 말할 필요는 없으니, 역사는 그것대로 이미 영원의 한 획을 달성하고 있음이다. 순례의 발걸음이 이러하니 까뮈(Albert Camus)가 『결혼·여름』에서 말하는 티파사(Tipasa)의 행복 또한 이러한 소소하지만 큰 "일상성의 은총"(Alltags in Gnade)을 표현하고 있다.

우로보로스의 순환과 탈(脫)우로보로스의 미명(未明) 속에서는 "죽음도 태어남도 없나니 (…) 일찍 죽어도 좋고, 늙어 죽어도 좋고, 태어나도 좋고 죽어도 좋다"(不死不生 (…) 善夭善老 善始善終 (『莊子』, 「大宗師」). 善夭善老 善始善終!)[23] 장자의 사유에서 유교적 색채가 나는 "마음 공손함"(心齋)은 마음 비움과 다르지 않으며, 우로보로스의 순환적 생사관과 이로부터 촉발되는 달관과 소요는 우리를 유무의 분별과 생사 인식의 고통으로부터 벗어나게 하여 심재의 상태에 머무르게 한다.

> 귀는 소리를 들을 뿐이고 마음은 밖에서 들어온 것에 맞추어 깨달을 뿐이지만, 기란 공허하며 무엇이나 다 받아들인다. 참된 도는 오직 허공 속에 모인다. 이 공허가 곧 심재(즉 마음의 [공손함, 즉] 재계)이다.
> (聽止於耳 心止於符 氣也者 虛而待物者也. 唯道集虛 虛者心齋也『莊子』, 「人間世」; 안동림 114)

우로보로스적 생사관은 우리를 태허(太虛), 즉 "텅 비고 꽉 찬" 무에 관한 인식에 다다르게 하니, 이것을 알게 될 때 우리는 태어나면 살고 늙으면 늙고 죽으면 죽는 위대한 경지에 도달하게 된다. 우로보로스는 이제 시작과 끝을 벗고 무로 귀환하는 것을 시도한다.

삶이 죽음, 죽음이 삶이라는 우로보로스 인식은 소요유를 가능케 하고 있는데, 반야심경 중반부의 다음 구절은 삶도 죽음도 그대로 받아들이는 장자의 소요유의 경지에 다다르고 있다.

12 연기의 무명도 없고 또한 무명 없는 것 또한 없도다. 이러하니 늙고 죽음 도 없고, 늙고 죽음 없는 것 또한 없도다. 고통과 집착과 번뇌를 없애 도를 깨닫는 것 또한 없도다!

(無無明亦無無明盡. 乃至無老死, 亦無老死盡. 無苦集滅道. 김용옥 219-220 수록)

장자의 不死不生은 구절로만 본다면 『심경』의 無老死에 善始善終은 無 老死盡에 해당한다. 不死不生과 善始善終도 좋지만 그러나 장자의 위대함 은 그러한 것을 모르는 것도 좋고 그러한 것을 또한 잊는 묘미에 있다.

시작이 있다는 것과 애당초 시작이 없다는 것과 없음이 애당초 없음마저 도 처음부터 없음으로 있다는 것이다. 그러니 갑자기 없음이 있지만 없음이 과연 어떻게 있고 어떻게 없는지 알지 못한다. 이제 내가 이미 말을 했는데, 내가 말한 것이 과연 말로 있는지 과연 말로 없는지 모르겠다.

(「제물론」; 김학목 116-118)

心經의 말로 하자면 도를 알아도 도를 알지 않아도 좋으니, 忘我(심경)와 坐忘(장자)의 깨달음 속에서 생사는 우로보로스 인식 속에서 하나가 된다. 제사생(齊死生)과 일사생(一死生)을 유포시킨 곽상은 이를 다음과 같이 주 석한 바 있다.

시작과 끝이 없고 삶과 죽음을 하나로 여긴다는 것을 말한다. 하나로 여기

는 것은 하나라고도 여기지 않아 저절로 하나인 것만 못하니, 이러한 경지
는 또 그 하나로 여기는 것마저 잊은 것이다. (⋯) 이것은 모두 그 앎을 잊은
경지이니, 여기에서 갑자기 비로소 모든 것이 없어져 버렸을 뿐이다. 모든
것이 없어져 버렸으면 천지의 만물과 피아의 옳고 그름이 환히 탁 트여 여
기에서 확실해진다.

(謂無終始而 一死生. 夫一之者, 未若不一而自齊, 斯又忘其一也. (⋯) 此都忘
其知也, 爾乃俄然始了無耳. 了無, 則天地萬物, 彼我是非, 豁然確斯也.「제물론
주」; 김학목 116-118 수록)

중늙은이 햄릿의 다음과 같은 말은, 작가 셰익스피어의 깨달음이라 하
는 것이 더 타당할지는 모르겠지만, 생사를 포함한 자연의 섭리를 신의 섭
리로 이해하고 있기는 하지만 나름 표표함과 여여(如如)의 경지에 다다르고
있다.

아무 상관없어. 우리는 예언이나 모사 따위 믿지 않아. 참새 한 마리가 떨어
질 때도 특별한 섭리가 있는 법. 죽을 때가 지금이면 아니 올 것이고, 아니
올 것이면 지금이겠지. 지금이 아니라도 오기는 올 터이고. 마음의 준비가
전부일 뿐. 떠나는 그 누구도 제 때에 자기가 무엇을 남기고 떠날지 모르는
법. 물 흐르듯 살고 죽는 것일 뿐. (최종철 번역 참조)

Not a whit. We defy augury. There is special providence in the fall of
a sparrow. If it be, 'tis not to come. If it be not to come, it will be now.
If it be not now, yet it will come. The readiness is all, since no man of
aughth leaves knows what is't to leave betimes. Let be.

(V. ii.: 197-201)[24]

마지막 구절에서 노자의 '상선약수'(上善若水)를 떠올리는 것은 지나친 비약일까. 우리는 걷기 때문에 걷고, 살기 때문에 살고 죽기 때문에 죽는 것이다.

　차선이니 최선이니 부질없으니 그저 선을 행하면서 둥글둥글 때로는 모나게 살다 가면 그뿐인 것을 영생이니 윤회로부터의 해탈이니, 구원이니 적멸이니 그리고 그것마저도 부질없다고 말하는 것, 알지도, 알 수도 없는, 때로는 아무것도 의미하지 않아야 할 '종심소욕불유구'(從心所欲不踰矩), "무엇이나 다 받아들이고 바로 비워야 할" 하늘의 말을 여전히 공부하고 전하는 것 같아 계면스러울 따름이다. 우로보로스는 이제 시작과 끝의 형이상학적 미망을 벗고 무로의 변신을 시도하고 있다.

원의 자기 충족성과 폐쇄성:
폐루카치의 항해의 별과 "너는 나, 나는 너"의 비유

삶이 삶이지도 않은 삶을 우리는 살아가고 있다. 죽음이 삶임을 말하고 싶었으나 결론은 죽음이 죽음도 되지 못하는 죽음 이후에는 아무것도 없는 죽음이라는, 아무것도 의미하지 않는 텅 빈 토톨로기를 필자는 말하고 있었을 따름이었다. 신은 신으로 표현될 수 있을 뿐 특정 종교의 고유명사, 즉 은유로 더 이상 작동하지 않는다. 순환의 완전함을 상징해왔던 우리 시대의 하늘 혹은 그것의 종교적 개념인 신은 그러나 언제부터인지는 모르지만 '쓸모없는 신'(deus otiosus), '숨어 있는 신'(deus absconditus), 그리고 심지어는 카시러(Ernst Cassirer)의 '실패한 신'(deus occasionatus)이라는 용어들이 상정하듯이, 융(Carl Jung)은 신이 동시에 남성이고 여성이어서 완전함의 표상이라 여전히 말하고 있지만, 아무 것도 계시하지 않고 이루어주지 않는 '토톨로기적 신'으로 언명되어질 뿐이었다. '나는 나다'라는 토톨로기는 말할 것도 없지만 '나는 나일 것이다'라는 야훼의 토톨로기적 은유마저도 잃어버린 세대가 우리의 세대이다. 신을 무엇인가로 부를 수 있고 또 신이라는 그러한 은유의 별이 세상을 이끌어 주던 시대에 살던 사람들은 얼마나 (불행하였지만 또한) 행복하였던가? 우리는 죽음이 삶으로 그리고 끝이 시작으로 이어지는 우로보로스라는 원융(圓融)의 상징을 잃어버린 불행한 세대이다.

　루카치(Georg Lukács)는 『소설의 이론』에서 잃어버린 원융의 세계와 이와 맞물린 소설의 발생에 관해서 이를 다음과 같이 시적으로 표현한 적이 있다.

행복하였으니, 별빛이 비추이는 하늘이 모든 가능한 길의 좌표가 되고 그 길들이 별빛에 의해 반짝이던 시대들은. (29)

그에게 있어서 소설을 그 표현양식으로 삼은 어림잡아 18세기 이후의 시대는 총체성을 잃어버린 시대였지만 그러나 그러한 총체성을 속성으로 갖는 원환(圓環)의 파쇄로 인하여 우리가 원형의 최고 형태라 할 수 있는 '별'(stella)의 상징을 잃어버린 불행한 세대인지, 아니면 그리스인들이 인식했던 순환을 기반으로 한 총체성의 시대가 오히려 협소하고 폐쇄적인 시대였는지(Lukacs 33), 그래서 오히려 우리들의 시대가 총체성에 의해 구속당하지 않는 파쇄된 그러므로 개방된 시대가 되는지는 여전히 미지수이다.

14세기 이탈리아의 단테, 18세기 말 독일의 괴테가 느꼈던 별스러운 여성에 대한 찬미가 불가능한 세계로 우리는 들어섰다. 단테나 괴테가 느꼈던 총체성의 시대가 오히려 폐쇄적 시대가 될 수 있었던 까닭은, 구체적으로 프랑크푸르트학파의 아도르노(Theodore Adorno)에 의해 이루어졌는데, 페넬로페의 자수(刺繡)와 율리시즈의 귀환으로 완성되는 이 이상적인 세계의 뒤안길에는 수많은 병사와 노예들의 피와 땀이 얼룩져 있었음을 그가 간파하고 있기 때문이다. 사이렌들(sirens)의 아름다운 노래를 율리시즈가 듣기 위해서는 노잡이들의 지속적인 헌신과 노동이 필요한 이치인데, 이상적인 정치체제라 치부되었던 그리스의 민주정이 사실은 노예노동에 기반한 제한적 민주정, 즉 과두체제의 귀족정이었다는 사실은, 플라톤의 "우중" 민주주의에 대한 비판과는 사뭇 다른 양상이었지만, 루카치와 아도르노를 지나 20세기 말 바디우와 지젝 등이 행하였던 민주주의에 대한 갑론을박에서도 밝혀지게 된다. 그러나 그럼에도 불구하고 우리의 현재는 비록 기만적이라도 그것에 기꺼이 속아줄 수 있는 항해의 별을 잃어버린 한편으로는 불행한 세대이다.

이른바 신화와 종교에서 지고한 이상으로 삼는 원(圓)의 '자기 충족성'(self-sufficiency) 혹은 시작과 끝을 자기 안에 지니고 있는 원의 '폐쇄적 완결성'을 루카치와 아도르노 등이 염두에 두며 비판하고 있는 것으로 필자에게는 해석되기도 하는데, 그렇다면 우리가 말하고 있는 삶과 죽음의 등가성이라는 우로보로스 상징은 소위 구조기능적 가치들이 보수적으로 작동하고 있는 사회에서는, 그리고 우리의 우주적 논의가 사회적 함의를 갖지 못하여 그 의의를 상실할 수 있다면, 지나치게 원환의 융합과 총체를 말하고 있지 않은가? 삶이 죽음이라는 은유가 죽음으로 이르는 온갖 다양한 과정을 무시하는 기제로 혹 작동할 수 있다면 우리는 건설적인 분열과 비판이라는 행위를 계속 수행해 가야 하는 것이 아닌가? 은유가 불가능한 사회로 특별히 21세기에 우리가 더 진입했다는 사실에 대한 자각이 그러나 은유하기를 계속하는 작업을 중단해야만 한다는 것은 아니니라.

시대는 바뀌어 우리는 항해를 인도하는 신의 별빛을 잃어버려 스스로 주체가 되지 못하는, 나는 내가 아닌 자기부정의 분열 시대를 살아가고 있다. 마치 히스테리아가 전복적인 가능성을 함의하고 있다고 선전되듯이 정신분열 또한 어떠한 미지의 가능성을 포함한다고 미사여구로 여전히 포장

원불교 강남교당 전경:
2018년 저자가 카메라에 담은 원불교 강남교당

된다 해도, 우리는 은유를 잃어버린 불행한 정신분열의 세대이다. 몇 년 전 유행했던 "내 꺼인 듯 내 꺼 아닌 내 꺼 같은 너, 니 꺼 인 듯 니 꺼 아닌 니 꺼 같은 나'라는 유행가 가사로 표현되는 세대, 머무는 사랑은 없고 이동하는 환유의 '썸'이 주종을 이루는, 은유는 없고 애매함과 불확실성의 직유가 난무하는 세대가 우리의 시대이다. 장자를 정반대의 의미로 패러디하는 것이 허락된다면, 우리는 우리(吾), 즉 자기를 잃어버린 '아상오'(我喪吾)의 시대이다. 있어본 적이 없었던 그래서 유토피아라는 개념으로 역사에 진입하는 '너는 나, 나는 너, 그리고 우리'가 되는 세상은 여전히 미래로 열려 있으나, 소망이 소망으로만 그치고만다는 자족은 그리고 이로부터 연유하는 체념과 이를 미화하는 달관은 더 이상 우리를 위로하지 못하고 있다.

그러한 의미에서 "짐이 곧 국가"라는 구세대의 망령에서 벗어나 "네가 나라다"는 정치적 은유를 주창하는 철학자 김상봉의 작업(2017)은 주목을 요한다. 홀로주체성에서 상호주체성으로의 프레임 전환을 요청했던 그의 작업에서 필자가 영향 받은 바가 적지 않거니와, 그의 견해는 서양 은유의 흐름을 야훼의 '나는 나다'라는 토톨로기에서 예수의 '내가 곧 진리'라는 은유를 거쳐 리어왕의 '나는 내가 아니다', 황지우의 '나는 너다'로 그리고 '너는 나다'로의 변화를 상정하고 있는 필자의 단견과 비슷하게 엇물리고 있다. 『폭풍의 언덕』과 『무기여 잘 있거라』의 여주인공 캐써린들(Catherine Heathcliff, Catherine Barkley)의 언급에 나오는, 페미니즘이 특히 이의를 제기했던, 한국 가수 지코의 노랫말로도 알려진 '너는 나, 나는 너'로 정형화되는 은유와 융합의 폭력을 모르는 바는 아니다. 지나간 30년의 세월 한국에서 유행했던 이와 관련된 가사가 포함되는 노래들을 살펴보니, 주주클럽의 "나는 나"를 필두로 쥬얼리와 동물원 등 거의 10개의 곡이 검색되는데, 지코의 '너는 나'와는 자못 다르게 나와 너의 상호작용이 이루어지지 않는 폐쇄된 사회를 유행가 가사는 반영하고 있음을 알 수 있다.

그러나 한편 '너는 나'라는 표현은 사뭇 은유의 민주적 측면을 드러내고 있는데, 김상봉의 주체에 대한 인식론적 규정에서 벗어난 수행과 실행적 차원에로의 "네가 나(라)다"는 범주 전환은 바로 이러한 연유로 은유가 불가능한 사회에서 은유의 가능성을 여전히 환기할 수 있는 동력을 제공하게 된다. "이게 나라냐"는 '내로남불'식의 자기반성이 없는 소위 좌우 양측의 거듭된 부정을 넘어 근자에 떠도는 "여러분이 대한민국"이라는 은유의 향방을 기대해 본다. (내로남불은 그렇다 치고 시대는 적어도, '내불남로'이면 더 좋겠지만 '내로남로', '내불남불'의 은유라면 은유일 수 있는 토톨로기를 요구하고 있다.) 『찬도기야 우파니샤드』는 소금물의 비유를 들어 브라만과 아트만의 상호작용 또는 침투에 대해 다음과 같이 말한다. "그것이 바로 너다"(tat tvam asi VI.8.7; 이명권 58 재인용). 이렇게 될 때 우리는 타자가 죽어야 주체가 사는 것이 아니라 타자가 살아야 주체가 산다!(Vita tua vita mea!)는 인식에 도달하게 된다. 야훼가 의미하는 나는 나의 자기 충족적 세계는 자칫 폐쇄적 총체성의 차원에 머물러 타자에 대한 폭력으로 분출되었음을 우리는 목도한 바 있다. 나는 너가 되고 내가 될 수 있음을, 나와 너는 서로의 꼬리를 물 필요는 없지만 오목볼록하여 서로를 지탱해 주고 위로해 주기를 그러나 우리는 여전히 소망한다.

5

삶과 죽음의 비등가성과
불가역성으로 살펴보는 은유의 죽음

원의 자기충족성과 폐쇄성을 넘어
타원(楕圓, ellipse) 우주의 '불완전한 완전함'으로

보는 자와 보이는 것의 일치는 존재하지 않는다. 그러나 각기 서로에게서
차용하며 상대에게서 취하고 침범하며, 서로 엇갈리고, 상호 교차 관계에
있다. 어떤 의미에서 이 다양한 교차(交差)들이 단 하나의 교차만을 이루
는가: 그것은 종합이라는 의미에서 원초적으로 종합적인 통일이라는 의미
에서가 아니라, Übertragung(전송), 잠식, 결국 존재의 방사라는 의미에서이
다--. (메를로퐁티 『보이는 것과 보이지 않는 것』, 376)[25]

자신에 대해서는 주위에 어둠들을 거느리고 있을 뿐인 밝은 원으로서 의식
을 나타내는 모든 은유와 단연코 결별해야 한다. 그 반대다. 중심에 있는 것
은 어둠이다. (가브리엘 『존재와 소유』(1935), 15; 조광제 147 재인용)

비 평형은 질서의 근원이[다]. 비 평형은 혼돈으로부터의 질서를 가져오는
것이다. (프리고진 378)

우리가 말하고 있는 지상과 천상, 역사와 영원, '삶과 죽음의 등가성과

가역성'이라는 우로보로스의 밑에는 사회적 함의를 갖지 못하는 소위 구조기능적 가치들이 보수적으로 작동하고 있는 사회에서는, 지나치게 원환의 융합과 총체성을 말하고 있어 자기 충족적 기만의 상징이 될 수도 있었다. 원을 이루고 있는 직선들의 세세함 혹은 삶과 역사의 고단함을 잊어서는 안 되는 이유인데, 삶이 죽음이라는 우로보로스 은유가 때로는 죽음으로 이르는 온갖 다양한 과정을 무시하는 기제로 작동할 수 있기 때문이다. 히틀러의 행적에서 파괴와 광기와 '우월한 하나'를 선호하는 습속으로 점철된 신화의 귀환을 목도한 인류에게 대립자들 간의 투쟁과 결합을 역설하고 있는 쿠자누스(Nicolaus Cusanus, 1401~1464)의 상반의 일치(coincidentia oppositorum)와 융(Carl Jung, 1875~1961)의 대극의 합일 또는 융합의 신비(coniunctio oppositorum, *Aion* 31; mysterium coniunctionis, *Mysterium Coniunctionis* 365), 그리고 우리가 말하고 있는 대대(對待)와 교직(交織)의 우로보로스가 일견 배타적인 서양 문화의 논리적 근거인 동일률과 모순율을 거부하고 있어 혹자에게는 동일모순배중률을 벗어나는 변증으로 포스트모더니즘적 인식을 부추기면서도 이와 대척되는 토포스로 비쳐질 수 있기도 하다.

직선과 곡선을 갈무리 한 우로보로스가 또한 상정하고 있기도 하는 '대립의 일치'라는 관념은 그러나, 브루노(Giordano Bruno)가 이미 6백여 년 전에 지적했듯이 대립 속에서 일자와 무한과 영원을 상정하는 방향으로 나아가기도 하였으니(『무한자와 우주』239, 244; 『원인과 원리와 일자』420, 436-437), 대립과 변증은 일치와 합의를 위한 보족적이고 부수적인 개념으로 작동하기가 다반사였다. 부정적인 의미로만 보자면 쿠자누스의 '대립의 일치'는 이미 "최고의 앎"(doctissumus), 혹은 "가장 참된 것"(verissfimum), 즉 하나와 무한자인 신에 이르기 위한 '아는 무지'의 일환이었을 뿐이다(김형수 136-138). 대극의 합일 또는 매개와 지양이라는 개념이 그러하기 때문에 더 고차적인 통일을 추구하면서도, 양극을 무시하면서 각각의 요소를 부정하는 경향이 있었던 것도 사실이다. 대극의 합일이라는 개념과 유사할 수도 있는 우로보로스라는 이미지 혹은 관념이 그 시원·회귀적이고 보수적인 성질로 인하여 21세기 다시 역사의 추진 원동력이 되고 있지 못한 이유이다.

융이 20세기에도 갈파하고 있는 그대로 우로보로스는 왕왕 '지속과 불멸'의 '절대자'를 상정하고 있으며, 불멸성과 영원성을 추구하게 될 때 총체성과 '전체성'에 경도되기도 한다. 동양의 이기일원론이 자칫 일원론으로 해석되는 경우도 이와 같으니, 음양오행이 태극을 이미 내재하고 있다는 기론(氣論)의 주장이 의미 있게 들어서는 까닭이다. 몸이 흩어지면 영혼도 사라지는 법이다. 역사는 이원론과 일원론의 길항 관계 속에서 형성되며, 우리가 부록 3에서 주장하고 있지만 로고스의 자기 전개라 할 수 있는 역사 또한 신화, 즉 뮈토스와의 상호작용 속에서 그 구체적인 형상을 입게 된다. 우리는 21세기 '신화의 귀환'과 그 필요성에 대해서 말하기도 하지만 불멸과 영원을 추구하는 신화는 역사에 개입하려고 할 때 공허함으로, 유토피아는 실현되려 할 때 디스토피아로 변질되기도 한다. 신의 역사로의 개입이 신의 교살로 역사에 나타나게 되는 현상과 유사하니, 신화를 거부하는 숙명을 지녔다고 간주되는 역사는 바로 신화가 함의하는 유토피아에 대한 거부로 인하여, 역설적인 의미에서 조이스(James Joyce)의 『율리시즈』(1922)의 주인공 스티븐(Stephen Daedalus)이 말하듯, "거기로부터 깨어나려고 애쓰는 일종의 악몽일 수밖에 없다"(History (…) is a nightmare from which I am trying to awake 28). 너와 내가 하나가 될 수 있는 유토피아라는 개념은 언제 역사의 악몽을 뚫고 현세로 진입할 수 있을까? 소망이 소망으로만 그쳐야 유토피아가 된다는 역설의 세계에서 우리는 계속 살고 있다.

우리가 이 책에서 상정했던 우로보로스, 즉 원의 현상학은 그러나 A=B라는 등식에서 상호 항을 배제하고 배척하지 않는다. 삶이 죽음을 죽음이 삶을 흡수하고 배척하지 않는 이유이기도 한데, 이는 우리가 언급하게 될 우로보로스적인 원형들의 양항 모두에 적용된다. 쿠자누스와 융의 우로보로스 사상은 대립자들의 상대적 존재 이유와 순환을 말하는 헤라클레이토스와 피타고라스의 사상의 연속선상에 있으며, 이와 반하여 무로부터 아무것도 창발하지 않는다는 이른바 존재론의 비조로 치부되는 파르메니데스의 사상은,[26] 아리스토텔레스의 동일과 모순의 논리학과 선악의 윤리신학을 말하는 아우구스티누스를 거쳐 서양에서는 결핍(lack) 또는 부재(absence)의 사상으로 굳어져 현재까지 내려오고 있어, 서양 사유의 두 갈래를 형성하고 있다.

후대에 이르러 파르메니데스의 사상은 무(無, to mē eon)는 '존재의 결핍'으로 그리고 존재론적 무에서 발원한 윤리적인 악은 있음이라는 '선의 결여'(privatio boni)로 굳어져 갔다. 파르메니데스가 "존재가 존재한다"는 배제의 토톨로기를 말했다면, 헤라클레이토스는 "있음이 없음이다"는 은유의 순환을 말하고 있었다. 피상적으로 본다면 현상학적 토톨로기는 삶은 삶, 죽음은 죽음이라고만 말하고 있는 것 같았지만, 그러나 우로보로스의 현상학은 이미 그 성격상 삶이 죽음이라는 해석학적 은유(이를 하이데거를 따라 해석학적 현상학이라고 말할 수는 있겠다)를 품고 있었다. 조야하게 이를 말하자면 A=A로 보는 토톨로기적 인식은 현상학적이고 A=B로 보는 은유적 인식은 해석학적이라 말할 수 있지만, 현상학과 해석학은 이미 동전의 양면과 같아서 상호 침투를 근간으로 하여 상호 의존하고 있다. 우리의 원이 토톨로기와 은유를 동시에 그 안에 품고 있는 이유이다. 원에 관한 사유가 역사를 배제하고 있지 않은 이유, 그리고 원의 현상학이 원의 해석학을 배제하지 않은 까닭이기도 하다. 우리의 원은 직선을 포함하고 있으니, 신화는 이제 역사의 다른 이름이 되고 있다.

우리는 은유를 잃어버린 세대이며, 은유의 일종이라 할 수 있는 토톨로기가 강요된 반복으로 작동하는 세대이다. 특별히 은유라는 수사학, 그리고 이것의 논리적 귀결인 동일, 모순, 배중률로 스스로를 갈무리해 왔던 서양은 그것의 특수한 형태인 토톨로기를 또한 아우슈비츠 이후에 유실하기에 이르렀으니, 우리가 11장과 12장에서 논한 베트남전쟁은 아우슈비츠에서 이미 그 안티 우로보로스 속성을 완전히 드러내었다. 토톨로기는 파편화되고 분절화되어 쉼표와 구두점을 포함하여 구문과 문법 또한 잃어버리고 무미건조한 말뭉치로만 남게 된다. 아우슈비츠 이후 (서정)시를 쓴다는 것이 "야만적"(babarisch)이라 아도르노는 갈파했지만, 이러한 그의 언급은 영미권에서는 "불가능하다"고 변안되기에 이르렀다.[27] 아도르노의 '서정시의 불가능성'에 관한 일종의 답을 내고 종내에는 자살하게 되는 첼란(Paul Celan, 1920~1970)의 「죽음의 푸가」(*Die Todesfuge*, 1947)는 타락한 토톨로기와 푸가 형식이 제공하는 반복만을 보여주고 있다.

새벽의 검은 우유 우리는 그것을 저녁에 마신다
우리는 정오와 아침에 그것을 마신다
우리는 그것을 밤에 마신다
우리는 마시고 또 마신다

원문에도 구두점이라든가 쉼표가 없는 이 시에서 우리는 일용할 양식이 "검은 우유"로 표상되어 먹고 마시는 생존에 대한 면면함과 즐거움, 그리고 감사함이 무의미한 일상적 삶의 반복으로 추락하여 그것을 다채롭게 표현해 줄 언어를 찾지 못하는 시인의 고뇌를 보게 된다. 아침에도 정오에도 밤에도 무의미한 식사와 의미 없는 나날들이 계속될 뿐이다. 구원의 여성으로 상정되었던 괴테의 그레트헨("Margaret"의 "Garet"과 축소어미 "chen"의 합성어)과 솔로몬을 사랑하여 그로부터 사랑을 받았던 유대 여인 술람미(Sulamite)는 구원의 여성으로서의 역할을 수행하지 못하고 그 역할을 때로는 포기당하면서, 그들의 품위에 어울리는 수사와 문장을 부여받지 못하고 같은 말을 반복적으로 되새기는 파편들의 꼭두각시가 되었다. 특별히 "잿빛 머리털 술라미트"는 풍성한 여성성의 지표인 머리 타래가 잿빛으로 변하여 마르가레테가 상정했던 구원의 여성의 품위를 잃어버리고 파멸과 죽음의 여성으로 나타나니, 이에는 신심과 지혜가 아니라 방탕과 배신(背神)으로 점철된 유대의 왕 솔로몬을 상정하는 유대인 첼란의 체념과 절망이 작동하고 있음을 알 수 있다. 따라서 시의 피날레가 되고 있는 다음 파편은 문장을 구성하지 못하고, 구원의 여성이라는 은유를 상실하게 된다. 단적으로 말해 「죽음의 푸가」는 푸가의 독특한 특성인 동어반복을 계속하면서 이와는 반대되는 은유의 불가능성을 환기하는 작품이 되고 만다.

　너의 금빛 머리털 마르가레테
　너의 잿빛 머리털 술라미트

　은유가 불가능한 사회로 특별히 21세기가 더 진입했다는 사실에 대한 자각이 은유하기를 계속하는 작업을 중단해야만 한다는 뜻은 아니다. 신화는 역사를 역사는 신화를 배제하지 않는데, 신화는 선사시대의 역사 그리고 역사는 당대의 역사일 뿐이다. 현재의 사건은 시간이 지나면 전설로 또 신화로 남는 법인데, 역사시대의 은유는 선사시대의 토톨로기였다. 바꾸어 말하면 시간이 지남에 따라 토톨로기가 은유일 수밖에 없는 이유이기도 한데, 토톨로기가 은유를 이미 함의하고 있듯이 신화와 역사 또한 김형효와 박종현의 표현을 섞어 사용하자면 대대(待對)와 교직(交織)의 방법으로 서로 꼬아져 일정 부분을 서로 함의하고 있을 때 중용과 적도(適度, to metrion)의 상태에 이르게 된다(김형효 2002, 641; 박종현 23).
　서양의 천문학을 따르자면 보병궁의 초입에 들어서고 있는 인류는 새로운 차축시대(die Achsenzeit; axial age)로 들어섰으며 또 다른 계시의 별을 요구하고 있다. 21세기 귀환하고 있는 새로운 우로보로스는 어떠한 전망과 희망으로 인류를 다시 위로하고 이끌 수 있을까? 은유가 불가능한 시대는 헐벗은 시대임에 틀림없으며, 이러한 의미에서 '나는 나다'는 야훼의 토톨로기적 천명을 은유의 한 형태로 보지 않는다면, 내가 곧 길이요 진리를 갈파하는 예수의 은유를 믿고 살았던 시대는 오히려 더 행복한 시대였다. 첨언하자면 '나는 나다'라는 언명에서 앞의 '나'는 문법적이고 정언적 자아이며 후자의 '나'는 원어의 뜻을 그대로 살리자면 "나일 것이다"를 의미하는 진화하는 나를 이르고 있음인데, 아직 완성되지 않은 자존적 존재, 융 심리학으로는 완성된 자아인 자기를 지칭한다. 진화하지 않는 자아 또는 신은 완전한 자기 또는 신이라 할 수 없다. 통념과는 달리 우주는 그리고 그것의 인격적 표현인 신은 진화하기 때문에 완전해질 수 있다. 필자는 "진화하는 신"의 개념을 이미 책의 1권에서 제시한 바 있다.[28]

루카치와 아도르노를 염두에 두고 계속해서 말하자면 토톨로기적 자기 충족성에 만족했던 신화시대보다는 미진했지만 관념과 이상을 위해 노력했던 은유가 제 역할을 수행했던 역사시대가 오히려 더 행복하였던 시대라는 주장이 성립된다. 이러한 '헐벗은 역사'의 은총을 강조하는 사람들의 마조키스트적인 성향을 굳이 지적할 필요는 없겠다. '상처받기 때문에 꿈꾼다'는 해묵은 표현은 1980년대 문학과 지성사 시인 선집의 발간 모토였는데, 랭보의 '저주받은 시인'(poète maudit)이나 카프카의 '단식하는 예술가'(Hungerkünstler; '배고픈 예술가'로도 새겨짐)에서 이미 그 표현을 얻은 바 있다. 랭보와 카프카처럼 횔덜린을 받은 하이데거의 "궁핍한 시대의 시인"(Dichter in dürfutiger Zeit)은 황금 시대가 아니라 철의 시대를 사는 예술가의 고난과 책무를 말하고 있다. 헤시오도스를 비틀자면 은유마저도 불가능해지는 철의 시대가 오히려 황금의 역사시대이며 토톨로기가 가능했던 신화시대는 완벽한 것처럼 보였지만 할 일이 없는 것처럼 보였던 바로 그러한 이유 때문에 황금시대가 아니었다는 역설적 논의가 된다. 은유의 시대는 오히려 황금의 역사시대이며 은유가 불가능했던 토톨로기의 시대는 보다 근원적인 신화시대이기는 하나 황금의 시대는 아닌 것이다. 파르메니데스의 일자(一者) 개념이 아무것도 의미하지 않고 아무것도 할 수 없는 개념일 수 있듯이, 완전함은 완전하기 때문에 불완전하다. 관념적인 수학적 원이 실제로는 찌그러져 타원형을 띠고 있는 이유이다.

필자는 이를 "완전함의 불완전함, 또는 불완전함의 완전함"으로 표현하는데, 완벽한 원과 찌그러진 원, 혹은 뫼비우스 모양의 타원형의 우로보로스에 대한 연구를 제안하고 있는 가운데, 필자는 소위 4차 산업혁명과 제2의 차축시대의 새로운 계시의 상징을 "찌그러진 원" 혹은 "타원의 별"로 정초한다. 대개 우리 은하를 포함한 별무리군단은 타원의 모습을 띠고 있으니, 12 행성의 경우 마지막 별자리로 때맞춰 지구를 방문하는 것으로 알려진 타원형의 궤도를 지닌 혜성과 12장기의 경우 논의가 분분하여 아직 그 실체에 대해서는 이견이 있어 오장육부에는 속하지 않는 심포(心包)가 우리가 상정하고 있는 타원에 근접하고 있다.

이는 마치 역경을 빌어서 말하면 완전함의 괘인 기제(旣濟) 이후 미제(未濟)가 따라오는 경우이니, 불완전함을 상징하는 미제로써 64괘는 완성되자마자 새로운 출발을 행하게 된다. 우리의 우로보로스 원은 이제 불완전함의 완전함일 수도 있는 타원에게 자리를 양보하고 있으니, 우주는 원과 타원의 상호작용임이 분명하다. 역경에서 말하는 기제(旣濟)는 미제(未濟)를 필요로 하며, 미제 또한 변화를 수반하기 위하여 기제의 단단함을 요구하고 있다. 삶과 죽음이 같지 않음을 설파하기 위하여 우리는 이 책의 주제인 "삶과 죽음의 은유적 동일성"을 설명하였는데, 이는 마치 장자가 불사불생(不死不生)과 선시선종(善始善終)을 말하기 위하여 적래적거(適來適去)를 말하고, 또 불교가 진제(眞諦)의 비어 있음을 말하기 위하여 속제(俗諦)의 생사분별을 말하고 있는 것과 유사하다. 왕부지를 빌어 김용옥은 『주역강해』(2022b)에서 다음과 같이 말하고 있다.

기제는 생명의 완성인 동시에 생명이 쇠락이다. 그러나 역의 세계에서는 일종一終(한 사건, Event)은 있으나 영종永終(영원한 전체의 종말)은 없다. (…)

우리는 이제 완성이 곧 미완성이라는 사실, 아니, 완성은 미완성의 완성이
되어야 한다는 사실을 깨달아야 한다. (…) 미제(끝나지 않음)야말로 찬란한
군자지광君子之光이며 문명의 추뉴樞紐인 것이다. (756, 766, 775)

역경을 해석하는 왕부지가 말하는 "天地無永終"(왕부지 『외전』 978; 김용
옥 756 재인용), 즉 一終의 개념은 이 책의 끝 무렵에서 다시 논의가 되겠지
만, 수운 최제우가 말하는 "사람의 한평생"을 영세(永世) 내지는 영생이라
보는 사유와 흡사하다.

인류는 노동하는 존재이며 노동의 힘겨움과 삶의 고통과 아픔 속에서
즐거움과 기쁨 또한 꽃핀다. 소승불교의 윤회에 대한 절대적 믿음이 과연
진정한 행복을 주었는가에 관한 논의와 다르지 않다. 가난한 윤회의 바퀴
밑에서 윤회라는 신을 믿는 동남아시아권의 사람들의 눈에서 자족의 행복
과 초월적 깨달음을 볼 수 있을지언정 이승에서의 만족과 역사에의 참여와
헌신을 오롯이 목도하지 못하는 이치와 같다. 신화는 역사를, 원은 직선을
배제하지 않으며, 또 그렇게 될 수도 없다.

6

"순간과 무혼(無魂)의 형이상학"과
탈(脫)우로보로스의 순간학

새로운 사유의 출현을 위하여

일찍 죽어도 좋고 늙어도 좋고 태어나도 좋고 죽어도 좋다.

(善夭善老 善始善終『莊子』,「大宗師」)

자신의 내면에서 모든 별이 원형 궤도를 따라 움직이는 사상가는 가장 심오한 사상가가 아니다. 무한한 우주공간을 바라보듯이 자신의 내면을 들여다보고, 은하수를 자신 안에 간직한 사람은 모든 은하수들이 얼마나 불규칙한가를 안다. 이들은 현존재의 카오스와 미로에 이르기까지 헤치고 들어간다. (니체 KGW V/2, 232)

이성은 가장 현명한 자에게조차도 예외이다. 카오스의 필연성과 별들의 소용돌이― 그것이 규칙이다.

(니체 KGW VII/1, 112)

너희에게 말하거니와, 춤추는 별 하나를 탄생시키기 위해 사람은 자신들 속에 혼돈을 지니고 있어야 한다. 너희에게 말하거니와, 너희는 아직 그러한 혼돈을 지니고 있다. 슬픈 일이다! 사람이 더 이상 별을 탄생시킬 수 없게 될 때가 올 것이니. 슬픈 일이다!

(니체 KSA IV, 19; KSA I/5, 24)

티파사에서 우리는 하루 이상을 머무르지 않는다.
Jamais je ne restais d'une journée à Tipasa.

(카뮈 『결혼·여름』, 「티파사의 결혼」)

우리는 신이라는 토톨로기를 잃어버린 행복한 그리고 신이라는 은유를 잃어가고 있는 불행한 세대이다. 은유의 상실은 우로보로스의 사라짐과 궤를 같이 하고 있었으며 삶과 죽음의 등가성이라는 은유를 가능케 했던 여성은 역사의 투사적 희생물로 전락, 폐물이 되어가고 있다. 여성성은 이제 또 다른 삶을 잉태하고 담보하지 않는다. 은유의 사라짐은 '신화 만들기'(myth-making)의 중단을 의미했으며, 이제 서양 문명의 적자인 미국은 은유에 기반한 신화 만들기의 불가능성을 확인하는 순간 그 대안으로 신화 자체가 되기를 꿈꾸고 있다.

그러나 베트남전쟁은 정신분석학자 프로이트, 철학자 러셀, 사학자 토인비의 말을 굳이 빌리지 않아도, 서양 문명이 '죽음친화적' 문명으로 쇠락하는 것을 보여주어 '역사의 영도'(零度, degres zero), 필자의 용어로 사용하자면 안티 우로보로스가 아우슈비츠에 이어 다시 한번 재연되었던 20세기의 키치로 전락하였다. 미국 문명은 불길하게도 패망한 로마를 패러디하고 있는 것 같다. 아이네이아스(Aeneas)는 트로이의 패망 후 로마로 왔다는 풍문만 전해져 오고 있고, 콜럼버스(Christopher Columbus)는 '명백한 운명'(manifest destiny)이라는 치장에도 불구하고 아메리카로 가지 말았어야 했다. 아우슈비츠와 베트남은 헌팅턴(Samuel Huntington)이나 후쿠아마(Francis Fukuyama)의 값싼 진단처럼 '서양' 문명의 충돌과 '서양'사의 종

언을 묵시적으로 보여주었으니, 세상은 늘 차이 없는 반복으로 소극으로서
의 역사를 이끌어왔다. 시인 엘리엇의 말을 빌자면 "세상은 늘 추잡한 짓
을 해왔고 (⋯) 빵하고 멸망하지 않고 훌쩍거리며"(『황무지』 II: 102-103; "The
Hollow Men") 세상을 하직하기를 반복했다. 그러나 '신'기(神奇)하게도 세상
은 여전히 돌고 있다.

우리는 이보다 한 걸음 더 나아가 죽음을 죽음 그대로 받아들여
야 하겠지만 그리고 이러한 사유는 거대한 사고의 전회, 즉 '메타노이아'
(metanoia)를 지시하고 있지만, 인류는 아직 삶이 죽음이라는 은유에 자족
하고 있는 것 같다. 마땅히 떨어지는 낙엽처럼 우리도 가야 할 것이나, 낙엽
의 울긋불긋함이 실상 그의 아픔이고 슬픔이라고 애써 말하며 그 가운데
아름다움과 기쁨을 찾기를 멈추지 않았다.

> 우리는 항해하기를 멈추지 아니하리라
> 우리들 탐구의 끝은 우리가
> 시작한 곳으로 되돌아가며
> 처음으로 세상을 아는 것이 될 것이다.

> We shall not cease from exploration
> And the end of all our exploring
> Will be to arrive where we started
> And know the place for the first time.
> (엘리엇 "Little Gidding", 1942)

끝이 포함된 시작을 엘리엇은 말하고 있는 것 같은데, 시작과 끝은 갈
마들기를 반복하며 우리의 주제인 우로보로스의 바퀴를 만들고 있다.

그러므로 삶이 죽음임을 깨닫는 자들이 이제까지 택했던 길은 죽음에

대한 체념과 그것으로부터 촉발되는 광기에만 머물지 않아 '먹이사슬', 즉 다른 생명의 죽음에 자기의 삶을 의존하여 '삶의 비루'(鄙陋, baseness of life, die Niederträchtigkeit oder Gewöhnlichkeit des Lebens)를 스스로에 대한 겸손함과 타자에 대한 이해와 존중으로 치환하여 타자에 대한 자발적 이해와 배려로 나아가는 방향이었다.[29] 이렇게 될 때 '너는 나, 나는 너'라는 은유와 '나는 나'라는 토톨로기적 은유는 은유와 토톨로기의 폭력에서 벗어날 수 있을지는 모른다. 아름다움은 말 그대로 "천하고 더러운" 비루함에서 꽃을 피우니 마구간에서 예수가, 진흙에서 연꽃이 피어 처음부터 더럽지도 않았던 예토(穢土)가 불국토가 되는 이유이며 죽음이 삶 그리고 다시 죽음과 부활이 되는 이유이다. 시작과 끝이 동일한 원의 궤적을 그리고 있다는 우로보로스적 자각은 이것을 몸소 체현하고 있는 삶의 여성성에 대한 새로운 시각을 산출하고 있다. 죽음의 여성이 삶의 여성이 되는 이치였다.

　토톨로기와 은유, 우로보로스와 신들에 관한 연구를 통하여, 그리고 이 책에서 그 편린을 조금 보았지만 삶과 죽음이 결국은 같지 않아 죽음을 죽음으로 받아들이고 기꺼이 죽을 수 있을 때 인류의 새로운 인식의 지평이 열릴 수 있음을 필자는 알게 되었으니, 근자에 읽은 『장자』와 『동경대전』은 우로보로스가 함의하는 영원과 불멸의 형이상학에서 순간과 필멸의 혼돈, 즉 카오스의 삶을 긍정하는 한 전기를 이룩하였다. 우리는 이것을 시간의 우로보로스에서 공간의 카오스로의 도약이라 이름하기를 주저하지 않는다.

일찍 죽는 것도 좋고 늙어가는 것도 좋다.
태어나는 것도 좋고 죽는 것도 좋다.
(善夭善老 善始善終 『장자』, 「대종사」)

영세라고 하는 것은 사람의 한평생을 말하는 것이다.
불망이라는 것은 한평생 잊지 않고 생각이 난다는 뜻이다.

(永世者, 人之平生也. 不忘者, 存想之意也. 『東經大全』, 「東學論」; 김용옥 2022a, 140)

　　삶은 한평생이면 족하니 살아도 좋고 죽어도 좋고 또 '저 세상'이 있어도 없어도 좋다. 윤회와 부활이 있는 종교의 위로가 필요한 경우도, 참혹한 삶을 살다 가는 뭇 중생과 축생들이 다시 한번 삶을 되사는 경우도 허락되어야 하니, 필자가 비록 이제까지 간혹 공박하고 있었던 영혼과 영원의 형이상학에 대비되는 개념으로 "순간과 무혼(無魂, apushkē)의 형이상학"과 "필멸의 영성(종교)"을 상정하고는 있지만, 군이 영원과 영혼, 그리고 이것이 역설적으로 함의하고 있는 죽음을 평가절하하지는 말자.[30]

　　순간과 영원, 필멸과 불멸의 길항, 그리고 죽음과 영원의 동시필요성을 장자는 '불생불사'(不生不死)요 '적래적거(適來適去)'라 풀었으니 오지도 가지도 않지만 "왔다 가는" 것이 분명하다. 불교의 소위 '불래불거'(不來不去)와 장자의 '적래적거'를 동시에 말할 수 있을 때 우리는 소요유의 자유를 만끽하게 되는지도 모른다. 필자의 다음 작업은 이미 장자의 죽음관을 논하며 일정 부분 이에 대한 작업이 이루어져 이 책의 후속작으로 기획되고 있지만, 두 가지 상반된 사실로 이루어지는 세계, 즉 '순간과 영원'이라는 모순으로 구성되는 세상을 편안하게 받아들이는 사유에 관한 천착, 즉 "순간과 무혼의 형이상학"(metaphysica apushke)에 관한 논의가 될 것이다. 물론 순간과 무혼에 또한 집착하면 이 또한 순간과 무혼이라는 실체를 또 만들어놓고 이에 속박당하는 꼴이니, 삶은 불래불거가 요구될 때가 있으나 적래적거이기도 하다. 색즉시공은 그런데 색이 공이라는 말이 아니라 색이 공하다는 뜻이며 공즉시색은 공이 색이라는 뜻이 아니라 공이 연기하기 때문에 공이라는 말이니(김영진 2014, 55-57), 공은 색을 지니지 않고서는 중도연기가 되지 못한다. 적래적거 혹은 줄여서 왕래와 인연은 空諦로 상정된 불래불거와 불사불생을 상정할 때 이와 같은 뜻이 될 수 있으며, 불래불거와 불사불생

의 형이상학적 관념은 俗諦로 상정된 왕래와 생사인연을 통하여 空諦가 된
다.[31]

　1∞이긴 100∞이건 둘 다 영원인 것은 같으니, 삶 또한 영원에 값한
다. 우리는 이것을 칸토어(Georg Cantor, 1845~1918)의 "대각선 논법"을 따
라 "영원의 역설"이라 이름한다. 무한대의 집합론에서 무한대를 구성하는
부분은 전체를 머금고 있고 무한대의 전체는 부분에 의지하고 있으니, 우
리는 순간을 영원 자체, 그리고 형이상학의 위안과 간계를 넘어 순간을 그
저 순간이라 말할 수 있게 된다. 인류는 이제 많은 현인들이 이미 그러했지
만 영원과 영혼을 상정하는 형이상적 미몽을 벗어나 지구상에서의 한 번뿐
인 삶을 겸손하게 받아들이게 된다. 그냥 죽자고 삭막하게 제안하는 것은
아니지만, 이제 우리는 죽는 것을 그대로 받아들이는 연습과 이에 대한 교
육을 행하기로 하자. 인간은 죽지 않으면 또한 살 수 없으니, 사라마구(José
Saramago)의 소설『죽음의 중지』(2005)는 필자에게 그런 의미를 띤다. 죽어
야 사는 인간 "homo vitae morti"는 삶과 죽음을 꼬고 있는 우로보로스의
상징이자 그 자체가 된다.

　죽음은 윤회의 지겨움과 영원의 소망으로 점철된 지난한 삶에 선사하
는 위로와 안식일 수도 있다. 미국의 시인 디킨슨(Emily Dickinson)은 고독
이 주는 서정적 위안을 꿈꾸는 가운데 죽음을 불멸과 영원으로 믿을 수밖
에 없었던 것 같다.

　죽음이라는 마차는 우리들 자신만을 나른다
　그리고 불멸을.
　(…)
　나는 처음으로 말들의 머리들이
　영원으로 향하고 있는 것을 알아차렸다. (712번)

"말들의 머리들"은 말(馬)과 시간에 관한 9장의 작업을 기억한다면 디킨슨의 시에서도 시간의 표상을 이르고 있는데, 그러나 시간이 이르는 죽음은 언제나 불멸과 영원이 아니기도 하다. 우로보로스의 불가능성과 삶과 죽음의 불가역성, 그리고 순간과 찰나의 형이상학을 이제까지 탐구되었던 삶과 죽음의 동일성과 더불어 나란히 궁구하는 새로운 글로 다시 만나기를 기약하며! 죽음이 삶의 한 형태이거나 삶이 죽음의 한 형태이거나, 인류는 3~4천 년을 때로는 관념 철학으로 때로는 영생과 부활, 윤회의 종교로 때로는 서정시와 비극이 선사하는 물아일치로 삶과 죽음의 동일성을 말해왔으니, 이제는 그만 할 때도 되었다. 잘 살면 잘 죽을 수 있으니 미래는 하늘에 맡기자. 죽음은 죽음일 뿐이다.

15장 주

1. "No Man's Land"는 제1차세계대전에서 아군과 적군이 참호를 사이에 두고 대치하고 있는 총알이 빗발치는 중간 지역을 말한다. 전장이 남성적인 활동 무대이지만 그 중간 지역은 남성을 위협하는 지역이라는 뜻에서 역설적으로 '남성이 가면 안 될 곳' 즉, "금남의 땅"으로 번역한다. 군사학에서는 "무인 지대"로 번역한다.

2. 각 문화권의 전쟁의 여신에 대해서는 이 책 2권 10장, 그리고 죽음과 여성에 대한 일반적인 논의는 2권 8장을 참조. 히브리어로 전쟁은 "milhamot"이며 산스크리트어로는 "gravisti", 그리스어는 "polemos", 또 라틴어로는 "bellum"으로 중성명사이다. 필자에게 그러나 "bellum"은 그 여성명사형인 "bella"로 인식되고 있는데, 그 문법적 성이 어떠하던 간에 전쟁은 특별히 20세기에 들어서서는 여성으로 취급되고 있으며, 이는 죽음을 여성으로 여기는 습속과 거의 궤를 같이하고 있다. 그리스어 "thanatos"가 남성명사임에 반해, 라틴어 "mors"와 프랑스어 "mort"를 포함하는 대개의 문화권에서 죽음은 여성명사이다.

3. 형식논리학의 용어를 그대로 따르자면 남성과 여성의 관계 그리고 감성과 이성의 관계는 반대이지만 모순 관계는 아니다. 칸트철학에서 감성의 상대어는 오성으로 표기되는데, 아도르노의 말을 빌리자면 "오성 없는 감성 없고 감성 없는 오

성은 전혀 없다"(1958, 108-109). 마찬가지로 남성 없는 여성 없고 여성 없는 남성 또한 없다. 융의 아니마, 아니무스 이론은 이를 극명히 지지하고 있다. 남녀 사이와 감성과 이성 사이에 양성과 성전환자 등과 같은 제3의 항이 존재할 수 있는 까닭이어서 뿐만 아니라 주체가 차이의 상대 항을 비록 부분적이라 할지라도 이미 그 속성상 포함하고 있기 때문이다.

전형적인 모순 관계의 예로 빈번히 언급되는 창과 방패의 관계는 실질 논리학의 견지에서 보면 방패가 창으로 쓰일 수 있다는 점에서 모순 관계를 넘어선다. 형식논리가 아니라 실제 논리의 견지에서 보면 남녀와 감성과 이성의 문제도 반대로 볼 수 없다는 것이 필자의 생각인데, 이는 실제로 남녀가 반대개념이라는 관념이 불필요한 대립 관계를 정초하고 있기 때문이다. 남녀관계는 대대(待對)적인 차이의 개념으로 볼 수 있겠다. 차이의 인정이 그런데 '차이의 행복'이 되어 기존 질서를 옹호한다는 아도르노의 무한궤도적 모순 관계에 의거한 변증법적 비판에 대해서는 1958, 105-106, 132-135 참조.

4. 세기말의 '죽음의 춤'(der Totentanz)에 등장하는 해골의 경우 굳이 성이 구별된다고 할 수는 없다. 스위스 출신의 화가 에드몽 빌(Edmond Bill)의 〈죽음의 춤〉 연작물(1919)에 등장하는 해골 모습을 한 사신(死神)들은 물론 해골이라는 점에서 여성적 살과 유방 등을 지니고 있지 못하다. 분더리히(Uli Wunderlich)가 계속해서 인용, 분석하고 있는 부드친스키(Robert Budzinski)의 〈죽음의 춤〉(1924)에서 풍만한 여성에 의해 정복되는 해골 또한 굳이 남성이라고 규정할 수는 없다. 이에 관한 도판으로는 Wunderlich 236, 241 참조.

5. 장자를 전공한 신예 학자 김상희는 위의 우화에 다음과 같은 소(疏)를 남긴다.

    〈사방[方]〉 공간의 세계에서는 죽음은 결코 죽음 그 자체로 존재성을 획득받지 못한다. 죽음[死]이 방내적 세계의 시간관에서 '제사양식'과 같은 것으로 부활하거나 '삶[生]' 다음의 부차적인 의미를 가지는 것이 아니라, 예측불가한 일기의 변화가 창조하는 '만물일체(萬物一體)'를 경험하는 중요한 순간'으로 전화되는 것이다.

    일기(一氣)의 세계관은 '인간중심주의의 거부'와 맞닿아 있다. 생을 고집하는 인간의 태도는 장자에게는 '상서롭지 못한 것[不祥]'으로 취급된다.
(김상희 79).

삶과 죽음이 같지 않고 다르다는 주장인데, 필자는 향후 출간할 장자에 관한 책
에서 삶과 죽음이 같을 때도 있고 다를 때도 있어 두 가지 인식이 인류의 삶에
공히 필요하다는 주장을 한다.

6. 김동훈의 다음과 같은 번역 또한 참고하자. "만일 우리에게 그렇게 하는 것이
허락된다면 잠깐 동안 머물러 생각해 보자. 근거의 원칙-원칙의 근거(der Satz
vom Grund). 여기서 무언가가 자기 자신 안에서 회전하고 있으며 자기 자신 안
으로 선회하고 있다. 하지만 그것은 그리하여 폐쇄되는 것이 아니라 동시에 빗장
을 벗기듯이 열어젖혀진다. 여기에 하나의 원, 뱀의 그것처럼 살아 있는 하나의
원이 존재한다. 여기서는 무언가가 자신의 마지막에서부터 (다시) 시작하고 있
다. 여기에는 시작이 이미 완성인 것이다"(김동훈 147, 주석 24; 강조 필자).

7. 서양철학을 전공하여 한국적 철학을 모색하는 두 철학자는 '상호텍스트
성'(inter-textuality)에 무관한 것처럼 보인다. 의미는 같은 것 같으나 박동환은
"對待"를 김형효는 "待對"로 표기하고 있음을 밝힌다.

8. 중국의 위안이나 일본의 엔은 발음과 한자의 모양이 다르지만(일본은 円, 중국
은 圆이며 간자로는 圆), 한국어 원(元, 圓)을 포함하여 셋 다 둥글 '圓'에서 유래
한다. 둥그런 입 모양의 직사각형 두 개와 돈으로 사용되었던 조개(貝)와의 합성
어인 원, 즉 돈은 그 자신도 모르게 초기의 둥그런 상태에서 후기의 직사각형으
로 찌그러지어 순환기능을 점차 상실하게 된다. 화폐(貨幣)를 구성하는 한자어
가 조개(貝)와 비단(幣)으로 구성되어 있다는 것은 후기로 갈수록 돈이 사각형
의 지폐로 주로 사용된다는 사실을 지시한다. 갑골문이 둥그런 원의 모습을 새
기기 힘들다 하여 직사각형으로 그려 넣은 것은 우연치고는 시사하는 바가 심
대하다.

대한제국시절과 1953~62년 사이 대한민국에서 쓰인 화폐단위 "환"(圜)도 둥글
다는 의미가 있으니, 엽전 혹은 동전을 포함하는 돈에 대한 심상은 동그라미이
다. 다음과 같은 圓의 갑골문에 대한 해석을 또한 참고해 보자. "회의문자로 圓

자는 '둥글다'나 '원만하다'라는 뜻을 가진 글자이다. 圓자는 囗(에운담 위)자와 員(수효 원)자가 결합한 모습이다. 員자의 갑골문을 보면 鼎(솥 정)자 위에 동그라미가 그려져 있었다. 이것은 둥근 솥을 응용해 '둥글다'라는 뜻을 표현한 것이다. 그래서 員자는 본래 '둥글다'라는 뜻으로 쓰였었다. 그러나 후에 員자가 '수효'나 '인원'이라는 뜻으로 가차(假借)되면서 지금은 여기에 囗자를 더한 圓자가 '둥글다'라는 뜻을 대신하고 있다"(http://cafe.daum.net/kyongcj/Ejir/1459? 2020. 2. 26.).

9. 셰익스피어는 『로미오와 줄리엣』에 나타난 묘지(tomb)와 자궁(womb)의 연관 관계에 대해서, 그리고 여성성의 기호인 "O"와 무, 혹은 비어 있음의 관계를 클레오파트라의 죽음을 통하여 읊은 바 있는데, 관련 논의로는 이 책 2권의 5장 참조.

10. 만다라는 대개 단(壇), 도장(道場), 윤원구족(輪圓具足), 청정(淸淨), 취집(聚集), 원(圓), 구(球), 발생(發生) 등의 의미로 사용되는데, 산스크리트어로 원 또는 본질을 뜻하는 "mandal"에서 연원하며, "티베트어로는 '중심'이라고 번역되기도 하고 '둘러싸고 있는 것'이라고 번역되기도 한다. 실제로 만다라는 정사각형 안에 새겨진 일련의 원들을 나타내는데 (…) 만다라 도면 내부에는 탄트라교의 모든 신들이 자리를 차지하고 있다. 만다라는 이처럼 세계상인 동시에 상징적인 만신전(萬神殿)이다"(Eliade 『이미지와 상징』 60).

11. 안동림 번역은 다음과 같다. "천지의 만물은 각기 모두 종류가 다르고 형체가 다르므로 서로서로 이어가[며 변화하]게 마련이다. 처음과 끝이 고리 같아서 그 순서를 알 수가 없다. 이를 하늘의 조화라 한다. 하늘의 조화란 시비를 초월하여 자연과 하나가 됨을 말한다"(675). "하늘의 조화"(天均)를 포함하는 마지막 부분은 좋은 의역이지만, 구별과 차별, 어린아이의 순진함이라는 문맥을 드러내기 위해서 여기서는 김상희의 번역을 택하고 마지막 부분 "상호차별성을 균일하게 하는 것이다"을 "상호차별성을 두지 않는 것이다"로 약간 수정했다. "균일"하다는 것이 어감이 좋지 않을뿐더러 시비지심이 없는 "하늘아이"(天倪)와도 어울리지 않기 때문이다. 장자 인용은 편의상 안동림이 구분한 분류를 따르되, 간혹 이강수·이권, 김학목, 오강남 등을 참고하기도 하였다.

12. 장자의 어린애(兒子 『장자』, 「경상초」 8)는 노자의 갓난아기(嬰兒 10, 20, 28) 혹은 갓 태어난 아기(赤子 55)와 유사하다. 노자 9, 15장 또한 참고하라.

> 양생의 도란 자연의 대도와 하나가 되고 [자기 본연의] 성정을 잃지 않으며 (…) 자기가 놓인 처지에 편안히 머물면서 모든 일을 자연에 맡기는 것이오. 남의 일에 마음 쓰지 않고 스스로를 온전히 지키며 늘 유유하게 스스로를 텅 비게 한 채 마치 어린애와 같이 있으면 되오. 어린애는 종일 울어도 그 목이 쉬지 않소. [그것은 자연스럽게 목소리가 나오며 자연의 도와의] 화합이 지극하기 때문이오. (…) 모든 것을 있는 그대로에 순응하여 물결치는 대로 따라가오. 이것이 곧 양생의 도요. (『장자』, 「경상초」 8)

> 기를 집중시켜 몸을 부드럽게 하기를
> 어린애처럼 할 수 있는가? (10)

> 나 혼자 조용하구나,
> 아무것도 드러내지 않는다.
> 혼돈스런 모습이구나,
> 마치 웃음도 배우지 못한 갓난아기 같다. (20)

> 그 남성성을 알고 그 여성성을 지키면,
> 천하의 계곡이 된다.
> 천하의 계곡이 되면 언제나 덕이 떠나질 않아,
> 갓난아이의 단계로 되돌아간다. (28)

> 덕을 두텁게 함장하고 있는 사람은
> 갓난아이에 비견된다. 『도덕경』 (55)

특별히 55장의 갓난아이(赤子)는 흔히 도에 가장 가까운 존재로 표상되고 있는 여성을 제치고 제시되어 있어 주목을 요한다. 노자와 장자의 어린아이에 대한 평에서 중국의 소병(蕭兵)은 동재(東裁)의 『論老子』(상해인민출판사, 1950)의 한 구절, 즉 "갓난아기는 사람이 되는 근본이고 어머니는 자식의 근본이며, 뿌리는 식물의 근본이고 하나는 만물의 근본이다"라는 구절을 인용하면서, "노자가 갓난아기로 돌아가고자 하는 까닭은 그가 '무지무욕하고 삶의 희망을 가득하게 함축하고 있으며 어머니 및 뿌리의 작용과 서로 일치하기' 때문이다"고 평하고 있다(2003, 329). 니체와 유사하다.

니체는 차라투스트라의 가르침 부분 중 「세 변화에 대하여」에서 정신의 변화 과정에 대해 낙타→사자→어린아이, 즉 초인으로의 변화 과정을 말한 바 있다. "어린아이는 순진무구요 망각이며, 새로운 시작, 놀이, 제 힘으로 돌아가는 바퀴이며 최초의 운동이자 거룩한 긍정이다"(Unschuld ist dsa Kind und Vergessen, ein Neu-beginnen, ein Spiel, ein aus sich rollendes Rad, eine erste Bewegung, ein heiliges Ja-sagen. "Von den drei Verwandlungen" 40). 이에 대해서 섭서헌은 다음과 같이 평한다. "문화인류학의 측면에서 '갓난아기로 돌아가는 것'은 바로 끊임없이 자신으로 되돌아가는 '도'의 복귀이며, '저절로 둥글게 도는 최초의 운동'으로 되돌아가는 것으로 처음 떠오르는 아침의 태양으로 되돌아가는 것과 같으니 실제적으로는 '영원회귀'라는 주제가 분명하게 드러난 것이다"(소병 343 재인용). 원죄가 없는 초인의 탄생은 니체에게서는 운명에 순응하며 그 무엇에도 거리낌 없는 어린아이를 말하고 있음이다. 죄가 있든 말든 그는 원죄와는 상관없다. 어린아이를 "바퀴"로 표현하고 있는 까닭은 아마 그가 아직은 모가 나지 않고 둥글둥글하여 원만하기 때문일 것이다. 어린아이는 장자의 안명(安命)과 순명(順命), 혹은 니체의 '운명애'(amor fati)를 차별 없이 받아들여 굳이 그럴 것도 없지만 초인이 된다(오강남 372; 소병 343).

13. "homo mortis vitae", 혹은 "homo vitae mortis"도 가능하니, "삶을 통한 죽음"은 "죽음을 통한 삶"과 잘 어울린다. 삶이 있기 때문에 죽음도 있고, 죽음이 있기 때문에 삶도 있다는 인과론적 생각은 그러나 이 장의 5절 부분에서는 죽음과 삶이 그저 있다는 우연론으로 대비되니, 장자의 사유에 대한 새로운 해석을 가미하자면 "方死, 方生"의 사유이다. 장자의 "方死方生"에 관한 논의는 不來不去, 不生不死에서 滴來滴去, 滴生滴死의 逍遙遊로의 인식론적 전환의 필요성에 대한 필자의 미출간 도서(2023 후반기 예정)에서 밝혀진다.

14. 지나친 단순화이지만, 서양 이론에 견주어보면 음양은 상상계, 태극은 상징계,

무극은 실재계와 대응하고 동양적으로 해석한다면 무극은 無爲而化의 하느님, 태극은 성령 내지는 세상의 원리원칙(理)에 상응한다고 말할 수 있다. 『도덕경』 28장은 "음양을 알고 어두움과 밝음을 알게 되어 덕을 이루면 무극에 이른다"고 말하고 있다. 태극과 무극에 관한 논의는 워낙 전문적인 이야기라 필자의 능력을 상회하는 바, 주돈이(周敦頤)의 『태극도설』(太極圖說)과 주희(朱熹)의 『태극해의』(太極解義)에 관한 논의로 김상일 2006, 임헌규, 장윤수 등의 글을 또한 참고하면 좋을 것 같다.

15. 동일성이 아니라 차이에 기반한 원의 운동을 간파한 이는 서양에서는 하이데거이다. 추후 논의를 위하여 간단한 인용과 더불어 출처를 밝힌다. "차이로부터 말한다는 것은; 이러한 함께-견지함(Austragen)이 존재와 존재자를 모두 에워싸는 원운동임을 뜻한다"(『동일성과 차이』 62; 최상욱 2006, 141 재인용). 프로이트와 들뢰즈 또한 차이와 반복에 대해 유사한 생각을 지녔는데, 데리다의 다음과 같은 말 또한 우리의 논의와 유관하다. "반복의 차이 순환을 그것의 고유한 역사적 가능성 안에서 엄밀히 반복하는 동안 아마도 그 반복의 차이 안에서 어떤 타원적인 변위가 일어나게 할 수 있을 것이다"(『철학의 경계』 207; 김진석 『탈형이상학 변증법』 61 재인용).

16. 순간은 영원을 이미 머금고 있었다. 영원성은 "시간의 전체성과 시간의 부재인 순간성을 동시에 지칭한다"(81)고 나타프(Georges Nataf)는 말한 적이 있다. 우리가 통상적으로 알고 있는 시간 '칼라'는 시간과 영원을 동시에 의미하는데, 칼라는 "시간의 주기, 무한한 지속을 의미하기도 하고 어떤 한 순간을 가리키기도 한다"(Eliade 『이미지와 상징』 76-77, 86-87). 시간이 유동성과 영속성을 모두 포함하여 시간 자체가 영원임을 말하고 있는 화이트헤드의 철학과 다름이 없다. 시간과 영원의 상호 보완성 내지는 우로보로스적 동일성을 칼라가 지시하고 있다고 보아도 되겠는데, "시간과 영원성은 동일한 원리의 두 가지 양상이다. 유동하는 현재(nunc fluens)와 정지된 현재(nunc stans)가 브라만 속에서 합치된다"(『이미지와 상징』 87). 시간을 초월한 공간인 유토피아가 '여기 지금'(hic et nunc)에서 이루어져야 하는 이유이기도 하다. "nowhere"의 파자인 "now"와 "here"의 조합! 17세기 유대 신비명상가인 실레지우스(Angelus Silesius)는 다

음과 같이 읊은 바 있다.

> 시간은 영원과 같고 영원은 시간과 같다.
> 그대가 차이를 만들어 내지 않는다면. (「시간은 영원이다」 I, 47)

> 시간을 떠나면, 나 자신이 영원이다.
> 신 안에서 나와 내 안에서 신이
> 하나가 된다면. (「인간은 영원이다」 I, 13; 번역 다듬음)

베르그송의 지속의 시간 개념에 반하여 루프넬(Gaston Rufnel)의 『실로에』 (1927)를 빌어 비연속적인 순간의 영원을 설파하는 바슐라르의 다음과 같은 말은 우리의 논지에 부합한다. "'시간'은 순간이고, 시간으로서의 모든 역할을 갖고 있는 것은 현재적 순간이다. 과거는 미래와 마찬가지로 죽은 것이다. 순간은 그 내부에 지속을 지니고 있지 않다. (…) 그것은 전체이고 유일한 것이다"(『순간의 미학』 74).

17. 이러한 점에서 필자는 원불교에서 말하는 원각(圓覺)의 일원상(一圓相)과 우로보로스 상징의 유사함을 밝힌다. 원(圓)은 "곧 만법의 근원인 동시에 또한 만법의 실재인지라, 모든 교법이 원(圓) 외에는 다시 한 법도 없는 것이며, 불(佛)은 곧 깨닫는다는 말이요 마음이라는 뜻이니, 원(圓)의 진리가 아무리 원만하여 만법을 다 포함하였다 할지라도 깨닫는 마음이 없으면 이는 다만 빈 이치에 불과한 것이다. 그러므로 원(圓) 불(佛) 두 글자는 원래 둘이 아닌 진리로서 서로 떠나지 못할 관계가 있는 것이다"(『원불교 교사』 1106; 김방룡 27 재인용).

18. 지나친 이분법이 될 수 있을지는 모르나 동양 세계가 우로보로스라는 원환의 상징을 유지한 반면, 서양 세계는 우로보로스의 상징을 잃어버리고 고난의 십자가와 정복을 부추기는, 뒤랑(Gilbert Durand)을 따르자면 칼과 홀(笏)의 상징을 그 주된 상징으로 삼는 문명으로 전환하였다. 물론 우로보로스적 원형의 사유가, 헤겔의 순환적 역사철학관을 참조하여 말하자면, 서양세계에서 완전히 사라진 것은 아니다. 켈트교나 그리스정교에서 사용하는 십자가는 여전히 원의 상징을 후방의 광배로 삼고 있다. 그러함에도 불구하고 십자가는 저자에게 여전히

직선론적인 세계관을 표상하는 심볼로 각인되어 있다.

지상의 온갖 것들, 즉 공간적 수평의 인간세계를 완성하는 것은 수직의 하늘 세계이니, 하늘은 그들에게 높은 것이었고 동양에서 나타난 것처럼 둥그런 것이 아니었다. 치솟아 오르는 고딕 성당이 상징하는 시간의 정복과 하늘로의 귀의는 수많은 나한(羅漢)들로 둘러싸여 있는 동양의 법당 모습과는 사뭇 다르다. 필자는 이를 2016년에 방문한 중국 항주 근처의 영은사(靈隱寺)의 500 나한전에서 확인할 수 있었다. 진짜로 500 나한이 있었다. 서양적 직선과 동양적 곡선의 대비! 이와는 약간 다른 논의일는지는 모르나 굽은 활과 칼, 막대기와 총의 대비 속에서 우위를 점한 것은 물론 서양의 막대기이자 지팡이인 총이다. 중국과 인도와 이슬람 세력이 활동했던 동양의 몰락은 곡선에 대한 직선, 공간에 대한 시간의 우위로 보아도 무방하다.

19. 필자는 이 책 제2권(『메두사와 팜므 파탈: 지혜와 생명의 여신』)의 10장 말미에서 카시러(Ernst Cassirer)의 통찰을 빌려 "Φ"와 빛(bha→pha), 그리고 신과의 연계성을 논한 바 있다(250). 신을 빛으로 표상하는 동서양 문명권의 습속에 대한 연구는 향후 필자의 다른 글에서 언급될 것이다. 비로자나불은 대일여래로 번역되는데, 카시러가 언급하고 있는 "Φ", "bha-", "pha-"와의 연관성에서 고찰하면 "빛의 부처"라는 뜻을 지니고 있다. 아미타불(Amitabha), 혹은 무량광불도 마찬가지이다. 비로자나불의 지권인에 대한 다양한 해석 중 스기우라 고헤이는 이를 왼손이 그리는 대지의 풍요를 상징하는 선정인(禪定印)과 오른손이 그리는 금강권의 하늘의 섭리(63)로 풀고 있다. 태장계 만다라와 금강계 만다라가 이루고 있는 천원지방의 모습을 말하고 있는데, 양손 열 개의 손가락은 "무한순환의 소용돌이"를 이루어 지혜와 방편, 반야와 보살의 사상을 수인(mudra)으로 체현하고 있다(71). 다소 막대 모양의 남성적인 모습을 띤다고도 할 수 있는 선정인으로 체화된 여성적 지혜는 그것을 감싸는 금강권의 부동심과 조화를 이루고 있다. 깨달음과 보시는 남성적, 여성적 모습에 구애되지 않아, 사물에 원래 젠더가 없음을 또한 말해주고 있다.

20. "모든 것이 안보이고 보인다"는 황동규의 바퀴 또한 각지고 뻗으려고 하는 "숨찬 공화국"을 돌리는 둥그럽고 온화한 변화의 바퀴이자, 시대와 사상에 구애받

지 않는 자유의 원이다. 그의 「나는 바퀴를 보면 굴리고 싶어진다」(1978) 전문은
다음과 같다.

> 자전거 유모차 리어카의 바퀴
> 마차의 바퀴
> 굴러가는 바퀴도 굴리고 싶어진다.
> 가쁜 언덕길을 오를 때
> 자동차 바퀴도 굴리고 싶어진다.
> 길 속에 모든 것이 안 보이고
> 보인다, 망가뜨리고 싶은 어린날도 안 보이고
> 보이고, 서로 다른 새떼 지저귀던 앞뒷숲이
> 보이고 안 보인다, 숨찬 공화국이 안 보이고
> 보인다, 굴리고 싶어진다. 노점에 쌓여있는 귤,
> 옹기점에 엎어져 있는 항아리, 둥그렇게 누워 있는 사람들,
> 모든 것 떨어지기 전에 한 번 날으는 길 위로.

21. 이와 관련하여 카오스 이론의 선구자인 아브라함(Ralph Abraham)은 기원전 4
천 년 전에 수메르에서 사용된 구멍 없는 진흙 바퀴가 2천 년이 흘러 바빌로니
아에서는 축심, 즉 가운데 비어 있는 원의 공간을 지니게 되었다고 설명하면서,
이러한 바퀴의 족적과 변화를 가부장적인 지배 체제와의 연관성에서 고찰한다
(149-150). 두 번째 무심의 바퀴는 그렇다면 무심함을 가장한 겉바퀴의 내연
으로 작용하여, 무심함에 도달하지 못하고 가부장의 폭력을 행사하는 겉바퀴의
원을 상쇄하는 바퀴가 된다.

22. 이러한 토톨로기적 맥락에서 김상용은 다음과 같이 읊었다. "왜 사냐건 웃지
요." 이백의 '별유천지비인간'이라는 구절이 나오는 「산중문답」의 "소이부답심자
한"(笑而不答心自閒), 김소월의 「산유화」에 나오는 "꽃이 좋아 / 산에서 / 사노라
네"라는 구절도, "산이 좋아 산에서 사노라네"로 항간에 떠돌기는 하지만, 토톨
로기의 허허로움 혹은 그 허망함을 말하고 있다. 소월은 그러하기에 토톨로기만
을 말하고 있지 않다.

살기에 이러한 세상이라고
맘을 그렇게나 먹어야지
살기에 이러한 세상이라고
꽃 지고 잎 진 가지에 바람이 분다.

시제(詩題) 그대로 「낙천」(樂天), 즉 유토피아가 아니기 때문에 '樂天'이라 한다.
소월의 시는 따라서 체념과 관조의 절창(絶唱)이기는 하지만 '한'을 머금은 토톨
로기라 불러도 좋다. 「못 잊어」의 마지막 연을 보자.

그러나 또 한껏 이렇지요.
그리워 살뜰히 못 잊는데
어쩌면 생각이 떠지나요?

김상용의 "왜 사냐건 웃지요"는 소월의 시구처럼 인구에 회자되는데, 아무튼 누
구의 웃음 속에서건 우리는 당시 편안했는지 (…) 편안하건 불편하건 그저 웃어
야 하는 것인지, 비평가 김현을 소환한다면 웃는다는 것은 얼마나 어려운지! 염
화시중(拈花示衆)의 달관의 미소는 단지 야훼의 뜻 말처럼 빈 토톨로기로 궁색
한 제스처인지!

그런데 하이데거는 니체를 따라 '무근거로서의 근거' 혹은 심연의 존재철학을 논
하는 그의 글 가운데 17세기 유대신비주의자인 실레지우스(Angelus Silesius)
의 시를 다음과 같이 인용하면서 존재와 근거의 동일함, 그리고 '근거의 무근거
성'(die Grundlosigkeit oder der Abgrund des Grund)을 밝히고 있다. "장미
는 '왜' 없이 존재한다. 그것이 피는 것은, 그것이 피기 때문이다. 그것은 자신에
주의를 기울이지 않으며, 사람들이 자신을 보는지, 질문하지 않는다." "동일한 것
은 동일한 것을 통해서 인식된다"(tois homoisis ta homoia ginoskesthai)는 진
부한 그러나 놀라운 토톨로기를 재확인하는 하이데거는 다음과 같이 말하고 있
다. "'어떻게? 언제? 어디서?—신들은 말이 없다! 그대는—때문에 머물 뿐, 왜라
고 묻지 말라'"(『근거에 관한 명제』 68, 206; 최상욱 2006, 144-145, 146 재인용).
우리가 이 책의 제사로 인용한 『장자』, 「재물론」의 한 구절과 같다. 동서양 사상

의 한결같음을 관찰할 수 있다.

23. 태어나지 않음이 첫째요, 빨리 죽은 것이 두 번째로 좋다는 서양의 전통적 죽음관과는 대조되는 장자의 선요선노(善夭善老) 선시선종(善始善終)의 사유는 편안하다. 생각하건대 "선요선노, 선시선종"의 사유는 무시무종, 불사불생의 사유를 넘어서고 있다. 한평생 마당이 깔리면 "빠르거나 늦거나" "죽거나 말거나" 한바탕 놀아야 한다. 비극이 짙어지면 희극이 된다는 셰익스피어발(發) 프라이 (Northrop Frye)의 비극적 고찰은 그러나 절대적 고통과 가난한 삶을 이끌어 가는 이들에게는 공염불이 될 소지가 있다. 해야 할 일이 태산인데, 어떻게 선 (禪)을 하며 마냥 순례의 걸음을 계속할 것인가? 죽지 못해 산다는 말이 넘쳐 나는 세태 속에서도 우리는 여전히 살기 때문에 산다고 말할 수 있을까?
    필자는 장자가 "기쁘게도" 그의 처가 속칭 '무화'한 후 홀아비가 되어 먹여야 할 자식들이 있다는 소리를 들어보지 못했다. 장자의 사유가 유가와 묵가에게서 공박 받았던 이유이며, 유가와 도가가 지향하는 바가 우로보로스의 조화를 서로 이루어야 할 이유이다. 일부 기독교인들 중에는 가족 등이 하늘나라에 가면 어차피 최종적으로는 가야할 하나님 곁으로 가서 좋다는 생각을 표출하기도 한다. 과연 그럴까? 장자와는 문맥이 다른 말이겠지만, 천상병의 「귀천」과 더불어 많은 생각을 하게 한다.

24. 필자는 마지막 구절 "Let be"를 "살고 죽는 것"으로 옮긴다. 햄릿이 "사는 것이냐 죽는 것이냐"에 관한 난제를, 죽어갈 때 어느 정도 해결하고 있다고 생각하고 싶기 때문이기도 하지만, 존재는 무 없이, 무는 존재 없이 성립되지 않는다는 것을 햄릿은 아닐지 몰라도 작가인 셰익스피어는 알아차리고 있다고 믿기 때문이다. 삶, 즉 존재는 죽음이며, "be"는 삶과 죽음, 존재와 무 둘 다이다. 엘리아데의 "죽음이 삶의 일부", 니체의 "삶은 죽음의 일부"라는 말이 의미 있게 들어서는 순간이다. "물 흐르듯"은 노자의 '상선약수'(上善若水)를 염두에 둔 번역이다.

25. 김형효는 『애매성의 철학』에서 원문을 곁들여 이를 다음과 같이 설명하는데, 우리 책의 취지, 즉 탈우로보로스와 우로보로스의 교직(chiasmus), 혹은 상호잠식과 공존이라는 주제에 맞는 번역과 추가 설명으로 되어 있어 이 책 총결론의 제사로 사용한 바 있으나 다시 소개한다. 따옴표로 엮은 마지막 부분도 메를로퐁티

의 글(315)로 적시되어 있으나, 의역으로 보인다.

인간이 누구나 그의 몸을 떠날 수 없는 한에서 존재론적 근원적 창립도 결국 내가 보는 것일 수밖에 없기에, 이 세계의 역사에서 어떤 종합도 일치도 인간의 상호주체성에서 이루어질 수가 없다. 모든 상호주체적 존재의 모습이나 형태도 분리와 근접의 사이에서 이루어지는 상호잠식(l'empiètement)의 감염(Übertragung)이지, 결코 변증법적 종합이나 낭만주의적 화해의 일치는 성립되지 않는다. (…) "동일성도 없고 비동일성도 없고, 불일치도 없다. 안과 바깥이 서로서로 돌고 도는 것 밖에 없다." (376)

26. 파르메니데스의 단편 6을 참조하자. "말해지고 사유되기 위한 것은 있어야만 한다. 왜냐하면 그것은 있을 수 있지만 아무것도 아닌 것은 그렇지 않으니까. 이것들을 곰곰이 생각해 보라고 나는 그대에게 명한다"(BK28B6). 김내균의 다음과 같은 번역이 우리의 논의에는 더 명료하다. "말할 수 있고 생각할 수 있는 것이 있지(존재하지) 않으면 안 되느니라. 왜냐하면 존재하는 것은 있는 것이지만, 없음은 있는 것이 아니므로 이것을 그대가 생각할 것을 나는 명하노라"(170). 파르메니데스의 이러한 사상은 그러나 오히려 존재의 연속성 혹은 불멸성을 말하는 언급으로 해석될 수도 있으며 이는 그와 더불어 엘레아학파의 일원으로 분류되는 엠페도클레스에서는 다음과 같이 표현된다.

어리석은 자들! 이 자들에게는 멀리까지 가 닿은 사려들이 없으니, 정녕이들은 전에 있지 않았던 것이 생겨난다고 여기고 또는 무언가가 죽어 없어지고 완전히 파멸한다고 여기기 때문이네. 전혀 있지 않은 것으로부터 생겨난다는 것은 가당찮으며 또 있는 것이 완전히 파멸한다는 것은 이루어질 수도 없는 일이요 들을 수도 없는 일이노라. (DK31B11-12)

데카르트의 "cogito ergo sum"은 존재하기 때문에 사유한다는 기조를 견지한 파르메니데스와 엠페도클레스를 만나면 변론으로 전락한다. 존재와 비존재에 관한 의고적인 번역으로는 김내균 132 참조.

27. 아도르노의 "아우슈비츠 이후의 서정시"(Lyrik nach Auschwitz)라는 개념은 아우슈비츠 이후의 독일 문단에 대한 스스로의 자책이지, 범세계적 상황이라 해석하면 곤란하다. 1949년 그는 다음과 같이 썼다.

> 문화 비평은 문명과 야만에 관한 변증에 최종 단계에 처해 있는 것을 알 게 된다. 아우슈비츠 이후 시를 쓴다는 것은 야만적이다. 그리고 그것은 오늘날 시를 쓴다는 것이 왜 불가능한가하는 인식조차도 부식시킨다.

> Kulturkritik findet sich der letzten Stufe der Dialektik von Kultur und Barbarei gegenüber: nach Auschwitz ein Gedicht zu schreiben, ist barbarisch, und das frisst auch die Erkenntnis an, die ausspricht, warum es unmöglich ward, heute Gedichte zu schreiben. ("Kulturkritik und Gesellschaft" 1949; *Prismen* 1955, 34; 영어번역 *Prism* 34, 한국어 번역 『프리즘』 29 참조)

"불가능하다"(unmöglich)는 말을 함축한 것은 사실이나 그의 주안점은 "동시에 야만의 기록이 아닌 문명의 기록은 없다"는 벤야민(Wlater Benjamin)의 「역사 철학테제」 7편의 통찰을 되새기는 것에 있다. "야만적"이라는 아도르노의 표현은 "비인간적", 혹은 "불가능하다"는 다음 구절의 말과 섞이어 서정시의 불가능성 내지는 '비인간적 서정시'라는 개념으로 인구에 회자된다.

마이클 로스버그(Michael Rothberg)는 알려진 바와는 달리 "아우슈비츠 이후의 서정시"(Lyrik nach Auschwitz)라는 말은 독일의 레클람(Reclam) 출판사에서 나온 아우슈비츠에 관한 자료서의 이름으로 처음 쓰여 졌으며, 영어식 표현인 "no poetry after Auschwitz"는 조지 스타이너(George Steiner)가 그의 책 『언어와 침묵』에서, 또 "아우슈비츠 이후 시를 쓴다는 것은 불가능하다"는 인구에 회자되는 말은 쇼샤나 펠만(Shoshana Felman)이 공동 편집한 *Testimony: Crises of Witnessing*에서 처음 쓰이고 있다고 한다(279-80). 독일어에서 "nach"는 꼭 "after"만을 의미하지 않고 "to" 또한 의미한다는 로스버그의 말을 상기한다면 "아우슈비츠 이후의 서정시"는 아우슈비츠로 가는, 또는 아우슈비츠에

"관한"(von) 서정시로 이해되어도 무방하다.

아도르노는 '서정시의 불가능성' 테제에 불편함을 느꼈다. 아우슈비츠 이후에 실제로 문제가 되었던 것은 자살로 삶을 마감한 보브로스키(Tadeusz Bobrowski), 레비(Primo Levi), 델보(Charlotte Delbo) 등이 보여주었듯이, 인간 삶의 지속성에 대한 질문이었다. 추후 그는 이를 '서정시의 불가능성'이 아니라 '삶의 불가능성'으로 번개한다.

> 고문당하는 자가 비명 지를 권한을 지니듯이, 끊임없는 괴로움은 표현의 권리를 지닌다. 따라서 아우슈비츠 이후에는 시를 쓸 수 없으리라고 한 말은 잘못이었을 것이다. 그러나 그보다 덜 문화적인 물음, 즉 아우슈비츠 이후에도 살아갈 수 있겠는가, 우연히 그것을 모면했지만 합법적으로 살해될 뻔했던 자가 제대로 살아갈 수 있겠는가 하는 물음은 잘못이 아니다. (『부정의 변증법』 469)

28. 야훼의 뜻을 "나는 나일 것이다"로 은유로 파악하지 못하고 동일성과 토톨로기의 기초가 되는 "나는 나다"(A=A)로 확정한 사건이 서양 인식론과 존재론의 비극적 바탕을 형성하였다는 사실은 잘 알려져 있지 않다. 야훼라는 관념의 타락은 "A는 A이면서 A가 아니다"라는 토톨로기를 포함하고 있는 은유의 속성을 반영하고 있지 못하고 있다는 사실에 기인하고 있는지 모른다. 헤겔이 의미하는 '(순수)존재는 (순수)무'라는 언급은 이러한 논리, 즉 A는 A가 아니라는 논리를 염두에 두고 개진된다. 세상은 오직 A로서 또 ~A, 즉 A가 아닌 것으로서만 존재하는 것은 아닌데, "증명되지 않는 것을 가차 없이 배제하는 가장 엄밀한 추적 끝에 마지막으로 만나는 것은 동일률이 아니라 모순과 혼돈일 뿐"(박동환 1993, 49)이기 때문이다. 따라서 산 것은 산 것이 아니고 죽은 것은 죽은 것이 아니고, 산 것은 죽은 것이 죽은 것은 또한 산 것이 아니다. 그냥 살았다 죽었다를 계속할 뿐이다. 우리의 세상은 비가 오거나 말거나 둘 중 하나가 아니라, 비가 오다 말다 끊어지기도 하고 개였다 흐리기도 하고 안개도 차고 또 기타 등등이다. 동일률이 "세계를 향한 폭력의 도구"(1993, 48)가 되는 이유이기도 한데, 박동환을 계속 따르자면 세상은 "이기도 하고 아니기도 하여"(1993, 53) 모순으로 가득

차 있으며 이것이 세계의 실상이기도 하다.

동일성을 함축하고 있는 존재 A는 은유의 개념인 A´이지도 않고 심지어는 토톨로기의 개념인 A이지도 않다. 당나라 청원(靑原) 선사의 말이라고는 전해지고 있지만 성철 스님이 유행시킨 산은 산이고 산이 아니지만 산이라는 말은 은유의 속성을 언급하는 말에 해당한다. 그러나 아마도 A=A이며 A≠A가 아닌 은유의 속성을 가장 잘 드러내는 말은 『도덕경』의 다음과 같은 말일 것이다. "道可道非常道!" 도는 도이며 도가 아니다! 스즈키 다이세츠를 이어 니시타니 케이지는 이를 금강반야경에 나오는 즉비(卽非)의 논리로 풀은 적이 있는데, 아니기 때문에(非) 그렇다(卽) 혹은 어떤 것은 어떤 것이 아니기에 어떤 것이라는 논리이다. "A는 A 그 자체가 아니고, ~A를 통해서 A의 본래적 본질 혹은 실상을 드러낼 수 있다"(서동은 207). 즉비는 이렇게 볼 때 뢰쾨르가 말하는 은유의 속성을 지니게 된다. "A는 非A이다. 그러므로 A는 A이다"(이찬수 110-111).

동어반복적인 신과 진리 개념에 대해 니체는 다음과 같이 말한다. "만약 인간이 동어반복의 형식을 띤 진리(Wahrheit in der Form der Tautologie), 즉 빈 껍데기에 만족하지 않으려 한다면, 그는 영원한 환상을 진리로 바꿔야 할 것이다. (…) 모든 개념은 동일하지 않은 것을 동일하게 만듦으로써 생성된다(Jede Begriff entsteht durch Gleichsetzen des Nicht-Gleichen). (…) 어떤 나뭇잎이 다른 잎과 전혀 같지 않은 것이 확실하지만, 나뭇잎이라는 개념은 이와 같은 개별적 차이들을 임의로 단념함으로써, 즉 구별되는 차이들을 망각함으로써 형성되는 것이 확실하다. (…) 그것은 다시금 나뭇잎은 나뭇잎들의 원인이라는 것을 의미한다(das Blatt ist die Ursache der Blätter)"(Nietzsche "Über Wahrheit", 878, 880; 447, 448-449). 이로써 은유가 A가 A이면서 A가 아니라는, 즉 은유가 동일하지 않은 것의 동일화라는 사실이 다시 한번 밝혀졌다. 긍정과 부정을 동시에 함의하고 있는 은유의 마법! 은유는 따라서 동일률, 모순률, 배중률을 근간으로 하는 서양의 진리 혹은 신 개념에 정면으로 도전하고 있는 것으로 보여진다. 오캄의 말을 따르자면 진리 혹은 신 개념은 구체적인 진리 혹은 특정한 신으로만 존재하는 말뿐인 개념이다. 진리 혹은 신은 특정한 상황의 특정한 언어라는 주장인데 니체의 은유적 진리관을 다시 빌리자면 "진리의 요청에 따라 모든 개념[의] 신은 오로지 그 영역에서만 찾아야 한다"(unter der Forderung der Wahrheit, dass jeder Begriffsgott nur in seiner Sphäre gesucht wurde. "Über Wahrheit", 882; 452).

신 또한 불완전해서 완전하며 때문에 진화의 도정에서 완전함을 이미 그 불완전성 속에 포함하는 개념이었다고 사유하였다면, 세상은 지금과는 많이 다른 세상이 되었을 것이다. "신들은 창조되지 않는다. 그들은 진화한다"(Briffault III, 168). 이 놀라운 말은 1927년 그의 저작에 나타났으나, 세상은 주목하지 않았다. 야훼의 어원적 형태가 미완료형이라는 사실은 또한 신 역시 "진화하는"(evolving) 존재라는 사실을 밝힌 브리포(Robert Briffault)의 의견을 뒷받침할 어원학적 고찰이 될 수 있다. 엘리아데는 인도인들의 사유 구조 속에서 창조의 신 브라흐마의 하루 낮에 해당되는 1칼파, 즉 1겁(劫)은 천 개의 마하유가(1만 2천 년)로 구성되며 브라흐마의 일생인 1백 년은 3,111,000억 년에 해당된다고 보고하고 있는데, 그의 사유를 계속 따르자면 계속되는 창조의 영원이라는 시간 속에서 "신들은 영원하지 못하며, 우주적 창조와 파괴는 거듭거듭 영원히 계속되기 때문이다"(『성과 속』 97; 이에 대해서는 브라흐마의 한평생 수명 108년 ×365일×인드라 28명의 수명×인드라 71아이온[즉, 1마하유가인 12,000성년× 71=432만 년]으로 계산하는 『이미지와 상징』 71, 77 또한 참조). 브라흐마마저도 가늠할 수 없는 영원의 시간인 것 같지만 사실은 무한대의 시간을 향유하지 못하고 있다.

신들이 무한적으로 영원하지 않다는 말인데 "신들도 죽는다"는 개념은 새로운 사유의 지평을 열고 있다. 얼마나 다행인가, 신들도 영생이라는 지겨움 혹은 천형에서 벗어나고 있으니! 힌두교에서 신들은 "므르타반두mrtabandhu'인 인간과는 대조적으로 죽음에 얽매이지 않는 '아므르타반두amrta-bandhu'로서 기술되고 있다. 그러나 그와 같은 죽음으로부터의 자유는 지속적으로 유지되어야만 한다. (…) [사타파나 브라마나에서 기술하고 있는 것처럼] 신들 또한 죽음을 저지하고 그들 자신의 불멸성을 획득하기 위해 열심히 노력하지 않으면 안 된다"(Bowker 『죽음의 의미』, 264-265). 북구 유럽의 신들 또한 영생이 주어지지 않는데 신들의 전쟁인 라그나뢰크(Ragnarök)는 '신들의 죽음'을 말하고 있다. 주지하듯이 바그너의 오페라 〈니벨룽겐의 반지〉(1876) 중 3번째 곡 "신들의 황혼" (*Götterdämmerung*)은 신들의 사멸에 관한 북구의 라그나뢰크 신화를 기반으로 하고 있다.

"신들의 필멸"에 관하여 프레이저(James Frazer)는 신들의 교살과 그들의 노쇠와 죽음, 신격의 세습, 그리고 영혼불멸에 관한 연구서인 『죽는 신』(*The Dying God*, 1911)에서 "인간이야말로 그의 모습대로 신들을 창조했고, 그 자신 스스로가 죽기 때문에 그의 피조물 [즉, 신들]을 자연스럽게도 같은 슬픈 운명으로 상정했다"(3)고 밝히고 있다. 신(神)은 굳이 화이트헤드(Alfred Whitehead)를 거론하지 않아도 마땅히 진화하는 창조력과 때로는 갈음된다고 보아야 할 것이다. 귀신, 불가사의한 것, 정신, 혼, 마음, 신 등의 의미를 갖는 '神'은 보일 '시'(示)와 귀신의 영역인 서남서를 뜻하는 '申', 또는 "필", 또는 "늘릴"이라는 의미를 갖는 '神'과의 합성어이다. 합성어 신의 의미에 대해서는 여러 이설이 존재하지만, 대개 피어나는 힘, 번개 치는 모습 등의 뜻으로 본다면 창조력이라고 훈해도 지나치지 않다. 영생불사의 신 개념에서 벗어날 수 있을 때 새로운 사유의 가능성은 열리고 있다. 그러한 사유를 필자는 화엄경의 세상을 긍정하는 사유, 장자의 삶과 죽음을 동시에 긍정하는 탈우로보로스적인 사유 등에서 발견한다. 말미에 이에 관한 언급이 소략하게 있을 것이나 이는 향후 필자의 새로운 연구 주제가 되었다.

29. 그의 제자라 할 수 있는 신란(親鸞)과 함께 일본 정토종의 문을 연 호넨(法然) 존자는 생의 마지막에 곡기를 끊고 입적한 것으로 되어 있다. 서로가 서로에게 먹이가 되는 세상을 읊은 반칠환의 「먹은 죄」는 나와 너의 상호의존성과 상동성, 혹은 '서로 은유'의 가능성을 생물학적으로 밝혀주는 시이기도 하다.

　　새끼들에게 줄 풀벌레 잡아오던
　　지빠귀를 새매가 나꾸어 갔다
　　가까스로 허물 벗고 날개 말리던
　　잠자리를 물총새가 꿀꺽 삼켜 버렸다
　　오전에 돋은 새싹을 다람쥐가 갉아 먹는다

그러나 어느 유족도 복수를 꿈꾸지 않는다

다 먹은 죄가 있기 때문이다

한없이 슬퍼도 적막한, 푸른 숲 속의 일이다

이 시는 마침표가 없다. 세상은 먹이사슬에 얽힌 동일성이 여전히 작동되고 있지만 그것에만 머물고 있지 않아 변화와 사멸 그리고 생성을 받아들이고 있다.

30. 출판을 준비하는 가운데, 필자는 사사키 아타루를 통하여 푸코의 "혼의 형이상학"에 대한 비판과 김용옥의 『동경대전』에 관한 설명 가운데 영원에 관한 다음과 같은 언급을 발견하였으나, 책이 완성된 후의 독서라 이 책의 말미에서는 이를 주석으로 처리하여 필자의 의견을 간단하게 언급하는 것으로 넘어가고자 한다. 필자가 입안하고 있는 '탈우로보로스의 해석학과 순간학'에 관한 추후의 논의에서 구체화되리라 생각한다.

> 기원전 5세기 말, 소크라테스가 찾아낸 것은 무엇이었는가? 당연히 플라톤이 계승한 플라톤주의와 신플라톤주의가 되어 그리스도교가 계승한 후 오랫동안 서양적 사고의 결정적인 얼개가 되는 "혼의 형이상학"이다. 감각적인 세계, 육체의 세계를 초월한 절대적인 "형상"의, "이데아"의, 정화된 "혼"의 영구불변한 세계, 초월적인 "다른" 세계를 전제로 한 형이상학. (사사키 아타루 『야전과 영원』, 790)

> 우리는 모두 서학의 악폐에 빠져, 본질을 말하고, 본체를 말하고, 초월자를 말하고, 천당을 얘기하고, 불변을 신봉하고 있다. 인생은 부운같이 허망한 것이라 말하면서, 오직 영원불멸의 진리로 향해야 한다고 구라치고 있다. 모든 종교와 철학이 이 간판 하나로 먹고 살고 있는 것이다!
> (『동경대전』 II: 208; 김용옥 해설)

사사키 아타루의 '혼의 형이상학'에 대한 푸념과 견유학파에 대한 일변도의 칭송은 그러나 푸코의 의도를 위반하는 경향이 있다. 국내에서는 아직 번역이 안되어 원문을 영역본으로 찾아보았다. 푸코가 말하는 혼(psyche)과 생존 내지는 삶(bios), 인식(episteme)과 실천(parrhesia)의 갈라치기가 그러나 양자 간의

"넘어설 수 없는 대립"을 말하는 것이 아니라 일정 부분 상호의존적이라는 주장임을 간과해서는 안 되겠다. 다음은 1984년 2월 29일 콜레쥬 드 프랑스에서 행한 강의의 일부이다.

> 혼의 존재론과 실존, 즉 삶의 미학 가운데 공존의 불가능성이나 넘어설 수 없는 모순이 존재한다고 주장하는 것은 결코 아니다. 오히려 정반대로 이 두 테마들은 실질적으로 그리고 이제까지 쭉 서로 링크를 형성하였다고 심지어 나는 말할 수 있다. 실제로 삶의 스타일 또는 실존의 어떤 형태가 정의하고 요구하는 것과 연관되지 않는 혼의 존재론은 거의 없었다. 어떠한 실존의 스타일, 어떠한 삶의 형태도 혼의 형이상학과 같은 것과 어느 정도 명백하게 관련되지 않고서는 거의 입안되고 발전되지 않은 것처럼 말이다. 그러나 나는 또한 혼의 형이상학과 생존의 문체론과의 관계가 결단코 필수적이고 유일한 관계가 아니었다는 것을 강조하고 싶다. (Foucault 2008, 163-164)

푸코는 '생존의 미학'과 그리스적 사유에 관한 불편한 속내를 드러낸 인터뷰를 행한 후 한 달도 지나지 않은 6월 25일 오후 자살로 삶을 마감하게 되며, 그의 '생존의 문체론' 내지는 미학에 관한 논의는 그의 의도대로 미완성으로 남게 된다.

위의 인용문에서도 밝혀졌듯이, 영혼과 영원의 형이상학에 관한 필자의 문제 제기는 따라서 이의 전면적인 부정을 뜻하지 않는다. 존재의 철학을 주장하는 하이데거의 사유가 존재자에서 완전히 벗어나지 못하여 자가당착의 모순을 상정하는 경우도 허다한 것과 유사하다. 인간의 삶은 인식론적 철학뿐 아니라 자기 배려와 실천의 속성을 갖는 영성과 종교, 즉 존재자에 대한 성찰을 또한 필요로 하고 있다. 철학과 종교, 혹은 철학과 문학이 엮여서 인류의 삶과 함께한 이유이기도 하니, 김용옥의 주장에도 불구하고 너무 자주는 아니겠지만 가끔 영생과 천당을 말하는 것이, 비록 이것이 인류의 습속이자 삶의 방식으로 굳어져 왔지만, 나쁠 필요가 무엇일까? 악습으로 몰아칠 일만은 아니다. 현상과 실제 내지는 이데아로 구분되는 이원론을 고수해야만 하는 플라톤발(發) 형이상학은, 종교에서 주장하는 일원론과의 적절한 균형 내지는 조화를 이루고 있다. 이를 우리는 현세와 내세와의 적절한 갈마듦(拮抗)과 우로보로스적 조화라고 표현하자.

지속의 영원성을 주장하는 플라톤의 형이상학과 불가능한 지속의 '순간영원성'을 주장하는 베르그송의 형이상학에 관한 부당한 비판과 오해를 지적하면서, 베르그송의 지속이라는 개념은 전통적 형이상학의 시간의 공간화, 영속화와는 달리 차이와 변화의 지속임을 주장하는 최화 교수의 언급을 또한 참고하였는데, 그의 다양한 글들, 그 중에서 특히 2016: 356-357을 참조해도 좋겠다. 베르그송의 지속 개념에 대해서는 들뢰즈의 "존재론적 과거"가 시간의 흐름과 지속을 가능하게 한다는 의견을 수정하면서, 미래를 향한 도약의 의지, 즉 미래의 요구 내지는 부름에 의하여 "심리적 과거"가 소환되어 현재의 순간 행동을 통한 일시적인 영원, 즉 지속이 가능케 된다는 견지를 주장하는 조현수의 글, 「베르그손 지속 이론의 근본적인 변화 — 시간 구성에 있어서 미래의 주도적 역할」(『철학연구』 95 [2011]: 29-56)이 발군이다. 그러나 지속이 철학적으로 어떤 의미를 따건 간에, 일반적 의미에서 지속은 지속일 뿐이다. 이를 인도 유식학의 논의를 빌어 말한다면 다르마팔라(護法 530-561) 등이 주장하는 '식의 전변'이라 할 수 있으며, 주관적 관념론으로 규정되는 이러한 논의는 "식 자체의 본질은 지속이라는 자기동일성이다"(권서용 2017, 93)라는 주장으로 요약할 수 있다. 지속은 자기동일성을 매개 혹은 전제로 지속하며 이렇게 본다면 베르그송이 말하는 "시간의 공간화" 오류는 그에게도 적용될 수 있음을 주지할 일이다.

31. "메타피지카 아푸쉬케"라는 용어는 푸코의 '혼의 형이상학' 내지는 '혼의 존재론'을 염두에 둔 필자 나름의 신조어이나, 그리스어로 이를 선택하는 과정에서 플라톤 전공자인 서울시립대 이종환 교수님에게서 많은 도움을 받았다. 직역하여 "metaphysica koris pushke", 혹은 라틴어로 "metaphysica inanima(lis)"도 가능한 번역이긴 하다. 영혼이 영원하지 않고 (지구에서는) 한평생이면 족하다는 수운 최제우 선생의 논의와도 일면 부합하니, 역설적으로 혼이 없다면 우리는 적멸에 이르게 된다. 혼이 없는 세계에는 죽음도 없다.

따라서 메타피지카 아푸쉬케는 베르그송의 변화하는 지속의 개념이 품고 있는 영원, 혹은 니시다 기타로의 절대무(絶大無)의 공간이 허락하는 순간의 영원성,

즉 '영원의 지금'(永遠の今)을 상정하지 않는다. 순간의 영원성을 말하는 순간, 순간은 영원으로 함몰될 가능성이 있으니 이것은 베르그송이 비판하는 시간의 공간화와 많이 다르지 않다. 소운 이정우는 도겐과 니시다의 순간의 영원성 개념을 사쿠라, 스모, 사무라이들의 결투, 가미가제 등의 일본 문화에서 그 예들을 찾는다(2018, 209). 필자는 이에 순간의 운동인 역도를 추가한다. 여전히 우리는 순간과 영원의 길항을 말하고 있으나 순간은 순간 자체로 족하다. 이에 대한 천착이 필자가 향후 구상하는 '탈우로보로스 순간학'의 주제가 될 것이다.

이슈타르(인안나)
하인과 나란히 있는 이슈타르 여신,
시리아 팔미라 지하 신전의 테라코타 부조
서기 3세기. 다마스쿠스 국립박물관

부록

전쟁은 만물의 아버지이자 왕이다.
그것은 누군가를 신들로 누군가는 필멸의 존재들로 만들어주었고,
누군가는 노예들로 누군가는 자유민들로 만들어주었다.
－헤라클레이토스, 단편 53: DK22B53

전쟁은 공통된 것이고 투쟁(eris)이 정의이며,
모든 것은 투쟁과 필연(chreōn)에 따라서 생겨난다는 것을 알아야 한다.
－헤라클레이토스, 단편 80: DK22B8

사랑은 모든 것을 하나로 결합시켜며,
불화가 만들어낸 우주를 파괴시키고 그것을 구(球)로 만드는 반면에,
불화는 원소들을 다시 분리시켜 (지금의) 이 우주와 같은 우주를 만든다.
－헤라클레이토스, DK31A25(서영식 238 재인용)[1]

사랑은 일종의 증오이며 결국 증오는 일종의 사랑입니다.
적대적인 것에 대한 증오는 긍정하는 것에 대한 사랑입니다.
이것에 대한 사랑은 저것에 대한 증오입니다.
실체와 뿌리에 따라서 말하자면 사랑과 증오,
우정과 투쟁은 하나이며 동일합니다.
－조르다노 부르노, 『원인과 원리와 일자』 440

부록 1

전쟁은 사랑의 질병인가?:
리베스토드(Liebestod)와 토데스리베(Todesliebe),
혹은 죽음과 사랑의 키아스무스(chiasmus)

1

사랑과 죽음, 주체(자아)와 객체(타자)

서양 문학 또는 문화에 나타나는 여러 가지 이야기들(mythoi) 중 하나는 "사랑을 하면 죽어야 된다"는 또는 "죽음으로 완성되는 [사랑과] 상징"(Eliot "Little Gidding")이라는 '뮈토스'이다. 사랑을 완성하기 위해 죽음을 꼭 거쳐야 한다는 이러한 신화적 논리를 계속 따라가게 되면, 우리는 서양 세계의 메타 내러티브인 십자가의 죽음과 재생이라는 역사적 사건을 만나게 된다. 사실 서양 세계의 신 개념은 죽음을 상정하지 않고서는 성립될 수 없다. 신이 허락하는 또는 신 자신도 필요로 하는 재생과 영원이라는 관념이 존재하기 위해서 죽음이 필요한 까닭이며, 논리적으로 보면 이를 재생과 영원이라는 결과를 도출하기 위해 죽음이라는 원인을 상정해야 하는 오류(*post hoc ergo propter hoc fallacy*) 또는 "사후성"(*Nachträglichkeit*)에 기대고 있는 담론으로 일반적으로 표현할 수 있겠다. 그러나 여기서 필자가 이야기하고 싶은 것은 서양 세계의 신화에 대한 공격 또는 비판이 아니라 그 신화가 정초한 이분법이라는 인식론이다. 사랑은 주체와 타자를 나누는 기본적인 인식론으로 작동하며, 죽음은 타자만을 남겨둔 채 세상을 하직하는 주체의 소멸 혹은 때에 따라서는 주체에 의한 타자의 소멸을 의미하게 된다. 바로 이렇게 주체와 타자가 분리 혹은 둘 중의 하나가 소멸되어 종극에는 주체를 따라 타자 또한 소멸될 때, 사랑으로 인해 촉발된 죽음은 인류의 저의식(底意識)으로 잠입하여 세상에 아직 남아 있는 죽음 지향적 타자들을 위하여 사랑과 죽음의 이중주를 탄주하게 된다.

주체와 객체, 또는 타자, 헤겔식으로는 주노(主奴)의 변증법으로 정형화되는 이 이분법적 인식론의 저변에는 그러나 최근의 예를 들자면 프로이트나 데리다, 그리고 많은 (핵)전쟁 관련 대상학과 학자들이 이야기하는 "이름 짓기와 갈라내기", 그리고 "투사"의 폭력이 숨어 있다. 인류의 선조라고 서양 세계에 알려진 아담은 이름 짓기의 명수였다. 그러하기에 서양 문화의 비극은 (서양의) 주체가 자기 자신도 객체, 또는 타자처럼 완전한 존재가 아닌 상실된 존재임을 인정하지 않고, 타자를 타자로만 혹은 타자만을 타자로 명명하고 호명하는 것에 그 근원을 두고 있는지도 모른다.[2] 객체의 소멸은 필연적으로 주체의 소멸을 가져온다. 그러나 어떻게 "주체"라는 언어 혹은 관념이 이미 우리 속에 들어왔는데 주체가 없어질 수 있을까? "신은 없다"는 말이 논리적으로 불가능한 이유와 다르지 않다. 이분법에 근거한 서양의 인식론은 따라서 거세와 상실, 부재와 결핍을 말하면서 이를 초극한다고 말할 수밖에 없다는 점에서 역설적일 수밖에 없다. 초월이나 승화가 그러하다. 그런데 이러한 이분법을 근거로 하는 역설의 논리는 우리가 본 장에서 말하고 싶은 사랑과 증오, 또는 죽음을 연결하고 있는 것이기도 하다.

단연코 사랑과 죽음이라는 주제를 잘 살펴볼 수 있는 문학의 한 장르는 전쟁문학이다. 전쟁이라는 한계상황에서 '사랑'이 운위되는 까닭은 사랑이 전쟁이 환기하는 죽음과 더불어 인류의 가장 근원적인 경험들 중의 하나이기 때문이다. 때문에 폭력과 죽음을 소재로 한 전쟁문학이나 살인과 전쟁을 주제로 한 대부분의 영화가 남녀 간의 사랑을 언급하고 다루는 것은 전혀 이상하지 않다. 사랑은 항상 죽음으로 향하지만 죽음은 그 비극성을 잠시나마 잊기 위해 끊임없이 사랑을 불러낸다. 고대 서양인들의 사유 또한 이와 다르지 않다. 죽음 또는 명부의 신인 플루토는 간혹 헤라클레이토스에게 있어서는 술과 축제적 삶, 그리고 사랑의 신이기도 한 니오뉘소스와 같은 신으로 파악된다. 파멸과 전쟁의 신 아레스와 사랑의 여신 아프로디테와의 소생이 '포보스'(공포)와 '데이모스'(걱정) 말고도 '에로스'와 '하르모니아'(Harmonia)라는 사실은, 서양인들이 적어도 사랑과 죽음, 그리고 전쟁 사이에 무엇인가 우리 인류의 의식을 뛰어넘는 연관 관계가 있다는 것을 인식하고 있었다는 증거가 된다. 조금 다른 말이 되겠지만 아레스의 누이이자 부인이 되기도 하는 파멸과 전쟁의 여신 에니오(Enio)와 남매지간인 폴레모스(Polemos)는 불화와 전쟁의 화신으로 신화에 등장하는데, 그가 오만의 여신 휘브리스(Hubris)를 쫓아다녔다는 사실은 전쟁의 원인이 상대방을 무시하는 자만심과 오만함의 발로이기도 하다는 사실을 잘 보여주고 있다. "폴레모스"로부터 전쟁학, "polemology"라는 어휘가 나왔다는 사실은 잘 알려져 있다.

사랑의 신 에로스가 치명적인 화살을 쏘는 궁수로 또 그의 어머니인 사랑의 여신 아프로디테가 무기를 만드는 신 헤파이스토스의 아내로 나타나는 것은 우연이 아닐뿐더러, 사랑의 신 에로스(Eros)와 밤의 신 뉙스(Nyx)의 소출이 불화와 투쟁의 여신 에리스(Eris)라는 사실은 사랑으로부터 온갖 쟁투가 비롯된다는 것을 알려주고 있다. 에리스 여신이 그녀와 이름도 비슷하게 아레스와 오누이 관계로 자리매김되었다는 것 또한 사랑과 전쟁 간의 직접적인 연관 관계를 지시하는 신화소이다. 사랑과 전쟁은 인류에게 어떠한 하모니와 에리스, 즉 투쟁과 전쟁이라는 조화와 부조화를 가져다 줄 것인가? 너무나 명약관화하여 잘 지적되지 않는 고대 서양인의 사랑과 전쟁, 또는 죽음 간의 연관에 대한 사유는, 지구를 둘러싼 좌우의 두 행성을 사랑의 여신인 금성과 전쟁의 신 화성으로 명명한 것에서도 찾아볼 수 있다. 비록 죽음과 지하 세계의 신 명왕성을 가장 끝에 위치시키기는 하였지만, 죽음은 파멸과 전쟁의 형태로 사랑만큼이나 인식론이 태양계에 국한되는

인류에게는 가까이 있다.[3]

　전쟁이 사랑에서 촉발된 것이라면 그리고 사랑이 인류의 근원적인 성품이라면 인류는 인류 최대의 비극으로 알려진, 실은 보기에 따라서는 축복이기도 한 죽음을 불러들이는 전쟁하기를 그치지 아니할 것이다. 하이데거의 말처럼 서양인들은 죽음을 통하여 본향으로 돌아가는 자유를 체념과 무의식을 섞어 기꺼이 받아들이고 있는 것일까? 이러한 맥락에서 본다면 전쟁이 서양인의 상상력에서 성스럽고 정당하고(아우구스투스, 아퀴나스), 자연(이성)적이며 숭엄하고(칸트) 윤리적이고 역사 필연적이며(헤겔), 자연(본능)적이고 회귀 필연적이고(니체), 재생적이며 남성성을 보강하는 것으로(에머슨, 제임스) 파악되고 있었음을 이해 못할 일도 아니다. 전쟁은 문명을 위협하기도 하지만 무기 체계의 개발과 이로 인한 과학기술의 발달로 문명을 발전시켜 오기도 했다. 전쟁은 인류가 치러내고 건너지 않으면 안 될 "연옥의 불꽃"(purgatorial flame)으로 엘리엇(T. S. Eliot)이나 셀린느(Louis-Ferdinand Celine) 문학에서는 묘사되었고, 스타인 여사(Madame Stein)나 캐더(Willa Cather) 등의 미국 여성 문학에서는 근대성(modernity) 또는 최고의 남성성(virility) 자체를 의미하기도 했다.

　전쟁을 광기라고 파악하는 현대의 많은 논의에도 불구하고(Caldicott, Mack) 전쟁이 광기를 예방하는 치유의 능력이 있다는 정신분석학적 의견 또한 개진되어 왔다(Fornari xv-xviii; Rose 15-40; Stein 79). 그러나 제1차세계대전을 지나 전쟁이 전쟁을 주도하는 주체적 기계(war machine)가 될 때, 그리고 핵으로 인한 객체 또는 타자의 완전한 파멸이 인류 전체의 존재를 위협하게 될 때, 우리는 그동안 서양 문화와 철학이 갖고 있던 전쟁이라는 환상에서 깨어날 필요성을 갖게 된다. 전쟁은 수많은 이론가들이 논파하였듯이 더 이상 윤리적이고 이성적이지도 못한 영역에서 작동하고 있지 못하다. 문제는 전쟁이 아니라 전쟁에 여러 가지 긍정적인 의미를 부여하는 인류의 인식 작용일 수 있다. 남성성이나 폭력의 최극점인 전쟁보다 더 남성적이고 폭력적인 것은 바로 이러한 것들에 의미를 부여하고 이데올로기화하는 성향 그 자체이다. 폭력과 전쟁을 통하여 남성성이 보강될 수 있다는 신화(mythos of regeneration through violence)는 이의 한 예에 불과하다. 철학이나 문학의 이야기들에 나타난 전쟁에 대한 이러한 의미화 또는 신화 작용을 통하여, 병사들은 만들어지고 전쟁은 재생산된다.

전쟁을 일으키는 요소는 죽음을 촉발하는 사랑 말고도, 종교, 인종적 차이, 또 인구 조절(Stein, Rose), 자본의 추구, 예컨대 헬러(Joseph Heller)의 『이럴 수도 저럴 수도』(Catch-22)에 나타난 교량과 비행기로 상징되는 자본과 욕망의 법칙 등을 거론할 수 있다. 그러나 우리의 논의는 사랑과 관련된 전쟁의 원인을 사랑과 짝을 이루는 죽음에의 충동과 사랑의 이면인 미움, 그리고 죽음의 관능성을 통한 사랑의 추구 혹은 그 절정에 국한된다. 전쟁의 원인을 다른 요소들보다 인류의 근원적인 본능이자 품성인 사랑에서 찾으려 하는 우리들의 시도가 사랑의 '낯설음'(*Das Unheimliche*)과 폭력성에 대한 분석과 비판적 성찰로 이어질 때, 전쟁을 본원적으로 지양하는 하나의 접점이 드러나 보일지도 모른다. 시종일관 죽음은 그것의 외현적 발현인 전쟁과 더불어 사랑의 '우로보로스 짝패'로 작동했지만, 그러나 오늘날의 인류는 사랑과 죽음(전쟁)이 이룩하는 우로보로스의 복원력을 상실한 불행한 세대이다.

2

전쟁의 원인과 죽음에 대한 사랑, 죽음 충동

사랑과 관련된 전쟁의 원인을 찾는다는 것은 폭력의 원인이나 세계의 구성 방식을 찾는 것처럼 동어반복이 될 수 있다.⁴ 전쟁의 원인으로 자주 거론되는 그 첫 단서는 프로이드가 말하듯이 쾌락 원칙을 뛰어 넘는 "죽음 충동"에서 찾아볼 수 있다. 프로이트에게 있어서 죽음 충동은 불교에서 말하는 적멸과 비슷하게, 죽음이라는 무기물로 귀환하고 싶은 인간의 욕망을 표현하는 최고의 쥬이상스이다. 그린(Graham Greene)의 베트남전쟁을 그린 수작 『조용한 미국인』(*The Quiet American*, 1955)의 주인공 파울러(Thomas Fowler)는 프로이트의 죽음 충동 이론을 확인하려는 듯 작품이 시작하기도 전에 죽어야 된다는 강박관념에 그리고 그 기대감에 충분히 행복해 하고 있다.

> 죽음은 내 세계에서는 유일한 절대적 가치였다. 생명을 잃어버린다면 인간
> 은 다시는 영원히 아무 것도 잃지 않을 것이다. 나는 신을 믿을 수 있었던
> 사람들을 부러워하였으나 그들을 믿지는 않는다. 변화하지 않는 영원한 우
> 화를 갖고 그들은 스스로 용기를 북돋는 것처럼 느껴진다. 죽음은 신보다

훨씬 확실한 것이었으며, 죽음과 더불어 나날이 사랑이 없어질 가능성은
더 이상 없을 것이다. (44)

죽음 이후에는 죽음이 더 이상 존재하지 않는다는 마치 '형이상학적 기지'(metaphysical conceit)를 말하고 있듯 영국인 파울러는 "생명을 잃어버린다면 인간은 다시는 영원히 아무 것도 잃지 않을 것이다"고 사고하게 되며, 그의 미국인 상대자 파일(Pyle)이 베트남어로 "불사조"를 의미하는 이름의 여주인공 푸엉(Phuong)을 사랑이라는 이름으로 그에게서 빼앗아갈 때 차라리 죽기를 원하게 된다. 파일이 죽음을 상징하는 탑을 포위한 베트콩으로부터 그를 구해주었을 때 파울러는 오히려 불안함을 느낀다. 삶이 주는 지난한 불확실함을 계속 연장해야 하는 인간 조건에 대한 파울러의 권태는 죽음으로 회귀하고 싶은 충동을 강력히 전달한다. "나는 구해달라고 죽음을 고통스럽게 연기해달라고도 요청하지 않았다. 나는 딱딱하고 먼지 풀석이는 땅바닥에 누워 죽을 자리를 생각하며 향수(nostalgia)에 젖어 있었다"(110). 삶이 없다면 그리하여 사랑이 없다면 죽음 또한 없기에, 사랑을 박탈당하는 일이 다시는 없게 하기 위해, 다른 말로 하자면 다시 또 죽지 않기 위해, 지금 죽고 싶은 것이다. 이 경우 향수(nostalgia = nostos + logos)는 누구나 본원의 고향인 죽음의 상태로 회귀하고 싶은 본능이 된다.

죽음의 유희인 그래서 다시 삶의 찬가인 투우를 좋아했던 헤밍웨이는 투우야말로 제1차세계대전을 포함하여 전쟁이 소강상태에 접어들게 될 때, 유일하게 "광포한 죽음"(violent death 『오후의 죽음』, 2)을 관조할 수 있고 타자에게 죽음을 선물할 수 있다는 측면에서 전쟁을 대신할 수 있고 인간에게 신성을 느낄 수 있게 하는 제의(ritual)의 한 형태라고 파악한다. 팔루스(phallus)를 상징하는 황소가 들이받는 뿔에 의해 기수 피카도르(picador)가 탄 말의 내장이 땅에 질질 끌려다니는 모습을 목도하며, 죽음의 희생자 또는 정복자로 나오는 투우사 마타도르(matador)와 그를 바라보는 관객은

죽음이 선사하는 희열감을 느낀다. 따라서 죽음은 그리고 그것에 대한 관조는 순간을 사는 인간의 현재를 절대적인 것으로 변하게 한다.

> 미적인 즐거움과 자긍심을 줄 정도로 깨끗이 죽이는 것은 언제나 인류의 커다란 즐거움들 중의 하나이었다. (…) 그 위대한 즐거움 중의 하나는 죽음을 집행하는 것으로부터 오는 죽음에 대한 반항감이었다. (…) 인류가 여전히 죽음에 대해 항거하고 있을 때 그는 죽음을 부여하는 신성의 한 자락을 맛볼 수 있게 다가가는 쾌락을 맛본다. 이러한 즐거움은 죽이는 것을 좋아하는 사람들에게서 나타나는 가장 심원한 느낌들 중의 하나이다.
>
> (『오후의 죽음』(*The Death in the Afternoon*), 233)

타자의 죽음을 보기를 즐기고 아무렇지 않게 생각하는, 그리고 그 가운데서 즐거움을 느끼며 자신이 살아 있다는 사실을 확인하는 인류의 습속은, 죽음이 볼거리와 유희로 전락한 제1차걸프전 위성중계에서도 확인할 수 있다. 그러나 타인의 죽음을 경시하는 풍토는, 그리고 타인에게 죽음을 선사하며 자신의 목숨을 확인하는 이 비일비재함과 그 진부함은, 근원적으로 말한다면 자기의 죽음을 잊고 싶어 하는 소치에 다름 아니다. 문제는 자기의 죽음을 예견하는, 또는 갈구하는 마조히즘적인 욕망이 자기 자신의 죽음에 대한 갈망으로 끝나지 않고 타자에 대한 가학적인 폭력, 또는 죽음으로 전이된다는 사실에 있다. 『노인과 바다』(*The Old Man and the Sea*)의 주인공 산디아고(Santiago) 노인의 항해는 사실상 죽음을 통하여 그의 삶을 완성하려는 죽음의 항해이며, 와중에 팔루스(phallus)로 상정된 청새치(marlin)와 후궁(odalisque) 혹은 "파멸적 여성"(vagina dentata) 역할을 하는 상어의 죽음, 즉 객체 혹은 타자의 소멸은 꼭 필요한 것이었다. 산디아고 노인의 다음과 같은 언급, 즉 "고통은 남자에게는 중요하지 않다"(84)는 마조히즘적인 인식은 즉각적으로 타자에 대한 사디즘적인 폭력으로 치환된다. 그는 "누가 누구를 죽이는가에 대해 괘념하지 않게 되며"(92), 단지 죽고 죽이는 사실 자체에 즐거움을 느끼게 된다. "그렇지만 너는 그 이빨상어(dentuso)를 죽이는 것을 즐겼지. 산디아고 노인은 생각했다"(105).[5]

인간의 마음속에는 고통과 죽음을 사랑하는 마음이 있다. 딤즈데일 목사, 아합 선장, 울프 라르센 선장, 산디아고 노인 등 미국 문학 내에서만 예를 들어보자면, 그들의 자기 파괴적 이야기들은 주체의 죽음에 대한 마조히즘적 체념과 달관이 타자에 대한 폭력으로 나타난다는 사실을 일깨우고 있다. 그들은 고난 받고 있는 것으로 나타나 때때로 독자들의 동정을 자아내기도 하지만, 자신들이 "공격의 대상인 동시에 또한 공격자"(Newfield 72)일 수도 있다는 사실에 대해서는 어떠한 인식도 드러내지 않는다. 슬픔과 고난에 관한 성찰이 폭력적이 되면 "공격적 애가"(哀歌, aggressive jeremiad)가 될 수도 있다.[6] 로우랜드슨 부인(Mrs. Mary Rowlandson)의 식민 유형지에서의 체험이나 버코비치(Sacvan Berkovitz)가 설명하는 초기 식민시대 고난 받는 청교도들의 "오로지 미국"이라는 배타적 담론 등은 넓게 보아 공격적 애가의 전통에 속한다.

자기 안의 악마를 인식하는 것, 문제는 타자가 아니라 주체이다. 자신의 죽음에 대한 마조히즘적인 체념과 달관이, 미국 문학에 대한 앞의 논의에서도 밝혀졌듯이, 타자에 대한 사디즘으로 나타난다는 사실에 인류의 기이함과 괴상한 폭력성이 존재한다. 일례로 마르쿠제(Herbert Marcuse)는 하이데거(Martin Heidegger)의 아우슈비츠에 대한 묵인 또는 동조의 한 원인을 마조히즘적인 죽음에의 의지가 변형된 사디즘으로 파악한 적이 있다.

> 고통과 공포 그리고 절망으로 점철되는 잔혹한 생물학적인 사실은 실존적 특혜로 변형된다. 태초부터 지금까지 철학은 자기 자신의 죽음에 대한 충일감이 타자의 죽음에 대한 희열감을 동반하는 이러한 이상한 마조히즘과 사디즘을 [동시에] 보여 왔다. (1959, 67)

문제가 되는 것은 그러하므로 "꼭 그럴 필요가 없는데도, 기꺼이 스스로를 죽음에의 위험에 내맡기려는 준비 자세"(Kojève 357)이다. '죽음으로 향한 존재'는 주체의 죽음에서 영원한 자유를 느낀다고 믿기에, 자연스럽게도 타자의 죽음에 슬퍼하지 않고 오히려 그것을 자연스럽게 받아들이고 심지어는 조장하기까지 한다. 물론 개개인의 죽음 없이 문명은 유지될 수 없다. 죽음 없이는 삶도, 그리고 종교와 학문도 존재하지 않는다. 우리는 때로 지구라는 공동 묘혈의 혈거인으로 살아가고 있다. 아무리 강조해도 지나치지 않는 것은 그러나 모든 것이 소멸한다는 의식의 깨달음이 죽여도 괜찮다는 폭력적 논리로 탈바꿈한다는 사실에 있다.

제2차세계대전 당시 조동종(曹洞宗)과 심지어는 이와 완전히 다른 종지(宗旨)를 표방하는 임제종(臨濟宗)을 표방했던 일본의 많은 승려들이 전격적으로 태평양 전장에 참여한 소치와 다르지 않은데, 윤회에 대한 체념과 달관 그리고 해탈에 대한 일시적 기대가 타인의 살생에 대한 정당화가 되는 경우이다. 주체의 고통과 죽음에 대한 빈번한 마조히즘적인 미화는 기묘하게도 타자의 고통과 죽음에 대한 사디즘적인 탐닉으로 이르며, 타자의 죽음을 선사하는 주체는 타자를 지배함으로써 스스로를 정립한다는 착각에 빠지게 된다. 앞서 언급한 죽음에 대한 귀소 본능, 즉 "향수"(nostalgia)를 갖고 있는 그린의 주인공 영국인 파울러가 죽음에 대한 성찰이 없는 "순진한" 미국인 파일을 고의적으로 죽게 함으로써 영원한 여성 푸엉을 일시적으로 획득하는 것과 같은 이치이다. 죽음은 첼란(Paul Celan)이 반복하여 되뇌이고 있듯이, 죽음에 관한 철학적 명상을 완성하여 죽음을 자유라고 착각했던 "독일에서 온 거장"(ein Meister aus Deutschland 「죽음의 푸가」)이다. 예수를 로마 관원에 팔아먹고 난 후, 스스로의 죽음 또한 갈망하는 신약시대의 변절자 도마(Thomas)처럼 우리 시대의 토마스 파울러는 여자와 아편이 선사하는 삶, 그리고 죽음에 탐닉한다.

3

죽음에 이르는 사랑의
질병, 미움

우리는 사랑하기 때문에 싸우기도 하며 죽고 죽이기도 한다. 그렇다면 '죽음 충동'의 이면에는 우리가 너무 들어서 진부해진 사랑이라는 "낯선" 개념이 숨어 있는 것이 아닐까? 죽음 충동은 뒤랑(Gilbert Durand)도 말하듯이 오히려 역설적으로 삶의 본능에서 기인하는 것이 아닐까(『상징적 상상력』, 130-131)? 크로노스의 제우스 제거 시도는 말할 것도 없지만, 아들 이삭을 살리고 싶으면서도 번제로 바치고 마는 모세 등과 같이 성서에 나오는 몇몇 아버지들이 그들 아들들의 목숨을 거두어 가는 서양 문학의 빈번한 주제, 그리고 시사적으로 보아 한국의 빈번한 가족 동반 자살은 죽음이나 폭력의 원인이 때로는 생존 본능과 이기적 사랑에서 연유한다는 사실을 드러낸다. 1962년에 출시된 『대장 불리바』(*Taras Buliba*)의 동명의 주인공이 폴란드 귀족의 딸인 나탈리와의 사랑에 빠져 자기의 족속인 코사크족을 배반한 아들 안드레아를 사랑이라는 미명 아래 죽이는 이야기나, 시간과 공간을 거슬러 한국의 경우를 들자면 낙랑공주와 호동왕자의 사랑 이야기는 사랑의 이기적 속성을 잘 드러낸다. 사랑하기 때문에 사랑하는 딸을 죽일 수밖에 없었던 모리슨(Toni Morrison)의 『사랑하는 이』(*Beloved*, 1987)에서 교살된 딸 빌러비드는 어머니 세쓰(Sethe)의 과도한 사랑과 집착이 만들어내는 사랑의 다른 이름인 증오이기도 하다. 물론 "Beloved" 일곱 글자를 묘비에 새기기 위해 몸을 파는 어머니 세쓰의 절절한 사랑 또는 폭력성 앞에 빌러비드의 사랑 결핍 또는 과잉으로 인한 증오는 사라진다고 할 수 있으며, 세쓰의 "더욱더 강력한" 폭력적 사랑이 "아이치고는 강력한 염력을 보이는" 빌러비드의 증오를 정복했다고 할 수는 있겠다. 죽음을 통해 자유를 찾을 수밖에 없는 미국 노예들의 전통, 죽음을 통해 평등한 사회를 이루고 물려주고 싶은 그러나 애초부터 패배를 약속하고 있는 "죽음지향적 민주주의"(necrophiliac democracy)에 대한 소망은 이렇게 사디즘으로 쉽게 변하고 마는 마조히즘적인 폭력적 사랑에 기초하고 있다.

사랑은 무엇인가 불안하고 낯선 것임이 분명하고(Freud) 때로는 성실함이 없는 융합일 수도 있기에(Fromm) 중독적이고 파괴적이다(Klein). 사랑은 자아도취적이고 때에 따라서는 무례하다(Austen). 제목과는 달리 사랑에 빠진 여인들이 전혀 등장하지 않는 로렌스(D. H. Lawrence)의 『사랑에 빠진 여인들』(Women in Love)에서 제럴드(Gerald)가 죽는 이유는 거드런(Gurdrun)과의 사랑이 지나치게 이기적이고 파괴적이기 때문이다. 사랑은 기쁨이기보다는 고통일 수 있고, 도스트옙스키 문학, 예컨대 『죄와 벌』이 잘 확인하듯이, 증오하고는 차이가 없다. 사랑과 증오의 대상이 같을 수 있다는 자각은 스탕달의 『적과 흑』이나 플로베르의 『마담 보바리』를 위시한 서양 연애론의 기초를 이루고 있다. 사랑을 하게 되면 상처를 받게 되고 또 죽고 죽이고 싶게 되는 경우가 있다. "나는 너를 사랑하고 존경한다. 그러나 나는 너를 죽일 것이다"(Hemingway 『노인과 바다』, 54). 사랑은 아무런 이유도 없이 존재하며 우리를 엄습하고 우리에게 상처를 준다(Levinas 1979, 109).

신의 사랑이 아닌 인간의 사랑은 타자를 위한 사랑이 아니기에 편파적이고 배타적이다. 갈라내기를 통한 분별과 차별의 사랑 또는 폭력(죽음)이

다시 시작되고 있는 것이다. 그러나 신의 형상을 받았다고 추정되는 인간들이 그들의 자유의지로 선뿐만 아니라 악 또한 행한다는 사실은 비단 초기 그리스철학에서뿐만 아니라 초기 기독교와 중세를 거쳐 현재에도 쉽사리 설명할 수 없는 난제로 남아 있다. 신의 형상을 받은 인류가 악함을 행한다는 사실은 크게 보아 신이라는 관념 자체가 원래 선악을 동시에 포함하고 있었다는 설과 악은 악마의 소관이라는 두 가지 이론으로 정립되어졌는데, 전자는 신을 선악의 창조자 혹은 담지자로 보게 되어 신을 악한 존재로도 보는 문제점을 후자는 예기치 않게 소위 악이라는 것을 관장하지도 못하는 불완전한 신의 개념을 창출해 내게 되었다. 후일 '악의 신비'로 정형화되는 이러한 개념은 악을 "선의 결여"(privatio boni)로 보는 아우구스티누스적인 관념에서 벗어나 선악의 상대적 개념과 그것의 공조, 그리고 형편과 필요에 따라 악을 관장하는 악마를 창조하고 거느리는 신이라는 관념을 염두에 둘 때, 일정 부분 우리가 알고 있는 의미의 선악의 이분법과는 구별되어 보이기는 한다.

그러나 악이라는 개념은 어원학적으로 여전히 선에 비해 부차적이고 어둡고 무거운 부분을 담당하고 있다는 측면에서, 그리고 수행과 실행의 윤리적인 차원에서 선을 지향하고 살아야 한다는 도덕적 당위의 입장을 따르게 되면서 폄하되어왔다는 것은 사실이다. 이러한 입장과는 달리 특별히 악이 신의 속성이기도 하다는 통찰은 셸링(Friedrich Schelling)의 철학을 논하는 가운데, 인간의 "자유는 선과 악에의 능력"(『셸링』 148; 최상욱 2006, 154 재인용)이라 표현한 하이데거(Martin Heidegger)에서도 잘 드러난 바 있다.

> [사랑은] 각각의 그 자체로 존재할 수 있으면서도 그것이 아니며, 타자 없이는 존재할 수 없는 그러한 것에 대한 근원적인 합일이다. 따라서 사랑으로부터 근거는 작용된다. 그러나 작용은 끌어당김이며, 피조물 안에서 자기 마니아에의 흥분 그리고 이와 더불어 악에의 성향을 일깨움이다. 따라서

사랑(신)은 악의 원인이다. (『셸링』 231; 최상욱 2006, 157-58 재인용)

선악을 동시에 창조한 힘을 하이데거는 셸링을 따라 사랑이라 부르고 있는데, 이러한 사랑이 우리의 논의를 따라가자면 그 속성상 미움과 증오를 지니고 있음은 물론이다.

인용한 하이데거를 따르자면 "사랑(신)은 악의 원인이다." 사랑은 폭력의 한 형태이며 이러한 의미에서 전쟁을 "사랑의 광기"라 표현한 이탈리아의 핵 정신분석학자 포르나리(Franco Fornari)의 통찰은 특별히 사랑을 강조하는 마태복음 5:19로 대표되는 신약의 사랑의 전통을 제외하고는 적확하다.[7] 사랑은 자주 때로는 너무 쉽게 증오로 탈바꿈하며 공격의 원인을 제공한다. 월남전의 맥나라마(Robert McNarama) 장군의 논리, 즉 "우리는 베트남을 구하기 위해 베트남을 파괴시켰다"는 역설을 가장한 억지 논리와 다름이 없다. 이 장의 서두에서 밝힌바 에로스는 주체와 타자를 나누는 분별력의 다른 이름이기도 하며 차이나 차별적 타자를 생산해 내는 인식 작용이기도 하다. 아프로디테나 에로스에게 보내는 고대 서양인의 눈길이 그리 곱지는 않았다는 사실은 우리에게 계속해서 부정적이고 폭력적인 사랑의 모습을 주목하게 한다. 사랑과 미움의 아프로디테는 사냥과 격정 그리고 살육과 풍요의 전투 여신 아르테미스로 변신한다.[8]

"아무도 증오로 인해 사람을 죽이지는 않는다"(*Mrs. Dalloway*, 35)는 울프(Virginia Woolf)의 성찰은 살생과 전쟁의 원인이 사랑임을 간접적으로 말하고 있다. 자기 자신에 대한 사랑은 증오일 수 있기에(18) 그녀는 인간의 "사랑과 종교가 (…) 인간의 영혼을 망칠 것이라"(192) 확언한다. 사랑은 러셀(Bertrand Russell)의 말처럼 "두려움에서 생겨난 질병이며 (…) 인류에게 말할 수 없는 불행을 가져다준 근원일까"(42)? 사랑은 좋고 싫어하는 마음의 분별 작용이기도 하기에 불가에서는 "사랑하지 말라" 하였다. 이러한 분별 작용은 주체와 타자를 구분하고 구별하고 차별하게 되어 종극에는 나르시시즘적인 사랑, 즉 자기애와 자기에 대한 집착으로 함몰하게 된다.9 우리가 제1장의 선악과에 대한 논의에서 이미 인용하며 논의한 바 있지만, 중국 선종의 3조로 추앙되는 승찬(僧璨)은 『신심명』(信心名) 제1구에서 증애(憎愛), 즉 증오와 사랑 혹은 좋고 싫음이라는 호오(好惡)를 넘어선 도에 대해 다음과 같은 말을 남겼는데 다시 읽어보자.

지극한 도가 어렵지 않네 (至道無難)

버릴 것은 오직 간택심뿐 (唯嫌揀擇)

밉다 곱다 그것만 없으면 (但莫憎愛)

툭 트이어 명백하리라 (洞然明白)

사랑이 없었다면 인류도 존재하지 않게 되고 또 그들의 망상과 윤회도 없는 것이기에 승찬은 또한 증오하지도 말고 사랑하지도 말라고 하였는지 모르지만, 사랑과 그것의 다른 이름인 집착 없이 해탈 또한 없기에 불교의 불가해(不可解)가 도사리고 있는지 모른다.

이란, 이라크, 북한을 '악의 축'으로 정의하는 반대급부로서의 부시 대통령의 자기 국민에 대한 '편애적' 사랑은 선악과로 표상되어 나타나는 이분법적 사유에 기초하여 전쟁을 양산해 내고 추인하는 서양의 고질적인 사유의 한 예에 지나지 않을 뿐이다. 이라크 침공을 감행하며 아군은 다 살리고 적군은 모두 섬멸되게 해달라는 기도를 신에게 올리고 있는 부시 대통령의 행위는, 타자에 대한 나르시스적 사랑의 폭력성을 드러내는 한 계기일 뿐이다. 사랑과 증오는 동전의 양면에 불과하고 로렌쯔(Konrad Lorenz)도 지적하듯이 그 공통 요소로서 '공격성'(aggressiveness)을 갖고 있다. 자기애이든 타자에 대한 사랑이든, 사랑은 쉽게 증오로 변한다.

증오와 관련된 싸움도 많지만, 사랑은 그보다 더하구나.

아 싸우는 사랑, 사랑스러운 증오

Here's much to do with hate, but more with love.

Why then, O brawling love, O loving hate

(Shakespeare *Romeo and Juliet* I. i: 173-74)

"많은 마음들이 사랑 때문에 찢어진다"(노발리스 『밤의 찬가』: 737). 사랑
을 하면 스토커가 되고 그 사랑이 받아들여지지 않을 때면 사람들은 때때
로 의붓아들을 사랑하는 그리스 신화 속의 페드라처럼 사랑의 과도한 미망
속에서 살인을 교사하는 자가 되기도 한다.

사랑의 "연민과 동정은 그것이 강렬해지면 격정"이 되기도 하며(김상봉
2002, 164), 이러한 격정적 사랑은 쉽게 불륜과 불의로 빠지게 된다. 호수의
기사 란설롯(Lancelot)과 왕비 귀네비어(Guinevere)의 경우처럼 사랑의 연
민과 동정은 도를 지나치면 격정과 불의가 되기도 하며, 격정적 사랑은 쉽
게 사련(邪戀)으로 변질한다. 하얀 손의 두 번째 이졸데는 사랑의 자매인 질
투에서 생명을 얻지만 그녀가 품어 방사하는 검은 돛으로 표상되는 죽음이
된다. 성서의 인물들 예컨대 다윗의 밧세바에 대한 사랑은 우리아를 죽음
으로 이끌며, 여호와 하나님의 죄인 다윗에 대한 사랑과 징벌은 솔로몬 이
전에 태어난 그의 어린 아들을 하릴없이 병으로 죽게 만들며, 밧세바의 친
척 아히도벨로 하여금 반역의 압살롬을 돕게 만든다. 에로스는 가학적이고
폭력적이며, "가장 신중한 광기"(*Romeo and Juliet* I. i. 192)이다. 아들인 이삭
을 번제(燔祭)의 제물로 바치는 유대인 아브라함을 생각할 만하다. 인간의
사랑보다는 하나님을 따르라는 말로 물론 해석되고 있지만, 때에 따라서는
사랑하는 "사람의 원수가 자기 집안 식구"이다(마태 10:36).[10] 사실 우리는
사랑하는 가족으로부터 또 친구로부터 가장 많은 상처를 받으며 살고 있
다. 오이디푸스콤플렉스도 이의 한 경우에 지나지 않는다.

프로이트의 생각으로는 성기 단계 이전의 구강 단계에서만큼은, 사랑하는 대상의 피해나 파멸은 주체의 관심거리가 아니며, 또 사랑이 증오의 반대되는 개념으로도 나타나지 않는다. "인간관계에서 증오는 사랑의 전신일 때가 비일비재할 뿐만 아니라, 많은 경우 증오는 사랑으로, 사랑은 증오로 바뀐다"(「자아와 이드」 134). 똑같은 사람에게서 똑같은 대상을 향해 사랑과 강렬한 증오가 나타난다거나, "아직 분명해지지 않은 사랑의 감정이 처음에는 적개심과 공격성으로 표출되거나" "처음에는 사랑하다 나중에는 미워하는(혹은 그 반대의)" 사랑의 "양가감정"(「자아와 이드」 135, 133)은 이를 방증할 뿐이다. 그러나 탐욕과 증오는 뿌리 깊게 남아 있고 사랑에 대한 확신은 도달하기 어렵다. 타자에 대한 관계에 있어서는 사랑보다 증오가 더 앞선다는 프로이트의 또 다른 주장을 상기할 만하다.

> 증오는 대상들과의 관계에 있어서는 사랑보다 더 오래된다. 그것은 나르시스적인 에고가 원초적으로 외부 세계를 거부하는 것으로부터 연원 한다. 대상들로부터 나오는 불쾌감에 대한 반동의 한 표현으로서 증오는 항상 자기 보존적 본능들과 밀접한 연관을 맺고 있다. 그 결과 성적인 본능들과 자기 본능들은 쉽사리 사랑과 증오의 대립을 반복하는 대립물을 만들어낸다. 사디스트적인 항문 단계에서 보여지듯이 자기 본능들이 성적인 기능들을 지배할 때, 자기 본능들은 증오라는 특질을 또한 본능의 목표로 추가하게 된다. (Freud 1915: 139)

요컨대, "사랑과 증오는 (…) 밀고 당기기"이며 "두 본능은 다른 하나보다 덜 비본질적이지 않으며" "언제나 동반하여, 또는 우리가 말하듯이 섞이어"(Freud 1932, 141) 나타난다. 전쟁을 끝내기 위한 전쟁, 또 자기의 가족과 민족을 보호하기 위하여 치루는 전쟁은 사랑이 증오로 변한 또 다른 예가 될 것이다. 아인스타인의 전쟁의 원인에 관한 물음에 대하여 "전쟁을 하기 위하여 (…) 가장 명백한 계획은 사랑과 그것의 반대인 죽음을 사랑과 어울리게 한다"는 프로이트의 답변(1932, 144)은 사랑의 파괴적 속성을 계속해서 암시할 뿐이다.

죽음이 있기에 사랑이 있고, 사랑이 있기에 증오와 죽음이 있다. 원초적 상실을 불러일으키는 어머니의 현존과 부재는 사랑과 증오를 동시에 환기하며, 이런 면에서 프로이트의 오이디푸스콤플렉스는 자식을 뜯어먹는 크로노스콤플렉스와 더불어 사랑과 미움이 결합한 증오의 신화로 전락한다. 애착이 강하면 증오 또한 배가된다. 클라인(Melanie Klein)도 인정하듯이 "사랑이 있는 곳에 미움과 상실이 있다"(9).

> [사랑의] 이러한 공격적인 행동들과 태도들은 (특별히 우리들의 무의식적인 마음들에서는) 상대적으로 보아 그러한 충동들의 단순하고도 원형적인 심원한 형태와 비교해 본다면, 증오와 복수심을 표출하기에 안전한 방법들이다. 즉, 그가 의지하고 있지만 동시에 사랑 받고 있고 욕망 되고 있는 누군가를 강탈하고 파괴하고 싶은 복수의 충동은, 유아기에 비추어 본다면 어머니 자신이나, 아버지, 또는 어머니가 사랑하고 그녀 자신의 일부로 소유하는 아이를 파괴하고 싶은 충동과 같은 것이다. (Klein 14)

따라서 죽음 충동은, 사랑(삶)이 없다면 죽음 또한 없으므로, 그것이 주체에 관한 것이든 타자에 관한 것이든, 사랑의 충동 또는 성 본능에서 비롯된다(Freud 1920, 73, 75, 80; 1923, 131).

우리는 사랑의 결과로서 생명을 얻게 되나 생명을 얻었다는 사실 그 자체는 신의 은총이기도 하지만 인류 전체의 의식으로 볼 때는 원초적 상처(trauma)이기도 하다. 상실을 일깨우는 죽음이 인류의 가장 큰 상처인지 모르지만 프로이트가 「아버지, 제가 타고 있는 것이 보이지 않아요?」(1900)라는 글에서 말하듯이 산다는 것 자체, 또는 그가 표현하였듯이 잠이라는 꿈,

또는 죽음이라는 잠에서 다시 깨어나 지난한 삶을, 그리고 때때로는 우울한 삶을 다시 영위해야 하는 "반복 강박적 삶"(life of repetition compulsion)이야말로 상처를 머금은 슬픔이지만 바로 그 슬픔과 아픔 속에서 인류의 꿈(trauma, Trauer, Traum)은 개화한다.

꿈꾸기는 상처와 고통을 주고 고통은 우리를 근원적 존재인 신과 만나게 한다. 산디아고 노인은 그렇기에 "수천 번을 시도하였지만 그것은 아무 것도 아니었다"(The thousand times that he had proved it meant nothing)라고 말할 수밖에 없었다(『노인과 바다』 66). 인간의 반복적인 노력은 무위로 끝나기에, 종극에는 "소리와 분노는 아무것도 의미하지 않기에" 뒤오뉘소스의 스승 실레노스와 극작가 소포클레스 등 그리스의 현자들은 태어나지 않는 것이 가장 행복하다고 말했는지 모른다. 반복 강박은 시시포스 신화에 표현된 것처럼 영원한 상실 또는 죽음을 의미한다. 프로이트는 이를 "여기-저기"(fort-da) 놀이로 정형화한 바 있으며, 그의 독창성은 그가 그것을 죽음충동과 끊임없는 트라우마의 "재현"과 연관시켰다는 점일 것이다. 그렇다면 원초적 상실을 불러일으키는 어머니, 또는 사랑의 끊임없는 현존과 부재의 트라우마는 사랑과 증오, 사랑과 죽음을 동시에 환기한다. 어머니는 사랑하고 증오하는 원초적 인물의 대명사가 되며, 오이디푸스콤플렉스는 사랑과 증오를 함께 머금고 있다.

4

에로스와 관능의 타나토스:
사랑의 절정으로서의 죽음

여성과 사랑을 죽음으로 자주 표현하는 전쟁문학에서 발견하는 죽음에 대한 사랑을 촉발하고 사랑을 절정으로 이루게 하는 죽음 자체의 관능성은 전혀 기이하지 않다. 사랑이 미움 또는 죽음이라면 그리고 죽음 충동이 죽음에 대한 사랑이라면, 죽음 또한 사랑의 질병이자 묘약이 될 수 있다는 사실은 앞서서 주장한 바와 같다. 남자들이 "전쟁을 좋아하는 것은 우리 존재의 핵심 속 깊숙이 있는 성과 파괴, 미와 공포, 사랑과 죽음의 결합에서 나온다. (…) [전쟁은] 삶과 죽음에의 입문이다"(Broyles 61-2). 죽음에서 사랑을 사랑에서 죽음을 발견하는 이 희귀한 인류의 의식은 살로메로 하여금 세례요한의 목을 따오게 하여 하여 잘린 목을 보고 엑스터시를 느끼는 것으로 묘사하는 비어즐리(Aubrey Beardsley)가 그림을 곁들인 와일드의 희곡 『살로메』(*Salomé*), 예이츠(William Yeats)의 「넋 나간 제인」(*Crazy Jane*) 시편 등에서도 찾아볼 수 있다. 중세 서양인들에게 사랑이 죽음이었다면 바로크 이후의 현대인들에게는 죽음이 사랑으로도 인식된다는 사생학의 대가 아리에스(Phillipe Ariès)의 주장은, 애초부터 사랑이 죽음을 전제로 한 것이었고 죽음은 사랑에 이르는 길이었다는 보편적 인식을 특수한 시대에 맞게 정형화한 언급으로 들리고 있다. 죽음을 잊기 위해서 사랑을 하든, 죽어가든 죽이든 사랑과 죽음은 대동소이하다. 투퀴티데스의 『펠로폰네소스 전쟁사』에 나오는 시간(屍姦)이나 중세의 성행위가 작은 죽음이라는 개념은 사랑(성)과 죽음이 긴밀한 연관이 있다는 예증이다.

사랑이 죽음에 이르는 병이라면, 죽음은 사랑의 미약(aphrodisiac)이다.[11] 카뮈(Albert Camus)의 『이방인』(*L'etranger*)의 주인공 메르쏘(Mersault)가, 김화영이 지적하는 바를 따르자면 그의 원초적 이름이 암시하는 것처럼 태양(Sault; le soleil)과 죽음(Meur; la mort)의 영토에서 죽음을 갈구하는 것과 다르지 않다(121). 만(Thomas Mann)의 『베네치아의 죽음』(*Der Tod in Venedig*)의 주인공 아쉔바흐(Aschenbach)는 베네치아의 해변에서 우연히 본 미소년에 대한 잔상으로 역병이 밀려오는 바닷가를 떠나지 못하고 죽음을 선택하고 있다. 죽음의 영토는 원래 바다와 어머니(la mer; la mère)의 영역이며, 사랑을 매개로 죽음은 삶이 삶은 다시 죽음으로 변하고 있다. 뒤라스(Marguerite Duras)의 원작을 르네(Allain René)가 각색한 『히로시마 내 사랑』(*Hiroshima mon amour*)의 이름 없는 여주인공(She)이 죽음이 깔린 도시 히로시마의 일본인(He)을 쉽게 떠나지 못하는 이유가 바로 여기에 있다. 원폭 피해자들의 뒤엉켜진 몸뚱아리들은 어처구니없게도 남녀가 관능적으로 얽혀져 있는 것으로도 나타나, 죽음이 환기하는 섹스의 힘과 덧없는 사랑의 영원을 드러내고 있다. 프랑스적인 것과 일본적인 것의 기묘한 만남이라고 할까?

하나만 예를 더 들어보자. 미쉬마(Yukio Mishima) 소설의 주인공들, 예를 들자면 소재와 제목에서부터 『베네치아의 죽음』을 연상케 하는 『한여름의 죽음』에 상재되어 있는 단편 「憂國」("Patriotism")의 신지 다께야마 중위와 레이꼬 부부가 죽음에서 쾌락과 안락감, 그리고 "이상한 흥분"(bizarre excitement)과 "완전한 자유"를 느끼는 이유도 바로 이러한 사랑과 죽음의 분리 불가능성에서 찾을 수 있다. 죽음은 "말로 표현할 수 없는 달콤함"이며 "그것보다 더 감미로운 것은 불가능한" "특별한 은총"(111)으로 인식된다. 그러하기에 죽음을 앞에 둔 그들의 정사 장면은 번역된 영어 문장에서도 "찬란하고"(105) 고혹적이고 폭발적이다.

> The whiteness and richness of the stomach and hips was like milk brimming in a great bowl, and the sharply shadowed dip of the navel could have been the fresh impress of a raindrop, fallen there that very moment. Where the shadows gathered more thickly, hair clustered, gentle and sensitive, and as the agitation mounted in the now no longer passive body there hung over this region a scent like the smoldering of fragrant blossoms, growing steadily more pervasive. (106)

같은 구절을 일본어판에 의한 한국어 번역으로 읽어 보자. 더욱더 고혹적이다.

> 빛에서 멀리 떨어져 있는 그 하얗고 풍만한 복부와 허리는, 큰 그릇에 가득 채워 놓은 젖과 같았고, 유달리 깨끗하게 패인 배꼽은, 지금 막 한 방울의 빗물이 세차게 뚫어놓은 신선한 흔적 같았다. 그림자가 점차로 짙게 모이는 부분에는, 음모가 부드럽고 민감하게 숲을 이루었다. 향기 높은 꽃이 타들어 가는 듯한 체취는, 지금은 가라앉아 있지 않은 육체의 끝없는 동요와 함께, 그 숲속에서 조금씩 높아만 갔다. (37)

죽음에 의해 촉발된 강렬한 체험과 성적인 황홀경을 경험한 다께야마 중위 부부는 이렇게 서로 죽음을 조장한다. 그러나 어떻게 다께야마는 아내에게 자신이 할복하는 비상하고 잔인한 장면을 보아달라고 요청하며, 아내는 남편의 "빛나는 죽음의 얼굴"(105)에서 아름다움을 느끼며 남편의 죽음을 기꺼이 목도 하는 가운데 그녀 자신의 죽음을 또한 준비할 수 있을까?

예외주의적 미국만큼이나 예외주의적 일본을 설명해 주는, 그러나 관음적 도착증만으로는 설명 불가능한, 자살을 칭송하는 문화가 아닐 수 없다. 자타의 죽음을 조장하는, 그리고 할복(腹切り, harakiri; 切腹, seppuku)과 가미 가제(神風, kami kaze)라는 자살 특공대로 대별 되는 이러한 문화를 가졌기에, 일본은 정신대라든가 731특수부대를 운영할 수 있었고 난징대학살에서 30만의 목을 칼로 칠 수 있었다. 이에 비하면 그러나 히로시마나 나가사키에서 그들이 당한 것은 비교적 추상적이라고 이야기할 수 있을까? 앞서 논술한 마르쿠제가 설명한 아우슈비츠의 논리를 다시 보는 듯하다. 소멸과 죽음 가운데서 "광폭한 황홀감"과 "완전한 자유"를 느끼는, 또는 원래의 상태로 돌아가고 싶은 인류의 습성을 미쉬마는 마치 그가 사드 후작의 후신인 양 구현하고 있다.

서양인들의 고질적인 질병 중의 하나인 죽음에서 성을 발견하는 이러한 습속은 성(사랑)과 폭력, 또는 죽음을 혼동하는 사고방식에서도 나타난다. "죽음과 성욕 사이에는 차이가 없다. 이 둘은 엄청나게 많은 존재들과 더불어 자연이 축성하는 축제의 첨예한 순간들일 뿐이다"(보들리야르 「정치경제학과 죽음」, 141). 베트남 전쟁문학을 다시 예로 들어보자. 흔히들 베트남의 폭력은 여성혐오증과 인종차별주의에 걸린 자들의 폭력이라고 한다. 물론 베이츠(Milton J. Bates) 같은 학자는 미국의 풀리지 않는 인종, 성, 계급의 문제와 더불어 미국적인 것을 구성하는 양대 신화 중의 하나인 개척정신이 베트남전쟁을 촉발한 여러 요소임을 주장한 바 있으나, 여기에서는 여성혐오증과 인종차별주의의 희생양인 동양의 여성에게 가해지는 성적 폭력에 대해서만 논의를 국한해 보겠다. 미 해병대원 다니엘은 다음과 같이 증언한 바 있다.

한 해병대원과 한두 명의 병사들이 베트콩 소녀를 강간하려고 하였을 때 그녀가 반항하자 그들은 말을 잘 듣게 하려고 그녀의 폐를 손가락으로 뚫으려는 듯이 그녀의 등짝에 난 상처를 후벼 팠다. (Beneke 58)

인간이 짐승과 다르지 않음을 여실히 보여 주는 이 증언의 참혹함에서 우리는 성행위와 사람의 폐를 손가락으로 뚫는 폭력적 행위가 똑같이 인식됨을 알 수 있다. 강간은 폭력의 일종이며 "성관계는 존재하지 않는다"는 라깡의 언급은 베트남전쟁의 이 시점에서 만큼은 유효하나, 성관계 자체가 폭력의 일종이라는 사실이 성관계가 존재하지 않는다는 언급으로 와전될 수는 없다. 강간을 단지 "일반적인" 폭력의 일종으로 규정하는 것은 "역설적으로 또 실제적으로 여성에 대한 성적인 억압을 증가하고 더 나아가 합법화하는"(de Lauretis 244) 경향이 있기 때문이다. 강간을 힘의 우위를 점하기 위한 폭력이 아니라 '성'폭력으로 특별하게 정의해야 하는 이유가 여기에 있다.

그러나 우리가 만약 "사랑이 전쟁을 일으킨다"는 관념, 즉 전쟁이 사랑의 광기라는 포르라니의 의견에 동조한다면 어떻게 우리는 전쟁에서 벗어날 수 있을까? 사랑이나 숭고한 이념은 폭력이나 죽음, 또는 전쟁의 원인이 되는가? 아킬레스(Achilles)는 그의 친구 패트로쿨루스(Patroclus)를 애도하는 마음으로 다시 전쟁에 참여하지만, 그에 의해 죽음을 맞이하는 헥토르의 아내 안드로마키의 슬픔은 생각할 수 없었을까? 타자가 죽어야 주체가 산다는 합리화와 "평화를 위하여 전쟁을 한다"(Si vis pacem, para bellum)는 서양 세계의 해묵은 역설에서 우리는 벗어날 수 없을까?

5

죽음 지향적 사랑 vs.
사랑의 평화학

우선은 앞서도 지적하였듯이, 사랑과 증오 또는 죽음이라는 것이 동전의 양면, 또는 "이륜무"(*pas de deux*)라는 역설적 관념에서 벗어날 필요성이 있는 것 같다. 사랑 또는 삶은 그것을 완성하기 위해 죽음을 필요로 하고 전쟁 또한 사랑과 같이 죽음을 향한 충동의 다른 모습이라는 의견(de Rougemont 331)에는 이견의 여지가 있을 수 있다. 사랑과 전쟁의 공통분모는 죽음이라는 믿음, 또는 신화는 "사랑을 죽음에 대한 탐구나 은밀한 갈망이 아니라 삶의 이상적인 완성"으로 생각하는 궁정풍 또는 낭만적 전통의 사랑 개념에 의해 대안을 찾을 수 있다. 사랑을 내세우고 있는 것 같지만 사실은 죽음을 이야기하고 있는 서양 문학의 큰 주제 중의 하나인 리베스토드(Liebestod, 사랑을 위한 죽음)는 사실 엄밀하게 말하자면 필자가 '토데스리베'(Todesliebe, 죽음에 대한 사랑)로 생각하는 것의 표면적 이름에 지나지 않는다. 리베스토드의 전통은 서양 세계에서는 특별히 낭만주의 이후 19세기에 성행한 200년 남짓한 전통일 뿐이다(Singer 1984, xi). 사랑의 완성은 죽음에 의해 이루어지므로 역설적이게도 죽음을 위한 사랑으로 '사랑을 위한 죽음'이라는 토포스는 치환된다. 사랑은 죽음에 이르는 병이고 죽음은 사랑을 환기한다. 사랑의 묘약은 시녀 브랑게네가 말하듯 트리스탄과 이졸데에게는 죽음의 미약이기도 하다. 죽음은 그의 이름 그대로 "슬픔에서 태어난" 트리스탄이 사랑으로 완성해야 할 행복한 최후가 된다. 그는 말한다. "이 죽음은 나에게 어울리는구려"(Campbell 1968, 292 재인용).

십자가의 재생을 끊임없이 환기하면서도 노발리스는 "삶이 죽음의 황홀보다 더한 어떤 쾌락, 어떤 향락을 제공한단 말인가. (…) 우리를 황홀케 하는 것은 모두가 밤의 색채를 지니고 있다"고 읊은 바 있다(『밤의 찬가』: 267-72). 사랑이 인류의 고질적인 질병인 죽고 죽이고 싶은 욕망을 치유할 수 없다는 이러한 사랑에 대한 의혹과 불신은 많은 정신분석학의 논의를 파생하였다. 주지하듯이 프로이트의 심리학은 사랑이 인류의 문제를 해결할 수 있다고 생각하지 않는다. 그는 "누가 오른뺨을 치거든 왼뺨마저 돌려대고"(마태 5:39)와 같은 예수의 정언명령이 현실에서는 실현 가능성이 없는 공염불이라고 생각했다. 그러나 프로이트가 회의적인 반응을 보인 것은 아프로디테가 인간 사회의 모델이 되는 문명의 개념에 대해서이지, "네 이웃을 네 몸처럼 사랑하라"는 인간의 자연스러운 경향과는 정반대인 모든 종교에서 나타나는 보편타당한 사랑에 대한 전적인 포기는 아니었다(『문명과 불안』(1930): 111, 143). 그의 논의는 때때로 상충하며 문학적 수사를 자주 사용하여 양수겸장인 경우가 많다.

『쾌락원칙을 넘어서』와 『문명과 불안』을 집필하는 동안 프로이트가 전선에 나간 그의 두 아들에 대한 염려, 딸 소피와 외손자의 죽음 그리고 발아하는 나치즘에 대한 불안으로, 죽음에 대한 그의 우울함과 불안함을 우리에게 역전이(counter-transference)시키고 있다는 사실 또한 지적되어야 하겠다. 아들러(Alfred Adler)에 의해 1908년 "공격적 본능"으로 명명된 연후 1920년 『쾌락원칙을 넘어서』에서 선을 보이는 프로이트의 죽음 충동 이론은, 그 자신이 적어도 『문명과 불안』을 쓰기 전까지는, 확고하게 견지하지 못했던 가설일 뿐이었다(Freud 1939: 119). 삶의 목적이 죽음이라는 프로이트의 인생관은 그가 죽음을 무정형의 물체로 표현하였기에 염세적으로 느껴지기도 하지만, 그는 그것을 구태여 "영혼"과 관련지어 표현하고 설명하지 않는다.[12] 서양인의 사고방식에서 평화는 전쟁의 다른 이름에 지나지 않고 국가를 실현시키는 방법은 예나 지금이나 전쟁이라고 생각하는 경향이 농후하다. 평화는 "기의 없는 기표처럼 반대의 반대가 되는 개념으로만 정의된다"(Ruelland 138). 로마의 평화(*Pax Romana*)는 사실은 이상하지도 않을 만큼 로마의 전쟁(*Bella Romana* 또는 말 그대로라면 *Bellum Romanum*)으로 이루어졌다.[13] 평화는 서양의 많은 학자들이 생각하듯이 "여성적이고" 따라서 "비생산적"(sterile)이지 않다. 차이를 제거하기는, 또는 함께하고 싶고 융합되고 싶은 이 사랑의 부정적 충동은 어떤 의미에서는 "가장 순수하고 또 거역할 수 없는 형태의 죽음에 지나지 않기 때문에"(Weber 159; Elshtain 62 재인용), 우리는 사랑과 또 그것의 확대 개념인 평화를 서로 다름의 제거가 아니라 차이를 인정하는 인식론적인 전환을 해야 할 필요성이 있다. 이리가리(Luce Irigaray)는 『사랑법』(2002)에서 나르시스적인 융합과 차이를 다음과 같이 구별한다.

> 융합은 멀어지며, 동의하지 않으며, 분리되면서 그 스스로에게로 돌아간다. (…) 차이는 그것이 자기 자신에 대한 것이든 또는 타자에 대한 것이든 전체에 대한 포기를 요구하며 또한 전체에 도달할 수 있고 또는 도달되어야만 한다는 환상을 유지하는 것들에 대한 포기 또한 요구로 한다. 자기 자신 또는 타인에게 충실하다는 것은 때때로 다른 것을 얻기 위하여 즉각적인 완전함에 대한 유혹을 포기하는 것을 요구한다. (…) 완전함을 매몰찬 방법으로 이루는 것은 그것을 무엇인가 여전히 생산적인 것으로 유지하는 것이라기보다는 죽음으로 환원하는 것에 값한다. (157)

따라서 사랑이 융합되고 그 결실이 이루어지는 결혼의 혼례청(*thalamos*)

은 그리스의 많은 극작가들이 생각하듯이 일방적으로 한 상대방을 무시하고 복종시키는 에로스와 타나토스가 연합하는 융합의 장소가 아니라, 쌍방의 차이를 인정하는 상호 이해와 사랑의 장소로 변모한다. 사랑의 융합은 죽음이 아니라 생명의 창조이다. 에로스는 죽음이라는 칼을 요구하지 않는다. 에로스는 그것을 완성하기 위해 죽음을 필요로 하지 않는다. 트리스탄과 이졸데의 비극적 사랑이나 로미오와 줄리엣의 죽음을 위한 사랑은 백년해로와 유종의 미를 권장하는, 예를 들자면 『춘향전』에 나타나는 사랑과는 구별된다. 사랑과 평화는 지배 없는 차이에 대한 인정이다. 전쟁을 파괴적이나 창조적으로, 또 평화를 "전쟁의 부재"로만 파악하는 철학적 사유 방식에 대하여, 특별히 20세기의 현대 전쟁소설은 교정적 시각을 제공해 준다.[14] 평화에 대한 교육은 비단 철학자의 몫일뿐만 아니라 문학자들의 사명이기도 하다. 철학은 지혜에 대한 사랑이지만 엄밀한 의미에 있어서는 사랑 또는 선(善)에 대한 지혜이기도 하다. 사랑을 강탈과 황홀함으로 보는 서양의 사랑에 대한 논의는 재고할 필요가 있다. 사랑은 평화이고 행복이다.

전쟁은 생물학적으로 규정되는 이드와 사회문화적으로 구성되는 초자아가 만나는 장소라고 말할 수 있다. 남성성(masculinity)에 국한하여 논의를 전개하면 전쟁이 남성성의 발현이라는 논의는, 전쟁이 남성에 의해 지배되는 사회적 제도들의 탐욕에 의해 흘러나온다는 논의로 변형될 때 더욱더 적확한 표현을 얻게 된다. 전쟁이 이렇게 우리들의 비천한 동물적 본능, 또는 우리가 알 수 없는 무의식에서 나오는 것뿐만 아니라, 또는 생물학적 남성성과 오로지 연관된 것이 아니라, 차이를 인정하지 않는, 차이를 없애려는 이분법적 문화적 초자아(cultural superego)의 요구에 의해서도 흘러나온다는 사실을 파악하는 것은 그러기에 절망적이지만은 않다. 본능과 무의식과는 달리 소위 이성이 지배하는 문화적인 영역은 학습과 교육에 의해 바뀔 수 있기 때문이다. 대상 파괴 본능은 그런데 비단 초자아뿐만 아니라 프로이트가 『자아와 이드』(1923)에서 주장하듯이 "이드 속에[도] 존재한다"(149).

[초자아는] 자아가 그것들에 대한 책임을 져야 하는 것처럼 행동한다. 그리고 동시에 초자아는, 이런 파괴적 의도를 응징하던 엄숙함으로, 그 목적들이 퇴행에 의해서 생긴 단순한 유사체가 아니라 실제로 사랑을 증오로 바꾸는 것을 의미한다는 사실을 보여 준다. (149-50)

"초자아가 죽음 본능을 위한 일종의 집합소가 될 수 있다"(150)는 프로이트의 지적은, 물론 그것이 우울증에 국한된다는 조건을 달았지만, 획기적이다. 프로이트는 여기서 죽음 충동의 파괴적인 속성을 "살인적 이드의 부추김과 벌주는 양심의 가책"(150), 즉 보호적 초자아 또는 자아 이상의 파괴적 속성과의 혼합이라 파악하고 있는 것 같다. 공격성을 통제하면 할수록 자아 이상의 공격적 성향이 더욱 강렬해진다는 사실은, 초자아를 대변한다고 할 수 있는 거대 국가나 거대 종교의 폭력을 떠올려 보면 쉽게 수긍이 간다. 신경강박증이나 우울증에 가장 잘 많이 나타나는 "사랑을 증오로 바꾸는" 초자아의 형벌이 "죽음 충동의 순수한 문화"(Freud 19: 53)를 지니고 있다는 사실은 인류의 문화와 역사가 증명하는 바이다. 그러나 본능(id)은, 그리고 죽음에의 무의식적 충동은 바꾸기 어렵지만 "죽음 충동의 에이전트라고 할 수 있는 문화적 초자아"(Byles 208), 즉 사랑에 대한 우리들의 관념은 바꿀 수 있다는 여지를 남기고 있다.[15]

사랑이 배제가 아니고 타자에 대한 인정이 될 때, 편 가르기를 하지 않고 자기의 가족이나 국민만을 위한 나르시스적인 사랑만이 아닐 때, 삶은 삶으로 그리고 평화는 평화로 인식될 수 있는 가능성을 함유하게 된다. 그러하기에 이분법을 근거로 하고 있는 나치즘과 같은 전체성의 철학은 전쟁을 그 필연적인 논리적 귀결로 맞게 된다. 전쟁은 이분법적 인식론에 근거하고 있고 따라서 "전체주의적이다"(Levinas 1961, ix). 나르시스적인 사랑의 인식론 또는 전체성의 철학은 전쟁의 존재론이 되고 있다. 타자에 대한 인식 또는 사랑은 그것에 대한 경계가 아니라 긍정과 받아들임이 되어야 하지만

(LaCapra 34), 타자에 대한 인식과 경계는 현실에서는 그에 대한 부정과 소멸로 이어진다. "주체는 그 자신이 객체임을 잊고 객체를 삼키려고" 하지만 양자가 "원래 같은 것이며" "주체 자체가 객체"(Adorno 1982, 499, 508)임을 깨닫는 것은 전쟁의 방지라는 성찰에서는 의미심장하다.

이분법은 죽음의 철학을 정초한다. 이분법적으로 계속 생각하게 되면 "타자가 죽어야 주체가 산다"(mors tua vita mea)는 관념에서 벗어날 수 없다. 그러나 전쟁문학, 특히 현대의 전쟁문학에서 빈번히 등장하는 "아군에 의한 사격"(friendly fire), 또는 "상관 살해"(fragging)라는 개념은 "우리들 자신이 우리들이 사랑하는 대상을 파괴하는 원인들이다"(Fornari 189)는 사실을 거듭해서 드러낼 뿐이다. 주체를 파멸로 이끄는 것은 주체 자신, 또는 그에 대한 과도한 사랑, 즉 집착이지 타자가 아니다. 타자가 존재할 때 주체도 존속할 수 있다. 기독교가 스토이시즘과 더불어 노예들의 패배의 철학이라는 헤겔의 언급이나 "기독교인들의 운명은 삶보다는 죽음"(11)이라는 토인비의 언급을, 우리는 기독교가 정초한 이분법과 죽음에 대한 찬양이라는 맥락에서 다시 생각해 볼 수 있다. (다시 이분법이라는 인식론적인 폭력 또는 분별심이 전쟁을 일으키는 한 요소라는 원래의 취지로 돌아가 논지를 전개한다면) 전쟁과 평화를 그리고 삶과 죽음(Eros and Thanatos)을 애써 구분하고 그것을 다시 동일하게 파악하는 역설적 이분법에 기초한 서양의 일원론적 사유 방식에서 탈출구는 쉽게 찾아지지 않는다.

데카르트 이후 서양 인식론의 오류는 주체와 객체를 근본적으로 분리하는 이분법적 사고에서 비롯되었다고 하여도 과언은 아니다. 주체가 객체를 지배하는 총체적인 이분법적 사고는 특수자와 보편자의 잘못된 동일화를 산출해 낼 수 있으며, 여기서 바로 차이와 개별성, 또는 비동일성을 무시하는 동일성의 폭력이 산출된다. 아도르노의 『부정의 변증법』의 주제이기도 하지만 헤겔의 총체성 개념은, 적어도 이론적으로는 동일성을 넘어 부정성을 함축하고 있었다(Kojève 294, 302). 모든 차이와 구별을 제거하는 주체의 초월적 내재성은 전쟁과 지배를 의미할 뿐이다. 그러나 동일성과 증오라는 "비차이에 의해 위협받는 세계 속에서 어떻게 차이를 재도입할 수 있을까"(Descombe 205)? "너희 이웃을 사랑하고 원수까지 사랑하라"는 기독교의 지상 명제는 자기 자신에 대한 사랑을 그치라는 또는 이분법적인 분별심을 버리라는 주체에로의 요청이며 타자로의 부름이다.[16]

삶은 항상 비동일적이고 우리는 언제나 타자일 뿐이다. 타자에 대한 실천적 사랑이 개인들의 마음의 자발적 이끌림 또는 "경향성"(Neigung)에서 나온 사랑, 즉 호·불호가 아니라 "의무"(Pflicht)라는 칸트의 "괴상한" 주장은 니체마저도 그를 오해하게 만들었다(김상봉 2006, 140). 칸트 실천철학의 지고의 도덕적 "선"에서 주체의 경향성, 또는 편애는 부정된다. 주체와 객체는 주체와 주체, 또는 객체와 객체로 다시 자리매김을 받는다. 타자가 죽어야 주체가 사는 것이 아니라 "주체가 죽어야 타자가 살고 따라서 주체가 산다." 배타(排他)는 배아(排我)로 결국 귀결될 뿐이니, Vita tua vita mea![17] 문제는 항상 타자인 것 같지만 그것은 타자를 타자로 인식하는 주체이다. (주체는 항상 타자이지만 주체는 타자의 일부분일 뿐이니, 타자는 결국 없는 셈이다.) 주체의 보존은 타자의 보존을 전제로 한 주체성의 포기에서 달성된다.

윤리 비평을 하고 있는 것처럼 생각이 들지만 윤리 비평이야말로 현대 비평이 복원해야 할 것 중의 하나이다. 불가능한 타자의 부름에 대한 요청에 응답할 때 윤리학은 다시 포스트모더니즘의 중요한 장면으로 돌아올 수 있게 된다. 타자를 선대하고 보살필 때 죽음에 대한 불안은 사라지고 "죽음으로 향한 (…) 존재는 '타자를 위한 존재'로 바뀌고 이것을 통해 죽음의 무의미함과 비극성은 상실된다"(강영안 1996, 245).[18] 사랑의 폭력적이고 파괴적인 모습을 인지하고 인정하는 것은 변화를 예견하고 있다.

메타노이아(metanoia), 즉 스스로를 돌아 볼 수 있다는 것은 말 그대로 지식과 더불어 반성하고 생각을 바꿀 수 있다는 뜻이 되며 "죽이기" 또는 "대재앙"을 뜻하는 아마겟돈(Armageddon)은 이렇게 될 때 한 가닥 유보의 실타래를 붙잡게 된다. 핵전쟁을 방지하는 한 방법이 문학도로서는 문학작품 원전에 나타난 다양함을 느끼고 그 다양함, 또는 원융의 정신을 실천하는 것에 있어 햄릿과 같은 고민을 우리가 다시 해야 한다는 지라르(René Girard)의 주장은 그래서 설득력이 있다. 햄릿의 머뭇거림은 그에게 주어진 삶이라는 사건, 또는 세계라는 텍스트를 일의적으로만 읽지 않으려는 고민이며 그러기에 이론은 영원히 차연(différance, 差延)된다.[19] 총체성과 합의에 관한 시도는 여러 이론가들이 주장하듯이 파시즘적인 시도일 수 있다. 인간이 알고 있다는 지식 또는 이론은 편파적으로 "잘못 알고 있는 것"(mesconnaissance)에 지나지 않기에 우리가 아는 것은 이미 아는 것이 아니므로, 진리는 결국 상황적 진리에 그치게 됨으로 "너 자신을 알라"는 소크라테스의 불가지론적 지상 명제는 여전히 유효하다. 진리는 만하임(Karl Manheim)이 생각하듯이 어느 순간의 사회적 총체성의 반영으로 환원될 수 없다.

아도르노의 말처럼 "전체는 비진리"이며 니체를 염두에 두자면 "진리는 비진리"이다. 정언적으로 주어져 있는 실재 혹은 신 자체에 대해서 우리는 잘 알지 못한다. 신 또는 진리는 영원한 초월적 기표이고 그것과의 만남은 죽음 이후로 연기된다. 존재하는 것은 말 그대로 존재 바깥(ex-ist)에서 우리의 한계를 넘어 존재한다. 전체적 지혜, 또는 실재에 대한 인간의 깨달음은 불가능하지만 전적인 깨달음이 불가능하다는 사실을 깨닫는 것은 의미심장하다. 거세와 상실과 부재를 기반으로 하는 초월적 주체와 일신론을 근거로 하는, 그리고 한 가지 이론에만 침잠하여 재현의 폭력을 받아들이는 이분법적 전체성의 철학, 또는 전쟁의 철학은 사랑과 평화의 철학과 대비된다. 아렌트(Hannah Arendt)의 말처럼 사악함만이 진부하게 널려져 있는 것이 아니라, 죽음 또한 지천으로 널려 있다. 학문적인 영역 또한 마찬가지이다. 우리가 "사랑"이라고 생각하는 것을 토대로 죽음의 학문을 하고 있는 것이 아닌가 끊임없이 스스로에게 되물어야 하는 이유가 바로 여기에 있다.

부록 1 주

1. 필자는 해당 구절을 Diels-Kranz 판본에서 찾을 수 없었다. 필자는 Diels-Kranz 판본의 영어판을 저본으로 한 한국어 번역판을 참조하였지만, 독일어가 적시될 경우 때에 따라 독일어 판본을 따르기도 하였다.

2. 사실 오늘날의 종교 분쟁과 이로 인한 폭력 사태는 대개 이름 짓기와 갈라내기로부터 비롯된다. 주권의 자아가 사라지는 곳에서 윤리학을 발견할 수 있다거나, 주체가 없어지면 타자가 살아난다는 레비나스의 타자의 윤리학, 주인과 노예의 친연성을 인정할 때 문명들 사이의 동맹에 대한 요청을 할 수 있다는 파농의 지적은 서양 문화의 "주체할 수 없는" 주체성에 대한 비판을 염두에 둔다.

3. 아프로디테의 기원으로 추정되는 "셈족의 아스타르테는 사랑과 전쟁을 모두 관장하는 여신"으로 나타난다. 바빌로니아 지방에서도 사랑과 전쟁, 풍요를 함께 관장하는 신은 이슈타르로 나타난다(윤일권·김원익 141-142 참조). 지혜와 미의 여신 아테나 또한 병사들의 수호신이자 전쟁의 신이라는 사실 또한 흥미롭다. 포보스와 데이모스는 화성(Ares, Mars)의 위성으로 자리매김 되었으며, 에리스는 명왕성을 인정한다면 그다음으로 태양계의 10번째 행성이 된다. 아레스와 에리스와 연관이 있는 백양궁, 즉 아리에스(Aries) 시대는 제우스와 야훼로 대표되는 전쟁의 시대이며 시기상으로는 대략 서기전 2000년부터 예수의 탄생으로 공

표된 서기 0년까지이다. 백양궁 시대의 주된 행성은 당연히 전쟁을 연상하는 화성이다. 사랑의 신 에로스의 속성에 관해서는 이 장의 3절 계속해서 참조.

4. 트웨인(Mark Twain)의 『허클베리핀의 모험』(1884) 또한 폭력과 전쟁의 근원을 찾는 것이 불가능하다는 사실을 셰퍼드슨(Sheperdson) 가문과 그랜저포드(Grangerford) 가문과의 의미 없이 계속되는 싸움을 통해 보여준다. 두 가문은 그들의 원한과 싸움이 어디서 유래하는지 그 이유가 무엇이었는지 잊어버린 채, "폭력의 상승작용"(escalation of violence)을 거쳐 계속 싸우기만을 고집한다. 로미오와 줄리엣 두 가문의 경우도 마찬가지이다. 몬테규(Montague) 가문과 캐풀릿(Capulet) 가문의 해묵은 분규는 그 원인에 대한 성찰과 반성 없이, 마치 폭력의 결과만이 있어 그 결과가 다시 위이이 되고 있는 악순환 속에서 그 기원을 상실한 채 지속되고 있다. 로미오와 줄리엣 양 가문의 반목과 불화가 표상하는 기계로서의 폭력과 전쟁은 로미오와 줄리엣과 관련된 인물들이 다 죽고 난 다음에는 그러나 그칠 수 있을까?

5. 그러나 주인공 산디아고 노인은 말런이라는 물고기를 잡는다는 것이 우리들이 살고 있는 세계인, 라깡을 빌어 말하면, 상상계에서는 불가능함을 깨닫고 있었고, 태초부터 이어진 인류의 이러한 근원적 상실감은, 그러나 그럼에도 불구하고 "사랑과 상징"을 선사한다. "상징은 (…) 사물의 죽음을 나타내는 것이고" 인류는 "사물의 죽음[또는 자신의 죽음]을 대가로 욕망, 사랑의 영속성을 간직하게 된다"(Lacan 104). 산디아고 노인은 상징적인 의미로서 신의 사랑을 의미하는 소년 '마놀린'(임마누엘)을 얻게 되고 비록 패배하지만, 그가 유업으로 갖게 되는 청새치(marlin)의 머리 부분을 트로피 또는 상징처럼 마놀린에게, 그리고 (상상계의) 살이 다 떨어져 나간 (상징적) 뼈대를 '반석'을 의미하는 뻬드리코(Pedrico), 즉 서양 문명을 구성하는 기독교의 주춧돌을 놓는 베드로에게 전달한다.

6. "공격적 애가"라는 용어는 베트남전쟁의 패전에 따른 상처를 치유하기 위한 미국인의 집단적 방어 의식을 "공격적인 예레미야 풍 정언명령"(aggressive jeremiadic imperative)으로 표현한 스패노스(William V. Spanos)의 논의(176)를 차용한 것이다.

7. 포르나리의 논의는 국내에 소개된 적이 거의 없다. 전쟁을 방지하기 위한 수단으로 그러나 인류가 공격적인 "과대망상적"(paranoiac) 사고 양태에서 벗어나 모든 것을 자기 탓으로 돌리는 "우울적인"(depressive) 사고 양태로, 즉 "정신분열적"(psychotic) 양태에서 "신경질적"(neurotic) 양태로 인식의 전환을 해야 한다는 정신분석학적 통찰은 국내·외 학계의 주목을 요한다. 그에 의하면 "[상실의] 슬픔에 관한 과대망상증인 전쟁은 슬픔에 관한 음울한 성찰인 우울증(melancholia)으로 나타나곤 한다"(52).

8. 그리스어 '에로스'의 문법적 성이 남성이라는 점이나 사랑의 여신 아프로디테의 공격적이고 폭력적인 속성에 대한 논의와 에로스를 "박쥐의 날개와 발톱을 가진 방자한 악마" 또는 폭력적 묵시의 천사로 파악한 아감벤과 벤야민의 "역사의 천사"에 대한 논의는 또한 임철규 2004, 80, 338-39 참조. 이견 또한 존재한다. 범속한 에로스가 "여성적인 요소와 남성적인 요소를 다 갖춘 여신으로부터 유래"하는 반면, "천상의 아프로디테에게 속하는 에로스는 첫째, 여성적인 요소는 없고 남성적인 요소만 갖추고 있는 여신에게 속한다"(소크라테스 『향연』, 42).
에로스가 젠더로는 여성으로 파악되지만 실질적으로는 남성이라는 말인데, 후대의 에로스상은 대개 말썽꾸러기인 남자아이의 모습으로 나타난다. 이와는 약간 다른 맥락이지만 사랑의 여신 아프로디테가 우라노스의 남근에서 생성된 거품(aphros)에서 태어났다거나 아테나 여신이 제우스의 머리로부터 유출된 남성적인 여신이었다는 이야기들은 사랑의 남성 폭력적이고 전쟁친화적인 속성을 지시하는 신화소로 읽힐 수 있다.

9. 이타적 사랑의 나르시시즘적인 기원을 언급하는 김동규의 다음과 같은 말을 참고하자. "서양인들의 타자에 대한 관용, 인정, 환대 같은 타자 개방적인 태도는 모두 폐쇄적인 자기를 고수하는 태도의 반대급부적인 변용에 불과하다. (…) 서양적 자기는 동일성의 논리만으로 구축되지 않는다. 동일성의 논리를 힘차게 밀어붙이는 어떤 정념이 요구된다. 멜랑콜리 담론에서 그런 파토스는 궁극적으로 '사랑'이다"(274-275). 서양 문화의 상대적인 나르시스적인 경향과 이에 관한 김동규의 추가 논의에 대해서는 3장의 후반부 참조.

10. 관련 구절을 밝히면 다음과 같다. "내가 세상에 화평을 주러 온 줄로 생각지 말

라 화평이 아니요 검을 주러 왔노라 / 내가 온 것은 사람이 그 아비와, 딸이 어미와, 며느리가 시어미와 불화하게 하려 함이니 / 사람의 원수가 자기 집안 식구리라"(마태 10:34-36). 오이디푸스 이론, 그리고 이러한 사유를 『입태경』(入胎經)에 대한 분석에서 보이고 있는 중국의 남회근의 주장에 비단 기대어보지 않아도 세월이 지나감에 따라 더욱더 이해가 되는 구절이다. 융(Carl Jung)은 신비가들의 이론을 빌어 이러한 검을 세상의 모든 것을 적절한 위치에 안배하는 '구분'(divisio)과 '분리'(separatio)를 실행하는 메르쿠리우스의 칼로 해석하고 있다(Aion 187).

관련 구절에 대한 종교적인 해석은 자기 자신과 자기 가족을 버리고 신께 귀의하라는 말인데, 이러한 면에서 불교의 출가와 마음 비움, 그리고 기독교의 자기부정은 상통하는 면이 있다. 기독교의 요체로 흔히 언급되는 고린도후서 5장 17절, "그런즉 누구든지 그리스도 안에 있으면 새로운 피조물이라 이전 것은 지나갔으니 보라 새것이 되었도다"와 같은 구절은 갈라디아서 2장 20절, "내가 그리스도와 함께 십자가에 못 박혔나니 그런즉 이제는 내가 사는 것이 아니요 오직 내 안에 그리스도께서 사시는 것이라"와 더불어 자기부정과 이를 통한 신에게의 전적인 귀의를 드러내는 구절이다.

11. 사마귀(praying mantis)의 죽음을 담보로 한 절정의 성을 상기할 수 있다. 국내에서 30여 년 전에 개봉된 영화 『마타도르』(Matador)는 죽음과 더불어 사는 투우사의 죽음 지향적 관능성을 보여 주는 수작이다. 베르사니(Leo Bersani)는 「항문은 묘지인가?」라는 글에서 생식기관과 배설기관이 원래는 같은 기관이며 근접한 위치에 있다는 사실을 적시하는 가운데, 죽음과 성의 친연 관계를 정신분석학의 견지에서 논하고 있다.

12. 물론 죽음은 그것이 삶을 가능하게 하는 조건 또는 짝패인 한에서 긍정성을 획득할 수도 있다. 마르쿠제에게 있어서 프로이트가 파악한 죽음의 충동은 역사의 부정과 빈곤들에 대한 시위이고 해결책이 된다. 그러나 이러한 역설은 자기기만일 수도 있다. 죽음 충동은 삶의 본능에 기여할 때 존재 이유를 갖기도 한다. 때문에 1966년 새로이 첨가한 『『에로스와 문명』의 정치적 서론』에서 마르쿠제는 역사의 변혁을 추구하는 사람들 자신들이 아이러니하게도 "죽음의 전달자

들"(xi, xx)이 되는 경향이 있음에도 불구하고, 정화하는 죽음에 대한 체념과 달관이 아니라 에로스에 대한 정치적 투쟁, 삶을 위한 죽음의 투쟁이 중요하다는 사실을 지적할 수밖에 없었다(xxv). "죽음 충동은 역사의 흐름에 의해 변하며 역사[삶]의 변혁은 [고통과 억압에 대한 인류의] 투쟁을 변화시킨다"(1955, 29)는 다소 낙관적인 견해를, 프로이트의 죽음 충동 이론에 대해 냉담한 반응을 보인 아도르노와는 달리, 마르쿠제는 믿고 싶었는지 모른다.

> 죽음은 본능적인 목표임을 그칠 것이다. 사실로서 그리고 아마도 심지어는 궁극적인 필요성으로 죽음은 남게 될 것이다. 그러나 그러한 필요성에 대해서 억압당하지 않은 인류의 에너지는 항변할 것이고 위대한 투쟁을 할 것이다. (1955, 215)

13. 지금의 미국도 예외가 아닌 것 같다. 평화는 죽음과 전쟁에 의해 지켜지고 있다고 생각하는 평화 개념을 갖고 있다. 『신국』의 성 아우구스티누스(St. Augustinus)는 로마의 평화를 많은 희생을 치루고 이루어 낸 폭력적인 질서라고 파악한다. 그에게 있어 평화와 전쟁은 "그 잔혹한 면에 있어서는 경쟁 관계에 있다"(Elshtain 1987, 62에서 재인용). 스토이시즘이 로마제국의 철학이 되는 것은 그러므로 모순적이기는 하나 타당하다. 로마의 권력자들이 신봉했던 철학의 이 유형은 상실과 죽음에 대한 인간의 아름다운 감내를 의미했고, 그들은 피정복자들이 되는 노예들에게 또한 이것을 엄격하게 적용하였다. 자신의 죽음에 대한 성찰은 타자의 죽음에 대한 손쉬운 인정으로 탈바꿈한다.

칸트는 『영구평화를 위하여』(1795)에서 위대한 신성에서 비롯되는 평화를 상정하였지만 전쟁과 평화를 이분법적으로 분류하고 영구한 평화를 위하여서는, 평화가 그 목적이라면 전쟁을 할 수도 있다고 생각한다. 역설적이게도 영구 평화는 실제적인 면에서는 "영구 전쟁"으로 실행된다. 차이가 제거된 상태를 평화로 본다면 그러나 우리는 전쟁에서 벗어날 수 없다. 헤겔은 차이를 만들기 위해 전쟁을 한다고 하였지만 그러나 처음부터 그의 부정의 변증에서 차이와 평화라는 개념은 항구여일한 것으로 인정되지 않고 있다. 절대적인 국가(state)를 이루기 위해 차이는 희생된다. 그러나 동일성과 역설에서 벗어나 개념적 보편적 차이를 인정하는 것은 사랑과 죽음, 전쟁과 평화 또한 차이가 있음을 인정하는 초석이 된다.

14. 포크너의 잘 연구되지 않는 남북전쟁을 소재로 한 『불패』(*The Unvanquished*, 1934)의 주인공 중의 하나인 기독교적 덕목을 신뢰하는 병사인 베이야드 사르토리스(Bayard Sartoris)는 자기 아버지를 죽인 레드몬드(Redmond)에 대한 복수를 거절함으로써 폭력의 악순환과 전쟁의 무의미함에서 벗어날 수 있게 된다. 이러한 면에서 베이야드는 커밍스(e. e. cummings)의 『거대한 방』(*Enormous Room*)의 주인공, 탈주를 시도하는 도스 패소스(John Dos Passos)의 『세 명의 병사』(*Three Soldiers*)의 인물 중 하나인 존 앤드루스(John Andrews) 등과 닮았다.

명령 불복종이나 탈주를 주제로 하는 제1차세계대전을 소재로 하는 포크너의 『우화』(*A Fable*, 1954) 또한 이와 많이 다르지 않다. 무기를 들지 않고 적진으로 달려가는 영국군과 독일군을 그리는 우화 같은 이 장면에서, 우리는 "죽고 죽이기"라는 인류의 습속에서 벗어날 수 있는 가능성을 우화적으로만 확인하게 된다. 제2차세계대전을 다룬 헬러(Joseph Heller)의 소설 『이럴 수도 저럴 수도』(*Catch-22*)의 주인공 요사린(Yossarin)의 행보 또한 이와 유사하다. 황금(or)시대 혹은 타자(or)를 인정하고 표상하는 오르(Orr)는 상상적인 공간에서만 가능한 인류의 우화적 유토피아, 불가능성 그 자체이다. 흔히 단독강화(單獨講和)로 번역되었던 헤밍웨이의 "혼자만의 평화"(separate peace)가 불가능한 이유이다.

15. 사실 우리가 가장 고통을 받고 있는 장소는 여러 이론가들, 특별히 대상학파 학자들이 이구동성으로 주장하듯이 가정이다. 가정에서 신뢰와 사랑을 회복하는 것을 평화의 초석으로 보는 많은 사상가들의 "진부한" 생각을 우리는 이해할 수 있게 된다. 평화는 일상에서 만들어져야 한다. 가정이 평화롭지 않은데 사회가 평화스럽기는 만무하기 때문이다. 사촌이 땅을 사도 기쁠 수 있겠다. 인류의 역사는 서양식 사고를 따르자면 카인의 살인으로 시작되고 점철되어 있다. 유대인 대학살 또한 형제에 대한 증오와 살인에 다름 아니다. 그렇다면 인류의 역사는 가정 이야기(family romance)의 연속이다. 피학적 가학성(masochistic sadism)의 극치를 이루고 있는 히틀러는 사랑받지 못하고 자라난 아이들이 폭력적이 된

다는 사실을 보여주고 있다.

평화가 비단 전쟁의 부재뿐만 아니라 마음의 상태, 그리고 더욱더 중요하게 "생각하는 한 방식"이라는 사실 또한 지적되어야 하겠다. 전쟁은 언제나 있어왔고 앞으로도 그러할 것이라는 전쟁 불가피론 또는 필요론은 현상을 인정하자는 체념일 뿐이니, 강대국의 힘의 서사에서 주장하는 수구적 논리와 다르지 않다. "전쟁은, 죽음처럼, 항상 반려자로 비밀스러운 동반자로 우리와 언제나 함께 한다"(Broyles 65)는 생각은, 전쟁을 반대하는 서양의 퀘이커 교도들, 아미쉬 마을 사람들, 에스키모인들, 캘리포니아의 선교구 인디언들, 그리고 칼라하리의 수풀 인들의 생각과는 구별된다.

톨스토이의 다음과 같은 언급은 평화가 각 개인의 마음에서 먼저 시작되어야 한다는 사실을 드러낸다. 프랑스와 소련의 대치 상황 중 "만약에 나폴레옹이 비스툴라(Vistula) 밖으로 퇴군하라는 요청에 기분 나빠하지 않아 그의 병정들에게 진격 명령을 내리지 않았다면 전쟁은 없었을 것이다. 만약에 모든 상사들이 각 전투에서 서로 협조하기를 꺼려했다면 전쟁은 또한 없었을 것이다"(564). 꿈같은 이야기이다. 일상에서 각 개인으로부터 이루어지는 평화에 대한 논의로는 Ruelland 138-46, 김숙임을 볼 것.

16. 공자께서 설파하는 "군자는 和而不同하고 소인은 同而不和"에서의 和가 주체성을 지키면서도 타자의 다름을 인정하면서 잘 어울리는 것이라면, 同이란 주체성을 잃어버리고 타자에게 끌려다니거나 타자의 다름을 인정하지 않고 하나로 만들어 버리는 폭력성으로 규정할 수 있으나 도식적이긴 하다.

17. 헤겔은 이를 다음과 같이 표현한 적이 있다.

국가로서의 자리를 굳힌 민족은 실체적인 이성을 안고 직접 현실에 존재하는 정신이며, 따라서 지상에서의 절대적인 권력이다. 그리하여 국가는 다른 국가에 대하여 독립된 주권을 가지고 대치한다. 이와 같이 다른 국가에 대치하면서 바로 그 다른 국가에게 인정받는 것이 국가의 으뜸가는 절대적 권한이다. 그러나 이 권한은 동시에 형식적인 것에 지나지 않으며 (…) 실로 국가가 절대적인 존재로 있는가 어떤가는 그 내용·정치체제·상황에 달린 문제이며, 또한 두 나라 사이의 합의를 전제로 하는 주권의 인정은 상대국의 견해와 의지에 달려 있다.

(『법철학 강요』 331절; 572)

문명화한 국민이 국가의 실체적 요소가 자기들보다 뒤처진 다른 국민에 대하여(예컨대 목축민족은 수렵민족을, 농경민족은 위의 두 민족을) 자기들과 동등한 법·권리를 갖고 있지 않다는 생각에서 미개인으로 간주하고 그의 독립도 단지 형식적인 것으로 간주하며 또 그러한 것으로 대처하는 일이 생겨난다. 따라서 이러한 상태에서 발생하는 전쟁이나 분쟁에서는 그들이 일정한 실질적 내용과 관련된 인정투쟁의 요소를 띤다는 점에서 세계사적 의의가 부여될 만한 특징이 있다고 여겨진다.

(『법철학 강요』 351절; 585)

김종환의 노래 가사를 신파조로 인용하는 것이 허락된다면, 인간 존재의 이유는 "니가 있다는 것이 나를 존재하게 해 / 니가 있어 나는 살 수 있는 거야"로 표현될 수 있겠다. 그러나 헤겔의 인정 투쟁에서 그 값을 다하지 못하는 국가는 도태된다.

18. 부시의 "핵전쟁은 살아남을 수 있다"는 말이나 걸프전은 일어나지 않았다는 보들리야르의 말을 상기하게 된다면, 우리는 어느 정도 일군의 포스트모더니스트들의 지적인 유희에서 벗어나야 할 필요성을 느끼게 된다. 부시 2세가 2004년 3월 27일 행한 연설에서 이라크가 숨겨놓은 "핵무기가 어딘가에 분명히 있을 것"이라고 연설장 주위를 두리번거리며 청중들을 웃기는 장면은 비록 지적이지는 않았지만 그 극명한 예다. 핵은 농담거리가 되기에는 불가능하지만 그렇다고 아포리아(aporia)로 파악하기에는 그 정치적 함의가 심대하게 부정적이다. 인식론적인 불가능성인 아포리아가 실천적 가능성의 영역인 역사 속으로 개입하기 때문이다.

핵전쟁을 "불가능하다"고 그리고 핵의 억제력과 그 마지막 묵시를 영원한 차연으로 파악하는 데리다도 사실은 만델라 구명 운동이나 알제리 우체국 파업 등에만 정치적 의견을 개진하였을 뿐, 인종차별이나 동성애 차별과 같은 일반적인 사건을 제외하고는 구체적인 역사적 사건들에 대해서는 함구하였던 편이다. 물론 필자는 홀(Stuart Hall)의 말처럼 우리 시대의 문화 비평가, 또는 학자들이 수행할 일은 학업에의 정진과 연구이지 섣부른 사회참여가 아니라는 주장을 알고 있다.

19. 이러한 의미에서 1985년 7월 16일 『뉴욕 타임즈』에 기고한 원자폭탄 연구 물리학 분과 위원장인 윌슨(Robert Wilson)의 "우리는 햄릿의 역할을 하면서 전쟁을 할 수는 없다"는 언급은 의미심장하다. 단추를 누를 것인가 말 것인가? 포르나리가 주장하듯이 과대망상에서 우울증으로 정신분열 상태에서 신경질적 상태로의 전이 혹은 복귀가 필요한 시점이기도 하다. 『햄릿』은 주체와 타자 간의 끊임없는 복수를, 그리고 더 나아가면 국제적인 전쟁을 반대하는 극으로 읽힐 수 있다(Siebers 229). 레비나스는 햄릿의 "존재냐 비존재"라는 인식론적, 존재론적 의구심이 문제가 아니라 존재의 정당성에 관한 윤리적 요청이 선행되어야 한다고 주장한다. 윤리를 지식으로 환원시킨 "테오리아(theoria)의 제국주의에 대한 비판", 혹은 '이론의 폭력'에 대해서는 임철규 2004, 423-25 참조. 틱낫한 스님은 다음과 같이 말한 적이 있다. "사느냐 죽느냐 하는 것이 문제가 아니다. 그것은 단지 반대되는 뜻을 가진 상대적 개념일 뿐이다"(45). 존재나 비존재가 문제가 아니라 그것을 존재 또는 비존재로 구별하는 것이 문제라면 문제이다.

부록 2

인도·유럽어족의
지식과 지혜의 어원에 관한 단견

지식과 지혜가 성서 외적인 전통, 특별히 인도유러피언 어족에서는 "보다"라는 공통 어근에서 나왔다는 사실을 어원학적으로 간단히 살펴보면서 지식과 지혜의 동일유사성에 대해 살펴보자. 이러한 탐색은 본다는 것이 안다는 것, 즉 인식과 지식의 근본이라는 주장을 뒷받침하기 위함인데, 신들에 대한 찬가 모음집인 '베다'(*Veda*)는 원래 지식을 뜻한다. 보는 것은 아는 것의 처음이다. 산스크리트어의 무지(無知, 無智)를 뜻하는 "avidyā"는 본다는 인식 작용, 혹은 앎 또는 지혜(vidyā)가 없는 상태를 일컫고 있다. 비드야는 "세속적 지식이라기보다는 궁극적 실재를 아는 지식", 즉 지혜이며 "'너희가 여호와를 아는 지식이 없어서 망한다'고 할 때의 지식과 상통한다"고 이명권은 밝히고 있다(『우파니샤드』, 72). 샹카라에서 진리 터득을 위한 지식은 비드야 혹은 "jnāna"로 불교에서 지혜는 "prajnā", 지식에 해당하는 식(識)은 "vijnāna"로 표기된다. 베다에서 파생한 "vāda"는 "사상", 혹은 "불교" 등으로 번역되고 있다. 불교에서 본다는 인식 행위의 중요성은 열반에 이르는 팔정도의 수좌가 정견(正見)이라는 점에서도 알 수 있다. 깨달은 자를 의미하는 "budha"의 어근 "*bud(h)-"와 "보다" 혹은 "알다"는 의미를 지닌 명사 "vidyā"와의 상관관계를 추측함직 하다.

그리스어 또한 이와 유사한 전개 과정을 보이고 있다. "잘 알고 있다"는 의미의 그리스어 "oida"는 "보다"는 동사 "horao"의 부정과거형인데, "oida"의 용법은 "'보다'로부터 지각, 인식의 성취뿐 아니라, 나아가 감정적인 어떤 태도를 지니게 되는 발전 과정을 여실하게 보여주고 있다. (…) 감정적인 요인으로부터 순수한 인식이 분리되지 않았음을 찾아볼 수"도 있지만, "추론에 의한 지식이 아닌 경험으로부터 나오는 지식"은 본다는 행위와 밀접하게 관련되어 있다(김재홍 463-464). 그리스어로 형상 혹은 모습을 뜻하여 영어로 "idea"로 표기되는 "eidos"(species)는 본다는 의미의 "eidenai"(scire)에서 유래하는데, "oida"와 관련 있음은 물론이다.

지혜는 간혹 소크라테스에게 있어 "너 자신을 알라"(gnothi seauton)는 자기 인식 또는 절제를 뜻하는 "sophrosyne" 그리고 아리스토텔레스에게 있어 "실천적 지혜"를 뜻하는 "phronesis"로 표기되곤 하는데(김상봉 2006, 31, 101, 122), 특히 후자는 소피스트들의 지혜와 어느 정도 유사성이 있어 보인다. "절제"로도 번역되는 "sophrosyne"의 원래 뜻은, 그리스 시대에 이르러 밀집 방진으로 유명한 보병의 시대가 도래하면서 군병들이 "자기 마음대로 하지 않는 것"이라고 한다(이정우 2011, 48). 궤변자들로 폄하되어 번역되고 있는 소피스트들의 소피아가 상용되고 있는 지혜가 아니라 초기에는 "실용적인 지식"으로 사용된 것은 분명한데, 소피아는 플라톤에 이르러 국가를 경영하는 철학의 대상으로 그리고 아리스토텔레스에 이르면 프로네시스와 구분되는 "최고의 지혜"로 뜻이 변용되어 정착된 것 같다(이정우 2011, 18). 플라톤은 『국가·정체』에서 "모든 지식(앎) 중에서도 유일하게 지혜라 불리어 마땅한 그런 지식", 즉 소피아를 다음과 같이 규정한 바 있다. "나라 전체와 관련해서 어떤 방식으로 이 나라가 대내적으로 그리고 다른 나라들과 가장 잘 지낼 수 있을 것인지를 숙의 결정해 주게 될 그런 지식(epistēmē)"(429a, 428d).

시각(visus)과 힘(vis)은 라틴어 동사 "video"를 그 어원으로 하는데, 프랑스어의 "pouvoir"(힘, 권력), "avoir"(소유) 등은 조어법 상 "voir"(보는 것)의 어원적 의미를 포함하고 있다고 할 수 있겠다. 보는 것과 그것을 가능하게 하는 빛과의 상관관계가 연상되는데, 동서양의 문명권에서 신들의 이름은 빛과 관련된 조어로 이루어진 경우가 허다하다. 보는 것은 신의 본질이기도 한 지식과 지혜에 이르는 첩경이며, 따라서 잘 볼 수 있을 때 우리는 신에게 다가서거나 눈 밝은 남자가 되어 현자의 경지에 이르게 된다.

영어의 경우 "know"(고대영어 "cnawan"; 스코틀랜드와 북부 잉글랜드어 "ken")는 인도유럽어로 "알다"라는 의미의 "*gn-"에서 파생하며, 영어의 "wise/wisdom" 그리고 독일어의 "weiß/Weisheit"가 라틴어 동사 "vidēre"에서 유래하는 것과 유사하게, "보다"는 의미의 인도유럽어 "ueid"에서 파생되었다. "알다"는 의미의 어근 "*gn-"은 때로는 "자식을 얻다", "결과를 가져오다"는 뜻을 갖는 "beget" 또한 그 의미로 갖고 있다. (어근 "*gn-"에서 "know"로의 발전 과정에 대해서는 8장의 첩어에 관한 논의 참조.) "wise/wisdom"의 경우도 말할 것 없지만 독일어로 지식 또는 학문(Wissenschaft)과 지혜(Weisheit)의 공통 어원이 "보다"라는 말에서 유래했다는 사실은 동서양의 거의 모든 언어에서 공통으로 등장하는 '보다'와 '알다' 사이의 친연적 관계를, 그리고 잘 '아는 것'이 (단순한 지식이 아니라) 고차원적인 지식, 즉 '지혜'에 해당되는 것임을 잘 밝혀주고 있다. 요점은 이러한 앎에 "봄"이라는 요소가 막중한 품위를 지니고 있으니, 전술한 바 "eidos"(species)가 본다는 의미의 "eidenai"(scire←scindere)에서 유래하는 것과 유사하다.

흔히 양심으로 번역되고 있는 "Gewissenheit"는 고대 고지독일어에서 지식을 의미하는 "wizzan"에서 나온 과거분사 "gewizaan"의 명사형이며, 이에 상응하는 라틴어 "conscientia"(→conscience) 또한 "지식과 함께하다", 또는 "알다"는 뜻을 지닌다. 회개로 흔히 번역되는 그리스어의 "metanoia" 또한 "지식과 함께 하다"는 뉘앙스가 강하다. 3막 1장에 나오는 햄릿의 다음 대사를 보자.

. . . .
Thus conscience does make cowards—
And thus the native hue of resolution
Is sicklied o'er with the pale cast of thought,
And enterprises of great pitch and moment
With this regard their currents turn awry
And lose the name of action. (III. i. 82-87; 강조 필자)

한국의 번역본들이 대개 "conscience"를 "양심"으로 번역하고 있는 것에 반해, 최재서 선생은 이를 "분별심"(117)으로 번역하고 있다. 상황에 대한 지식 내지는 이해라는 뜻인데, 명 번역이 아닐 수 없다.

이 책 제1권(『선악과와 처녀: 유대-기독교 문명』)의 전반부에서 밝힌 바와 같이 히브리어에서는 "알다"의 의미가 성적인 개안, 음양의 구별과 연관되고 있는데, 아프리카아시아어족의 셈어 계통에 속하는 성서 히브리어는 인도유러피언어족에서 "보는 것(theorein)이 서구 철학을 가능케 하고 유지시켜 온 가장 중요한 감각 행위"인 것에 반해 "눈의 메타포에 대해 철저하게 부정적"(최상욱 2006, 405) 양상을 띠어 왔다. 그들의 신은 말(logos)로써 창조 행위를 하고 있으며 모세에게 십계명을 보여줄 때에도 좀처럼 모습을 보이지 않았는데, 히브리 문명의 이러한 시각적인 것에 관한 부정적 태도가 그리스적인 시각 문명과 충돌을 일으켜 중세의 성상 논쟁으로 비화했음은 익히 알려진 사실이다.

"cunning", "(un)canny" 등은 "잘 아는", "교활한" 등의 뜻으로, 생식력을 강조한 부분은 "cunny", "cunt" 등으로 분화되었다. 지식 중의 최고의 지식, 혹은 최초의 지식은, 동어반복일지는 모르겠으나, 성에 관한 지식인데 이렇게 되면 "conscience"는 성 혹은 여성에 관한 지식, 더 나아가서 지식 자체가 된다. 라틴어로 여성의 음부는 "cunnus"이며 여기에서 "cunt", "country" 등이 나오게 되는데, 이의 변형태가 "con"이다. 미국의 "Coney Island"는 토끼의 모습을 닮았는데, 토끼(스페인어로는 conejo, conejita)는 서양에서 여성의 음부와 동일시되곤 했다. 플레이보이 잡지의 로고나 콘돔(con+dome)의 경우도 "con"을 공통 요소로 지니고 있다. 스페인어로 "cojones"는 남성의 성기이다. 지식과 성, 그리고 시각(visus)과 힘(vis) 또는 권력과의 상호관계에 관한 논의로는 이 책 제2권(『메두사와 팜므 파탈: 지혜와 생명의 여성』)의 5장, "여성의 음부"를 논한 부분을 참조하면 될 것이다. 독일어 지식(Kenntnis)과 왕(König) 등의 어휘는 성기(cunnus)와 능력(← can)을 나타내는 어휘들과 친연 관계를 보이고 있다.

에머슨이나 휘트먼에서도 표현된 바 있지만 랭보에게도 시인은 "보는 자", 무엇인가 금지되어 있는 것을 명철하게 보는 자([claire]voyant→voyeur)이며, 천리안을 획득하는 시인에게 있어서 시는 철학을 완성하는 화룡점정일 수밖에 없다. 하이데거에게서도 그러하지만, 소크라테스가 파이돈의 입을 빌어 말하는 "철학은 가장 위대한 시"(61a)라는 언급 또한 이러한 맥락에 위치해 있다. 물론 이 말을 뒤집으면 시는 가장 위대한 철학이 된다. "Philosophy"는 1890년에 펴낸 언더우드의 『영한-한영사전』에 의하면 "학, 학문, 리(理)"로 표기되어 있고, 일본 근대 철학의 아버지라 일컬어지는 니시 아마네는 "knowledge"를 지식 또는 학문으로 번역했다(강영안 2002: 176, 229 재인용). 니시 아마네가 "philosophy"를 "철학"으로 일역했다는 말인데. 한국에서는 이인재가 1912년 『철학고변』을 발간하면서 철학이라는 말을 처음 사용했다고 되어 있다. 철학이 넓은 의미에 있어서 지식과 동일하게 번역되고 있는 것을 알 수 있게 되는데, 이러한 점에 비추어보아도 지식과 지혜를 서로 어긋나는 개념으로 간주할 수는 없을 것이다.

니체가 『즐거운 과학』(Die fröbliche Wissenschaft, 1882)에서 말하는 과학, 즉 지식은 그러나 굳이 통속적인 관념의 수준에서 받아들여지는 개념으로 말하자면 지식과 분리되지 않는 지식을 포함한 지혜에 가깝다. 앎은 깨달음의 전제 조건이자 충분조건이다. 지혜의 순 우리말은 앎, 슬기, 또는 슬기로움인데, "sophia"가 언제서부터 지혜로 번역되었는지는 확실하지 않으며, "영리한"(sophos)이라는 뜻은 경우에 따라서 부정적 의미를 지닐 수도 있는데 영어 성경이 뱀을 "간교한"(subtle)으로 번역한 경우가 그 예이다.

지식과 지혜가 본디 완전히 별개의 개념이 아니라는 점은, 예를 들어 단테의 『지옥』편 26번 칸토 118-120행의 내용을 보아도 알 수 있다.

> 태생의 본원을 그대들은 생각하라.
> 짐승처럼 살기 위해 생겨난 게 아니라
> 용기와 지혜를 추구하기 위함이니.

> Considerate la vostra semenza:
> fatti non foste a viver come bruti,
> ma per seguir virtute e canoscenza.

> Consider well the seed that gave you birth:
> you were not made to live your lives as brutes,
> but to be followers of virtue and knowledge. (Mandelbaum 영역)

투신자살로 아우슈비츠의 기억을 마감한 레비(Primo Levi)가 아우슈비츠를 지옥에 빗대어 인용하기도 하는 이 구절에서 시인은 오뒷세우스의 입을 통해 "canoscenza"에 대해 말하는데, 이는 표준어 "conoscenza"의 피렌체 사투리로서 어원상 영어의 "cognizance"에 해당한다.

저명한 고전 번역가 만델바움(Allen Mandelbaum)은 이를 "knowledge"로 번역하고 있는데, 관련 문맥으로 보아 이는 '지식'보다는 '지혜' 내지

'꾀'를 뜻하는 것으로 보아야 한다. 물론 지식의 뜻이 지혜와 다르지 않다면 번역은 또한 달라질 수도 있는데, 적어도 지식은 지혜의 필요조건이기도 하면서 충분조건이다. 또한 '현명한'을 뜻하는 그리스어 "sophos"도 원래는 '영리한' 내지 '꾀 많은' 정도의 뜻이었거니와, 이에 해당하는 동사 "sophizesthai"가 그리스어-영어 사전에 "play subtle tricks"로 되어 있다는 점만을 보아도 그 어원적 의미를 쉽게 알 수 있다. (방금 언급된 단테의 『지옥』에 나오는 "canoscenza"와 "sophos"에 관련된 내용, 그리고 지식과 지혜의 어원에 관한 포괄적 내용은 연세대학교 문경환 교수님과의 개인적 담화를 통하여 필자가 나름 재구성한 것임을 밝혀둔다.)

소피아의 의미에 해당하는 한문의 명사로만 쓰이는 지(智) 또한 꾀나 모략이라는 뜻을 갖고 있다. 도가가 지혜를 꾀나 술수 등의 부정적 의미로 보는 것과 유사하다. 지식과 지혜는 "知"와 "智"를 혼용하기도 하나 지혜의 경우에는 후자가 더 상용적이고, 인의예지 등 보다 고차원적인 지를 말할 때도 후자의 "智"를 사용한다. 그러므로 오히려 정반대로 실용적인 지식이 지혜이며 인식론적이고 형이상학적인 진리를 우리는 지식이라 말할 수도 있다. 우주적 '지식'이지 우주에 관한 '지혜'로 표기하지 않는 까닭과 상통한다. 총체적이고 통합적인 지식을 의미하는 그노시스(gnosis), 즉 '영지'(靈知)라는 개념은 통상 "지혜"로 갈음되지만, 영지의 개념과 영지주의자들의 주장에 대해서는 상반된 평가가 존재한다.

시는 철학의 발단이며 끝입니다. 미네르바가 주피터의 머리에서 태어났듯이 철학은 무한한 신적인 존재의 시적 표현에서 발생했습니다. 때문에 신비한 원천에서 헤어졌던 것이 결국 시에서 다시 합류하는 것입니다.
—프리드리히 횔덜린, 『휘페리온』, 110

논리적 사고는 승리하겠다고 해서,
논리 이전적 사고의 잔재가 모두 사라지기를 요구하지 않는다.
—마르셀 드테인(벨기에의 역사학자), 『신화학의 창조』, 263

신화는 필연적으로 이성의 한계를 지적해 주며,
이성에 종말론적 의미를 부여하고 있다.
—조르주 귀스도르프(프랑스의 철학자), 『신화와 형이상학』, 350

신화란, 사실에 입각한 정보를 주기 때문이 아니라,
유효하기 때문에 진실인 것이다.
—카렌 암스트롱(영국의 종교학자), 『신화의 역사』, 16–17

'무엇이든 좋다!'(Anything goes!)는 슬로건은 (…) 역사를 또한 심각하게 받아들이는 이성주의자들에게 부과된 '원칙'이다. 게다가 더욱더 중요한 것은 [신화와 종교 분야와 같은 연구에 있다고 추정되는] '객관적' 표준들의 부재가 연구를 덜 해도 된다는 말은 아니다. 그것은 과학자들이 철학자들과 기존의 기라성 같은 선배 과학자들이 속성상 과학이라 간주한 것들을 포함하는 모든 가능한 영역들을 조사하는 것을 의미한다.
—파울 파이어아벤트(오스트리아의 과학철학자), 『이성이여 안녕』, 284

동일한 사실이 햇빛을 받으면 역사가 되고 달빛에 바래면 신화가 된다.
—에드워드 베어(영국의 언론인)

부록 3

뮈토스와 로고스의 대위법:
어원학적·문헌학적 고찰과
20세기 로고스적 이성의 쇠락

1

뮈토스는 신화이고
로고스는 이성인가?

우리는 인구에 회자되는 많은 상식들 가운데, 모순과 반대에 관한 논리학의 설명은 잠시 내려놓고 말하자면, 흔히 이성의 반대는 감성, 존재는 무, 남성(♂)은 여성(♀)과 대비된다는 상투적 이해 혹은 이분법적 구별 가운데 살고 있다. 논리와 직관, 신화와 이성(계몽), '오'성('惡'性)과 '이'성('理'性), 상상과 실재, 시 혹은 신화와 과학, 문학과 철학, 신화와 과학, 신화와 종교, 종교와 과학, 좌우와 선악, 윤회(輪回)와 구원, 반복과 차이, 동일성과 배중률과 대비된 모순과 차이, 서양과 동양, 삶과 죽음, 천원지방(天圓地方)의 땅과 하늘, 인간과 신 등등 우리의 사고 구조를 지배해 온 이분법적 개념들은 무한히 이어진다. 정리와 설명, 분류와 논고(論考)의 귀재 아리스토텔레스 또한 그의 『형이상학』에서 피타고라스학파의 양과 음, 오른쪽과 왼쪽, 좋음과 나쁨, 빛과 어둠, 하나와 다수, 정지와 운동 등과 같은 이분법적 구별을 10개로 나누어 소개한 바 있는데(986a), 두서없이 사족을 붙이자면 일이관지(一以貫之)의 직선적 서술과 끼어들기와 늘어지기식의 상하좌우 시공간을 아우르는 '橫說竪說'형 순환서술법, 취사선택(both/and)과 양수겸장(either/or), 소승(小乘)과 대승(大乘)과 연관된 점오(漸惡)와 돈오(頓惡)의 착종된 논의, 그리고 뱀과 새, 물과 불, 달과 태양의 구별과 차별 등등도 우리의 의식구조를 지배해 왔다고 할 수 있다.

우리가 힘주어 말하고자 하는 오늘의 주제인 (직선과 발전의) 로고스와 (곡선과 순환의) 뮈토스도 그러한 상투적 대위법 선상에 있었다. 아폴론과 디오뉘소스에 대한 니체식의 상념에 익숙해진 우리는 비록 니체가 의도한 바는 아니었겠지만 역사의 전개를 "디오뉘소스에서 아폴론으로", "뮈토스에서 로고스로"의 발전 방향으로 파악하는 가운데, 뮈토스는 비이성적이고 허구적인 것인 반면, 로고스는 합리적이고 이성적인 사고 체계로서 서양세계의 발전과 근대성의 원동력이 되어 왔다고 믿게 된 것은 아닌가. 이러한 습속이 서양 이성의 비조로 등극했던 칸트의 『순수이성비판』, 그리고 변증적 이성이라는 틀 안에서 논의가 전개되고 있는 헤겔의 『정신현상학』과 『대논리학』의 배경이 된 것 아닌가 하는 생각마저 든다.

이성에 관한 학문을 완성하고 있다고 간주되는 독일이 그 학문적 업적과는 달리 20세기에 들어 소위 계몽적 이성이 마련하는 근대로의 진입을 머뭇거리게 될 때 발아했던 히틀러의 국가사회주의에 미혹되어 '독일적 이성'을 거의 유실하였을 즈음 출간된, 네스틀레(Wilhelm Nestle, 1865~1959)의 『뮈토스에서 로고스로: 호메로스에서 소피스트와 소크라테스에 이르기까지의 그리스 사상의 자기 전개』(*Vom Mythos Zum Logos: Die Selbstentfaltung des greichischen Denken von Homer bis auf die Sophistik und Sokrates*, 1940)의 첫 페이지로 논의를 시작해 보자.

뮈토스와 로고스라는 두 말을 우리는 인간의 정신적 삶의 영역을 움직이는 두 축으로 표시한다. 신화적 표상과 이성적 사유가 그 대립항이다. 신화적 표상은 비자발적이며 무의식의 토대 위에서 만들어지고 형태를 지니게 되어 '형상적'(bildhaft)인 반면, 후자는 의도적이고 의식에 의하여 해부되고 짜 맞추어져 '개념적'(begrifflich)이다. 독특한 형태로서의 신화적 표상

구성은 근원적이며, 이러한 표상 속에서 인류는 그의 외적이고 내적인 세계를 이해하는 것을 추구한다. (1)

정신적으로 미성숙한 뮈토스적 사유에서 출발하여 로고스로 표현되는 정신적 숙성의 경로에 도달하기에 "최고로 적합한 인종"인 아리안족의 재능과 우월성(Nestle 6)을 강조하는 것에 그치지 않고, 자못 유아론적이기도 한 "그리스 사상의 자기 전개"를 체화한 아리안족으로부터 연원하는 새로운 '선민' 독일 민족의 역사적 책무, 즉 나치즘을 정당화하기 위하여 쓰인 이 책으로 인하여 후일 역사 서술에 있어서 캐치 프레이즈가 된 "뮈토스에서 로고스로"라는 사유의 양태는, 20세기 후반부에 들어서 더 이상 역사의 추이를 설명하는 틀로서 그 자격을 거의 상실하게 된다. 신화에 대한 재평가와 더불어 소크라테스와 플라톤, 칸트와 헤겔에 의해 대표되는 로고스적 이성의 어두운 면을 질타하여 20세기 후반 후기구조주의적 사유의 지평을 연 니체가 적극적으로 이해되고 받아들여진 것이 20세기 후반부이기 때문이기도 하다.

국내 신화와 철학계에서도 서양의 이러한 변화를 반영이라도 하듯이 2000년대 초반 정도까지 신화 산업(myth industry)을 방불할 정도로 '서양' 신화에 관한 다수의 번역서와 연구서가 출간되면서, 뮈토스와 로고스가 인간 사유의 다른 형태이며 둘의 관계가 선형적 발전의 연속선상에서 파악되어서는 곤란하다는 논의를 시작하게 된다. (동양의 신화에 대한 논의는 일단 접어두자.) 필자는 이러한 국내외의 연구 성과를 염두에 둔 채, 간략하게나마 우선 뮈토스와 로고스가 그것에 대한 구분이 발원한 대략 기원전 5세기 전후 그리스에서는 정작 오늘날 우리가 아는 신화와 이성, 거짓과 진실, 환상과 실재, 문학과 철학 등으로 이분법적으로 구분되어 사용되지 않았다는 것을 밝히고자 한다.

국내외 신화철학계에서 어느 정도의 연구가 이미 이루어진 주제이기는 하지만, 아직도 뮈토스는 선사시대의 허구, 로고스는 역사시대의 진실 혹은 이성적 사유라는 이분법이 전반적으로 통용되고 있는 것은 사실이니, 비교적 근자에 뮈토스를 "지어낸 이야기", 로고스를 "진짜 이야기"로 파악하는 백종현(2017)도 예외는 아니다. 물론 백종현은 뮈토스를 좁은 의미의 "신화"로만 파악하고 있지도 않고 로고스를 또한 진실 또는 이성으로만 파악하고 있지도 않지만, 아틀란티스 전설, 즉 뮈토스와 관련하여 이것을 로고스로 파악하는 소크라테스의 의견을 자세히 논구하고 있지는 않고 있다. 이 글의 중반부에 논의가 더 전개되겠지만 아틀란티스 대륙에 대한 소크라테스의 반응은 다음과 같다. "이 이야기는 그 연관성으로 인해 당면한 [아테나] 여신의 축제에 가장 적합할 것입니다. 또한 지어낸 이야기(mythos)가 아니라 진짜 이야기(logos)라는 게 굉장한 것임이 분명합니다"(『티마이오스』 26e).

로고스보다는 뮈토스를 선호하는 문학 전공자의 입장이 어느 정도 드러나고 있는 소략한 이 글은 이와 관련된 토톨로기와 은유, 그리고 신화가 그 세계관을 표현하는 심볼로 삼은 원(圓)이 표상하는 "삶과 죽음의 등가성"(『대지, 휴식의 몽상』, 199), 혹은 생사의 '한결같음'(如如)이라는 맥락에서 논해질 때 일말의 새로운 의미를 띠게 될는지 몰라 이 책의 마지막 부록으로 추가 구성되었다. 그러나 필자는, 몇몇 글에서 나타난 바 '뮈토스의 귀환' 혹은 "로고스에서 뮈토스"라는 반어적인 표어로 과거의 행태를 반복하고 싶지는 않다. 뮈토스와 로고스는 때로는 하나가 우위를 점할 때도 있지만 서로가 교차 교호하여 마치 로고스적 직선과 그것을 품은 뮈토스적 원이 그러하듯이 상호보족과 보완을 이루어 역사의 날줄과 씨줄을 자아내며 우리에게 여전히 남아 있다.

2

뮈토스에서 로고스로?

뮈토스와 로고스의
다양한 의미

21세기 은유가 불가능한 사회로 우리가 더 진입했다는 사실에 대한 자각 은 은유로 포장된 혹은 은유를 양산하는 신화하기를 중단해야 한다는 것 을 의미하지 않는다. 신화는 역사를 역사는 신화를 배제하지 않는데, 신화 는 선사시대의 역사 그리고 역사는 당대의 역사일 뿐이다. 현재의 사건은 전설로 시간이 더 지나면 또한 신화로 남는 법인데, 역사시대의 은유는 선 사시대의 토톨로기였다. 바꾸어 말하면 시간이 지남에 따라 토톨로기가 은 유일 수밖에 없는 이유이기도 한데, 토톨로기가 은유를 이미 함의하고 있 듯이 신화와 역사 또한 우리의 논의를 따르자면 대대(待對)와 교직(交織)의 방법으로 서로 꼬아져 일정 부분을 서로 함의하고 있을 때 중용과 적도(適 度, to metrion)의 상태에 이르게 된다.

뮈토스가 유사성을 간파해 내는 유추, 즉 우연적인 은유에 기초하고 있는 반면 로고스가 동일성의 부수적 산물인 필연성에 기초하고 있다고 생각하여 역사와 지식의 발전 방향을 반복적 순환성에서 직선적 발전으로 보는 사유는, 그것 자체가 이미 (부정적인 의미로 사용되어 거짓이라는 의미로 오도된) '신화적'인 언급임에도 불구하고 그러한 전환 자체를 신봉하여, 적어도 표면상으로는 신화적 사유로부터 로고스적인 사유로의 전개를 지지하는 성향을 보여왔다. 이러한 로고스로의 전환을 책 제목에서처럼 "정신의 발견"(*Die Entdeckung des Geistes*)으로 추인하고 있는 듯 하는 스넬(Bruno Snell)의 다음과 같은 말을 참고해 보자.

> 신화적 사고는 원인의 설명만으로 한정되지 않고, 예를 들면 인간 존재의 이해에도 기여하는 것이기에, 신화적 사고와 논리적 사유는 하나의 동일한 영역을 감싸고 있지 않다는 것은 분명하다. (…) 일반적으로 신화적-논리적이라는 대립을 자연의 인과적 설명 이외에 적용해서 말하는 경우, 신화는 사고의 내용에 관련되어 있지만, 논리적인 것은 사고의 형식에 관련을 맺기 때문에 이미 잘못되어 있는 것이다. 그럼에도 불구하고 이 두 개념은 인간 사유의 두 개의 역사적 단계를 적확하게 나타내고 있는 것이기 때문에, 여전히 이 두 개념을 보존하는 편이 나을 수 있다. 이 두 개념은 서로가 엄격하게 배제하는 것이 아니라, 오히려 신화적 사고 가운데도 많은 다양한 논리적 요소가 침투할 여지가 있으며, 또한 그 반대로 말할 수도 있다. 그리고 한쪽에서 다른 쪽으로의 이행은 서서히, 점차적으로 행해진다. 아니, 이 과정은 결코 완전하게 완결될 수 없을지도 모른다. (336-337; 강조 필자)

자연의 인과적 설명, 즉 로고스에 대립되어 있는 뮈토스는 그러나 스넬의 언급 속에서도 로고스와 서로 혼재하며 역사의 추동력으로 자리매김되고 있다. 신화와 논리 혹은 신화와 로고스라는 대비는 그의 말을 다시 곱씹어 인용하자면 "자연의 인과적 설명 이외에 적용해서 말하는 경우, 신화는 사고의 내용에 관련되어 있지만, 논리적인 것은 사고의 형식에 관련을 맺기 때문에 이미 잘못되어 있는 것이다." "지어낸 이야기"와 "진짜 이야기", 혹은 "이야기"(설화, fabula)와 "설명(설득)"으로 대별되는 뮈토스와 로고스라는 개념의 이분법적 유용성(『티마이오스』 26d, 29d)을 인정하지 않는 것은 아니지만, 스넬이 보기에도 모든 시대는 두 개념이 혼재되어 있으며, 일방적인 한 방향으로의 역사적 이행은, 설령 그것이 한 방향이라 할지라도 "점차적으로" 이루어지지 인식론적인 단절과 지식의 대발견을 통해 이루어지지 않고 있다.

아리스토텔레스의 견해와는 상충하겠지만, 이오니아 지방 밀레토스 학파의 자연철학은 호메로스와 헤시오도스의 신화에 나타난 세계관과 많이 다르지 않았다. 플라톤이 서양철학의 시조라 칭한 탈레스의 물에 관한 아르케(arche, 존재의 궁극적 원리) 이론은 계속해서 헤라클레이토스의 불, 아낙시만드로스의 무한정자(aperion, 無限定者), 그리고 아낙시메네스의 공기로 이어졌으며, 이러한 이오니아 자연철학에 나타난 추상화 혹은 개념화는 이전의 신화철학과는 당대에는 많이 달라보였던 것도 사실이다. 그러나 아르케를 물로 보는 탈레스의 관념과 이를 오케아노스와 테튀스 그리고 포세이돈 신화로 표현하는 것과는, 아리스토텔레스 이후 많은 학자들이 주장했던 것처럼 그렇게 많은 차이와 인식론적인 단절 혹은 괴리와 발전이 있는 것일까? 그리스 철학의 의인화 습속에서 벗어나 개념성과 일반성을 띤 중대한 철학사의 변화를 과소평가하자는 것은 아니다. 지진의 원인을 포세이돈의 행위로 보는 것이 아니라 땅 밑에 있는 물의 운동으로 설명하였던 탈레스의 이론은, 필자에게는 표현법만 바뀌었을 뿐 대동소이하게 읽히고 있다. 로고스적 사유를 한층 끌어올린 엠페도클레스마저도 그의 물, 불, 공기, 흙의 결합과 분리를 사랑과 미움이라는 전(前)-로고스적이고 의인적인 요소로 설명하지 않았던가? 심플리키오스가 전하는 그의 말을 들어 보자.

사랑은 모든 것을 하나로 결합시켜며, 불화가 만들어 낸 우주를 파괴시키고 그것을 구(球)로 만드는 반면에, 불화는 원소들을 다시 분리시켜 (지금의) 이 우주와 같은 우주를 만든다. (DK31A25; 서영식 238 재인용)[1]

"신화적으로 세계를 바라보거나 자연철학적으로 세계를 해석하거나 또는 문학 이미지에 의해 세계를 체험하는 것"(이상봉·김재철 253)이 별반 다르지 않다는 사실을 미루어 짐작할 수 있는데, 우주선을 타고 우주의 다른 별에 도착하는 것과 눈을 감고 상상의 나래를 통하여 거기에 안착하는 것과의 차이를 우리가 근본적으로 인식하지 못하는 것은 아니지만, 이 두 가지 방법, 혹은 사유는 도착이라는 결과로만 보자면 매한가지이다.[2] 산의 정상, 혹은 진리에 이르는 길은 여러 가지가 있다. 수천 년 전 하늘로 올라가 지구를 바라보니 둥그렇더라는 구절이 나오는 베다의 지식과 선사시대 인디언의 동굴에서 로켓의 내연기관 그림이 나왔다는 과학자들의 보고는 어떻게 받아들여야 할까? 공상과학물에서 자주 나오는 에너지와 질량 보존이라는 과학적 방법을 통한 순간 이동은 도가의 '화중지선'(畵中之仙)과 많이 다르지는 않은 것 같으니, 신화가 비록 뜬구름 잡는 이야기로 공박 받아왔는지는 몰라도 뜬구름을 진짜 잡을 수 있다면 이야말로 과학의 최고봉이 아닌가?

상상력은 과학이 이루고자 하는 바를 이미 선취하고 있었으니, 인류는 다시 상실된 뮈토스의 세계로 어느 정도는 다시 돌아가고, 돌아가야만 하는 것이 아닐까? 뮈토스를 사실과 대비시켜 신화에 대한 언급을 자제했던 투퀴디데스의 역사보다 신화적 요소를 많이 포함하고 있는 헤로도토스의 역사가 상대적으로 신빙성과 객관성이 결여된다고 말할 수는 없다. 일연의 『삼국유사』가 김부식의 『삼국사기』보다 역사서로서의 가치에 있어서 열등한가. 편년체 역사 또한 사가의 관점과 이로 인한 창작이 상당하게 스며있다는 것은 사마천의 『사기』에 대한 중국인들의 작금의 평가에서도 증명이 되고 남음이 있다.

　이집트나 바빌로니아의 사고가 "신화적 은유 속에 존재하는 종교적, 신비적 사고 형태"이기는 하지만 "그리스적 사고 유형으로서의 논증적인 순수 사고까지는 아니라는" 주장을 하면서, "중국이 그리스처럼 철학과 과학을 상당한 정도로 발전시켰음에도 불구하고 상대적으로 논리학이나 자연과학이 발전하지 못한 것은 중국의 정치체제가 1인의 왕정 형태였지만 그리스는 그 정체 종류가 다양했다"는 점을 들어, 그리스 사회의 로고스의 군림을 이에 합당한 정치사회적 조건의 결과물로 보는 손병석이 정리하고 있는 여러 견해들(187-188)이 과연 누구에게나 그대로 통용될 수 있을지 의문스럽기까지 하다. 이러한 서양 중심적 사고방식들은 오리엔탈리즘이라는 용어로 정형화된 것들 아닌가. 그리스의 민주정이 충분히 민주주의적이지도 않았는가 하면, 동양, 예컨대 중국이나 한국의 정치체제가 비록 '비민주적'으로 치부되는 왕정이었다 해도, 실천적인 면에서는 다소 기만적인 행태를 보여왔지만 적어도 관념적으로는 백성을 근본으로 한 '근대적' 정치체제를 유지했다고 볼 수 있다. 서양의 지리적 발견과 과학의 발전, 이성을 밑받침으로 한 소위 '근대성'이라는 개념이 동양에는 없었다는 생각은 르네상스를 거쳐 18세기 이후 식민 제국의 확장과 궤를 같이하는 서양의 관념일 뿐, 아직도 그러한 시각으로 역사를 바라보는 것이야말로 전근대적인 공염불에 불과하다. 당송이나 조선의 정치체제는 서양인들이 말하는 '근대적' 정치체제와 소위 자연과학의 성과를 어느 정도 달성하고도 남음이 있었으니, 역사를 뮈토스에서 로고스로 그리고 이와 유사하게 전근대적 동양과 근대적 서양으로 보는 사유 또한 지극히 "전근대적인" 서양 중심적 사고방식일 뿐이다.

　신화는 탈신화를 이미 함의하고 있으며, 신화시대는 그대로 이미 선사시대의 역사이기도 하다. 뮈토스와 로고스의 뜻이 당대에 달랐다는 지적, 즉 우리가 알고 있는 로고스가 오히려 현대적인 의미와는 다르게 "거짓된 말'(pseuda te logous)뿐만 아니라, '반론'(amphi-logia, [축어적으로는] '로고이에 반대되는 것') 및 언쟁과도 연결되어 한 세트를 이룬다"는 링컨(Bruce Lincoln)의 주장(1999, 25)이, 진실과 연관된 것이 뮈토스이고 거짓말, 가장, 은폐와 연관된 것이 로고스라는 그의 주장(Lincoln 1999, 24, 35, 37)으로 확대될 수 있다면, 변론과 변증을 거치며 새롭게 발견되었을 때에는 오늘날의 의미에 있어서 검증되지 않은 설익은 혹은 허튼 지식이라는 소위 신화적 요소를 지닐 수밖에 없는 새로운 과학적 지식과 신흥 비판 이론인 로고스는, 적당한 시간이 흐르면 이미 확립되어 공동체의 확고한 담론으로 받아들여지고 있는 뮈토스의 일부분을 형성하게 된다.

로고스는 시간의 풍화를 거치면 뮈토스가 된다. 그리스 사회에서 "신화를 말하다"는 "mythologeuein"이라는 동사에서 파생되는 "mythologia"라는 명사가 존재하지만, 로고스, 즉 아직 검증이 되지 않아 오히려 거짓일 수도 있는 "로고스를 말하다"는 동사 "logomytheisthai"라는 어휘가 존재하지 않은 이유이기도 하다(Fowler 53). 물론 뮈토스나 로고스 둘 다 우리말로 "이야기"로 번역해도 큰 무리는 없지만, 전자는 "mythesasthai", 혹은 "mytheisthai"의 원래 뜻을 지녀 "엮다", "이바구하다"의 의미가 강하며, 후자는 "lego(←legein)"에서 파생하여 "힘주어 말하다", "변론(辯論)하다"의 뉘앙스가 강하다고 말할 수 있겠다. 소크라테스에게는 산파술, 문답법, 철학적 대화(dialog) 등의 의미를 지니는 로고스의 이러한 성격은 후대에 이르러 아리스토텔레스의 논증 혹은 '논고'(traktat) 개념과 더불어 서양의 변증(辨證, dialetike) 개념과 어울리게 된다.

흔히 덕(德←悳)으로 번역되는 아레테는 전장에 나아간 귀족계급이 지녀야 할 고유의 가치 혹은 힘이었는데(이정우 2011, 85; 주석 3), 그러한 아레테를 함양하기 위하여 습득하는 뮈토스와는 달리[3] 로고스는 평민들의 대화 기법, 즉 논쟁과 설득술이었다고 주장하는 듯하는 철학자 이정우를 계속 인용해 보자. 민회의 초석이 되는 아고라(광장)에 관하여 그는 다른 생각을 갖고 있다.

> 전리품을 놓고서 나누어 갖거나 싸움을 벌인 장소가 '아고라(라틴어의
> 'arena')'이다. 이 아고라를 통해서 권리 주장, 토론, 논쟁, 설득 같은 '로고스'
> 가 생겨났고, 또 함께 싸웠기에 함께 나누어 가지자는 'isonomia(평등)' 같
> 은 개념도 생겨났다. 이런 과정을 통해 귀족사회가 점차 평민사회로 넘어
> 갔을 것이다. 또 그런 과정을 통해서 'kosmos(질서, 라틴어 'ordo')'라든가
> 'harmonia(조화)', 'diakaion(정의로움)' 등의 개념도 생겨났을 것이다.
>
> (2011, 48)

당시의 그리스 사회가 전쟁이 다반사였고 전쟁이 최상의 지혜로 간주
되기도 하여 전쟁에 나아가는 것을 명예롭게 생각하고 전쟁에 관한 지식을
군왕이 배워야 할 주요한 통치술로 여겼다는 사실을 인정한다면, 코스모스
와 더불어 역시 질서를 뜻하는 그리스어 'taxis'를 전선(戰線)/전열(戰列)로
파악하는 이정우의 의견에 십분 동감할 수 있다. 그러나 이 글에서 우리의
논의는 그리스의 군사 문화에 방점이 있는 것이 아니라 신흥 담론으로서의
로고스의 의미를 천착함에 있다.

링컨을 따르자면 뮈토스는 힘과 권력이 있는 사람이 쓰는 어법으로 강
력하여 굳이 따지자면 남성적이고 진실과 관련된 용어인 반면, 여성적인 것
으로 치부되는 로고스는 "유혹적인"(haimulioi) 등과 같은 수식어와 같이
쓰이며 꾀(tekhnê)와 속임수(exapatan), 즉 허위와 거짓으로 연상되어 쓰이
곤 하였다(Lincoln 1996, 8). 호메로스와 헤시오도스에 있어서 로고스는 거
짓말(들)을 뜻하는 "pseudea"와 복합어를 형성하여 자주 사용되니, 로고스
는 "틀릴 수 있으며, 실제로는 틀린 말"이 되기도 한다(Fowler 53-54). 김헌
도 지적하듯이 아킬레우스가 최상급의 수사인 뮈토스적 어법을 구사하는
반면, 그 보다는 힘과 권력이 없는 오뒷세우스는 꾀, 혹은 거짓과 지혜로 타

인을 설득하며 때로는 기만하는 로고스적 화법을 사용했던 이유이다(180, 194). 그리하여 단테는 로고스의 달인인 오뒷세우스를, 물론 그는 그 속에서도 당당한 면을 유지하지만, 지옥에 떨어뜨리지 않았던가!

플라톤에게 있어서
뮈토스와 로고스의 의미

후대에 이르러 로고스는 이성적인 토론, 치밀한 언변으로, 그리고 선택적 추론으로 간주되어 공적인 언변으로 사용되고, 뮈토스는 그 강력하고 진실에 찬 말의 함의를 잃어버리고 오히려 정반대로 보모나 어린아이들의 화법과 정신세계에 해당하는 사적인 언변, 혹은 "허튼 말"로 취급되기에 이른다. 그러나 뮈토스와 로고스는 로고스의 우위를 설파하고 있는 소크라테스와 플라톤이 살고 있었던 기원전 5세기 그리스 사회에서조차도 서로가 서로의 의미를 완전히 배제하지 않은 채 혼합되어 사용된 것 같다(Lincoln 1996, 11-12). 더군다나 시인과 신화 작가 추방론을 공표했다고 알려진 플라톤에게 있어서조차 시인은 완전히 추방되고 있지 않다.

> 그러나 시 가운데서도 신들에 대한 찬가들과 훌륭한 사람들에 대한 찬양들만이 이 나라에 받아들여야 할 것들을 자네는 알아야 하네. 하지만 만약에 자네가 서정시에서든 서사시에서든 즐겁게 하는 시가(hēdysmenē Mousa)를 받아들인다면, 자네 나라에서는 법과 모두가 언제나 최선의 것으로 여기는 이성 대신에 즐거움과 괴로움이 왕 노릇하게 될 걸세.
>
> (『국가·정체』 607a)

이른바 제한적 시인 추방론을 플라톤이 말하고 있음인데, 법과 이성의 우위를 말하는 플라톤에 있어서도 시문학의 "즐거움과 괴로움"의 필요성과 그 타당성에 대해서는 미미하다고 할 수도 있지만 그 판단을 보류하고 있다는 사실을 발견하게 된다. "신들에 대한 찬가들과 훌륭한 사람들에 대한 찬양들"은 플라톤의 공화국에서 추방되지 않는다. 그러나 그의 다소 모호한 태도에도 불구하고 다음과 같은 구절은 소위 '철인 왕'이 통치하는 공화국으로부터 "거룩하고 놀랍고 재미있는 분"으로 규정된 시인의 추방을 확정 짓는 말로 한정되어 인구에 회자되고 있다.

> 만일에 재주가 있어서 온갖 것이 다 될 수 있고 또한 온갖 것을 다 모방할 수 있는 사람이 우리의 이 나라에 와서 몸소 그런 자신과 자기의 작품을 보여 주고 싶어 한다면, 우리는 그를 거룩하고 놀랍고 재미있는 분으로서 부복하여 경배하되 (…) 그에게 머리에서부터 향즙을 끼얹어 준 다음, 양모 로 관까지 씌워서 다른 나라로 보내 버릴 걸세. (398a)

그런데 우리는 위의 구절에 바로 이어지지만 인용이 잘 되지 않았던 소위 '제한적 신화 유용론'을 설파하는 다음과 같은 구절을 바로 만나게 된다.

> 한편으로 우리 자신은 이로움(ōphelia)을 위해서 한결 딱딱하고 덜 재미있 는 시인과 설화 작가(이야기꾼; mythologos)를 채용하게 되겠는데, 이런 사 람은 우리한테 훌륭한 사람의 말투를 모방해 보여 주며, 이야기를 함에 있 어서도, 앞서 우리가 군인들을 교육하는 데 착수했을 때 [처럼], 처음에 우 리가 법제화했던 그 규범들에 의거해서 할 걸세. (398a-b; 강조 필자)

뮈토스는 로고스를 설파하는데 아주 유용하다는 것이 뮈토스를 배척 했다고 알려진 플라톤의 이율배반적인 생각인데, "딱딱하고 덜 재미있는 시인과 설화 작가"는 살아남는다. 그러나 뮈토스적 어법을 구사한 동굴의 비유 이야기에서도 잘 알려져 있듯이 뮈토스가 과연 로고스에 비해 "덜 재미있는" 이야기인지는 분분한 논의를 요구한다. 비단 소크라테스-플라톤뿐만 아니라 이 시대의 많은 사상가들은 "뮈토스를 로고스에 이용하거나 (…) 종속하여"(Calame 137, 140) 로고스의 목적인 교화와 설득을 이루어냈는데, 굳이 뮈토스가 "덜 재미있는" 이야기라면 로고스의 우위를 설파하는 계제에서 그것을 사용할 필요가 없다.

로고스의 대표자로 추앙받고 있는 플라톤이 그러나 전생에 관한 이야기와 사후 세계에 다녀 온 남자 에르(Er)에 관한 오래된 이야기, 즉 뮈토스로 그의 로고스 철학을 대표한다 할 수 있는 『국가·정체』를 맺고 있음을 주지할 일이다(『국가·정체』 614b-621a). 신예 철학자 이종환의 말을 빌자면 에르 '이야기'가 우리에게 전해주고 있는 메시지는 명예와 즉각적인 현세의 이익만을 추구하지 않고 올바른 삶을 살아가는 사람이 내세에서도 상을 받게 된다는 것이며, 『국가·정체』의 주제인 올바른 사회를 만들기 위해서는 이생에서 최선을 다했지만 그에 걸맞은 상을 받지 못했던 사람들까지도 상을 받도록 해주는 것이 올바른 사회이고 국가임을 천명하기 위하여 플라톤이 에르에 관한 이야기를 끌어들였다고 한다(357-379). 적어도 플라톤의 『국가·정체』에 있어서 뮈토스가 로고스로 대체되지 않으며 플라톤 자신에게 있어서 뮈토스와 로고스가 엄밀하게 다르지 않다고 주장하는 이종환의 논리(38)를 따라가다 보면, 시가 이데아, 즉 실재를 모방하는 한에 있어서 시는 진정한 시의 경지에 이르며 이때 시는 바야흐로 철학과 동일화된다(368-369).

죽음에 임박한 소크라테스가 "철학이 최고의 시"임을 주장하여 시와 철학의 경계를 허물고 있는 『파이돈』의 한 구절을 우리도 이종환을 따라 인용해 보자. 과거에는 시를 짓지 않다가 "아이소포스의 우화들을 운문으로 고쳐 쓰고 아폴론에게 찬가를 지어 바치는 등 작시 활동"(60d)을 하는 소크라테스에 대해 의문을 갖는 에우에노스의 말을 전하는 케베스에게 소크라테스는 다음과 같이 답한다.

> 나는 지금까지 살아오며 가끔 같은 꿈을 꾸곤 했는데, 그때그때 겉모습은 달라도 하는 말은 언제나 같았네. 그 꿈은 '소크라테스, 시가를 지어 시가에 힘쓰도록 하라!'고 말했지. 전에는 그 꿈이 내가 하던 일을 계속해서 하라고 나를 성원하고 격려하는 줄 알았지. (…) 철학(philosophia)이야말로 가장 위대한 시가(megistē mousikē)이고, 내가 하던 일은 바로 철학이었으니까. 그러나 지금은 재판도 끝나고 신의 축제가 내 사형을 막아주고 있는 터라, 그 꿈이 나에게 하라고 명령하는 것이 통속적인 의미의 시가일 경우 나는 꿈의 뜻을 거역할 것이 아니라 당연히 시가를 지어야한다고 생각했다네. (…) 신에게 찬가를 지어 바치고 나서 진정한 시인이 되려는 사람은 담론(logoi)보다는 이야기(mythoi)를 지어내야 한다고 생각했지. (60e-61b)[4]

마지막 과업으로 시작과 이야기 짓기를 거론하는 소크라테스의 의견에 군이 그를 뒤집어 "시가 최고의 철학"이라는 교차대조(chiasmus) 수사를 사용하여 또는 시는 현실을 산문은 이상 혹은 이데아와 관련이 있다는 시인 엘리엇(T. S. Eliot)류의 의견을 내세워, 철학 혹은 담론과 시와의 우위를 논할 계제는 물론 아니다. 다만 통속적인 의미의 시와 통속적이지 않은 담론을 구사하는 철학이 여전히 상대적인 개념으로 등장하며, 논술 방식에 있어서의 차이이지만 시는 뮈토스에 그리고 철학은 로고스에 관련된다는 큰 틀은 지켜지고 있음을 눈여겨 볼 일이다.

후기 대화편에 속하는 『법률』에서 플라톤은 아테네인들의 말을 빌어 철학자야말로 "자신들이 가능한 한에서 가장 아름다우면서 동시에 가장 훌륭한 비극을 지은 시인들"이라 밝히고 있으나(『법률』 7권 817b; 이종환 367에서 관련 구절 도출), 이어지는 대화들은 오히려 해석에 따라서 시의 열등함을 클레이니아스에게 논파하는 문장으로 파악되기도 한다.

> 여러분이야 물론 시인들입니다만, 우리도 같은 것들을 시로 짓는 시인들
> (poiētēs)이요, 여러분과는 참된 법만이, 우리의 희망대로, 완성할 성질의 것
> 인 가장 아름다운 극의 적수들이며 경쟁자들입니다. 그러니 우리가 여러분
> 을 이처럼 쉽게 우리 곁으로 오게 해서, 장터(agora)에 무대를 설치케 하고
> 아름다운 목소리로 우리보다도 더 큰 소리를 내는 배우들을 등장토록 허
> 용할 것이라고는 결코 생각지 마십시오. (⋯) 여러분이 지은 것들이 말할 수
> 있는 것들이며 공공연히 말하는 게 적절한 것들인지 아니면 그렇지 못한지
> 를 주무 관청이 판단하기 전에는 말입니다. (『법률』 7권 817c-d)

시가 철학의 완성이냐 아니면 철학이 시의 완성이냐는 논의는 굳이 말
하자면 양수겸장을 하고 있다고 해도 과언은 아닌듯한 플라톤에게 있어서
는 후자로 논의의 추가 약간 기울어지는 것은 사실이다. 그에게 있어 시는
이데아를 충분히 모방하는 한 철학과 동일화될 뿐이다. 부언할 수 있다면
그러나 철학 또한 이데아, 혹은 시의 입장에서는 이데아와는 정반대로 현실
을 충분히 모방하는 경우에 있어서만 좋은 시가 될 수 있다.

플라톤 자신 또한 그의 학설을 발전시키는 데 필요한 영감들을 시인들
에게서 얻었으며 더 나아가 스스로 신화를 만들어내곤 하였으니, 시와 신
화에 대해서 그는 모호한 태도를 지니기도 하며 때에 따라서는 이미 적시
한바 이율배반적이고 양수겸장적 태도를 취하기도 한다. 시인과 신화 추방
을 말하고 있는 『국가·정체』 2-3권 중, 3권의 414b-d의 결말에 이르러서
그런데 플라톤은 나라를 지키기 위한 한 방책으로 오히려 신화를 만들어
낼 것을 제안하며, 그 스스로도 금, 은, 동의 수호자들에 관한 신화를 만들
어 들려주기도 한다(415a-d).

그러면 우리가 앞서 언급한 바 있는 그러한 필요한(마땅한) 경우에 부응하는 거짓말들(psuedea) 중에서도 한 가지 훌륭한 것을 거짓으로 말하게 됨으로써 누구보다도 특히 통치자들 자신이 곧이듣도록 할 수 있는, 만약에 그게 불가능하다면, 나머지 시민이라도 곧이듣도록 할 수 있는 어떤 방도가 우리에게 있을 수 있겠는가? (414b-c)

신화는 이해하기 힘든 철학적 진리를 손쉽게 이해시키고 철학적 진리가 지닌 의미를 보다 명확히 밝히는 데 기여한다. 플라톤이 단순한 철학자가 아닌 '철학적 시인'으로 남고자 하는 염원을 지녔다(김용민 113-114)는 후세의 판단은, 철학적 시인은 괴테나 횔덜린 등을 제외하고는 대개 시를 잘못 쓴다는 편견 혹은 사실에 대한 논의를 접어둔다면, 철학과 시 혹은 신화가 서로를 배제하지 않아 서로 상보적임을 보여주었던 플라톤에게서 이미 확인되고 있었다.

소크라테스는 (물론 초기 플라톤의 입을 거쳐 하는 말이지만)『고르기아스』(523a)에서 자신의 사후 세계에 대한 이야기가 진실이기 때문에 로고스라고 말하고 있지만, 다른 이들에게는 설화, 즉 뮈토스로 들릴지도 모른다고 말하고 있다. 로고스와 뮈토스는 시각에 따라 언제든지 상호 침투와 자리바꿈이 가능하다.

그러면 (…) 말마따나 아주 훌륭한 이야기[logos]를 들어 보게. 나는 자네가 이 이야기를 설화[mythos]로 여길 거라고 믿지만, 나는 근거 있는 이야기[logos]로 여기네. 나는 내가 이야기할 내용을 참이라 믿고 자네에게 이야기하겠네. (523a)

아틀란티스에 관한 전설 또한 예상과는 달리 뮈토스보다는 로고스로 더 많이 불렸는데(『티마이오스』 24e-26e), 그러나 그러한 전설이 로고스로 불리어졌다면 그것이 믿을 만한 사실이어서가 아니라, 믿기 위해 설득해야 하는 이야기라는 측면에서 로고스로 운위되었지 적어도 사실과 허구라는 이분법적 측면에서 플라톤이 그러한 전설을 로고스로 파악한 것은 아니다. 9000년 전을 거슬러 가면 바로 그 위치에 아테네가 위치했다고 믿고 있는 아틀란티스 대륙에 대한 소크라테스의 반응은 다음과 같다. "이 이야기는 그 연관성으로 인해 당면한 [아테나] 여신의 축제에 가장 적합할 것입니다. 또한 지어낸 이야기(mythos)가 아니라 진짜 이야기(logos)라는 게 굉장한 것임이 분명합니다"(26e). 뮈토스와 로고스의 상호 교환성 혹은 보족성을 말하고 있음인데, 이러한 교환 혹은 의도적 범주 혼용은 초기 대화편인 『고르기아스』와 비교적 중기에 속하는 『법률』, 『국가』, 그리고 후기에 속하는 『티마이오스』 등을 위시하는 그의 저작에서 일관되게 나타난다.

조물주(dēmiourgos)에 의한 우주의 생성에 관한 논의에서도 플라톤은 유사한 생각을 갖고 있으며 다음과 같은 티마이오스의 설명에 대해 "훌륭했습니다. 우리는 선생님께서 당부하시는 대로 전적으로 받아들여야 합니다"(『티마이오스』 29d)라고 화답한다.

생겨난 것들 중에서 가장 아름다운 것이 우주이며, 원인들 중에서도 가장 훌륭한 것이 그걸 만든 이이기 때문입니다. 우주는 바로 이렇게 해서 생겨났기에, 그것은 합리적 설명(logos)과 지혜(phronēsis)에 의해 포착되며 '똑같은 상태로 있는 것'[본이 되는 이데아 혹은 형상]에 따라 만들어졌습니다. 이런 점들이 이러할진대, 이 우주가 어떤 것의 모상(模像: eikōn)일 것임이 또한 전적으로 필연적입니다. (…) 그러니 소크라테스님, 설령 우리가 많은 것, 즉 신들 및 우주의 생성에 관해서 여러 가지 점에서 전적으로 모든 면에서 일관되고 정확한 설명을 실상 할 수 없게 될지라도, 놀라시지는 마십시오, 하지만 우리가 누구 못지않게 그럼직한 설명[eikōs logos]을 제시하기만 한다면, 우리는 만족해야 합니다. 말하는 저나 판정자들인 여러분이 인간적인 본성을 갖고 있음을 기억하고서, 이런 것들에 관해서는 '그럼직한 이야기'(eikōs mythos)를 받아들이고, 그것을 넘어 더 이상은 탐구하지 않는 것이 적절합니다. (『티마이오스』 29b-d)

솔론에게 들어서 크라티스의 입을 빌려 티마이오스에게 알려진 연후 다시 소크라테스의 입을 빌려 플라톤이 보고하는 우주의 발생에 관한 이야기는 사실 벌써 이야기가 돌고 돌아 뮈토스로 변하였다는 측면에서, "그럼직한 설명"(eikōs logos)으로 채워진 "그럼직한 이야기"(eikōs mythos)이다. 둘 다 그럴싸한 이야기임에는 논의의 여지가 없으나 방점은 뮈토스와 로고스와의 차이에 있는 것이 아니라, 양자를 동시에 수식하는 "그럴싸한"(eikōs), 즉 "진실에 가까운" 혹은 엄밀히 번역하자면 "진실처럼 보이는"(wahrscheinlich)이라는 형용사에 있다(29b, 주 90, 94; Fowler 64, 주 77).[5] 『국가·정체』에 나오는 여러 이야기들뿐만 아니라 『국가·정체』 자체도 『티마이오스』에서는 뮈토스로 불리어졌는데(Fowler 64), 그것은 『국가·정체』가 거짓말이어서가 아니라 공신력이 있는 믿을만한 이야기이거나 내용의 진위나 개연성과는 상관없는 그냥 "이야기"이기 때문이다.

로고스 의미의 변화:
이야기 혹은 말에서 이성으로

많은 부분 소크라테스의 입을 빌어 기술되는 플라톤의 저작들은 그가 비판하고자 했던 소위 뮈토스식 글쓰기의 문제점인 가정의 오류와 말장난, 그리고 논리적 비약으로 가득 차 있었으며, 때로는 양수겸장이 다반사라 플라톤의 글쓰기가 동일/모순/배중률을 입안하여 그것을 지키려고 노력하고 있는 아리스토텔레스의 문체와는 상당히 다르다는 사실을 우리는 알게 되었다. 구문은 심히 복잡하여 논의의 핵심을 잃기 마련인지라 때로는 무슨 말을 듣고 있는지도 모르고 간혹 그의 변증적 대화술에 속아 넘어가기도 한다. 후대의 표현으로 하자면 '문학적' 글쓰기를 플라톤은 구사하였다. 그는 뮈토스와 로고스가 분화되어 사용되던 세상 속에 살고 있지 않았다. 소크라테스-플라톤 자신이 소위 소피스트들과 그리 많이 다르지 않았다는 주장인데, 소피스트들은 굳이 비교하자면 중국의 명가(名家)들이 구사했던 역설의 논리와 말장난(pun)을 구사하였고, 이는 역설의 논리와 풍문과 전설, 그리고 설득을 목적으로 하여 상당 부분은 말장난과 아전인수격 궤변, 그리고 상황 논리를 일반적인 논지로 증폭하는 산파술로 무장한 소크라테스도 예외는 아니었다.

그런데 필자가 이 글의 전반부에서도 의문을 표시했지만 확실히 언제부터인지는 모르지만 권위 있는 "기존 담론" 정도의 의미를 지닌 뮈토스와 "신흥 담론"으로서 공신력과 타당함을 인정받아야 하는 로고스는 서로 뜻이 뒤바뀌어 후대에 쓰이게 되었다. 그 시기가 정확히 언제쯤인지는 혹자에 따라서는 헤로도토스(기원전 484~425)나 그와는 약간 달리 신화에 대한 언급을 자제하고 있는 투키디데스(기원전 약 465~400) 혹은 확실하게는 인간을 이성적 동물로 파악하고 로고스적 글쓰기를 그의 저작에서 구현하고 있는 아리스토텔레스(기원전 384~322)까지 내려갈 수도 있겠지만, 또 다른 한편으로는 소크라테스(기원전 470~399)가 그의 설득력 있는 언변 혹은 다양한 이론과 유명론(唯名論, nominalism)으로 무장한 소피스트식의 '궤변'으로, 이마저도 로고스를 가장한 뮈토스적 화법에 지나지 않지만, 소피스트들을 궤변가로 폄하할 즈음으로 보는 것에 대체적으로 동의가 이루어지고 있다. 뮈토스는 오히려 엉터리 글, 로고스는 공신력이 있는 믿을만한 글이라는 뜻으로 서로의 의미가 역전되었다는 말인데, 흥미로운 사실은 소크라테스를 위시한 청중들에게는 화려한 '로고스'적 언변과 억지 논리를 사용하는 소피스트들은 오히려 '뮈토스'의 달인들이라 평가되었다. 하정현의 다음과 같은 주장은 뮈토스와 로고스의 변이에 관하여 시사점을 던져주고 있다.

> 뮈토스는 대개 일정한 스타일을 지닌 서사담론과 그 특정한 사례들을 가리
> 켰고, 왕이나 시인들의 발화로서, 높은 권위를 지니고 강력한 진리 주장의
> 능력을 지닌 이야기였다. 반면에 로고스는 합리적 논증이 아니라 미심쩍은
> 발화 행위를 가리키는 말이라는 것이다.
> 뮈토스의 위상이 무너진 것은 정치, 언어, 그리고 인식론적 성격을 두루 지
> 닌 문제들과 관련된 격렬한 논쟁의 결과였다. 이는 아테네 민주주의가 정착
> 하고 문자가 널리 보급되면 산문이 시를 잠식하는 과정이 공고해지는 것과
> 관련이 있다. (2011a, 201; 2011b, 27 또한 참조)

호메로스(기원전 750년경 활동)나 헤시오도스(기원전 7세기경 활동)의 시적 글쓰기를 대신하여 들어선 철학의 산문적 글쓰기 형태가 확산됨에 따라 "뮈토스의 위상이 무너진 것"(하정현 2100b, 27)에 대한 논의인데, 뮈토스-시, 로고스-산문이라는 이분법이 도식적으로 작용될 수 있어 주의를 요한다. 허구 혹은 거짓이라는 뮈토스와 논리 혹은 진실의 로고스라는 양자 구도를 사용하는 플라톤마저도 그의 철학적 글쓰기에서 계속해서 뮈토스적 요소를 차용하고 있다는 것을 우리는 알고 있다.

링컨은 기원전 5세기경까지 (링컨은 단순히 5세기라 표기하고 있지만 기원전 5세기로 읽는다) 혼재되어 사용되던 뮈토스와 로고스가 현재 우리가 알고 있는 '거짓말로서의 뮈토스'와 '진실로서의 로고스'라는 이분법으로 고착되지 않았고, 기원전 5세기 이후 19세기까지 이러한 고착화가 서서히 이루어졌다고 말하고 있지만 이에 대한 자세한 논의는 이루어지지 않는다. 그는 다만 헤라클레이토스와 헤로도토스가 로고스를 긍정적으로 파악하여 뮈토스를 무시했지만, 파르메니데스처럼 뮈토스를 여전히 사용하는 철학자의

예를 들 뿐이다(1996, 12; 주석 20). 그러나 신화를 전혀 차용하고 있지 않다고 평가받는 투키티데스는 모르겠으나, 헤라클레이토스와 헤로도토스만큼 뮈토스를 사용한 작가가 또 있을까 의문이다.

아우구스티누스나 아퀴나스가 인간이 이성적 존재임을 주장하는 근거로 후대에 사용했던 것처럼 인간이 신의 모습(imago dei)을 띤 것이 아니라, 신들이 인간의 모습(imago hominis)을 받았으며 따라서 인간은 신인동형적(神人同形的 anthropomorphic)이라는 기원전 4세기 시칠리아의 철학자 유헤메로스(Euhemeros)의 주장,[6] 그리고 그보다 앞서서 "호메로스와 헤시오도스는 인간들 사이에서 비난받을 만하고 흠잡을 만한 것들 모두를, 즉 도둑질, 간통, 그리고 서로 속이기를 신들에게 부여했다"(단편 11; DK21B11)고 말하는 크세노파네스의 주장 등도 "뮈토스를 로고스에 종속시키는"(Fowler 50) 의미에서 또한 '뮈토스에서 로고스로'의 이행에 공헌을 한 것으로 파악할 수 있겠다. 다만 유헤메로스가 염두에 두고 있는 뮈토스는 우리가 이에 대한 역어로 취하였다고 오인된 "신들의 이야기" 즉, 말 그대로 신화(神話)에 한정되고 있음을 주지할 일이다.

그런데 단편적이기는 하지만 소크라테스-플라톤에 앞서 서양철학에서 로고스라는 말 자체에 대해서 가장 오래된 언급을 남기고 있는 이는 기원전 6세기경의 이오니아의 자연철학자 헤라클레이토스로 보인다.

로고스는 언제나 그러한 것으로 있지만, 사람들은 듣기 전에도, 일단 듣고 나서도 언제나 이해하지 못한다. 왜냐하면 모든 것이 이 로고스에 따라 생기건만, 내가 각각의 것을 본성에 따라 구분하고 그것이 어떠한지를 보이면서 상술하는 그러한 말들과 일들을 그들이 경험하면서도, 그들은 경험 없는 사람들 같기 때문이다. (…) 차가운 것들은 뜨거워지고, 뜨거운 것은 차가워진다. 젖은 것은 마르고, 마른 것은 젖게 된다. (…) 동일한 것 (…) 살아 있는 것과 죽은 것, 깨어 있는 것과 잠든 것, 젊은 것과 늙은 것. 왜냐하면 이것들이 변화하면 저것들이고, 저것들이 다시 변화하면 이것들이기 때문에. (DK22B1; DK22B126; DK22B88 ― 강조 필자)

소위 만물은 로고스에 의해 생기(生起)한다는 '만물 로고스 발생설'을 헤라클레이토스가 말하고 있음인데, 헤라클레이토스의 로고스에 대한 정의는 두 가지 양상, 즉 상기 인용문의 초반에 나타난 '말'의 의미와 두 번째 정의, 즉 "이것들이 변화하면 저것들이고, 저것들이 다시 변화하면 이것들"로 만드는 원칙 혹은 추론적 방법으로서의 로고스의 의미라는 것을 주지할 일이다. 소크라테스-플라톤에게 있어서 로고스란 "말하다"는 뜻의 동사 'legein'에서 파생한 것으로 추정되며 원뜻으로 '대화' 정도의 의미를 띠었지만, 로고스에 관한 한 헤라클레이토스와 유사한 견해를 지니고 있는 아리스토텔레스(BC 384~322)에게 이르면 이는 '레게인'의 또 다른 뜻인 "계산하다", "셈하다"의 뜻으로부터 유래한 도덕적인 正道(orthos logos)의 의미를 획득하게 되는 것으로 보인다(백종현 2009, 56-57).

그러나 로고스라는 뜻이 현대적 의미의 도구적 이성, 혹은 광기와 동의어로 변질되어 갈 때, 로고스와 이성의 상동 관계는 파훼되고 만다. 라틴어로 "비율" 혹은 "이성"을 뜻하는 (reor→) "ratio"(→raîson→reason→rationality)는 "이성을 가진 동물"(zoon logon ekon)로 인간을 정의한 아리스토텔레스가 의미한 로고스의 번역어로 사용되다가 근거, 이유(reason), 혹은 합리성(rationality) 등의 의미로 축소되어 급기야는 반이성과 광기의 동의어와 다름없이 취급되기도 한다.

이성(理性)은 로고스의 번역어로
합당한가?

동양철학으로 눈을 돌리면 우리는 헤라클레이토스(기원전 약 540~480)의 로고스에 대한 두 번째 정의, 즉 원칙 혹은 추론의 로고스가 우연일지는 몰라도 시공을 건너 장자(기원전 약 365~270)에게서도 나타나고 있다는 사실을 알게 된다.

> 사물은 저것 아닌 것이 없고, 또 이것 아닌 것도 없다. (…) 그러므로 저것
> 은 이것에서 생겨나고, 이것 또한 저것에서 비롯된다고 한다. 저것과 이것은
> [저 혜시(惠施)가 말하는] 방생(方生)의 설(나란히 함께 생긴다는 설)이다.
> 物無非彼, 物無非是. (…) 故曰, 彼出於是, 是亦因彼. 彼是方生之設也.
>
> (『莊子』, 「齊物論」 10; 안동림 59)

"삶이 있으면 반드시 죽음이 있고 죽음이 있으면 반드시 삶이 있다"(方生方死, 方死方生 『莊子』, 「齊物論」 10)는 구절과 더불어 자주 인용되는 이것과 저것의 상호의존에 관한 사유는 동서양을 막론하고 로고스 혹은 도(道)에 대한 정의로서 손색이 없다. 동서양 사상의 유사성을 확인할 수 있는데, 그런데 도(道)는, 로고스의 이성으로의 의미 변화에 대한 곧 펼쳐질 아래의 논의에서 밝혀지겠지만, 동양에서도 법칙, 혹은 이성의 의미를 띠게 된다. 이와 같은 사유를 동양의 아리스토텔레스(BC 384~322)라 칭해도 좋은 기원전 3세기 말경의 순자에게서 발견하게 되는데, 서양과는 달리 동양의 도의 변질 내지는 타락이 서양의 로고스의 타락보다 대략 2천 년을 앞선다는 사실은 적시하기로 하자. 道와 같은 의미를 띠는 순자의 성(性)과 이것의 타락한 형태라고 간주된 위(僞)에 대하여 순자는 다음과 같이 밝히고 있다.

나면서부터 그러한 것을 성(性)이라 하는데, 성은 태어난 바와 미묘하게 합하여 감응을 일으키나 노력함이 없이 그대로 그와 같은 상태를 일러서 성이라고 한다. 성의 좋아함, 미워함, 기뻐함, 분노함, 슬퍼함, 즐거워함 등은 정(情)이라고 한다. 정이 그러한 가운데 심(心)이 사려하여 능(能)이 그를 위해 행동하는 것을 위(僞)라고 한다. 사려함이 쌓이고 행동함이 반복된 이후에 이루어지는 것을 [또한] '위'라고 한다.

散名之在人者, 生之所以然者, 謂之性, 性之和所生, 整合感應, 不事而自然, 謂之性. 性之好惡 喜怒哀樂, 謂之情. 情然而心爲之擇, 謂之慮. 心慮謂能謂之動, 謂之僞. 慮積焉, 能習焉, 而後成, 謂之僞.

（「正名」1; 김승혜 289 번역 약간 고침）

요컨대, 위(僞)는 간혹 나타나는 인간의 악한 본성, 즉 性을 이성으로 다스리는 것이라 말할 수 있으며,[7] 이는 이성으로 번역되는 서양의 로고스와 유사한 의미를 지니게 된다. 앞서 언급한 헤라클레이토스의 만물 로고스 발생설의 앞 구절과 유사함을 마땅히 눈여겨 볼 일이다.

하늘에는 영원불변하는 도가 있고, 땅에는 영원불변하는 원리가 있[다]. (…) 만물이란 도의 일부이고, 한 물건이란 만물의 일부이다.
天有常道矣, 地有常數矣. (…) 萬物爲道一偏, 一物爲萬物一偏.

（『荀子』,「天論」; 김학주 572, 584）

백종현에 의하면 로고스에 상응하는 한국어 "이성"의 연원은 남북조 시대 유송(劉宋)의 범엽(范曄 398~455)이 "성은 서로 비슷하나, 익힘에서 서로 멀어진다"(性相近也, 習相遠也)는 『論語』,「陽貨」 2편에 대한 풀이에서, 이성을 "성정을 다스림 내지는 정념을 통제"(2009, 55-56; 2013, 26)한다는 의미를 갖는 말로 사용한 것에서 비롯된다고 한다. 범엽은 맹자(기원전 371~289)와 순자의 인간 성품에 관한 논의에 영향을 받은 것으로 사료되는데, 특히 순자의 성(性)과 위(僞)에 관한 언급은 성정을 다스리는 '僞'(作爲)를 말한다는 의미에서 범엽이 훈하고 있는 "이(理)로써 성을 다스린다"는 의미와 일맥 상통하고 있다.

> 뜻을 높이 새기면 멋대로 행동하지 않게 되고, 외부 사물에 이끌리면 의지는 흘러가서 돌아오지 못한다. 그래서 성인은 사람을 인도하기를 이성[본성을 다스림]으로써 하여, 방탕함을 억제하고, 사람과 함께 하는 데에 조심하여 치우친 바를 절제한다.
> 夫刻意則行不肆 牽物則其志流 是以聖人導人理性 裁抑宕佚 愼其所與 節其所偏 (『後漢書』, 卷 67; 백종현 2013, 26 재인용 — 강조 필자)

"理性"을 '性'을 '理'한다, 즉 "다스린다"로 표현하고 있는 문장인데, 이러한 식으로 "理性"을 파자하는 전통은 남송의 주자로 이어져 다소 도학적인 '理'로 고착화된다. 이는 마치 헤라클레이토스나 소크라테스-플라톤에게서 대화의 의미로 쓰인 로고스가 아리스토텔레스를 거쳐 스토아학파에 이르러서는 윤리나 감정의 통제 혹은 감정의 비움을 의미하는 로고스로 되는 이치와 유사하다 할 수 있겠다. 요즘 말로 하자면 이성의 반대어는 (사실은 반대도 아니지만) 감성, 모순어는 반이성(혹은 광기)이 적당할 터인데, 문제는 이러한 이성의 상대어가 폄하되어 차별적으로 사용되어 왔다는 사실일 것이다. 감성은 그러나 소위 '감성 인문학'을 말하고 있는 지금의 현실에서 볼 때, 그리고 더군다나 예(禮)와 악(樂)을 최고의 학문으로 숭앙한 공자에 비추어볼 때, 인간에게 있어서 이성과 다른 속성과 기능일 뿐 우열을 가르는 말이 되지 못한다.

　한자어 '理性'의 주자학에서의 의미 변화와 서양의 로고스가 칸트와 헤겔에게 있어서 "Vernunft"로 번역, 확립되어 가는 과정은 또 다른 이야기이다. 로고스를 현대적 의미에 있어서 독일적 의미의 '이성'으로 자리 잡게 한 이는 칸트임이 분명하다. "조리에 맞은", 혹은 "깨어 있다"는 뜻을 지니는 형용사 "vernünftig"에서 파생한 것으로 추정되는 명사 "die Vernunft"의 뜻을 감안하면, 이에 대한 한자어는 그런데 지성과 동급으로 쓰이는 '理性'이라기보다는 지능과 동의어로 쓰였지만 "깨닫는다"는 의미가 포함되는 '悟性,' 혹은 깨어 있고 깨닫는 의미의 '覺性'이 더 어울린다. 번역을 잘못하였던 것이다.[8] 자유, 신, 영혼불멸 같은 형이상학의 이념들과 같은 범주를 표현하는 말이 불교적 색채가 짙은 오성이 아니고 유교적 용어인 이성(사실은 칸트 철학에서는 초이성적 개념이지만)으로 번역된 연유에는, 19세기 말 서양 철학을 '이학'(理學)으로 번역한 나카에 초민과 이를 '철학'(哲學)으로 번역한 니시 아마네 등을 염두에 두고 말하자면 그들이 사숙한 일본의 '유학적 정치체제'가 영향을 미쳤을 것으로 짐작되고도 남음이 있다.

중국어 성경은 하나님의 섭리를 뜻하는 의미의 로고스를 진리를 뜻하기도 하는 도(道)로 번역하고 있어 요한의 의도를 가장 잘 반영하고 있다고 착각할 수도 있는 것 같다. 그러나 한자 '道'에도 "말할 도"라는 풀이가 가능함은 말을 뜻하는 '道'가 "언어", 즉 "명"(名)과 같은 의미로 해석되기도 하였다는 것을 보면 알 수 있으니, 언어와 사물, 혹은 진리와의 상관관계를 드러내는 좋은 예가 되고 있다. "名可名非常名"에서 '名'(onoma)은 말을, 이와 댓구를 이루는 구절인 "道可道非常道"에서 '道'는 길(way) 혹은 진리를 말하고 있음이니, 두 댓구는 언어와 '道,' 즉 로고스와의 관계를 잘 드러내주고 있다.

서양의 로고스가 짱 롱시가 키케로(Cicero)를 인용하는 쇼펜하우어(Arthur Schopenhauer)를 빌어 설명하고 있듯이 "말하기"(oratio)와 "'셈하다", "생각하다"(ratio)의 뜻이 있다(59)고 재삼 밝히는 것은, 道에도 "말하다"와 "사유하다"의 뜻이 또한 들어가 있음을 밝히기 위함이다. 이러한 측면에서 로고스를 道, 또 道를 로고스라 말할 수는 있겠다. '道'와 항간에 알려진 상투적 의미의 이성을 뜻하는 로고스의 상동성에 대한 논의, 그리고 언어를 뜻하는 로고스에 대한 번역어로 뮐러(Max Müller)가 채택한 '道'가 근본적으로 언어를 신뢰하지 않는 중국 문화권의 '道'와는 이질적이라는 논의를 잠시 접어두고 표면적으로만 본다면,[9] 하나님의 말씀이 언제부터 이보다 협소한 의미를 지닌다고도 볼 수 있는 이성 혹은 진리로 변하였는지 의문스럽다. 물론 '道'는 하늘의 길, 인간의 길이며 굳이 말하자면 공자의 하늘보다는 맹자가 강조하는 사람의 길을 요한복음이 강조하고 있다는 취지의 주장이 성립될 수는 있겠다.

뮈토스와 신화(myth), 로고스와 이성의 차이

이제까지의 논의를 따라가자면 알려진 것과는 달리 우리가 알고 있는 신화(myth)와 뮈토스(mythos)는 일정 부분 다르다는 주장이 가능하게 되는데, 영어권 문화에서 "myth"라는 말이 사용되기 시작한 시기는 대략 1820~1830년대로 보이며 이때 "myth"의 의미는 "민족 혹은 국가의 기원 신화"의 의미로 상용되었던 것 같다(하정현 2016, 101-103). 스넬(Bruno Snell)의 논의(336-337)를 다시 참조하자면 용례와 형식에 있어서 신화는 내용이며 뮈토스는 이를 담는 방식, 그리고 확장한다면 뮈토스는 내용이며 로고스는 이를 담는 형식이라고 단순화를 무릅쓰고 말할 수 있다. '신화에서 로고스로'라는 표현은 가능하지만 '뮈토스에서 로고스로'라는 주장이 더 이상 타당하지 않은 이유이니, 형식이 내용을 사후적으로(nachträglich) 품기는 하지만 내용이 먼저이고 형식은 다음이다. 로고스는 시간의 검증 과정을 거치면 뮈토스로 등극하게 된다. "이야기", 혹은 "탐구"를 뜻하는 역사(historia←historiari) 또한, 일본식 한자어로 번역된 '신화'(神話)라는 말의 의미를 제쳐둘 수 있다면,[10] 시간의 추이와 검증을 거쳐 로고스적 뮈토스로 변신한다. 로고스로 운위되는 신흥 담론은 기존 담론인 뮈토스가 되기도 하면서 이것에 편입되기를 실패했을 때, 뮈토스의 부정적인 함의인 사실무근의 허구 혹은 터무니없는 말로 전락하기도 한다.

이와 관련하여 로고스라는 말이 "말해진 (혹은 쓰이어진) 모든 것, 즉 허구이거나 진실된 이야기이건 간에 이야기나 서술"의 의미로 쓰일 때, 비교적 초기 시절에는 "궤변"(deceptive talk Guthrie 421)의 의미로도 쓰이다가, 4세기경에는 보편 원칙이나 법칙이라는 의미, 그리고 5세기경에야 우리가 아는 이성의 힘으로 사용되었다는 거쓰리(W. Guthrie)의 주장은 로고스에 대한 11가지의 분류를 통하여 이루어지는데, 로고스의 의미가 언어, 혹은 말에서 이성의 의미로 변하여 갔다는 우리의 논의와 상통하는 면이 있다. 특별히 그는 로고스가 서술 혹은 이야기에서→원칙이나 법칙→이성으로 뜻이 분화되며 말미에 "영어로 이에 상응하는 의미는 없다"고 밝히고 있는데 (419-24), 그를 따르자면 영어의 "word", 혹은 "reason"은 로고스의 원래 의미와는 동떨어진 어휘가 된다.

기원전 5세기 말경 활동했던 프로타고라스 등의 소피스트들에게 로고스는 일종의 허구적 페티쉬(fetish)였다는 것이 파울러(Robert Fowler)의 주장인데(57), 로고스는 지나치게 평가절상되어 헤라클레이토스에게는 말씀과 이성, 혹은 본체, 아낙사고라스에게서는 우주를 지배하는 능력, 소크라테스에게는 세상을 창출하는 신적인 힘으로서 사유와 본질, 존재와 규범을 포괄하는 말 혹은 대화, 아리스토텔레스에게서는 인간과 하등동물을 구별하는 잣대, 기원전 3세기경 시작하는 스토아철학에서는 우주적 지성으로 "세계가 질서 잡혀 있고 목적에 맞추어져 있음을 표현하는 말로 그리고 철학자 필론(Philo 기원전 20~기원후 50)을 거치면 하나님의 지혜의 총합"이라는 말로 굳어지게 된다(오성종 174). 필론이 파악한바 하나님의 존재로부터 유출된 로고스는 우주적이고 종교적인 원리로 그리고 플로티노스(204-270)에게 이르러서는 생명과 형상을 빌려주는 능력으로 등극하게 된다.

뮈토스에서 로고스로의 변이 혹은 발전이라는 개념의 성립에는, 백종현(2013)의 주장을 참고하여 다시 부연 설명하자면, 특히 키케로와 제논, 세네카와 아우렐리우스 등의 스토아학파의 이성에 대한 사유가 혁혁한 공헌을 한 것으로 추정되는데, 인간을 이성적 동물로 파악하는 아리스토텔레스와 키케로의 사상과 철학의 목적을 정념에 빠지지 않고 '평정'(ataraxia)에 도달하는 것으로 본 제논의 역할은 심대하다 할 것이다. 앞서 언급한 범엽의 이성에 관한 관념을 따르자면 동양의 이성은 스토아학파에게 있어 아타락시아에 해당한다. 후대에 이르러 로고스는 서기 1세기 말경 요한복음의 말씀으로 나타나 하나님의 약속, 혹은 중보자 예수그리스도 자체가 되는 현상을 노정하게 되는데 우리는 이러한 성육신의 사상을 요한복음 1:14에서 확인할 수 있다. "말씀이 육신이 되어 우리 가운데 거하시매 우리가 그 영광을 보니 아버지의 독생자의 영광이요 은혜와 진리가 충만하더라." 뮈토스에서 로고스로의 이행에 결정타를 공급하고 있는 사상은 결정적으로 기독교로부터 오게 된다.

요한복음의 다음과 같은 첫 구절은 간단명료하게 로고스의 부상과 군림을 선포하기에 부족함이 없다. 관련 구절을 성서전문 웹사이트(http://biblehub.net, http://bibledatabase.net, http://www.bible4u.pe.kr) 등의 도움을 받아 일부 전사하면 다음과 같다.

> 태초에 말씀이 계시니라 이 말씀이 하나님과 함께 계셨으니 이 말씀은 곧
> 하나님이시니라 (요한 1:1)

Ἐν ἀρχῇ ἦν ὁ λόγος καὶ ὁ λόγος ἦν πρὸς τὸν θεόν καὶ θεὸς ἦν ὁ λόγος (en archē ēn o logos kai o logos ēn pros ton theon kai theos ēn o logos)

(Textus Receptus)

In principio erat Verbum, et Verbum erat apud Deum, et Deus erat Verbum.

(Vulgata Clementina)[11]

셉투아긴타(70인 역) 구약의 "로고스", 그리고 성 제롬의 불가타(*Vulgata* 『통속저본』) 성경의 "verbum"(낱말, 말, 말씀)으로 번역된 히브리어 명사 "dabar"는 주로 "야훼의 말씀"(데바르 야훼)이라는 구절로 구약에 등장하는데, 오성종 교수의 논의를 정리해 보면 명사 '다바르'는 다바르 동사의 '피엘형'(강조능동형) 동사와 '아마르'의 '칼형'(단순능동형) 동사 중 '다바르'의 피엘형에서 파생한바, '다바르' 피엘형은 "말한 것의 내용을 강조하는데 반하여 후자[아마르 칼형]는 말하는 행동을 강조하는 면에서 용례에서 서로 뚜렷한 차이를 가진다"(오성종 176). 셉투아긴타에서 전자는 말의 의미가 강조된 로고스로 후자는 말씀이 이루어진 것 혹은 케리그마(kerygma), 즉 복음의 선포의 결과로서 이루어진 행위이거나 세상만사라는 사물적 의미가 강조된 '레마'(rhema)로 간혹 번역되기도 하지만, '다바르'의 피엘형과 '아마르'의 칼형, 그리고 로고스와 레마와의 엄격한 대응 관계에 의거한 어휘 사용은 잘 이루어지지 않고 있다.[12]

논의의 초점은 히브리어 성경의 하나님의 말씀이 '다바르'라는 동사의 능동 형태를 십분 반영하여 요한복음이 이를 하나님의 말씀 중 가장 숭고한 예수그리스도로 자체로 해석하였다는 것인데, 요한복음이 기존의 말씀, 즉 야훼의 뮈토스를 폐하고 새로운 시대를 여는 보편적인 언설인 로고스를 선포하고 있다는 사실을 우리는 알 수 있게 된다. 로고스는 예수가 승천한 후 마가, 마태복음에 나타난 히브리 족속과 누가복음에 나타난 희랍 족속의 구원을 넘어 세상의 모든 이에게 복음과 구원의 관념으로 남아 세계사를 보편이성, 즉 예수가 형상화하는 로고스의 구현으로 생각하는 사제 요한에게는 중요한 개념이 될 수밖에 없었다는 말이 되며, 이러한 주장의 배경에는 예수의 몸 되심과 경우에 따라서는 십자가의 몸 고난을 거부하는 세례요한파의 영지주의적인 가현설(docetism, 假現說)에 맞서는 사도 요한의 성육신 사상이 위치하고 있음은 물론이다. 앞서 인용한 1:14를 다시 한 번 읽어 보자. "말씀이 육신이 되어 우리 가운데 거하시매 우리가 그 영광을 보니 아버지의 독생자의 영광이요 은혜와 진리가 충만하더라"(요한 1:14). 로고스가 구세주 예수 그리스도가 되었으니 "은혜와 진리로 충만"한 로고스와 이를 품어 "영생"을 주시는 "독생자"의 위상에 대해서는 같은 복음서 3:16에 나타난 것처럼 더 이상의 부연 설명이 필요하지 않겠다.

한국어로 번역된 "말씀"이 헬라스 철학의 로고스의 개념과는 무관하다는 많은 주장이 있어왔지만, 그러나 불가타 성경이 이를 "verbum"으로 독일어와 프랑스어 성경이 이를 각각 "Wort"와 "parole"로 표기하고 있는 것에는 까닭이 있는 바, 로고스의 번역어로 "말", 혹은 "말씀" 말고 무엇이 더 적합한지는 또 다른 논의를 필요로 한다. 이성은 언어의 한 지류일 뿐이었지만 혼용되어 사용되기도 하였다. 헤겔(1770~1831)이 『철학사 강의』와 『대논리학』 등 여러 곳에서 지적하고 있는바 "로고스는 말(Wort)보다 더 특별한 의미를 지닌다. [로고스라는] 고대 그리스 말은 이성(Vernunft)과 언어(Sprache)를 뜻하는 아름다운 이중적 의미를 지니고 있었다"(서정혁 136 재인용, 권대중 71 또한 참조).

괴테(1749~1832)의 파우스트는 그의 서재에서, 불가타 성경이 이미 "verbum"으로 그리고 루터(Martin Luther, 1483~1546)가 "말"(das Wort)로 옮긴 요한복음의 "로고스"라는 낱말을 어떻게 옮길까 고심하는 가운데, "말"(das Wort), "의미"(der Sinn), "힘"(die Kraft) 등의 번역어를 숙고하는 가운데 "행위"(die Tat)라는 어휘를 택한다(I: 1224-37). 로고스를 행위, 혹은 "사건"으로 번역하는 파우스트의 작업은 "이성적인 것은 현실적인 것이다"("Was vernünftig ist, das ist wirklich; und was wirklich ist, das ist vernünftig"『법철학 강요』서문)를 표방하며 종극에는 "이성의 무소불위"(nihil est sine ratione)를 주장하는 헤겔과는 어느 정도는 맥이 닿아 있다 하겠다.

이렇게 씌어 있군. "태초에 말씀이 있었노라!"
여기서 벌써 막히는구나! 누가 나를 계속 도와줄까?
말씀이란 말은 그렇게 높이 평가할 수는 없어,
다른 식으로 옮겨야겠다.

Geschrieben steht: "Im Anfang war das Wort!"
Hier stock ich schon! Wer hilft mir weiter fort?
Ich kann das Wort so hoch unmöglich schätzen,
Ich muß es anders übersetzen[.] (I: 1224-1227)

중국의 신화학자 섭서헌 선생의 말을 빌리자면, 이는 성서 번역에 있어서 "괴테가 시라는 형식으로, 순수이성에서 실천이성으로 넘어가는 칸트(1724~1804)철학을 재연한 것에 지나지 않는다"(286). 로고스의 본래 의미가 언어 혹은 말에서 사유, 이성 등으로 의미가 변형, 확대되어 가는 과정 속에서 언어 혹은 말의 광대한 의미를 파우스트 박사가 이해하지 못하는 순간을 섭서헌 선생이 소극적으로 지적하고 있다고도 볼 수 있다. 파우스트 박사가 로고스를 "행위"로 옮겼을 때 괴테가 아마도 이를 신의 "섭리", 즉 '무로부터의 창조'(creatio ex nihilo) 혹은 혼돈으로부터의 창조 행위를 염두에 둔 것 같다고 추정하는 어떤 유체과학자의 주장 또한 일리가 있다 (Lugt 310-311; 주석 5). 사건(event, événement)은 말씀과 협의의 의미에서의 언어를 앞서기도 하니, 말씀 혹은 언어 또한 행위와 그것의 결과인 사물의 일부이기도 하다. 이성은 로고스의 부분적인 번역어이니, 말하자면 이성은 애초부터 로고스의 전체 의미를 아우를 수 없었고 극단적으로 말하면 소위 '이성'이 아닐 수도 있었다. 넓은 의미에 있어서 말은 로고스의 파생어인 이성(ratio), 혹은 말해진 것의 결과, 즉 사물을 넘어서기도 한다.

3

로고스의 타락:
이야기, 혹은 말에서 이성으로

그런데 역사와 철학의 서술, 혹은 학문의 진행 방향이 뮈토스에서 로고스로의 단선적인 방향이 아니었다는 견해 또한 버넷(John Burnet), 부르케르트(Walter Burkert), 그리고 일정 부분 베르낭(Jean-Pierre Vernant)과는 다르게 콘포드(F. Conford), 논의의 여지는 있지만 거트리(W. Guthrie) 등에 의해 주장되어 왔으며, 비교적 최근 하탑(L. Hatab)에 이르면 이는 "신화를 통해 철학으로"(through myth to philosophy)라는 표현으로 수정을 받는다. 역사는 많은 것들이 혼재해 있으며 전 시대의 유업과 유산을 일절 배제하는 방향으로 움직이지 않는다. 로고스, 즉 이성이 의도와는 다르게 또 하나의 "비이성적" 신화로 변질된다는 아도르노의 비판 또한 경청할 일이지만, 신화를 배제하는 로고스가 이미 그 배타적 성격으로 이성의 비판 기능을 상실할 수 있음을 주목하자.

신화(myth)가 비이성적 개념이 아니며 로고스와 대척되는 개념이 아니라는 사실은 앞서 언급한 콘포드나 거쓰리뿐만 아니라 그리스 신들의 자연과학적 근거를 밝힌 하크(Roy Hack)에 의해서도 주장되었다. "신화에서 과학을 끌어내는 오류"를 감내하며 말할 수 있다면 "과학적 인간들이 종교적 전통으로부터 기적적으로 해방된 것은 아니었다. (…) [신화]종교적 전통으로 최고의 신에 관한 그리스 사유의 연속성이 실제로는 결코 단절된 적이 없었다"(Hack, 38, 6). 기원전 6세기 말경 탈레스를 위시한 밀레토스 학파와 심지어는 파르메니데스로 대표되는 엘레아학파의 사상은 신화적 요소를 여전히 차용하고 있는데, 상용되는 '신화에서 로고스로'라는 용어는 로고스가 신화, 즉 뮈토스를 배제한다는 취지의 용어가 아니었다.

신화와 이성, 즉 뮈토스와 로고스는 서로 반대 개념은 될지언정 상호 모순 개념은 아니니, 양자는 연속선상에서 서로에게 자양분을 공급하고 있다. 로고스의 대척어로 고르기아스(Gorgias, 기원전 약 483~376)가 주장한 것처럼 시 혹은 문학이 합당하지 않다고 한다면, 사실 이것도 뮈토스와 로고스의 정의에 따라 달라지기도 하며 시와 철학, 혹은 신화와 철학은 다른 종류의 담론일 뿐이지만, "뮈토스에서 로고스로"라는 19세기적 표어는 그 시의적 타당성을 잃게 되고 만다. 시와 그리스의 비극과 신화와 철학은 문사철을 포함하는 소위 '文'의 여러 종류일 뿐이다. 이정우의 글을 조금 길게 인용해보자.

그리스 문명은 우리에게 민주정과 더불어 철학 — 오늘날의 철학이 아니라 '학문' 전체 — 이라는 선물도 선사했다. 그 이전에는 '뮈토스'라고 불린 단하나의 담론, 즉 철학, 역사, 문학 등이 분화되기 이전의 담론, '이야기'라고 할 수 있는 담론만이 존재했다. 그러나 이제 '뮈토스'와 구별되는 '필로소피아'라는 새로운 형태의 담론 행위가 등장하기에 이른다.
철학은 하늘에서 갑자기 떨어진 것이 아니다. 'philosophia' 이전에 'sophia'가 있었고, 이 '소피아'는 곧 귀족정에서 민주정으로 이행하는 과정에서 등장한 개념이다. 아직 '정치철학'이라고까지는 할 수 없어도, 정치적 지혜('소피아')가 자연철학('필로소피아')의 탄생 이전에 등장했던 것이다. (…) '뮈토스' 외에 '필로소피아'라는 담론이 생겨남으로써 그리스 사람들의 사상과 글쓰기에 큰 변화가 오고, 그 결과 뮈토스와 필로소피아의 대립 — "神들을 이야기하는 사람들(theologoi)"과 "自然을 이야기 하는 사람들(physiologoi)" 사이의 대립 —이 형성된다. (따라서 이때의 대립을 "시"와 "철학"의 대립으로 이야기하면 매우 우스꽝스러운 이야기가 된다. 이때의 '뮈토스'는 시가 아니고 또 '필로소피아'는 오늘날의 철학이 아니다. '전해 내려오던 이야기'와 새롭게 생겨난 '이성적 세계관' 사이의 대립인 것이다.)

(2010, 43-47; 강조 필자)

"神들을 이야기하는 사람들(theologoi)"과 "自然을 이야기 하는 사람들(physiologoi)"이라는 표현에 "logoi"라는 어휘가 공통으로 사용되고 있는데, 신들을 이야기하는 사람들이 "theomythoi"로 표기되지 않았다는 사실을 주시할 일이다.[13] 뮈토스와 필로소피아는 뮈토스와 로고스의 차이가 아니고, 옛 이야기와 새 이야기의 차이임이 적시되고 있다.

앞서 설명하였듯이 호메로스와 헤시오도스의 신화를 비판하면서 오늘날의 의미에서 뮈토스를 사용한 이는 플라톤이나, 그 또한 그의 사상을 설명할 때 신화적 비유와 은유를 수시로 사용한다는 것은 잘 알려져 있다. 그런데 철학이라는 말을 현대적 의미에 있어서 '로고스적 변증' 혹은 '비판 이성'이라는 의미로 처음 사용한 이도 플라톤으로 알려져 있지만, "philosophos"에서 연원하는 "철학"(philosophia)이라는 용어는 피타고라스가 처음 사용하였고, 로고스라는 용어와 함께 "지혜를 사랑하는 사람들", 즉 철학자라는 용어를 비교적 초창기에 구사한 이는 헤라클레이토스였다.

지혜를 사랑하는 사람들(philosophoi andres)은 실로 많은 것들을 탐구하는 사람들(historias andres)이어야만 한다.

(DK22B35; Diels & Kranz 234).

자연철학자들 이전의 시문학적 사유와 자연철학자들, 그리고 플라톤과 일정 부분 아리스토텔레스 사상과의 연속선을 어느 정도 확인할 수 있는데, 소크라테스와 플라톤의 사상적 원조인 이오니아의 철학자들의 자연철학은 오로지 "실험의 산물도 아니며, 그렇다고 자연을 직접 관찰하는 지성의 산물도 아니다. 그것은 신화적 사유가 엮어놓은 표상체계를 더욱 추상적인 사유의 차원에서 대체하면서 우주 발생론적 우주론으로 연장하고 있다"(이재현 34).

신화와 철학적 사유를 확연하게 구별하는 아리스토텔레스에게 있어 지진은 더 이상 포세이돈이, 벼락은 제우스신이 일으키는 것이 아니라 자연현상의 결과로 인식되고 있다. 사물의 원인을 개념과 논리로 추론해 나갈 수 있다는 소위 중차대한 '인식의 전환'이 이오니아의 자연철학자들에게서 일어났다는 말인데, 아리스토텔레스에게 있어서 철학의 근거가 되는 소피아란 "어떤 원리들과 원인들에 관한 학문적 인식"(『형이상학』 I.1 982a: 1-2)이다. 아리스토텔레스에 의해서도 인용되고 있는 예이지만 물고기는, 헤로도토스의 신화적 사유에서처럼 수컷 물고기의 어백(milt, 魚白), 즉 정액을 삼킴으로써 임신되는 것이 아니라 수정을 통해서 생명을 얻는다. 신들은 넥타르와 암브로시아를 통해 불멸을 유지하는 것이 아니라 소멸되지 않는 것들의 원리에 속하기 때문에 불멸을 유지한다. 그러나 어백을 삼키는 것이 수정의 비유적 표현이고 넥타르와 암브로시아가 영원성의 엠블럼이라면 말은 달라진다. 그 또한 신화적 사유 방식에 젖어 장어는 지렁이에서 나온다고 하지 않았던가. 신화 또한 자연에 대한 경이로 가득 차 있다는 점에서, 실질적 원리와 원칙을 궁구한 아리스토텔레스마저도 "신화를 사랑하는 사람"(philomythos) 역시 어떤 의미에서는 "지혜를 사랑하는 사람"(philosophos)이라고 밝히게 된다(『형이상학』 I.2 982b: 18-19).

로고스나 뮈토스는 다른 이야기, 다른 설명 방식일 뿐 반대와 모순 관계에 포함되지 않아 서로를 대척하지 않는다는 것임을 우리는 이제까지 주장해 왔다. 신들은 플라톤에게 앎의 근원이자 근거인 추상적 개념이다. 그러나 신이 과연 무엇이냐고 질문할 때 로고스 진영이나 뮈토스 진영이나 대답을 머뭇거리기는 매한가지일 것이다. 아폴론 신의 신탁을 전하는 무녀 퓌티아(Pythia)는 최면의 가스를 마시기는 하였지만 그녀가 전하는 신탁, 즉 뮈토스는 이미 군왕이나 지도자로부터 주어져 제사장 회의의 토의를 거친 로고스이었다. 뮈토스는 이미 로고스이었으며, 둘 사이에 표현 양식의 차이 등 어느 정도의 수사학적인 차이와 아리스토텔레스가 감지했던 만큼 현대의 쿤(Thomas Kuhn)이 말하는 약간의 패러다임의 변화는 있을 수 있겠으나, 그것이 푸코(Michelle Foucault)가 말하는 인식론적인 단절이 아니었음은 분명하다.

천동설 연구가 지동설의 밑받침이, 점성학이 천문학, 그리고 연금술이 현대 화학에 자양분을 주고 있는 경우와 유사하다. "물리학에서 결합된 개념들이란 헤겔에서처럼 서로 모순을 이루는 것이 아니라 서로 보충하는 것을 의미한다"는 비아로브테스키의 언급(252)을 인용하며, 바슐라르(Gaston Bachelard)는 그의 『부정의 철학』에서 "비뉴톤적 기하학은 유클리드적 기하학을 포함하며, 비뉴톤적 역학은 뉴톤적 역학을 그리고 이같이 파동적 역학은 상대론적 역학을 포함한다"고 밝히고 있다. 요컨대 바슐라르는 "부정의 철학은 (…) 선험적인 변증법과 전혀 관계가 없다. 특히 헤겔적인 변증법에 의해서 영향을 받지 않는다"(146, 148)고 계속해서 강변한다. 이와 유사하게 푸코의 소위 '인식론적인 단절' 또한 전 시대의 인식소 혹은 뮈토스를 자양분 삼고 근거로 삼아 그것들에 대한 뛰어넘기를 시도하는 가운데 과거와 현재의 인식론적 연속성과 괴리를 함께 표출한다. 뮈토스와 로고스는 푸코적 의미에 있어서도 단지 담론의 두 가지 형태들이었을 뿐이다. 푸코의 소위 '인식론적인 단절' 또한 전 시대의 인식소 혹은 뮈토스를 기초로 하여 초탈한다.

전 논리적인 사유의 양식을 인정한다면 뮈토스를 '원시적인 사유'로 파악하는 것은 인식론적이고 역사적인 헛다리 집기(faux pas)이다. 그것 자체가 [거짓말이라는 의미에서] 신화이다! 다른 형태의 담론들처럼, 소위 신화적 이야기는 이성적이거나 이론적 담론보다 덜 논리적이지도 덜 이성적이지도 않다. 뮈토스는 단지 덜 형식적이고 실제적인 논의의 장에 더 경도되었을 뿐이다. (Calame 141-142; 강조 필자)

'뮈토스에서 로고스로'라는 수사학적 표현이 뮈토스의 영역이었던 소피아에서 자연철학을 기반으로 하는 철학의 로고스로의 전이라는 내용적 측면의 표현으로 치환될 수 없는 이유인데, 신과 자연을 편의상 구분하고 있는 이정우의 글에서조차 정치적 지혜를 말하는 소피아는 뮈토스와 로고스의 공동의 영역이기도 하다. 소크라테스와 플라톤이 신화와 변론을 동시에 사용한 이유와 다르지 않은데, 그들을 포함하는 소위 자연철학자, 즉 지혜를 사랑하는 철학자(philosophos)들은 소피스트들, 즉 소포스(sophos, 賢人)로 당대에는 취급받았다. 플라톤은 진리를 탐구하는 산파술 혹은 변증설과는 달리 소피스트들의 로고스는 궤변이자 "믿음과 관련된 설득술"일 뿐이라고 강변하고 있지만(455a), 지혜를 가진 자들로 취급 받았던 소피스트들과 필로소포스들과의 차이는, 두 집단 공히 로고스, 즉 말하기 기술에 천착한 것으로 보아, 거의 없었다.

소피아와 소피스트(←sophos)는 같은 어근을 포함하고 있는 것처럼 보인다. 지혜를 '안다'고 하는 소피스트들이 지혜를 '사랑한다'고 하는 철학자들과 구별이 된다고 할 수는 있지만, 서로가 서로를 배척할 필요는 없다. "사랑은 진리와 함께 기뻐하나니"(고전 13:6), 앎, 즉 지식은 사랑, 즉 프락시스와 상호 일체를 이루고 있다. 소피스트들의 추론과 논의 전개 과정이 서양 유명론의 자양분이 되어 추후 근대 인식론과 지식론으로 전개되고 있다는 사실 또한 유념할 일이다. 소피스트의 로고스가 궤변으로 취급 받았듯이 동양의 유명론이라 할 수 있는 묵가의 학설은 유가 특히 맹자에게서 변설(辯說) 혹은 궤변으로 공박 받았지만, 불교 인명학(因明學)과 더불어 동양의 2대 논리학으로 나란히 위상을 견주고 있다. 전적으로 그러한 것은 아니지만 소크라테스 또한 펠로폰네소스전쟁의 패전에 대한 책임을 떠안게 된 소피스트들의 일원으로 규정되어 정치적 희생양으로 사형에 처하게 된다. 당시의 아테네 시민들에게 소피스트들과 철학자들과의 차이는 별로 없었던 것으로 보인다. 신화는 말하자면 "주어진 명료함이었[고] 지식은 추구된 명료함이[었]다"(Gusdorf 203). 소크라테스-플라톤의 신화적 요소의 차용은 기원전 6세기 말경 탈레스를 위시한 밀레토스 학파와 심지어는 파르메니데스로 대표되는 엘레아학파의 사상이 신화적 요소를 여전히 차용하고 있는 사실과 궤를 같이한다. 서양에서는 '차축시대'[14]라는 용어로 역사학의 전면에 나서는 야스퍼스의 이 용어의 배면에는 '신화에서 로고스로'라는 준거 틀이 여전히 작동하고 있다. 차축시대 이전은 신화, 이후는 이성의 시대로 보는 관점인데 상용되는 '신화에서 로고스로'라는 용어는 로고스가 신화, 즉 뮈토스를 배제한다는 취지의 용어가 아님이 상정된다.

야스퍼스(Karl Jaspers)가 『역사의 기원과 목표』(Vom Ursprung und Ziel der Geschichte, 1949)에서 말하고 있는 차축시대(기원전 800~200)와 거의 시기상 일치하는 춘추전국 시대(기원전 770~403; 403~221) 또한 군웅할거의 난맥상뿐만 아니라 제자백가들의 자유로운 사유와 사상이 꽃피웠던 시기라는 해석 또한 가능해지는데, 중국의 현대 사상가 갈조광의 축심(軸心), 즉 차축시대에 관한 양수겸장적 사유에 관한 글을 읽어 보자.

> [차축시대는] 결코 하나의 슬픈 결말이 아니라 휘황찬란한 시작이다. '신화시대와 그 심령의 평정과 자명한 진리는 종결되었고', 과거에는 사색할 필요조차 없었던 진리가 붕괴한 후 사람들은 어쩔 수 없이 사색할 수 없었고. 그러한 과거 신화시대의 자신감이 소실된 이후 사람들은 부득불 이지의 사

색가운데 자신감을 새롭게 세우지 않을 수 없었다. 천지는 질서가 있다는 과거의 그러한 관념들이 기울어진 후 사람들은 부득불 관찰 속에서 우주의 구성을 새롭게 세우지 않을 수 없었다. 이러한 사상의 분열 시대에 인류는 비로소 진정으로 환상적인 천지신명과 자재적인 진리에 더 이상 완전히 의지하지 않게 되었고, 자기의 이성을 활용하기 시작했다. (⋯) [그러나] 설사 '축의 시대'가 되어 예붕악괴(禮崩樂壞), 즉 '예가 무너지고 악이 파괴된' 일로 춘추전국의 사상과 제도의 거대한 변화를 이야기한다 하더라도 그것은 결코 거대한 소리를 내면서 무너지는 게 아니라 하나하나 와해되는 식이었을 뿐이다. 전통의 잔존은 그처럼 강력한 접착제였고, 역사의 상징은 그처럼 견고한 돌덩어리나 벽돌이어서 일시에 그것들을 뒤집기에는 그렇게 쉽지 않았던 것이다. (『중국사상사』 I: 303, 319)

동서양을 막론하고 차축시대의 사상이 신화시대의 연속과 균열 내지는 단절이라는 두 축을 통하여 다시 새롭게 역사시대에 자양분을 제공하고 있다는 주장인데, 그렇다면 제사를 통하여 하늘을 받들었던 은(殷, 商)의 신화적 문명을 전적으로 거부하고 인간 본위적인 주(周)의 "이성적" 문명이 중국 역사의 전면에 나섰다는 주장은 수정되어야 한다. 주희의 성리학은 서양의 언어를 차용하자면 로고스적 사유의 정점이라 말할 수 있는데, 그의 사상이 신화적 사유에 해당한다고 말할 수 있는 역학과 음양태극설, 장재의 기론과의 끊임없는 대화 속의 산물이라는 주장은 아무리 강조해도 지나치지 않다. 조선조의 당쟁 또한 이론과 기론이 경합을 이루었던 백화난만이었던 시기로 볼 수 있으며, 이러한 분위기 속에서 서양의 언어를 차용하자면 로고스적 사유의 정점을 이루는 퇴계와 율곡의 이기론은 숙성되었다.
　여러 가지 많은 이야기들 중 신화는 뮈토스의 일부분이고, 넓은 의미에서 로고스는 뮈토스의 일부로 기능하게 되니 시간이 흘러 "종극에 이르면 로고스는 새로운 뮈토스가 된다"(Most 42).

4

뮈토스와
로고스의 길항(拮抗)

안티 우로보로스의 침공과 로고스적 이성의 쇠락

우리는 이제까지 로고스가 말, 진리 혹은 道라는 뜻에서 이성 혹은 합리성이라는 협의의 의미로 축소되는 것을 논구하였는데, 20세기는 그러나 이보다 더 나아가 소위 안티 우로보로스의 침공으로 인하여 이성이 반이성이 되고 광기가 되는 국면들을 표출하게 된다. 이성이 반이성이 되었다는 것은 로고스가 신화와의 긴장 관계를 형성하였던 그 원래의 기능과 이로부터 촉발되었던 의미를 잃어버렸다는 것을 의미한다. 소위 이성과 계몽을 발판으로 발전을 구가하던 인류는 결정적으로 히틀러의 북유럽 신화와 아리안족 신화의 차용이라는 미증유의 신화적 분출을 경험하고 나서야 이성과 대척 관계에 있다고 여겨졌던 신화의 폐해와 그럼에도 불구하고 그 유용성과 중요성을 여전히 다시 인식하게 된다.

신화의 오용 혹은 '귀환'이 시작된 것이지만, 신화가 역사에 개입하거나 역사의 일부가 될 때 파국은 도래하기 마련이다. 신화는 신화로 유토피아는 유토피아로 남아야 하는 이치이니, 신화와 계몽, 혹은 이성 사이에는 항상 적절한 갈마듦(拮抗)과 견제가 필요하다. 신이 역사에 개입하려는 순간이나 이성이라는 이름으로 지상낙원을 희구했던 혁명과 이념, 권력이 결국에는 부정적이고 파괴적인 결과를 산출한 이치와 유사하다. 안티 우로보로스의 정점을 이루었던 아우슈비츠 이후 지성이 지성, 휴머니즘이 휴머니즘, 그리고 계몽이 계몽이 아니라는 것을 깨달은 연후에야, 이성 또한 옛날의 로고스가 아니라고 호르크하이머와 아도르노를 위시한 프랑크푸르트 비판철학자들은 사유하기 시작했다.

1930~40년대 파시즘이 독일 사회를 풍미하고 있을 때 이에 대한 이성의 반응으로 나온 『계몽의 변증법』(1948)은 신화를 평가절하한 감이 없지 않았다. "계몽은 신화로 돌아갔지만 이러한 새로운 신화로부터 빠져나올 방도를 계몽은 결코 알지 못했다"(Adorno & Horkheimer 43-44)는 언급은 이를 말하고 있음이니, 이러한 의미에서 계몽은 야만의 신화로 전락한다. 신화가 계몽의 산물이었고 계몽의 산물인 한 다시 신화로 전락한다는 언급을 아도르노와 호르크하이머는 다음과 같이 간결하지만 중의적으로 그리고 의도된 모호함으로 이미 표현하고 있었다. "신화는 계몽이었다. 계몽은 신화론으로 되돌아가고 있다"(Adorno & Horkheimer 16).

호르크하이머와 아도르노를 그러나 적극적으로 해석하는 것이 허용되어 '철저' 변증법의 의미를 되새길 수 있다면, 그들의 '계몽의 변증법' 사유에서 계몽과 신화는 서로가 서로에게 비판적 자양분을 공급하고 있다는 사실을 우리는 또한 알게 된다. 신화는 계몽이 도구적 이성으로 전락하는 것을 방지하면서 계몽을 계몽, 즉 비판적 이성으로 작동하는 길을 비추고 있다.[15] 계몽의 자기기만과 자기모순을 상쇄하고자 하는 계몽의 변증법은 그렇기 때문에, 계몽과 이성이 '도구적 이성'으로 평가절하되는 것에 의심의 눈초리를 보내며 이를 비판하는 이성의 본유적 기능을 저버리지 않는다면, 알려진 바와는 달리 이성에 균형점과 자기 교정을 제공할 수 있는 신화를 배제하지 않게 된다.

이성과 신화, 논리와 궤변은 함께 작동한다. 뮈토스와 로고스 또한 혼재하며 대위법적 조화를 이루면 그만이지만, 어느 한쪽이 심각하게 우위를 차지할 때 인류는 파국을 경험했으니 이는 이념의 광기로 분출된 히틀러의 공포로 또 도구적 이성의 횡포로 인류의 멸절을 상정했던 핵전쟁의 발발로 표출되기에 이르렀다. 아도르노의 "계몽의 자기기만" 혹은 "합리성의 비합리화"를 말하고 있음인데, 계몽을 뮈토스에서 로고스로의 단순한 전이로 보는 단견은 계몽이 기대했던바 이성적이지 못하고 결국에는 오히려 비계몽적이고 아이러니하게도 다시 부정적 의미로 변질되는 뮈토스가 된다는 점에서 난맥을 드러낸다. 이를 간단히 '신화의 귀환'으로 해석할 수 없는 이유는 이성 자체가 이미 신화, 그것도 비이성적 신화가 되었기 때문이다. 우리는 이성이 그의 분별적, 비판적 성질을 잃어버리고 그 자체가 신화가 되는 세대의 일원이 되었다.

위버벡(F. Überweg)을 위시한 많은 비평가들은, 귀납법과 엄격한 정의를 구사하는 산파술로 무장하여 상대주의와 회의주의에 경도되지 않아 보편타당한 진리를 획득하는 데 성공하였던 소크라테스는 소피스트들과는 완전히 다르다고 주장해 왔다(143-144; 윤병렬 128 재인용). 그러나 이성이 충분히 이성적이지 못하였을 뿐 아니라 고래의 진리가 더 이상 진리로 인식되지 못하는 니체로 접어들면, 소피스트들의 상대주의와 회의주의가 오히려 더 진리에 접근하는 방식이 될 수 있었다. 충분히 회의적이지 못했던 소크라테스와 플라톤을 오히려 "철학의 敵"으로 보았던 니체의 견해는, 비록 악의적이었지만 희극작가 아리스토파네스가 『구름』에서 소크라테스를 뜬구름 잡는 궤변가인 소피스트로 보았던 이유와 일맥상통한다. 이 글의 전편에서 논하였듯이, 진실과 연관된 것이 뮈토스이고 이에 비해 거짓말, 가장, 은폐와 연관된 것이 로고스라는 링컨(Bruce Lincoln)의 주장(1999, 24, 35, 37)이 의미 있게 들어서는 소치이다. 소크라테스-플라톤이 주장한 로고스가 거짓말로 받아들여진 것은 확연하지만 선포되고 공인된 뮈토스 또한 철저한 회의주의의 잣대를 들이댄다면 거짓이 될 수 있음을 유념할 일이다. 뮈토스이건 로고스이건 한쪽으로 지나치게 되면, 파국의 신화 혹은 파멸의 이성이 되기는 마찬가지이다.

신화의 비이성적 행태뿐 아니라 이성의 반이성적, 반계몽적, 허구적 성격을 '비판 이성'이 인지하기 시작했다는 말인데, 바로 앞에서 지적한 대로 로고스가 그 부분적 의미였던 거짓 혹은 허구라는 것으로 되돌아갔다는 것을 비판이성의 철학자들이 역설적으로 지적한 것이라고 본다면, 적어도 아우슈비츠 이후의 현대적 의미에 있어서 이성은 더 이상 이성이 아니며 이성이라는 말이 유행하기 시작했던 5세기경에 받아들여진 의미인 반이성, 반계몽적 신흥담론으로 회귀했다는 논의가 된다. 아도르노의 "아우슈비츠 이후의 서정시"(Lyrik nach Auschwitz), 혹은 와전된 의미의 "서정시의 불가능성", 그리고 벤야민의 "동시에 야만의 기록이 아닌 문명의 기록은 없다"(256)는 통찰 등은 필자에게도 이러한 의미를 띠고 있다.

이성이 더 이상 철학자들이 생각했던 이성이 아니어서인지는 몰라도 오늘날의 철학은 더 이상 사유를 대변하지 못하고 우주를 사색하는 물리학자들에게 일정 부분 철학의 역할을 양도하게 되었다. 21세기 자연철학(physica)이 다시 철학의 본령이라 해도 좋은 "형이상학"(metaphysica)[16]을 탈환하였다는 언급이 도대체 타당하다고 받아들여져도, 그러나 현대의 철학은 역설적으로 '퓌시스'(physis)를 연구하는 이오니아의 자연철학의 의미로 다시 돌아가게 되었다고 성급하게 말할 수만은 없다. 현대의 자연과학과 이오니아의 자연철학은 방법론이나 세계관 등에 있어서 차이를 보이고 있으며, 결정적으로 자연'과학'은 지식을 자연'철학'은 여전히 지식의 의미를 천착한다는 면에서 서로 상이한 길, 즉 道를 추구하고 있다. 철학이 지혜에 대한 사랑이고, 지혜가 자연과학의 영역이라 치부되는 실용적 지식과도 일정 부분 갈음한다 하여도 논의의 결과는 마찬가지이다.

호메로스나 헤로도토스 등의 신화꾼들뿐만 아니라 자연철학자들 또한 실은 정치건 과학이건 "실용적" 지식이기도 한 소피아를 인류에게 전달하는 존재인 관념으로서의 "神들을 이야기하는 사람들(theologoi)"이었으니, 정치에 대한 현대적 정의를 잠시 내려놓는다면 우리는 이를 넓은 의미의 '뮈토스'로 명명해도 좋다. 우리는 도처에서 현대물리학과 점성술과 연금술을 포함하는 고대 신화학과의 만남을 목도하고 있다. 로고스는 뮈토스로 돌아가 끊임없이 그 자신의 진부함을 확인하고 있다. 역사가 반복되어 하늘 아래 새로운 것은 없으니 신화시대로 복귀하자는 주장은 물론 아니다. 옛것에 합당한 주의와 기대 그리고 찬사를 저버리게 될 때 우리는 그나마 많이 남아 있지 않은 것들마저 유실하게 되어 역사의 파국에 우리는 이르게 된다. 귀스도르프(Georges Gusdorf, 1912~2000)의 다음과 같은 말로 우리의 결론을 대신하자.

신화적 의식에 가해진 불신과 곧이어 나타난 신화적 의식의 완전한 소거는 분명히 주지주의의 원죄이다. (…) 지성과 기술의 지배는 비록 그것이 인간 능력의 부인할 수 없는 진보에 토대를 두고 있기는 하지만 공동체를 초토화시키고 세상을 야만 상태로 축소시켜버린다. 이러한 새로운 야만 상태는 원시시대로의 귀환을 증명해주고 있다. 그런데 그것은, 적어도 신화적 의식이 오늘날의 인간에게는 완전히 결핍되어 있는 것처럼 보이는 질서와 기준이 지배하도록 해주었던 선사시대보다 훨씬 더 비인간적이다. (…) "참된 것은 신화이며 역사는 허위입니다." 놀랄 정도로 솔직한 이러한 단언들은 어떤 경우에서든 문제의 복잡성을 보여주고 있다. 즉 우리는 역사로부터 우리 속에 지니고 있는 몇 가지 원형들에 대한 대답을 기대하지만, 그렇지 못할 경우에는 비록 그 역사가 역사적으로 참된 것이라 해도 인간적으로는 허위인 것이다. (…) 신화에 의지하지 않고도 인간을 이해할 수 있다고 주장하는 사람들조차도 존재 속에서의 방향 설정이나 실존의 기원이나 목표를 다루고자 할 때에는 은밀하게 신화를 다시 도입할 수밖에 없다. 신화가 지니고 있는 지울 수 없는 완강함은 인간 말고는 인간을 이해할 만한 다른 열쇠가 없다는 것을 증명해주고 있다. (Gusdorf 264-265, 331-333)

코다

필자는 이번 장에서에서 뮈토스와 로고스의 어원을 추적하는 가운데, 플라톤 철학에서 뮈토스와 로고스가 서로를 배제하지 않아 그의 로고스를 선호하는 글쓰기에서도 끊임없이 뮈토스적 요소가 사용되고 있음을 밝힌 연후, 서양의 로고스의 의미가 우리가 오늘날 알고 있는 이성 혹은 진실로 변하는 과정을 추적하는 가운데 서양의 로고스가 한자 문화권의 "理性"으로 번역되는 연유를 밝혔나. 글의 중반부에서는 서양 담론의 역사가 항용되던 캐치프레이즈인 "뮈토스에서 로고스로" 변화 혹은 치환되지 않았다는 사실을 논구하였다. 로고스는 시간이 지나면 새로운 뮈토스가 되어 "뮈토스"라는 신화 체계 혹은 담론의 일부를 구성하게 되는데, 이는 역사가 시간의 풍화작용을 거쳐 신화가 되는 소이와 유사하다. 출처가 불분명하지만 이는 영국의 언론인 베어(Edward Behr, 1926~2007)에게서는 다음과 같이 표현되고 있었다. "동일한 사실이 햇빛을 받으면 역사가 되고 달빛에 바래지면 신화가 된다."

로고스가 공전절후의 권위를 띠고 서양철학, 특히 칸트와 헤겔 철학의 뼈대를 형성하며 등장하게 된 배경에는 성서, 특히 요한복음이 이를 하느님의 말씀 혹은 예수그리스도 자신의 의미로 새긴 것에 기인한다고 보아도 과언이 아니다. 그러나 20세기에 들어서 인류는 이성이 그것이 함의했던 합리성과 논리, 그리고 인간성을 유실한 채 비이성과 광기로 변질되고 있음을 목도하였다. 안티 우로보로스의 침공이 시작되었던 것인데, 아우슈비츠는 이성이 반이성, 계몽이 무지몽매, 휴머니즘이 반휴머니즘임을 일깨우는 풍향계였다. 로고스적 이성이 떠나간 자리를 그러나 감성이나 번역의 문제가 있어 전혀 다른 의미로 알려진 오성(悟性), 즉 '깨달음'이 쉽사리 대체하지 못하는 이유는, 로고스의 자기 비판적 성향이 여전히 유실되지 않고 있어 '이성의 끈'을 놓지 못하게 하고 있기 때문일 것이다. 전반부의 논의 가운데 주석 8에서도 밝혔지만, 한자 "知性"은 모르겠으나 한국어 "지성"은 오성의 대체어로는 개악(改惡)에 가깝다.

이성의 반이성적, 반계몽적, 허구적 성격을 인지하고 비판하는 것 또한 이성의 본유 기능이라는 사실은 특별히 호르크하이머와 아도르노의 '계몽의 변증'으로 개화되기에 이르렀다. 그들의 비판이성적 사유에서 신화는 일종의 계몽이었고 이성 또한 일종의 신화가 되었으니, 신화와 이성은 서로간의 길항작용을 통하여 끊임없는 상호보완과 변증을 요구하여 왔다. '신화의 귀환'으로 표현되는 신화의 중요성이 20세기 신화를 이용한 나치즘의 파괴적인 힘을 목도한 인류에게 다시 부가되었다는 말이기도 하지만, 이는 21세기 초 유행하고 있는 무분별한 신화로의 복귀를 말하고 있지 않았다. 신화와 이성은 서로 균형을 유지할 때 나름의 역할을 할 수 있었지만, 아도르노가 바라본 세상은 이성만이 득세하여 이성이 신화의 치유의 힘을 잃어 그가 여전히 포기하고 있지 못하는 이성의 동의어인 계몽이 이성과 신화의 상호 변증적 성격을 유실했다는 암울한 진단으로 가득 차 있다. 파괴적 이성은 파괴적 신화가 되어 우리 세대의 암울했던 철학자 벤야민(Walter Benjamin, 1892~1940)을 피레네 산맥에 묻고 말았다. 이성이 부정적 의미의 신화로 둔갑하여 위세를 부렸던 안티 우로보로스의 세기를 우리는 여전히 살고 있다.

부록 3 주

1. 필자는 해당 구절을 Diels-Kranz 판본에서 찾을 수 없었다.

2. 송병구의 다음과 같은 일화는 로고스적 사유와 뮈토스적 사유의 인식론적인 차이와 나름대로의 효용을 드러내기에 부족함이 없다.

> 밤하늘의 별빛을 보면서 우리는 그 별의 존재를 상상한다. 그리고 그 별에 가고 싶은 충동을 느끼면서 별이 우리의 상상에 주는 것들을 이야기한다. 이것이 신화이다. 그러나 로고스적 태도는 이와 다르다. 별빛의 아름다움에 빠져 정서의 깊은 환희를 맛보는 사람에게 그 별은 이미 존재하지 않는다고 말한다. 그 별빛은 10만 광년 전부터 별로부터 날아온 것으로 이미 그 빛의 주인인 별은 5만 광년 전에 폭발해 버렸다는 이론을 이야기 한다. 이것이 로고스다. 그러나 신화는 다음과 같이 묻는다. "그러면 저 별빛은 앞으로도 오만 광년 동안은 저렇게 아름답게 빛날 수 있겠군요. 그리고 저는 그 긴 시간 동안 저 별빛을 즐길 수 있을 거고요?" 그리고는 다음과 같은 '아름다운 비합리적' 질문을 던진다. "그런데 도대체 그 오만 광년의 시간이 당신과 내게 무슨 의미가 있지요?"라고. (171)

3. 덕(德)으로 번역되어 인구에 회자되는 '아레테'(arete)는 "전쟁터에서 (…) 승리

를 쟁취할 수 있는 전투 능력과 어려운 상황을 돌파해 나갈 수 있는 지략과 다른 사람들을 설득할 수 있는 언변 [즉, 로고스]의 능력"이었으며, "많은 사람들이 보는 앞에서 당하는 모욕과 수치는 아레테의 결여"(김요한 106-107)로 이해되었다.

4. 인용문은 이종환 교수가 참조한 번역이 아니라 천병희 번역을 따랐고 괄호 안의 그리스어 표기는 박종현 역을 따랐다. 박종현은 "logoi"를 "논술하는 글들", "mythoi"를 "우화들"로 번역한다. 한편 박종현은 『티마이오스』26e 구절에 나오는 뮈토스와 로고스를 각각 "지어낸 이야기"와 "진짜 이야기"로 번역하고 있는데, 백종현 또한 이를 따르고 있다(2013, 79). 『티마이오스』에 나타난 뮈토스와 로고스의 유사성에 대해서는 이 단락의 후반부에서 논의된다.

5. 『티마이오스』를 번역한 박종현·김영균은 이를 "본(paradeigma)과 닮은" 뜻으로 훈하여, 영어의 "probable" 보다는 "verisimilar", 프랑스어의 "vraisemblable" 그리고 독일어 "wahrscheinlich"로 새기고 있다. 파울러는 이를 "truthfully"로 새기고 있다.

6. 제우스와 가니메데스와의 '소년 성애'는 그리스 사회의 남색에 관한 풍습을 반영하고 있다. 소크라테스의 경우에도 나타나는 소년 성애 혹은 남색은 영적인 가치를 지니는 것으로 여겨졌다. 분노하고 질투하시는 하나님이라는 유대교의 개념 또한 "imago hominis"라는 견해와 다르지 않으며, 애시 당초부터 불멸의 개념을 포함하고 있는 신의 죽음과 부활을 말하고 있는 기독교의 교리 또한 신인동형설이라는 관념에서 자유롭지 않다. 예수의 죽음으로 상징화되어 아들이 아버지가 되는 삼위일체 사상은 어떤 면에서는 또한 신인동형설의 극치가 되고 있다.

유헤메로스의 '신화실재설'은 "신화를 고대의 사건들과 역사적 인물들을 우화적으로 전사(轉寫)한 것으로 보고 있다"(Gusdorf 60). 실재했던 인물들과 사건들이 나중에 신화적인 인물과 사건들로 각색되었다는 말인데, 역사는 어느 정도의 시간이 지나면 윤색되고 과대 포장되기도 하지만 그 에센스는 남아 전설이 되고 신화가 된다. 인도의 한 문헌은 이렇게 말하고 있다. "우리는 태초에 신들이 행한 것을 행하여만 한다"(*Shatapatha Brāhmana* VII 2; Eliade 『성과 속』 87 재인용).

인류의 조상, 특히 왕들이 사실은 신들이었다고 주장하는 '역유헤메로스주의'(reverse euhemerism)는 그러나 또한 에우헤메로스주의의 일종일 뿐이며, 기독교의 수태고지의 확장인 삼위일체는 표면상 역유헤메로스주의를 표방하지만 실제로는 에우헤메로스주의의 영역에 속한다. 인간이 신이 될 수 있다는 사유를 창세기는 거부하고 있지만, 교회의 영생에 관한 집념은 역설적으로 유대교의 생명의 나무 신학을 추종하고 있다.

7. 『순자』를 완역한 김학주는 처음의 "僞"를 "作爲", 후자의 "僞"를 "人爲"로 번역한다(630). 김승혜는 위의 번역문에서 확인할 수 있듯이 이를 차별 없이 그냥 위(僞)로 총칭하니, 僞의 긍정적 의미를 그대로 살리고는 있으나 말의 쓰임이 단순해졌다.

맹자의 성선이 "오직 도덕적 선만이 존재한다는 소박한 주장이 아니라 (⋯) '진심(盡心)'이라는 수양론과 직결되는 시각에서 고찰할 때 더 정확히 파악"되며 순자의 「성악」에 언급되는 "선과 악을 형이상학적 규범에 따른 도덕적 선과 악으로 이해해서는 안 될 것이며, 사회적 질서의 여부를 지칭하는 말로 보아야 할 것"이라는 주장, 그리고 순자의 욕(欲)과 성(性)에 관한 이분법이 성악론으로 발전될 가능성을 열었으나 욕과 성, 혹은 성과 위(僞)의 보족성, 즉 본성과 수양의 성위지합(性僞之合)을 강조한 글로 보아야 된다는 주장에 대해서는 김승혜(1990, 2001, 298-301, 318) 참조. 욕과 성을 말할 때의 성은 광의의 성, 성과 위를 말할 때는 협의의 성으로 김승혜가 구별하여 사용하고 있음을 주목하자(2001, 291, 301).

조긍호 또한 순자의 유명한 "사람의 성은 악하며, 그 선한 것은 위(僞)의 소산"(人之性惡 其善者僞也)이라는 구절이 들어 있는 「성악」(性惡)이 순자의 저작이 아닐 수도 있다는 일반적인 견해를 받아들이면서 김승혜와 마찬가지로 성악편이 위작일 수 있다고 주장한다. 순자의 성(性)에 대한 관념이 이원적이어서 좁은 의미에 있어서 욕(欲)을 의미하는 성(性)과 욕뿐만 아니라 지(知)와 능(能)을 포함하는 광의의 성(性)의 개념으로 나누어지며, 순자가 성을 말할 때는 욕만을 지칭하는 협의의 성이라는 김승혜의 의견을 소개하면서(김승혜 291; 조긍호 219, 주 18), 조긍호는 본성으로서의 성(性)과 사회적 질서 혹은 제도가 유지되는 사회에서 수양으로서의 위(僞)의 상호보족성을 설명하고 있다. 위(僞)는 말하자면 지(知)와 능(能)을 포함하는 광의의 성(性)의 개념과 부합한다.

8. 이러한 의미에서 모종삼은 독일어 "Verstehen", 혹은 "Verstand"와 영어 "understanding"에 상응하는 번역어로 "오성"을 쓰지 않고, "이해 능력"을 의미하는 "지성"을 사용한다. 한자 "知性"은 모르겠으나 한국어 "지성"은 이와 어울리지 않는다. 오성은 중국인들에게는 "총명한 이해 능력"을 의미한다고 그는 주장하고 있다(256-257). 이성(logos, ratio)과 지성(nous)은 비슷한 의미로 쓰일 때도 있으나 칸트적인 의미의 "Verstehen", 혹은 "Verstand"과는 분별되며, 특히 이에 상응하는 영어의 "understanding"은 "이해" 정도의 뜻에 머물고 있어 칸트의 "오성"/이성의 밀접한 연관성을 드러내지 못하고 있다.

오성으로 번역되는 "Verstehen"은 동사와 그 꼴이 같으나 이성으로 번역되는 "Vernunft"는 "vernünftig"라는 형용사와 연관이 있다. 명사는 말할 것도 없지만 아무래도 형용사는 동사보다 조금 더 규정적이다. 칸트 철학에서 신, 시간과 공간, 영혼불멸 등 이성으로 규정되는 개념들은 그러나 실상 초이성의 영역에 속한다. 영어의 "reason"은, 독일어 "Vernunft"를 이성으로 번역한 것처럼, 로고스와는 동떨어진 번역이다.

9. 짱 롱시(1991)에 의하면 40여 권의 노자 번역서 중 대다수가 道의 번역어로 "way"를 택하였다(60). '사람의 길'이라는 숙어가 "사람의 이야기"와 "방도" 내지는 진리로서의 "방편"이라는 뜻이 가능하다면, 그리고 동양사상에서 道가 고정적인 실체로서의 로고스 내지는 진리가 아니라 생성하고 변화하는 그 자체를 뜻한다면, "길"(way)이 로고스에 대한 타당한 번역어가 될 수 있다. 하이데거의 후기 사유에서 "길"(Weg)이 언어 혹은 사유와 같은 의미로 되는 것과 상통하는데, 이 글의 서두에 밝힌 백종현(2009)과는 달리 정은해와 박찬국(2002)은 道를 "길"로 파악하고 있다. 칸트 철학 전공자와 하이데거 철학 전공자의 상이함이라 할 수 있다.

10. '신화'는 1880년대 일본 근대 일본사학을 주도한 "구메 구니다케, 호시노 히사시, 나가 미쯔요 등"에 의해 사용된 번역 용어로 『일본서기』(日本書紀)와 『고서기』(古書紀)의 '기년'(紀年) 문제를 해결하기 위하여 도입된 개념에서 나아가 또

한 천황을 신으로 숭상하는 신도에 관한 정치적 재해석의 필요성에 의해 채택된 용어이다(전성곤 243-244; 하정현 2011a, 203-204). 고대 그리스 시대의 신과 19세기 일본의 신의 개념이 다르다는 점은 신화라는 용어를 사용할 때 염두에 두어야 한다. 그리스의 신은 인간과 그리 많이 다르지 않았으며, 신이라는 개념이 지니고 있는 불사의 개념이 그리스 시대 인간에게도 적용된다고 할 수는 없으니, 이는 그리스, 그리고 이를 이은 기독교의 저승 개념이 시간 개념이라기보다는 공간 개념이어서 그러하다.

통용되고 있는 신화라는 말은 그렇다면 "myth"에 대한 번역어로는 적합할지 모르겠지만 "mythos"에 대한 번역어로는 모자란 감이 없지 않다. 물론 그리스 시대의 이야기가 신들에 대한 이야기가 주종을 이루고 있는 것은 사실이나 신화는 엄밀하게 말해 신들의 이야기로 포장된 "인간의 이야기"이며 뮈토스의 일부분일 뿐이다. 그리스의 신들이 호색한으로 나타나는 것은 그리스 시대가 여전히 혼음이 가능한 호색시대이어서 그러하고, 야훼 신이 분노하고 질투하는 신으로 표현되어 살육과 전쟁을 일삼은 신으로 표현되고 표상되었다면 이는 유목민족인 히브리 족속이 수많은 이주와 전쟁 속에서 강퍅해졌다는 사실을 반영하기 때문이다. 신에 관한 이야기를 당연히 인간들이 썼다는 말인데, 재미삼아 말하자면 아동문학은 어른이 주로 쓰고 있다.

11. 요한복음의 '말씀'의 중요성에 대해 쐐기를 박은 신명기의 다음 구절을 읽어보자. "사람이 떡으로만 사는 것이 아니요 여호와의 입에서 나오는 모든 말씀(verbum)으로 사는 줄을 너로 알게 하심이니라"(8:3). 반면 히브리어 성경과 70인역 그리스어 성경은 이를 "여호와의 입에서 나오는 모든 것"으로 표기하고 있고 독일어 성경 또한 이를 따르고 있다. 요지인즉슨 "말씀"이 구약에서는 "로고스"로 표기되고 있지 않다는 말인데, 성경에 관한 한 로고스는 신약의 어휘이다. 말씀과 로고스는 후기로 갈수록 혼용되어 사용되며 로고스 또한 신약의 말씀이라는 의미를 추가하여 하느님의 권능을 부여받게 되고 품위에 있어서 뮈토스를 제치게 된다. 로고스가 이성 혹은 논리로 사용되기 시작되는 것은 물론 후대의 일이다.

12. 예를 더 들자면, 같은 어근이라도 다바르-아마르와 발음 형태는 유사하지만 뜻

은 전혀 다른 "아마드"의 피엘형은 "파괴하다", 칼형은 "망하다"는 뜻을 지녀, 동사의 어법에 따라 쓰임새가 달라진다. "말하다"는 동사 다바르는 (거의) 피엘형으로만 쓰인다(Futato, 235). 오성종 교수의 정리(175, 주 30; 177, 주 36)에 의하면 구약에 1440회 나오는 히브리어 명사 "다바르"는 셉투아긴타에서 로고스 혹은 레마로 번역되었는데, 그 비율은 대략 2:1, 히브리어 '아마르' 명사 파생어가 로고스로 번역된 경우는 다바르에 비추어 보아 2% 정도라 추산한다. "구체적인 상황에서의 말 또는 말들을 뜻하는 레마에 반하여 '말한 것이 숙고되고 정리된 결과'를 뜻하는 로고스의 개념적 특징"(오성종 177)이 후대에 이르러 로고스를 객관적, 합리적, 이성적인 말씀으로, 그리고 레마는 주관적, 감정적, 개인적인 말씀이라고 확연히 구별하는 찰스 파라(Charles Farah 1926~2001)발(發) 은사주의와 성령복음주의 계통의 견해를 낳았지만, 이에 대해 학계는 의견이 엇갈리고 있다.

레마의 어원 "ερ- / ρη-"는, 계속해서 오성종 교수에 의하면 로고스 동사의 미래형과 부정과거 수동태 그리고 현재완료형에 나타나는데 '특정하게 발언된 것' 이상을 의미하지는 않았다(173). 로고스와 레마의 뜻이 많이 다르지 않아 서로 혼용되어 쓰였다는 의미이다. 그는 또한 누가복음 1:37에 대한 개정 개역의 번역, 즉 "하나님의 모든 말씀(rhema)은 능치 못하심이 없느니라"의 경우, 레마가 말씀이 아니라 "'사물'을 뜻하므로, 셉투아긴타를 따라 '모든 것'(pan rhema)으로 바꿔 번역하는 것이 옳다"고 주장한다(165; 주석 7). 대부분의 성경 번역은 레마를 "thing"으로 번역하고 있다. 고래로부터 있어 온 언어와 사물의 대립 내지는 선후와 포함에 관한 전형적 관계를 묵상하게 되는데, 말씀은 세상만물을 이루게 한다.

13. 이를 "theologoi"로 표기하든 "theomythoi"로 표기하든 의미는 변하지 않는다. 로고스를 뮈토스의 일부라고 생각하는 이들도 있고 또 뮈토스에서 로고스가 발원한다고 주장하는 사람들도 있다. 신화를 말하는 사람들은 "mythiétai"라 표기하기도 하지만, 온전하게는 사물에 다가서지 못한다.

14. 독일어 "die Achsenzeit"에 대한 역어로는 "축시대", "기축시대", "주축시대"(김우창), "굴대시대"(박영신) 등 다양하지만 직선적인 굴대와 이것이 끼어져 들어가

는 빈 공간(心), 즉 허심(虛心)의 원(圓)이 필요한바, 개인적으로 필자는 차축시대
도 좋지만 갈조광의 "축심시대"를 선호한다. 기존의 혹은 새로운 외래어가 뜻이
좋다면 굳이 한글만 고집할 일이 아니다.

15. 하이데거 전공자 글로이(Karen Gloy)는 이성을 근간으로 하는 형이상학에 대항
하여 여전히 형이상학의 기도일 수밖에 없는 탈형이상학의 가능성을 세 가지로
제시하는데, 이는 야생의 사유, 서사적 사유, 신화적 사유이며 이에서 주어지는
구체적인 지식의 영역과 미학적 체험, 나아가 생활 세계의 실천적-실용적 지식
이 탈형이상학을 정초한다 주장한다(32-33; 신승환 54 참조). 형이상학이 애초
에서부터 탈형이상학을 정초하고 있다는 주장인데, 이렇게 본다면 이성은 그 자
기비판적 속성으로 인하여 탈이성 내지는 빈이성(→광기)을 함의한다.

이와는 달리 호르크하이머와 아도르노의 계몽을 계몽으로 보지 않고 광기 내지
는 야만으로 파악하고 있는 정태창의 논의는 일견 기술 등 도구적 이성의 해방
적 잠재력을 강조하는 점에서(184) 그 논의의 유용함을 찾을 수 있으나, 그의 논
의는 미흡하게도 계몽적 이성과 동의어로 사용되곤 하는 도구적 이성이 식민과
제국의 역사로 나아간 루트를 해명하지도 비판하지도 않고 있다. "계몽의 변증
법에서는 실천을 위해 반드시 필요한 구분들, 예컨대 계몽과 야만, 이성과 광기,
권위와 폭력의 경계가 변증법이라는 미명하에 완전히 소멸된다"(정태창 197)는
주장에 필자는 동의하지 않는다. (철저)변증법이야말로 계몽과 야만, 이성과 광
기의 구별을 유지하며 또 다른 계몽과 이성으로 나아가고 있다는 것이 호르크
하이머와 아도르노의 주장이라 할 수 있겠다.

16. 조어법상으로만 본다면 '형이상학'(ta meta ta physika)은 자연철학의 기반에서
성립되는 학문이니, 형이'상'학은 형이'하'학이라는 번역어와 더불어 철학과 학문
의 기원을 다소 반영하지 못하는 어감이 있다. 철학이 자연과학과 소위 문사철
을 구분하지 않으니 이상도 이하도 없다. 다만 철학에 붙는 "meta"라는 접두어
가 아리스토텔레스가 의도했던 "뒤"(after)의 의미뿐 아니라 "넘어서"(beyond)
의 의미를 띠기도 한다는 말은 첨언한다.

장자와 왕부지를 전공하는 프랑스의 동양학자 줄리앙(Francois Jullien)이 지적
하는 "넘어서"(meta)라는 어휘가 "확정적으로 구분된 두 영역의 분리를 고착화

하는 반면 (…) [형이상학에 들어가 있는] 허사인 이而는 두 표현간의 평행 축으로서 대립과 상관관계를 동시에 뜻한다"(228)는 말을 새겨 듣는다면, 그리고 형이상학이 말하는 영혼과 영원의 철학에 반대하지 않는다면, "형이상학"이라는 표현이 철학의 종지를 벗어나간 오역으로만은 보이지 않을 수도 있다. 철학은 대립과 상관을 동시에 보는 변증이다.

이 책의 내용을 구성하는 데 필자의 다음 논문이 일정 부분 초석이 되었다.

- 「우로보로스의 현상학」.『비평과 이론』25:1 (2020. 2): 5-40.
- 「뮈토스는 신화이고 로고스는 이성인가?」. 1부『인문언어』22:1 (2020. 6): 13-33; 2부 『비평과 이론』27:3 (2022. 10): 35-66.
- 「전쟁과 여성:『호랑이 여전사』에 나타난 여성전사의 이미지」.『미국학 논집』47:3 (2015. 12): 5-28;「전쟁과 여성: 수메르, 이집트, 헬라스의 고대 신화에서 전쟁의 신은 왜 여신이었는가?」.『비평과 이론』20:2 (2015 가을): 5-43.
- 「여성은 평화적인가?: 엘쉬타인(Jean Elshtain)의 전쟁과 평화에 관한 논의를 중심으로」.『인문언어』17:1 (2015. 6). 87-125.
- 「여성과 죽음―베트남 전쟁소설을 중심으로」.『인문언어』8 (2006): 129-150.
- 「전쟁은 왜 하는가? 전쟁문학에 나타난 사랑과 죽음에 대한 단상」.『영어영문학』8 (2006): 129-150.

참고문헌

시문학의 인용은 필요한 경우를 제외하고는 간단한 출처만 본문에 밝힌다.

갈조광(거자오광). 『선종과 중국문화』. 1986. 정상홍·임병권 옮김. 서울: 동문선, 1991.

_____. 『중국사상사』. 1권, 2권. 2000. 이동연 외 옮김. 서울: 일빛, 1권 2013, 2권 2015.

강선남. 「아담의 죄와 죽음에 관한 해석학적 고찰: 바오로 서간(로마 5:12-21; 1코린 15:20-22)을 중심으로」. 『신학전망』 186 (2014): 2-38.

강승일. 「고대 메소포타미아의 성창제도」. 『서양고대사연구』 25 (2009): 7-36.

강여울. 「도덕성에서 호오와 앎의 문제: 초기불교와 유가적 윤리관의 비교를 통해」. 『철학연구』 140 (2016): 129-152.

강영경. 「단군신화에 나타난 웅녀의 역할」. 『여성과 역사』 16 (2012): 37-68.

강영안. 『주체는 죽었는가: 현대 철학의 포스트 모던 경향』. 서울: 문예, 1996.

_____. 『우리에게 철학은 무엇인가: 근대, 이성, 주체를 중심으로 살펴본 현대 한국철학사』. 서울: 궁리, 2002.

공원국. https://www.khan.co.kr/print.html?art_id=201904092147005&media=khan(2021. 3. 1. 검색).

권서용. 「원효와 법칭의 만남과 대화」. 『불교철학』 1 (2017): 31-72.

권석우. 「성, 여성, 죽음: 유대기독교문화에 나타난 뱀과 이브에 대한 논의를 중심으로」.

『인문언어』 11:1 (2009 여름): 149-173.

_____. 「여성과 죽음: 베트남 전쟁소설을 중심으로」. 『인문언어』 8 (2006): 129-150.

길희성 역주. 『바가바드기타』. 서울: 서울대, 2013.

김경수. 「제롬의 금욕주의와 결혼에 관한 연구」. 『한국기독교신학논총』 79:1 (2012. 1): 83-107.

_____. 「히에로니무스의 금욕주의: 펠라기우스 논쟁을 중심으로」. 『서양중세사연구』 38 (2016. 9): 121-153.

김경숙. 「圭峯宗密의 知思想 硏究」. 『한국불교학』 51 (2008): 257-282.

김경재. 『중심에 서 있는 생명나무』. 서울: 다산글방, 1994.

_____. 『이름 없는 하느님: 유일신 신앙에 대한 김경재 교수의 본격 비판』. 서울: 삼인, 2002.

김광식. 「하나님과 하나님」. 『신학논단』. 27 (1999. 6): 115-130.

_____. 『고대기독교 교리사』. 서울: 한들, 1999.

김균진. 『죽음과 부활의 신학』. 서울: 새물결, 2015.

김기녀. 「독일 빌헬름 시대 부르주아 여성운동과 섹슈얼리티」. 『독일연구』 7 (2004): 1-22.

김내균. 『소크라테스 이전의 그리스 철학』. 서울: 교보, 1996.

김동규. 『멜랑콜리아: 서양문화의 근원적 파토스』. 2014. 파주: 문학동네, 2015.

김동주. 「초기 교부들의 70인역 이해에 대한 역사신학적 연구」. 『한국교회사학회지』 26 (2010): 137-169.

김동훈. 「지나치며 넘어가는 철학함: 하이데거 사유 내에서 전치사 über가 지니는 방법론적 의의」. 『현상학과 현대철학』 32 (2007): 135-165.

김명석. 「논어(論語)의 정(情) 개념을 어떻게 이해할 것인가」. 『동양철학』 29 (2008: 147-171.

_____. 「선악, 호오, 가치판단: 『논어』를 중심으로」. 『제자백가의 다양한 철학흐름』. 송영배 외. 서울: 사회평론, 2009. 232-263.

_____. 「중국 고대유가의 음악을 통한 도덕감정 계발모형 연구-서곡: 『순자』와 『예기』 「악기」의 감정관 분석을 중심으로」. 『동양철학』 38 (2012): 1-27.

김명희. 「현대평화연구에서 종교의 위치」. 『종교문화비평』 18 (2010): 15-47.

김미기. 「니이체의 진리개념비판에서 본 예술과 여성의 본질」. 『니체연구』. 3 (1997): 41-72.

김방룡. 「『금강경』과 원불교 사상: 원불교와 불교의 새로운 관계모색을 제안하며」. 『원불교사상과 종교문화』 59 (2014. 3): 1-54.

김산해. 『신화는 수메르에서 시작되었다』. 서울: 가람, 2003.

_____. 『최초의 신화 길가메쉬 서사시』. 서울: 휴머니스트, 2005.

_____. 『수메르, 최초의 사랑을 외치다』. 서울: 휴머니스트, 2007.

김상래. 「순자(荀子)의 맹자비판(孟子批判), 그 윤리적 의의」. 『동양철학연구』 84 (2015): 133-159.

김상봉. 『나르시스의 꿈: 서양정신의 극복을 위한 연습』. 서울: 한길사, 2002.

_____. 『호모 에티쿠스: 윤리적 인간의 탄생』. 파주: 한길사, 2006.

김상일. 『화이트헤드와 동양철학』. 서울: 서광사, 1993.

_____. 『카오스와 문명 -- 문명의 위기와 카오스 여신의 부활』. 서울: 동아사, 1994.

_____. 『한밝문명론 -- 한민족 통일의식의 기원과 역사』. 서울: 지식산업사, 1988.

_____. 『동학과 신서학』. 서울: 지식산업사, 2000.

_____. 「켄 윌버의 초인격심리학과 한국 무속」. 『한국무속학』 6 (2003): 233-250.

_____. 『역과 탈현대의 윤리: 라이프니츠에서 괴델까지 역의 강물은 흐른다』. 서울: 지식산업사, 2006.

_____. 『일즉다다즉일』. 한국정신과학회 편. 서울: 히어나우, 2013.

김상환. 「헤겔의 '불행한 의식'과 인문적 주체의 역설」. 『철학사상』 36 (2010): 33-84.

김선자. 「여와 신화와 중국 여성의 이중적 정체성: 여와의 기원과 변천에 관한 탐색」. 『종교연구』 45 (2006): 75-103.

_____. 「신화, 사실, 상징: 建木신화를 중심으로」. 『중국어문학논집』 15 (2000): 87-111.

김성민·김성우. 「포스트모던 스피노자 윤리학에 대한 헤겔주의적 비판」. 『철학연구』 105 (2014): 30-51.

김숙임. 「일상에서 평화 만들기: 여성이 만드는 평화와 인권」. 여성평화 아카데미 2001 봄 강좌. 1-14.

김승중. 『한국인이 캐낸 그리스문명』. 서울: 통나무, 2017.

김승혜. 『유교의 뿌리를 찾아서』. 1990. 개정판. 서울: 지식의 풍경, 2001.

김시천. 「노자와 여성성: 『노자』에서 '돌봄'의 개념은 가능한가」. 『한국여성철학』 8 (2007): 1-26.

김신명숙. 『여신을 찾아서』. 서울: 판미동, 2018.

김애령. 「니체의 은유이론과 문체의 문제」. 『철학연구』 65 (2004): 126-144.

_____. 『여성, 타자의 은유: 주체와 타자 사이』. 서울: 그린비, 2012.

_____. 『은유의 도서관 ─ 철학에서의 은유』. 서울: 그린비, 2013.

김영진. 『불교와 무의 근대 : 장타이옌의 불교와 중국근대혁명』. 서울: 그린비, 2014.

_____. 「중국 근대 량치차오(梁啓超)의 불교 문명모델과 중국불교 고유성 문제」. 『불교 연구』 40 (2014): 123-154.

_____. 「불교 지성에 대한 성찰과 현대적 모색 : 근대 중국의 불교지성과 무(無)의 정치학」. 『동아시아불교문화』 23 (2015): 37-65.

김영균·김태은. 『탯줄코드: 새끼줄, 뱀, 탯줄의 문화사』. 서울: 민속원, 2008.

김용옥. 『앙코르 와트·월남가다』. 서울: 통나무, 2005.

_____. 『요한복음강해』. 서울: 통나무, 2007a.

_____. 『기독교성서의 이해』. 서울: 통나무, 2007b.

_____. 『도올의 도마복음 이야기: 이집트·이스라엘 초기기독교 성지순례기』. 서울: 통나무, 2008.

_____. 『도올의 도마복음 한글역주 II』. 서울: 통나무, 2010a.

_____. 『도올의 도마복음 한글역주 III』. 서울: 통나무, 2010b.

_____. 『도올의 로마서강해』. 서울: 통나무, 2017.

_____. 『도올, 시진핑을 말한다』. 증보신판. 서울: 통나무, 2018.

_____. 『나는 예수입니다: 도올의 예수전』. 서울: 통나무, 2020.

_____. 『노자가 옳았다』. I & II. 서울: 통나무, 2020.

_____. 『동경대전』. I & II. 김용옥 역주. 서울: 통나무, 2021.

_____. 『용담유사』. 김용옥 역주. 서울: 통나무, 2022a.

_____. 『도올주역강해』. 서울: 통나무, 2022b.

김용운. 『카오스와 불교』. 서울: 사이언스북스, 2001.

김원익 역. 『신통기: 그리스 신들의 계보』. 서울: 민음사, 2003a.

_____. 「신화와 여성의 문제: 크리스타 볼프의 『메데아』를 중심으로」. 『독일언어문학』 21 (2003b. 9): 223-51.

김용종. 『서양의 역사에는 초야권이 없다』. 서울: 푸른 역사, 2010.

_____·김용철. 「원에 표상된 합일적 상징 연구」. 『기초조형학』 13:1 (2012): 109-117.

김이곤. 「구약성서에서 본 생명의 영성에 관한 한 신학적 성찰」. 『장공 김재준의 신학세계』. 장공 김재준 목사 기념사업회 편. 수원: 한신대출판부, 2006. 115-143.

김현숙. 「篆刻의 方圓에 관한 周易美學的 硏究」. 『동양철학연구』 60 (2009): 339-366.

김재철. 「하이데거의 존재론적 해석학」. 『철학연구』 111 (2009): 149-182.

_____. 「미쉬와 하이데거의 논쟁에 관한 연구」. 『존재론연구』 29 (2012): 1-49.

김재홍. 「호메로스의 시가를 통해 본 자아와 행위의 문제」. 『철학』 38 (1992): 457-500.

김정란. 「성배와 여성」. 『프랑스 문화연구』 10 (2005): 27-56.

김정현. 「니체와 페미니즘: 데리다와 코프만의 진리 담론을 중심으로」. 『철학』. 67 (2001): 79-102.

김제란. 「동양적 가부장제의 이론적 근거로서의 음양 사상: 선진에서 한 대까지의 전개 과정을 중심으로」. 『중국철학』 7 (2000): 83-115.

김종갑. 「예술과 외설: 여성의 누드」. 『영어영문학』 52:1 (2006 봄): 129-152.

김종미. 「곡신과 코라를 통해 본 탈 중심의 여성원리」. 『중국문학』 34 (2000): 167-186.

김종삼. 『누군가 나에게 물었다』. 서울: 민음사, 1982.

김주한. 「오리게네스의 작품과 아우구스티누스: 히에로니무스 논쟁을 통해 본 『70인 역』」. 『한국개혁신학』 40 (2016): 63-104.

김진경. 『고대 그리스의 영광과 몰락』. 서울: 안티쿠스, 2014.

김진무. 「선종에 있어서 돈오의 수용과 그 전개」. 『한국선학』 15 (2006): 277-317.

_____. 『중국불교사상사: 유불도 통섭을 통한 인도불교의 중국적 변용』. 서울: 운주 사, 2015.

김학목. 「『도덕경(道德經)』의 시각으로 본 『성서(聖書)』의 창세기 신화: 아담에서 노아 까지」. 『동서철학연구』 35 (2005): 237-257.

_____. 『노자 도덕경과 왕필의 주』. 2000. 개정판. 서울: 홍익, 2014.

_____. 『장자』 곽상 주 해제』. 고양: 학고방, 2020.

김화경. 『한국의 여신들 — 페미니즘의 신화적 근원』. 서울: 성균관대, 2021.

김화영. 『바람을 담는 집』. 서울: 문학동네, 1996.

김헌. 『그리스문화의 신화적 상상력』. 서울: 서울대출판문화원, 2016.

김현숙. 「전각(篆刻)의 방원(方圓)에 관한 주역미학적연구(周易美學的研究)」. 『동양철 학연구』. 60 (2009): 339-367.

김형기. 「'세기전환기'의 독일문학에 나타난 성과 사랑의 담론: 프랑크 베데킨트의 희곡 문학을 중심으로」. 『인문과학논총』 2 (1996): 125-148.

김형수. 「쿠자누스의 '아는 무지'(docta ignorantia): 대립의 합치와 통일성에 대한 인식 추구」. 『신학전망』. 174 (2011): 113-141.

_____. 「쿠자누스의 '하나'에 대한 이해: 대립의 합치와 통일성에 대한 인식추구」. 『가 톨릭철학』. 29 (2022): 41-63.

김형효. 『메를로-뽕띠와 애매성의 철학』. 서울: 철학과 현실사, 1996.

_____. 『하이데거와 화엄의 사유』. 화성: 청계, 2002.

_____. 『사유하는 도덕경』. 서울: 소나무, 2004.

_____. 『원효의 대승철학』. 서울: 소나무, 2006.

나인호. 『개념사란 무엇인가: 역사와 언어의 새로운 만남』. 서울: 역사비평사, 2011.

남진우. 『미적 근대성과 순간의 시학』. 서울: 소명, 2001.

남회근. 『불교수행법강의』. 1989. 서울: 부키, 2010.

노승현. 「노자가 말한 '검은 암컷의 문'은 무엇을 상징하며, 결국 무엇을 말하고자 했는가」. 섭서헌 2000, 509-524.

노자. 『도덕경』; 『노자의 목소리로 듣는 도덕경』. 최진석 역주. 일산: 소나무, 2014.

류경희. 「인도종교문화의 비폭력 (아힘사) 평화정신과 종교폭력」. 『종교문화비평』. 18 (2010): 48-77.

류진현. 「문화현상으로서의 데카당스: 19세기말 프랑스 문학의 한 흐름」. 『불어불문학연구』. 58 (2004): 469-494.

맹성렬. 『오시리스의 죽음과 부활』. 서울: 르네상스, 2009.

모종삼. 『동양철학과 아리스토텔레스』. 1997. 부산: 소강, 2001.

_____. 『모종삼교수의 중국철학 강의』. 1974. 서울: 예문, 2011.

문경환. 「"일본 고유의 병리": 그들에 대해 우리가 알아야 할 것들」. 『인문언어』. 17:1 (2015 여름): 11-63.

_____. 「번역의 음영: 창조적 오역인가 단순한 오역인가」. 『인문언어』. 19:1 (2017 여름): 129-169.

문혜경. 「델포이 신탁과 피티아의 기능」. 『서양고대사연구』. 32 (2012.9): 71-107.

민경식. 『신약성서, 우리에게 오기까지』. 서울: 대한기독교서회, 2008.

민영진. 「성서번역에서 언어·윤리·권력: 남기고 가는 문제」. 『구약논단』 24: 3 (2018): 21-52.

민희식. 『성서의 뿌리: 오리엔트 문명과 구약성서』. 서울: 블루리본, 2015.

박규태. 「혼돈의 힘: 소외신화·우로보로스·치유」. 『대순사상논총』 16 (2003): 45-67.

박동환. 『동양의 논리는 어디에 있는가』. 1993. 일산: 사월의 책, 2017.

_____. 『안티호모에렉투스』. 2001. 일산: 사월의 책, 2017.

박세당. 『장자, 남화경주해산보』. 전현미 역주. 서울: 예문, 1993.

박영희. 『머나먼 쏭바강』. 서울: 민음사, 1977.

박정수. 『『안티-오이디푸스』, 정신분석비판을 위하여」. 『진보평론』 31 (2007 봄): 135-164.

박정순. 「마이클 왈쩌의 정의전쟁론: 그 이론적 구성 체계와 한계에 대한 비판」. 『정의로운 전쟁은 가능한가』. 철학연구회 엮음. 서울: 철학과 현실사, 2006.

박정오. 「비너스의 계보: 가부장제의 확립과 여신숭배의 변화」. 『현대영미소설』 14:1 (2007): 27-47.

박종현. 『헬라스 사상의 심층』. 서울: 서광사, 2001.

박진영. *Women and Buddhist Philosophy*. Honolulu: U of Hawaii P, 2017.

박찬국. 「니체와 하이데거의 진리 개념의 비교연구」. 『존재론 연구』. 31 (2013): 69-102.

_____. 「니체와 하이데거」. 서울: 그린비, 2016.

박태봉. 「동서양 사상에 나타난 圓의 의미 고찰」. 『원불교사상과 종교문화』 78 (2018): 263-298.

박홍규. 『그리스 귀신 죽이기』. 서울: 생각의 나무, 2009.

박혜경. 「唐詩 속의 西王母 이미지의 기원과 활용」. 『동양학』 61 (2015): 19-22.

박혜영. 「엘렌 씩수의 『출구』에 나타난 프로이드 뒤집어 읽기 II」. 『한국프랑스학논집』 26 (1999): 195-208.

_____. 「메두사의 신화와 여성: 누가 메두사를 두려워하는가?」. 『한국프랑스학논집』 61 (2008): 283-298.

방동미. 『중국인이 보는 삶의 세계』. 정인재 옮김. 서울: EjB, 2004.

배철현. 「'유럽'의 모체를 찾아: 오리엔탈리즘 다시 읽기」. 『사상』 50 (2001 가을): 201-222.

_____. 역주. 『타르굼 옹켈로스 창세기』. 서울: 가톨릭출판사, 2001.

_____. 「성서신화이야기: 에덴과 파라다이스」. 『기독교 사상』 46:7 (2002): 199-206.

_____. 「이난나는 지하세계에 왜 내려갔나?」. 『종교와 문화』 10 (2004): 1-20.

_____. 『신의 위대한 질문: 신이 원하는 것은 무엇인가』. 파주: 21세기북스, 2015.

_____. 『인간의 위대한 질문: 우리는 무엇을 믿어야 하는가』. 파주: 21세기북스, 2015.

백승영. 「니체의 여성-라비린스, 그리고 모성이라는 아리아드네의 실」. 『철학사상』 55 (2015. 2): 239-262.

백종현. 「'이성' 개념의 역사」. 『칸트연구』 23 (2009): 53-86.

_____. 「유가의 '도'와 스토아학파의 '로고스'」. 『철학사상』 50 (2013): 3-33.

_____. 『이성의 역사』. 파주: 아카넷, 2018.

사사키 아타루. 『야전과 영원』. 2011. 안천 옮김. 서울: 자음과 모음, 2016.

서동은. 「존재와 무, 그리고 절대무」. 『존재론 연구』 33 (2013): 187-220.

서영대. 『용, 그 신화와 문화: 세계편』. 서울: 민속원, 2002.

서영식. 「철인왕과 정치의 리더십」. 『동서철학연구』 81 (2016): 231-262.

석법성.『사망학: 죽음과 삶의 지혜』. 서울: 운주사, 2004.

섭서헌.『노자와 성』. 서울: 문학동네, 2000.

_____.『노자와 신화』. 서울: 문학동네, 2003.

송정화.「중국 여신의 특징에 대한 소고」.『동아시아 여성신화』. 동아시아고대학회 편. 서울: 집문당, 2003. 147-180.

_____.「비교신화적 각도에서 본 동서양창조신화에 나타난 여성적 생명원리: 중국 신화와 그리스 신화에 나타난 혼돈, 구멍, 뱀의 이미지를 중심으로」.『중국어문학지』 17 (2005): 21-47.

성철.『신심명·증도가 강설』. 경남 합천: 장경각, 1987.

성해영.『수운 최제우의 종교 체험과 신비주의』. 서울: 서울대출판부, 2020.

송호성.『독서의 위안』. 서울: 화인북스, 2020.

순자.『荀子』. 김학주 옮김. 서울: 을유, 2019.

스기우라 고헤이.『형태의 탄생: 그림으로 본 우주론』. 1996. 송태욱 옮김. 서울: 안그라픽스, 2001.

신경원.「니체와 데리다, 이리가리의 여성」.『비평과 이론』 5:1 (2000): 5-35.

_____.「니체의 진리, 삶, 심연과 여성 은유」.『영미문학 페미니즘』 10:1 (2002): 157-185.

_____.『니체, 데리다, 이리가레의 여성』. 서울: 소나무, 2004.

신광철.「성서의 용 관념」.『용, 그 신화와 문화: 세계편』. 서영대 엮음. 서울: 민속원, 2002. 105-121.

신명아.「프로이트와 라깡의 쉬레버 박사의 정신병 사례 비교: 아버지와 '아버지의 이름'」.『라깡과 현대정신분석』 1:1 (1999): 18-38.

_____.「가부장 사회의 여성비하현상과 '남성 히스테리' 증후로서의 포르노그라피」.『비평과 이론』 4:1 (1999): 31-53.

신승환.「탈형이상학적 사유의 의미」.『존재론연구』 20 (2009): 21-42.

신월균.「한국설화에 나타난 용의 이미지」.『용, 그 신화와 문화: 한국편』. 서영대·송화섭 엮음. 서울: 민속원, 2002. 245-271.

신재식.『신앙과 이성 사이에서: 아우구스티누스 & 아퀴나스』. 서울: 김영사, 2008.

심재상.『노장적 시각에서 본 보들레르의 시 세계』. 서울: 살림, 1995.

안성림·조철수.『사람이 없었다 神도 없었다』. 서울: 서운관, 1995.

야마모토 요시타카.『일본 핵 발전의 진실』. 2011. 임경택 옮김. 서울: 동아시아, 2011.

오강남.『장자』. 1999. 서울: 현암사, 2003.

오성종. 「신약의 전문용어 '하나님'의 말씀: 개념의 기원과 이해」. 『신약연구』 11:1 (2012.3): 161-211.

와카쿠와 미도리. 『사람은 왜 전쟁을 하는가: 전쟁과 젠더』. 파주: 문학동네, 2007.

왕필. 『노자주』. 파주: 한길, 2005.

왕화영. 「여성 월경의 유학적 맥락」. 『한국여성철학』 34 (2020): 1-34.

원효. 『금강삼매경론』. 박태원 역. 서울: 세창, 2020.

위안커. 『중국신화사(上)』. 2007. 김선자 외 옮김. 서울: 웅진, 2012.

위형윤. 「핵무기와 평화신학의 실천과제에 관한 연구」. 『신학과 실천』. 35 (2013): 7-42.

유강하. 「西王母의 神格에 대하여: 漢代 文獻과 文物을 통한 西王母의 神格 탐색」. 『중국어문학지』 25 (2007): 233-253.

유달림. 『중국의 성문화』. 상권. 강영매 외 역. 서울: 범우사, 2000.

유동림. 「곡선의 문화」. 『철학과 현실』 (1997): 268-273.

유아사 야스오. 『몸과 우주: 동양과 서양』. 이정배·이한영 옮김. 서울: 지식산업사, 2004.

_____. 『융과 그리스도교』. 1978. 이한영 옮김. 서울: 모시는 사람들, 2011.

유희성. 「순자의 인식론: 모종삼의 견해를 중심으로」. 『동양철학연구』. 58 (2009): 112-139.

윤열수. 『龍 불멸의 신화』. 서울: 대원사, 1999.

윤용복. 「인도의 龍신앙」. 『용, 그 신화와 문화: 세계편』. 서영대 엮음. 서울: 민속원, 2002. 15-36.

윤일권·김원익. 『그리스·로마신화와 서양문화』. 서울: 문예출판사, 2004.

이강서. 『죽음을 생각한다는 것: 고대 희랍의 죽음 이해』. 서울: 모시는 사람들, 2015.

이기동. 『기독교와 동양사상』. 서울: 동인, 1999.

이기영. 『유마경강의』. 하권. 한국불교연구원, 2000.

이동수. 「포스트모던 페미니즘에서 여성의 정체성과 차이」. 『아시아여성연구』. 43:2 (2004): 47-73.

이명옥. 『팜므 파탈: 치명적 유혹, 매혹당한 영혼들』. 다빈치, 2003.

_____. 『팜므 파탈: 치명적 여인들의 거부할 수 없는 유혹』. 서울: 시공아트, 2008.

이미경a. 「전쟁과 페미니즘」. 『여성학연구』. 18 (2003): 25-47.

이미경b. 「창조와 타락 이야기 (창 2-3장)에 나타난 신의 교육학」. 『한국기독교신학논총』 70 (2010): 277-310.

이봉지. 「여성 성기의 문학적 표상: 나나와 알베르틴」. 『프랑스어문교육』 10 (2000):

349-369.

이부영.『아니마와 아니무스: 남성 속의 여성, 여성 속의 남성』. 서울: 한길사, 2001.

이상복.「여성신화와 반(反)신화: 프랑크 베데킨트의 이중비극『룰루』의 유혹 모티프를 중심으로」.『브레히트와 현대연극』10 (2002): 127-144.

이용주.『죽음의 정치학: 유교의 죽음 이해』. 서울: 모시는 사람들, 2015.

이재진.「뷔데킨트의 드라마에 나타난 여성상과 신화적 특성: 룰루-괴기비극의 상징성을 중심으로」.『독어교육』25 (2002): 401-428.

이재황.「카오스로서의 세계: 니체의 카오스론」.『브레히트와 현대연극』17 (2007): 381-404.

이정배.『바탕 한데 맞혀 놀이: 다석으로 세상을 읽다』. 서울: 동연, 2011.

이정우.『세계철학사』. 서울: 길, 2011.

_____.『소은 박홍규와 서구 존재론사: 동일성과 차이생성』. 서울: 길, 2016.

_____.「일본적 시간론의 한 연구: 도겐과 니시다에서의 '영원의 지금'」.『동양철학연구』93 (2018): 179-210.

이정희.「자유주의 페미니즘에서 제 3세계 페미니즘까지」.『비평문학』. 19 (2004): 193-220.

이종근.『메소포타미아 법의 도덕성과 종교』. 서울: 삼육대출판부, 2011.

이종성.「장자의 '小大之辯'에 관한 지식론적 고찰」.『동양철학연구』19 (1998): 389-414.

이주향.「기독교의 '죄' 개념에 대한 니체의 비판과 '죄' 사유의 긍정적 실천」.『니체연구』14 (2008): 51-71.

이주헌.『미술로 보는 20세기』. 서울: 학고재, 1991.

이진경.「노자, 모성의 정치를 꿈꾸다」.『동서철학연구』66 (2002): 59-89.

이진우.「진리의 허구성과 허구의 진실성」.『철학연구』35 (1994): 187-208.

이찬수.「절대무의 체험: 장소적 논리와 참회도 철학」.『우원사상논총』10 (2001): 98-122.

이케가미 순이치.『마녀와 성녀』. 김성기 옮김. 서울: 창해, 2005.

이하림 역.『서양미술의 섹슈얼리티』. 서울: 시공사, 1998.

이형록.「탄트라 요가 명상의 수행 방법」.『한국동서정신과학회지』4:1 (2001): 113-127.

이혜경.『영미 및 유럽극에 나타난 모성』. 서울: 동인, 2004.

이혜정.「전쟁과 평화에 대한 여성주의적 독해」.『한국여성철학』4 (2004): 59-78.

_____. 「전쟁에 대해 여성주의는 무엇을 말할 수 있는가?」. 『법철학연구』 14:1 (2011): 105-122.

_____. 「전쟁의 도덕성에 대한 철학적 고찰: 현실주의, 정당한 전쟁, 그리고 여성주의를 중심으로」. 『신학논단』 79:1 (2015): 281-299.

이희성. 「생명나무의 신학적 의미와 적용: 창세기와 잠언을 중심으로」. *KRJ* 20 (2011): 129-162.

이희수. 「이슬람과 전쟁」. 『본질과 현상』 8 (2007 여름): 51-62.

일연. 『삼국유사』. 김원중 옮김. 서울: 민음사, 2008.

일엽. 『청춘을 불사르고: 金一葉 스님 회고록』. 서울: 김영사, 2002.

임헌규. 「사암-율곡 태극논변과 율곡의 태극론」. 『한국사상과 문화』 29 (2005): 169-196.

_____. 「朱·陸 太極論辯과 形而上學」. 『한국철학논집』 17 (2006): 369-396.

임철규. 『눈의 역사 눈의 미학』. 서울: 한길사, 2004.

_____. 『그리스 비극: 인간과 역사에 바치는 애도의 노래』. 파주: 한길사, 2007.

_____. 『죽음』. 파주: 한길사, 2012.

임채우. 「원시도가의 여성주의 사상: 노자의 무와 여성성 그리고 여성의 힘」. 『도교문화연구』 18 (2003): 181-210.

임태수. 「생명나무와 선악을 알게 하는 나무의 현대적 의미」. 『신학사상』 138 (2007 가을): 89-114.

잔스추앙. 『도교와 여성』. 1990. 안동준·김영수 역. 서울: 창해, 2005.

장원태. 「선진시대 '知' 개념에 대한 연구: 본성론 관련 문헌과 『묵경』을 중심으로」. 『동아문화』 42 (2004): 2-63.

_____. 「주희의 지각 개념의 연원: 지 개념과 관련된 논의를 중심으로」. 『철학사상』 35 (2010): 29-61.

장영란. 「원시 신화 속에 나타난 영성의 상징 미학과 영성주의 인식론의 새로운 모델」. 『여성의 몸에 관한 철학적 성찰』. 한국여성철학회 엮음. 서울: 철학과 현실사, 2000. 58-91.

_____. 「고대 위대한 어머니 여신의 변형의 논리와 철학적 상상력 비판」. 『서양고전학연구』 18 (2002): 31-59.

_____. 『위대한 어머니 여신: 사라진 여신들의 역사』. 파주: 살림, 2003.

_____. 『아테네: 영원한 신들의 도시』. 서울: 살림, 2004.

_____. 『장영란의 그리스 신화』. 파주: 살림, 2005.

_____. 「그리스 신화와 전쟁의 기원」. 『본질과 현상』 8 (2007): 63-73.

_____. 「고대그리스 신화의 철학의 '하늘'의 상징과 이미지의 변용」. 『기호학연구』 39 (2014): 509-537.

_____. 「원형적 여성성과 위대한 어머니의 양가성의 상징과 이미지: 노이만의 분석심 리학을 중심으로」. 『기호학연구』 44 (2015): 227-254.

장윤수. 「한국 성리학에서 '무극태극' 논쟁」. 『철학연구』 61 (1997): 169-188.

장일선. 『구약전승의 맥락』. 서울: 대한기독교출판사, 1983.

장자. 『장자』. 오강남 풀이. 서울: 현암사, 2003.

_____. 『장자』. 안동림 역주. 개정2판. 서울: 현암사, 2010.

장현근. 「중국 고대정치사상에서 천명(天命) 관념의 등장과 군권의 정당화」. 『중국학연 구』. 73 (2015): 503-527.

짱 룽시. 『도와 로고스』. 1991. 백승도 외 옮김. 서울: 강, 1997.

정성본. 『중국 선종의 성립사 연구』. 서울: 민족사, 1991.

_____. 「육조단경, 어떻게 볼 것인가」. 『불교평론』. 3 (2000 여름): 1-36. http://www.budreview.com/news/articleView.html?idxno=312

정성호 편역. 『프로이트의 성애론』. 서울: 문학세계사, 1997.

정세근. 『윤회와 반윤회: 그대는 힌두교도인가, 불교도인가』. 청주: 충북대, 2009.

정연학. 「용과 중국문화」. 『용, 그 신화와 문화: 세계편』. 서영대 엮음. 서울: 민속원, 2002. 37-72.

정은해 외. 「하이데거의 길과 노자의 도」. 『철학사상』 14 (2002): 139-172.

정재서. 『이야기 동양 신화: 동양의 마음과 상상력 읽기: 중국편』. 서울: 황금부엉이, 2004.

_____. 『앙띠 오이디푸스의 신화학: 중국신화의 새로운 정립을 위하여』. 파주: 창비, 2010.

정진영. 「국제정치 이론논쟁의 현황과 전망」. 『국제정치논총』 40:3 (2000): 5-38.

조광제. 『불투명성의 현상학』. 서울: 그린비, 2023.

조긍호. 『유학심리학』. 맹자·순자 편. 서울: 나남, 2002.

조대호. 「카오스와 헤시오도스의 우주론: 『신들의 탄생』을 중심으로」. 『철학』. 71 (2002): 51-74.

조철수. 「고대 메소포타미아 문화의 이해」. 『종교·신학연구』. 9 (1996): 175-199.

_____. 『메소포타미아와 히브리 신화』. 서울: 길, 2000.

_____. 『유대교와 예수』. 서울: 길, 2002.

_____. 『수메르 신화』. 서울: 서해문집, 2003.

_____. 『예수 평전』. 서울: 김영사, 2010.

주광호. 「周敦頤「太極圖說」의 존재론적 가치론적 함의」. 『한국철학논집』. 20 (2007): 7-34.

_____. 「주희(朱熹)와 육구연(陸九淵)의 "무극태극(無極太極)" 논쟁 = 朱陸 "無極太極" 論辯」. 『철학연구』. 36 (2008): 475-508.

주원준. 『구약성경과 신들: 고대근동신화와 고대 이스라엘의 영성』. 2012. 의정부: 한남 성서연구소, 2016.

진은영. 『니체, 영원회귀와 차이의 철학』. 서울: 그린비, 2012.

차용구. 「아우구스티누스의 여성관」. 『서양중세사연구』. 16 (2005): 31-57

청담. 『마음속에 부처가 있다』. 혜성 엮음. 서울: 화남, 2003.

최갑수. 「홀로코스트, 기억의 정치, 유럽중심주의」. 『사회와 역사』. 70 (2006): 103-146.

최동민. 「헤겔의 전쟁론과 영구평화의 문제」. 『동서사상』 9 (2010): 231-256.

최몽룡. 『동북아 청동기시대 문화 연구』. 서울: 주류성, 2004.

_____. 『한국 청동기·철기시대와 고대사회의 복원』. 서울: 주류성, 2008.

최문규. 『죽음의 얼굴: 문학 속에서 인간은 어떻게 죽어가는가』. 파주: 21세기북스, 2014.

최상욱. 『하이데거와 여성적 진리』. 서울: 철학과 현실사, 2006.

_____. 『니체, 횔덜린, 하이데거, 그리고 게르만 신화』. 파주: 서광사, 2010.

최승자. 『즐거운 일기』. 서울: 문학과 지성, 1984.

최신한. 「헤겔, 야코비, 양심의 변증법」. 『헤겔연구』 23 (2008): 35-56.

최영전 엮음. 『성서의 식물』. 서울: 아카데미 서적, 1996.

최일성. 「금기, 위반 그리고 해체: '선악과 서사'에 대한 해체주의적 독해」. 『인문학 연구』. 44 (2108): 31-57.

최진석. 『노자의 목소리로 듣는 도덕경』. 2001. 일산: 소나무, 2014.

최화. 「베르크손은 일원론자인가」. 『철학』 24 (2009): 193-216.

_____. 『박홍규의 철학: 형이상학이란 무엇인가』. 2011. 서울: 이화여대출판부, 2021.

_____. 「지속과 차이의 존재론: 베르크손과 들뢰즈」. 『철학사상』 61 (2016): 339-366.

최혜영. 「남성적 젠더의 여성: 아마존과 아테나 여신」. 『서양사 연구』 39 (2008): 5-26.

_____. 『그리스 비극 깊이 읽기』. 서울: 푸른 역사, 2018.

타니 타다시. 『무상의 철학―다르마끼르띠와 찰나멸』. 1996. 권서영 옮김. 부산: 산지니, 2008.

틱낫한. 『죽음도 없이 두려움도 없이』. 허문명 옮김. 서울: 나무심는사람, 2003.

하신. 『신의 기원』. 홍희 역. 서울: 동문선, 1999.

하유진. 「도생의 돈오설」. 『불교학 연구』 29 (2011): 195-224.

하정현. 「근대 단군 담론에서 '신화' 개념의 형성과 파생문제」. 『고조선학』 24 (2011): 197-224. 2011a.

_____. 「1920년대-30년대 한국사회의 '신화' 개념의 형성과 전개」. 『종교문화비평』 20 (2011): 24-56. 2011b.

_____. 「단일민족, 그 신화형성에 관한 일 고찰: 종교 가르치기의 한 사례 연구」. 『종교문화비평』 29 (2016):101-133.

한장경. 『역학원론: 생존법칙과 정치이론』. 서울: 향지사, 2012.

함석헌. 『뜻으로 본 한국역사』. 1976. 파주: 한길사, 2010.

홍준기. 『오이디푸스 콤플렉스, 남자의 성, 여자의 성』. 서울: 아난케, 2005.

홍준기·박찬부. 「라깡의 임상철학과 정신분석의 정치성」. 『라깡과 현대정신분석』 9:1 (Summer 2007): 41-69.

활성. 『지식과 지혜』. 서울: 고요한 소리, 2020.

황영주. 「평화, 안보 그리고 여성: "지구는 내가 지킨다"의 페미니즘적 재정의」. 『국제정치논총』 43:1 (2003): 45-68.

_____. 「만나기, 뛰어넘기, 새로 만들기: 페미니즘 국제정치학에서 안보와 그 과제」. 『국제정치 논총』. 47:1 (2007): 75-93.

허구치, 기요유키. 『일본인의 성』. 서울: 예문, 1995.

Aberbeck, Richard. 「창세기 1-2장을 해석하는 다섯 가지 관점: 문학적으로 본 "날," 상호텍스트성과 배경」. *Reading* Genesis 1-2: *An Evangelical Conversation*. 2013. Ed. Daryl Charles. 『창조 기사 논쟁: 복음주의자들의 대화』. 최정호 옮김. 서울: 새물결플러스, 2016.

Abraham. Ralph. *Chaos, Gaia, Eros*. 1994. 『카오스, 가이아, 에로스』. 김중순 옮김. 서울: 두산동아, 1997.

Adams, Max. *The Wisdom of Trees*. 2014. 『나무의 모험』. 김희정 옮김. 파주: 웅진, 2019.

Adorno, Theodore. "Subject and Object." *The Essential Frunk School Reader: The Postwar Years*. Eds. Andrew Arato and Eike Gebhardt. NY: Continuum, 1982. 497-511.

_____. *Einführung in die Dialektik*. 1958. 『변증법 입문』. 홍승용 옮김. 서울: 세창, 2016.

_____. *Negative Dialektik*. 1966. 『부정변증법』. 홍승용 옮김. 서울: 한길사, 1999.

Albright, W. F. "The Goddess of Life and Wisdom." *The American Journal of Semitic Languages and Literatures*. 36:4 (July 1920): 258-294.

Allen, Virginia. *The Femme Fatale: Erotic Icon*. Troy, NY: Whiston, 1983.

Alvarez-Pereyre F. & F. Heymann. 「탁월성에 대한 욕망」. *Histoire de la famile*. Eds. André Burgiere et als. 1994. 『가족의 역사: 오래된 세계, 이질적인 선택』. 정철웅 옮김. 서울: 이학사, 1996. 385-430.

D'Amico, Francine. "Feminist Perspectives on Women Warriors." *The Women and War Reader*. Eds. Lois Lorentzen and Jennifer Turpin. NY: NYU P, 1998.

Anderegg, Michael, ed. *Inventing Vietnam: The War in Film and Television*. Phila.: Temple UP, 1991.

Andriano, Joseph. *Our Ladies of Darkness: Feminine Daemonology in Male Gothic Fiction*. University Park, PA: The Penn State UP, 1993.

Arendt, Hannah. *The Human Condition*. 1958. NY: Anchor, 1959.

Ariès, Phillipe. *Images of Man and Death*. Trans. Janet Llyod. Cambridge: Harvard UP, 1985.

_____. *The Hour of Our Death*. Trans. Helen Weaver. NY: Oxford UP, 1991.

Aristoteles. 『니코마코스 윤리학』. 강상진 외 옮김. 서울: 길, 2011.

Armstrong, Karen. *A History of God: The 4,000-Year of Judaism, Christianity and Islam*. NY: Ballantine, 1993.

_____. *The Case for God*. 2009. 『신을 위한 변론』. 정준형 옮김. 서울: 웅진, 2010.

Assante, Julia. *The Last Frontier: Exploring the Afterlife and Transforming our Fear of Death*. Novato, CA: New World Library, 2012.

Attali, Jacques. *Chemins de sagesse-traité du labyrinthe*. 1996. 『미로: 지혜에 이르는 길』. 이인철 옮김. 서울: 영림, 1997.

Augustinus, Aurelius. *Confessiones*. 397. *Confessions*. Trans. R. S. Pine-Coffin. NY: Penguin, 1986.

_____. *De Civitate Dei*. vols. 1-22. 『신국론』. 성염 역주. 서울: 분도, 2004.

Bachelard, Gaston. *L'intuition de l'instant*. 1931. 『순간의 미학』. 이가림 옮김. 서울:

영언, 2002.

_____. *L'eau et les rêves: essai sur l'imagination de la matière*. 1943. 『물과 꿈』. 이가림 옮김. 서울: 문예, 1980.

_____. 『대지, 그리고 의지의 몽상』. 민희식 옮김. 서울: 삼성출판사, 1986.

_____. *La Terre et les rêveries du repos*. 『대지, 그리고 휴식의 몽상』. 1948. 정영란 옮김. 서울: 문학동네, 2005.

_____. *La poétique de l'espace*. 1957. 『공간의 시학』. 곽광수 옮김. 서울: 동문선, 2003.

_____. *La poétique de la rêverie*. 1961. 『몽상의 시학』. 김현 옮김. 서울: 홍성사, 1986.

Bachofen, Jacob. J. *Myth, Religion, & Mother Right: Selected writings of J. J. Bachofen*. Princeton: Princeton UP, 1967.

Bade, Patrick. *Femme Fatale: Images of Evil and Fascinating Women*. Mayflower: London, 1979.

Bahrani, Zainab. *Women of Babylon: Gender and Representation in Mesopotamia*. NY: Routledge, 2011.

Bal, Mieke. "Sexuality, Sin, and Sorrow: The Emergence of Female Character (A Reading of *Genesis* 1-3)." *The Female Body in Western Culture: Contemporary Perspectives*. Ed. Susan R. Suleiman. Cambridge: Harvard UP, 1985.

Baring, Anne, and Jules Cashford. *The Myth of the Goddess: Evolution of an Image*. NY: Arkana, 1993.

Barringer, Tim. *The Pre-Raphaelites: Reading the Image*. 1998. 『라파엘전파』. 권행가 옮김. 서울: 예경, 2002.

Bassein, Beth Ann. *Women and Death: Linkages in Western Thought and Literature*. NY: Greenwood, 1984.

Bataille, Georges. "Concerning the Accounts Given by the Residents of Hiroshima." *Trauma: Explorations in Memory*. Ed. Cathy Caruth. Baltimore: The Johns Hopkins UP, 1995. 221-235.

Batto, Bernard F. *Slaying the Dragon: Mythmaking in the Biblical Tradition*. Louisville, KT: John Knox P, 1992.

Baudelaire, Charles. *The Flowers of Evil*. 1857, 1861. Bilingual Edition. Trans.

Jackson Matthews. NY: New Directions, 1989.

_____. 『악의 꽃』. 1868. 정기수 옮김. 서울: 정음사, 1979.

_____. 『악의 꽃』. 1857. 1861. 윤영애 옮김. 서울: 문지사, 2010.

Baudelliard, Jean. 『섹스의 황도』. 정연복 옮김. 김진석 편. 솔, 1993.

Beauvoir, Simone. *The Second Sex*. 1949. Trans. H. M. Parshley. NY: Vintage, 1974. 『제 2의 성』. 이정순 옮김. 서울: 을유, 2021.

Beneke, Timothy. *Men on Rape*. NY: St. Martin's, 1982.

Benjamin, Jessiaca. "Master and Slave: The Fantasy of Erotic Domination." *Powers of Desire: The Politics of Sexuality*. Eds. Ann Snitow et als. NY: Monthly Review P, 1983. 280-299.

Benjamin, Walter. 『역사의 개념에 대하여 외』. 최성만 옮김. 서울: 길, 2008.

_____. 『보들레르 작품에 나타난 제2제정기의 파리』. 김영옥·황현산 옮김. 서울: 길, 2010.

Bergman, Arlene. *Women of Viet Nam*. San Francisco: Peoples Press, 1975.

Bernal, Martin. *Black Athena: The Afroasiatic Roots of Classical Civilization*. 1987. Vol I. 『블랙 아테나: 날조된 고대 그리스 1785~1985』. 오홍식 옮김. 서울: 소나무, 2006.

_____. *Black Athena: The Afroasiatic Roots of Classical Civilization* Vol. III: The Linguistic Evidence. New Brunswick: Rutgers UP, 2006.

Bernheimer, Charles. *Figures of Ill Repute: Representing Prostitution in Nineteenth Century France*. Durham: Duke UP, 1989.

Bernsten, Dorothe & John Kennedy. "Unresolved Contradictions: Specifying Attitudes in Metaphor, Irony, Understatement and Tautology." *Poetics* 24 (1996): 13-29.

Besant, Annie. *Ancient Wisdom*. 1897. 『우리는 어디에서 와서 누구이고 어디로 가는가』. 조선우 옮김. 고양시, 경기도: 책 읽는 귀족, 2016.

Biaggi, Cristina, ed. *The Rule of Mars: Readings on the Origins, History and Impact of Patriarchy*. NY: Knowledge, Ideas & Trends, 2005.

Billinghurst, Jane. *Temptress: From the Original Bad Girls to Women on Top*. Vancouver: Greystone, 2003.

Bittlinger, Arnold. 『칼 융과 차크라』. 최여원 옮김. 서울: 아쉬람, 2010.

Boulay, R. A. *Flying Serpents and Dragons: The Story of Mankind's Reptilian*

Past. Escondido, CA: The Book Tree, 1999.

Boulding, Elise. *Cultures of Peace: The Hidden Side of History*. Syracuse: Syracuse UP, 2000.

Bowker, Lee, ed. *Masculinities and Violence*. London: Sage, 1998.

Brandt, Bettina. "Germania in Armor: The Female Representation of an Endangered German Nation." Colvin & Watanabe-O'Kelly 86-126.

Brantlinger, Patrick. *Rule of Darkness*. Ithaca: Cornell UP, 1988.

Braun, V. and S. Wilkinson. "Socio-cultural Representations of the Vagina." *Journal of Reproductive and Infant Psychology* 19:1 (2001): 17-32.

Briffault, Robert. *The Mothers: A Study of the Origins of Sentiments and Institutions*. vol. 3. London: Allen & Unwinn, 1927.

Bronfen, Elisabeth. *Over Her Dead Body: Death, Femininity and the Aesthetic*. NY: Routledge, 1992.

_____. "Women in the Forbidden Zone." *Death and Representation*. Eds, Sarah W. Goodwin and Elisabeth Bronfen. Baltimore: The Johns Hopkins UP, 1993. 192-209.

_____. *Liebestod und Femme Fatale*. Frankfurt: Suhrkamp, 2004.

_____. "Femme Fatale: Negotiations of Tragic Desire." *NLH* 35:1 (Winter 2004): 103-116.

Brosse, Jacques. *Mythologie des arbres*. 1989. 『나무의 신화』. 주향은 옮김. 서우리, 경기도: 이학사, 1998.

Broughton, John M. "Babes in Arms: Object Relations and Fantasies of Annihilation." *The Psychology of War and Peace*. NY: Plenum, 1991.

Bruno, Giordano. 『무한자와 우주와 세계』. 『원인과 원리와 일자』. 강영계 옮김. 서울: 한길사, 2000.

Bullough, Vern, and Bonnie Bullough. *Women and Prostitution: A Social History*. 『매춘의 역사』. 엄성욱 옮김. 서울: 까치, 1992.

Burgard, Peter, ed. *Nietzsche and the Feminine*. Charlottesville: UP of Virginia, 1994.

Burguieres, Mary. "Feminist Approaches to Peace: Another Step for Peace Studies." *Millenium: Journal of International Studies* 19: 1 (1990): 1-18.

Broyles, Williams Jr. "Why Men Love War." *Esquire* 102 (1984): 55-65.

Buxton, Richard ed. *From Myth to Reason? -- Studies in the Development of Greek Thought*. NY: Oxford, 1999.

Byles, Joanna Montgomery. "Psychoanalysis and War: The Superego and Projective Identification." *JPCS* 8:2 (Fall 2003): 208-213.

Cairns, Earle E. *Christianity through the Centuries*. 『세계 교회사』. 엄성욱 옮김. 서울: 은성, 1995.

Calame, Claude. "The Rhetoric of Muthos and Logos: Forms of Figurative Discourse." Buxton 119-143.

Campbell, Joseph. *The Masks of God: Occidental Mythology*. vol. 1. 1964a. 『신의 가면: 원시신화』. 이진구 옮김. 서울: 까치, 1999.

_____. *The Masks of God: Occidental Mythology*. vol. 3. 1964b. 『신의 가면: 서양 신화』. 정영목 옮김. 서울: 까치, 1999.

_____. *The Masks of God: Creative Mythology*. 1968. 『신의 가면 IV』. 정영목 옮김. 서울: 까치, 2002.

_____. *Mythic Image*. 1974. 『신화의 이미지』. 홍윤희 옮김. 파주: 살림, 2006.

_____. *The Power of Myth*. 1992. 『신화의 힘』. 이윤기 옮김. 서울: 이끌리오, 2002.

_____. *Goddesses: Mysteries of the Feminine Divine*. Ed. Safron Rossi. Novato, CA: New World Library, 2013.

Camphausen, Rufus. *The Yoni: Sacred Symbol of Female Creative Power*. Rochester, VT: Inner Traditions, 1996.

Camus, Albert. *Noces suive de L'Été*. 1939. 『결혼·여름』. 김화영 옮김. 서울: 책세상, 1989.

Carter, April. "Should Women be Soldiers or Pacifists?" Lorentzen & Turpin 33-37.

Carus, Paul. *The History of the Devil and the Idea of Evil*. 1900. 『악마의 탄생: 신에 대한 끝없는 투쟁』. 이지현 옮김. 파주: 청년정신, 2015.

Cassirer, Ernst. *Die Philosophie der Symbolischen Formen*. Bd. I. *Die Sprache*. 1923. 『상징형식의 철학: 언어』. 박찬국 옮김. 서울: 아카넷, 2011.

_____. *Die Philosophie der symbolischen Formen*. Bd. II. *Das mystische Denken*. 1925. 『상징형식의 철학: 신화』. 심철민 옮김. 서울: 도서출판b, 2012.

Cave, Stephen. *Immortality*. 2012. 『불멸에 관하여』. 박세연 옮김. 서울: 엘도라도, 2015.

Chadwick, Henry. *Augustinus*. 1986.『아우구스티누스』. 김승철 옮김. 서울: 시공사, 2001.

Charlesworth, James H. *The Good and Evil Serpent: How a Universal Symbol Became Christianized*. New Haven: Yale UP, 2010.

Childe, Gordon. *Man Makes Himself*. 1936. 1951.『신석기혁명과 도시혁명』. 김성태 ·이경미 역. 서울: 주류성, 2013.

_____. *What Happened in History*. 1941. 1954.『인류사의 사건들』. 고일홍 역. 파주: 한길사, 2011

_____. *Foundations of Social Archaeology: Selected Writings of V. Gordon Childe*. 2004.『고든 차일드의 사회고고학』. 김권구 역. 서울: 주류성, 2009.

Chopin, Kate. *The Awakening and Other Stories*. NY: Modern Library, 2000.

Cixous, Hélène. "The Laugh of Medusa." 1975. *The Critical Tradition: Classic Texts and Contemporary Trends*. Trans. Keith Cohen and Paula Cohen. Ed. David H. Richter. NY: St. Martin, 1989. 1975a.

_____. *Le lire de la méduse / Sorties*. 1975b.『메두사의 웃음/출구』. 박혜영 옮김. 서울: 동문선, 2004.

_____. "Fiction and its Phantoms: A Reading of Freud's Das Unheimliche." Trans. Robert Dennomé. *New Literary History* 7:3 (Spring 1976): 525-548.

Clastres, Pierre. *Recherches d'anthropologie politique*. 1980.『폭력의 고고학: 정치인류학 연구』. 변지현·이종영 옮김. 서울: 울력, 2009.

Collins, Andrew. *From the Ashes of Angels: The Forbidden Legacy of a Fallen Race*. Rochester, VT: Bear & Co., 2002.

Colvin, Sarah, and Helen Watanabe-O'Kelly. *Women and Death 2: Warlike Women in the German Literary and Cultural Imagination since 1500*. NY: Camden, 2009.

Conford, F.『종교에서 철학으로』. 1912. 남경희 옮김. 서울: 이화여대출판부, 1997.

_____.『쓰여지지 않은 철학』. 1950. 이명훈 옮김. 서울: 라티오, 2008.

Conrad, Joseph. *Heart of Darkness*. 1899. Ed. Ross C. Murfin. 2nd ed. NY: Bedford, 1996.

Cooke, Miriam, and Angela Woollacott, eds. *Gendering War Talk*. Princeton: Princeton UP, 1993.

Corbin, Alain. *Les filles de noce: Misèere sexuelle et prostitution.* 1978. 『창부』. 이
　　종민 옮김. 서울: 동문선, 1996.

_____. 「내밀한 관계 또는 주고받는 즐거움」. 무대 뒤켠. *Histoire de la vie privée.*
　　1999. Ed. Perrot, Michelle. 『사생활의 역사 IV』. 전수연 옮김. 서울: 새물결,
　　2002. 693-772. 575-838.

Creed, Barbara. *The Monstrous-Feminine: Film, Feminism, Psychoanalysis.* NY:
　　Routledge, 1993.

Davies, Mererid Puw. "Women and Resistance in Vietnam, 1966-73." Watanabe-
　　O'Kelley 229-249.

Davis-Kimball. "Nomads and Patriarchy." 2005. Biaggi 127-142.

Dawkins, Richard. God Delusion. 2006. 『만들어진 신』. 김명주 옮김. 서울: 김영사,
　　2007.

_____. *Outgrowing God.* 2019. 『신, 만들어진 위험』. 김명주 옮김. 파주: 김영사,
　　2021

Deacy, Susan. *Athena.* London: Routledge, 2008.

de Lauretis, Teresa. "The Violence of Rhetoric: Considerations on
　　Representation and Gender." 239-258 *The Violence of Representation:
　　Literature and the History of Violence.* Eds. nancy Armstrong and
　　Leonard Tennenhouse. NY: Routledge, 1989. 239-258.

Deleuze, Gilles. Le Bergsonisme. 1966. 『베르그손주의』. 김재인 옮김. 서울: 그린비,
　　2021.

_____. *Différence et Répétition.* 1968. 『차이와 반복』. 김상환 옮김. 서울: 민음사,
　　2004.

_____. *L'anti-Oedipe: Capitalisme et schizophrénie.* 1972. 『안티 오이디푸스』. 김재
　　인 옮김. 서울: 민음사, 2015.

Del Vecchio, John M. *The Thirteenth Valley.* 1982. NY: Bantam, 1983.

Derrida, Jacques. *Spurs: Nietzsche's Styles.* Trans. Barbara Harlow. Chicago: The
　　Chicago UP, 1979.

De Rougemont, Denis. *Love in the Western World.* Trans. Montgomery Belgion.
　　Princeton: Princeton UP, 1940.

Descombes, Vincent. *Le Même et L'autre, qurante-cing ans de philosophie
　　française(1933-1978).* 1979. 『동일자와 타자』. 박성창 역. 서울: 인간사랑,

1990.

Detienne, Marcel, and Jean P. Vernant. *Cunning Intelligence in Greek Culture and Society*. Trans. Janet Llyod. Atlantic Highlands, NJ: Humanities, 1978.

Diels, H, and W. Kranz. *Die Fragmente der Vorsokratiker*. 1974. 『소크라테스 이전 철학자들의 단편 선집』. 김인곤 외 옮김. 서울: 아카넷, 2005.

Dijkstra, Bram. *Idols of Perversity: Fantasies of Feminine Evil in Fin-de-Siècle Culture*. NY: Oxford UP, 1986.

_____. *Evil Sisters: The Threat of Female Sexuality in Twentieth-Century Culture*. NY: Henry Holt, 1996.

Dittmar, Linda, and Gene Michaud. *From Hanoi to Hollywood: The Vietnam War in American Fiction*. New Brunswick: Rutgers UP, 1990.

Doane, Mary Ann. *Femmes Fatales: Feminism, Film Theory, Psychoanalysis*. NY: Routledge, 1997.

Douglas, Mary. *Purity and Danger*. NY: Praeger, 1966.

Dover, K. J. *Greek Homo-sexuality*. 1978. NY: Vintage, 1980.

Dowling, Linda. "The Decadent and the New Woman in the 1890's." *Nineteenth Century Fiction* 33:4 (March 1979): 434-453.

Drenth, Jelto. *The Origin of the World*. 2004. 『버자이너 문화사』. 김명남 옮김. 서울: 동아시아, 2006.

Drummond, Imogene. "Options for the Future: Transforming Patriarchy through a Process of Cultural Metamorphosis." 2005. Biaggi 423-436.

Duan, Naibin et als. "Genome Re-sequencing reveals the history of apple and supports a two-stage model for fruit enlargement." *Nature Communications* 8: 249 (15 Aug. 2017): 1-11. https://www.nature.com/articles/s41467-017-00336-7.pdf

Duerr, Hans P. 『은밀한 몸』. 1990. 박계수 옮김. 서울: 한길사, 2003.

_____. *Obszönität und Gewalt*. 1992. 『음란과 폭력: 성을 통해 본 인간 본능과 충동의 역사』. 최상안 옮김. 서울: 한길사, 2003.

_____. *Der Erotische Leib*. 1997. 『에로틱한 가슴』. 박계수 옮김. 서울: 한길사, 2006.

Durand, Gilbert. *L'imagination symbolique*. 1964. 『상징적 상상력』. 진형준 옮김. 서울: 문지, 1983.

_____. *Les structures anthropologique de l'imaginaire*. 1992. 『상상계의 인류학적 구조들』. 진형준 옮김. 파주: 문학동네, 2007.

_____. *Introduction à la mythodologie*. 1996. 『신화비평과 신화분석: 심층사회학을 위하여』. 유평근 옮김. 서울: 살림, 1998.

During, Lisabeth. "The Failure of Love: A Lesser Theory of the Great War." Hüppauf 194-212.

Early, Frances, and Kathleen Kennedy, eds. *Athena's Daughters: Television's New Women Warriors*. Syracuse: Syracuse UP, 2003.

Eastlake, William. *The Bamboo Bed*. NY: Simon and Schuster, 1969.

Ehrenreich, Barbara. *Blood Rites: Origins and History of the Passions of War*. NY: Henry Holt & Co., 1997.

Ehrman, Bart D. *Misquoting Jesus: The Story Behind Who Changed the Bible and Why*. 『성경 왜곡의 역사: 누가, 왜 성경을 왜곡했는가』. 민경식 옮김. 서울: 청림, 2006.

Eisen-Bergman, Arlene. *Women of Vietnam*. San Fran.: Peoples P, 1975.

Eisler, Riane. *The Chalice and the Blade: Our History, Our Future*. NY: HarperCollins, 1987.

_____. "Partnership: Beyond Patriarchy and Matriarchy." 2005. Biaggi 405-422.

Eliade, Mircea. *Traité d'histoire des relligions*. 1940. 『종교사 개론』. 이재실 옮김. 서울: 까치, 1993.

_____. *Le mythe de l'éternel retour: Archétypes et répétition*. 1949. 『영원회귀의 신화: 원형과 반복』. 심재중 옮김. 서울: 이학사, 2015.

_____. *Images et Symboles*. 1952. 『이미지와 상징』. 이재실 옮김. 서울: 까치, 2013.

_____. *The Sacred and the Profane: The Nature of Religion*. 1959. 『성과 속』. 이동하 옮김. 서울: 학민사, 1983.

_____. *Patterns in Comparative Religion*. 1958. 프랑스어판 『종교사 개론』의 저자 자신의 영어판 번역. 『종교형태론』. 이은봉 옮김. 파주: 한길, 2007.

_____. 『세계종교사상사』 I. 1976. 이용주 옮김. 서울: 이학사, 2005.

_____. *Forgerons et Alchimistes*. 1956. 1977. 『대장장이와 연금술사』. 이재실 옮김. 파주: 문학동네, 1999.

_____. *Méphistophélès et l'androgyne*. 1962. 『메피스토펠레스와 양성인』. 최건원· 임왕준 옮김. 파주: 문학동네, 2006.

Eliot, T. S. *The Complete Poems and Plays of T. S. Eliot.* London: Faber, 1977.

Ellias-Button, Karen. "Athena and Medusa: A Woman's Myth." *Anima* 2 (Spring 1979): 118-124.

Elshtain, Jean B. "Against Androgyny." 1981. Elshtain 2000: 229-248.

_____. "Reflections on War and Political Discourse: Realism, Just War, and Feminism in a Nuclear Age." *Political Theory* 13:1 (Feb. 1985): 39-57.

_____. *Women and War.* 1987. Chicago: U of Chicago P, 1995.

_____. "The Problem with Peace." 1990a. Elshtain & Tobias 255-266.

_____. & Shelia Tobias, eds. *Women, Militarism, and War.* Savage, Maryland: Rowman & Littlefield, 1990b.

_____. "Feminism and War." *Progressive* 55: 9 (Sep 1991a): 14-16.

_____. "Ethics in the Women's Movement." *AAPSS* 515 (1991b): 126-139.

_____. "Sovereignty, Identity, and Sacrifice." 1991c. Elshtain 2000: 126-142.

_____. "Feminist Themes and International Relations." *International Theory: Critical Investigations.* Ed. James der Derian. NY: NYU P, 1995.

_____. "Is There a Feminist Tradition on War and Peace?" 1996. Nardin 214-227.

_____. "Women and War: Ten Years On." *Review of International Studies* 24:4 (1998): 447-460.

_____. *Real Politics: At the Center of Everyday Life.* Baltimore: Johns Hopkins UP, 2000.

_____. "Intellectual Dissent and the War on Terror." *Public Interest* 151 (Spring 2003): 86-95.

_____. *Just War against Terror: The Burden of American Power in a Violent World.* NY: Basic Books, 2004.

Engels, Friedrich. 『가족, 사유재산, 국가의 기원』. 1884. 김대웅 옮김. 서울: 아침, 1985.

Ensler, Eve. *The Vagina Monologue.* 『버자이너 모놀로그』. 류숙렬 옮김. 서울: 북하우스, 2001.

Euripides. *Ion.* Garber & Vickers 16-19.

Faulkner, William. *The Sound and the Fury.* 1929. NY: Penguin, 1981.

_____. *As I Lay Dying.* 1930. NY: Vintage, 1964.

_____. *Sanctuary*. 1931. NY: Signet, 1987.

_____. "Crevasse." *Collected Stories*. NY: Random House, 1950.

Federov-Davydov, German A. *The Silk Road and the Cities of the Golden Horde*. Berkeley: Zinat P, 1991.

Feldman, Thalia. "Gorgo and the Origins of Fear." *Arion* 4 (1965): 484-494.

Felski, Rita. *The Gender of Modernity*. 1995. 『근대성과 페미니즘』. 김영찬·심진경 옮김. 서울: 거름, 1998.

Ferenczi, Sandor. "On the Symbolism of the Head of Medusa." 1923. Garber & Vickers 87.

Feyerabend, Paul. *Farewell to Reason*. London: Verso, 1987.

Fischer, Claudia. "Twilight of the Sun-God." *Iraq* 94 (2002): 125-134.

Finney, Gail. *Women in Modern Drama: Freud, Feminism, and European Theater at the Turn of the Century*. Ithaca: Cornell UP, 1989.

Flaubert, Gustav. *Salammbô*. 1862. Paris: Gallimard, 1970.

_____. *Salammbo*. Trans. A. J. Krailsheimer. NY: Penguin, 1977.

_____. 『살람보』. 양원달 옮김. 서울: 을유, 1976.

Fornari, Franco. *Psychoanalysis of War*. Trans. Alenka Pfeifer. NY: Anchor Books, 1974.

Foucault, Michel. 『성의 역사 III: 자기 배려』. 이혜숙·이영북 옮김. 1984. 파주: 나남, 2011.

_____. *The Courage of Truth. The Government of Self and Others II (1983-1984)*. 2008. Trans. Graham Burchell. NY: Picador, 2011.

Fowler, Robert. "Mythos and Logos." *Journal of Hellenic Studies* 131 (2011): 45-66.

Frances, Fitzgerald. *Fire in the Lake: The Vietnamese and the Americans in Vietnam*. Athens: U of Georgia P, 1986.

Frazer, James. *The Golden Bough*. 1957. 『황금가지』. 장병길 옮김. 서울: 삼성, 1978.

_____. *Folklore in the Old Testament*. 『문명과 야만』 I. 이양구 옮김. 서울: 강천, 1996.

Freemyer, Daniel & Song Inseo. "The Elusive Woman and Enigmatic Sign of Isaiah 7:14: A History of Their Interpretations." 『장신논단』 48:3 (2016.9): 81-108.

Freud, Sigmund. 『성욕에 관한 세 편의 에세이』. 1905. 1920. 김정일 옮김. 프로이트
　　　전집 1996, 9: 225-374.

_____. 「쥐 인간」. 1909. 김명희 옮김. 서울: 열린 책들, 2015. 프로이트 전집 2015. 9:
　　　9-102.

_____. 「불륜을 꿈꾸는 심리」. 1912. 프로이트 전집 1996. 9: 159-78.

_____. *Totem and Taboo*. 1913. NY: Vintage, 1946.

_____. "Reflections Upon War and Death." 1915. *Character and Culture*. Ed.
　　　Philip Rieff. NY: Collier, 1978.

_____. "Instincts and their Vicissitudes." 1915. SE 14: 117-140.

_____. "The Taboo of Virginity." 1918. SE 11: 191-208.

_____. "The Uncanny." 1919. GW 12: 229-268; SE 17: 217-256.

_____. "The Psychogenesis of a Case of Homosexuality in a Woman." 1920. SE
　　　18: 145-172.

_____. "Medusa's Head." 1922. GW 17: 47-48; SE 18: 273-274.

_____. "The Infantile Genital Organization: An Interpolation into the Theory of
　　　Sexuality." 1923. SE 19: 141-148.

_____. 「자아와 이드」. 1923. 『쾌락원칙을 넘어서』. 프로이트 전집 1996. 14: 91-164.

_____. *The Ego and Id*. 1923. Trans. Joan Rivière. NY: Norton, 1960.

_____. 「오이디푸스 콤플렉스의 해소」. 1924. 프로이트 전집 1996. 9: 45-53.

_____. 「성의 해부학적 차이에 따른 심리적 결과」. 1925. 프로이트 전집 1996. 9:
　　　9-24.

_____. 「절편음란증」. 1927. 프로이트 전집 9: 25-35. GW 14: 311-317; SE 21: 149-
　　　157.

_____. *Civilization and its Discontents*. 1930. *The Standard Edition of the
　　　Complete Psychological Works of Sigmund Freud*. 24 vols. Ed. James
　　　Strachey. NY: Norton, 1961.

_____. 「여성의 성욕」. 1931. 프로이트 전집 1996. 9: 195-224.

_____. "Why War?" 1932. Rieff 107-133.

_____. "Moses and Monotheism." 1939. SE 23: 3-137.

_____. *Gesammelt Werke*. München: S. Fisher Verlag, 1951. GW로 표기.

_____. *The Standard Edition of the Complete Psychological Works of Sigmund
　　　Freud*. 24 vols. Ed. James Strachey. NY: Norton, 1961. SE로 표기.

_____. 『프로이트 전집』. 서울: 열린 책들, 1996, 2015. 프로이트 전집 1996, 2015로 각각 표기.

Friedman, David. *A Mind of its Own*. 2001. 『막대에서 풍선까지: 남성 성기의 역사』. 김태우 옮김. 서울: 까치, 2003.

Frischauer, Paul. *Knaurs Sitengeschichte der Welt*. 1974. 『세계풍속사: 패러다이스에서 중세까지』. 상권. 이윤기 옮김. 서울: 까치, 1991. 1991a.

_____. 『세계풍속사: 르네상스에서 섹스 혁명까지』. 하권. 이윤기 옮김. 서울: 까치, 1991. 1991b.

Fronius, Helen, and Anna Linton, eds. *Women and Death: Representations of Female Victims and Perpetrations in German Culture 1500-2000*. Rochester: Camden, 2008.

Fuchs, Cynthia. "'Vietnam and Sexual Violence': The Movie." *America Rediscovered: Critical Essays on Literature and Film of the Vietnam War*. Eds. Owen W. Gilman Jr. and Lorrie Smith. NY: Garland, 1990.

Fuchs, Eduard. 『풍속의 역사 IV: 부르주아의 시대』. 1912. 서울: 까치, 1997.

Fuss, Diana, and Joel Sanders. "Bergasse 19: Inside Freud's Office." 1996. Garver & Vickers 267-271.

Gadon, Elinor W. *The Once and Future Goddess: A Sweeping Visual Chronicle of the Sacred Female and Her Reemergence in the Cultural Mythology of Our Time*. NY: HarperCollins, 1989.

Galtung, Johan. "Violence, Peace, and Peace Research." *Journal of Peace Research* 6 (1969): 167-191.

_____. "Twenty-Five Years of Peace Research: Ten Challenges and Some Responses." *Journal of Peace Research* 22:2 (1985): 141-158.

_____. 『평화를 위한 선택』. 마이니치 신문 이케다 다이시쿠와 요한 갈퉁 대담집. 1995. 서울: 신영사, 1997.

_____. *Peace by Peaceful Means*. 1996. 『평화적 수단에 의한 평화』. 이재봉 외 옮김. 서울: 들녘, 2000.

Gardiner, Philip, and Gary Osborn. *The Serpent Grail: The Truth behind the Holy Grail, the Philosopher's Stone and the Elixir of Life*. London: Watkins, 1988.

_____. *Secrets of the Serpent: In Search of the Sacred Past*. Foresthill, CA:

Reality, 2006.

Garver, Marjorie & Nancy Vickers, eds. *The Medusa Reader*. NY: Routledge, 2003.

George, Demetra. *Mysteries of the Dark Moon: The Healing Power of the Dark Goddess*. NY: HarperCollin, 1992.

Gibson, James W. *Warrior Dreams: Paramilitary Culture in Post-Vietnam America*. NY: Hill & Wang, 1994.

Gide, André. *La Symphonie pastorale*. Seoul: Shina-sa, 1981.

Gilman, Sander. *Difference and Pathology: Stereotypes of Sexuality, Race, and Madness*. Ithaca: Cornell UP, 1985.

_____. "The Syphilitic Woman." 1991. Garber & Vickers 261.

_____. "'Who Kills Whores?' 'I Do,' Says Jack: Race and Gender in Victorian London." 1991. *Death and Representation*. Eds. Sarah Goodwin & Elisabeth Bronfen. Baltimore: The Johns Hopkins UP, 1993. 263-284.

_____. *Freud, Race, and Gender*. Princeton: Princeton UP, 1993.

Gimbutas, Marija. "The Beginning of the Bronze Age in Europe and the Indo-Europeans: 3500-2500 B. C." *Journal of Indo-European Studies* 14:3 (1973): 163-214.

_____. "The First Wave of Eurasian Steppe Pastoralists into Copper Age." *Journal of Indo-European Studies* 18:4 (Winter 1977): 277-329.

_____. *The Civilization of the Goddess: The World of Old Europe*. San Francisco: HarperSanFrancisco, 1991.

_____. *The Language of the Goddess*. 1989. NY: HarperCollins, 1991.

_____. "The Kurgan Culture and the Indo-Europeanization of Europe: Selected Articles from 1952-1993." *Journal of Indo-European Studies Monograph 18*. Washington: Institute for the Study of Man, 1997.

_____. *The Living Goddesses*. Ed. Miriam Dexter. Berkeley: U of California P, 1999.

Goldstein, Joshua. *War and Gender*. Cambridge: Cambridge UP, 2001.

Gordon, Cyrus. *The Bible and the Ancient Near East*. 1953. NY: Norton, 1997.

Göthe, Wolfgang. *Faust*. 1808. Trans. Philip Wayne. NY: Penguin, 1949.

_____. 『파우스트』. 정서웅 옮김. 서울: 민음사, 1999.

Gottener-Abendroth, Heide. "Notes on the Rise and Development of Patriarchy." 2005. Biaggi 27-42.

_____. "Modern Matriarchal Studies: Definition, Scope, and Topicality." *Societies of Peace: Matriarchies Past, Present, and Future*. By Herself. N.p.: Iranna P, 2009. 2nd World Congress on Matriarchal Studies.

Graham, A. C. *Yin and Yang and the Nature of Correlative Thinking*. 1986. 『음양과 상관적 사유』. 이창일 옮김. 화성: 청계, 2001.

Graves, Robert. *The Greek Myths*. Vol 2. 1955. NY: Penguin, 1985.

Grayzel, Susan R. *Women's Identities at War: Gender, Motherhood, and Politics in Britain and France during the First World War*. Chapel Hill: The U of North Carolina P, 1999.

Greer, Germaine. *The Female Eunuch*. NY: McGraw-Hill, 1971.

Gubar, Susan. "'This is My Rifle, This is My Gun': World War II and the Blitz on Women." *Behind the Lines: Gender and the Two World Wars*. Ed. Margaret Higonnet and Jane Janson. New Haven: Yale UP, 1987. 227-259.

Gusdorf, Georges. *Mythe et Méthaphysique*. 1984. 『신화와 형이상학』. 김점석 옮김. 파주: 문학동네, 2003.

Guthke, Karl S. *The Gender of Death: A Cultural History in Art and Literature*. Cambridge: Cambridge UP, 1999.

Guthrie, W. K. C. *The Greeks and their Gods*. Boston: Beacon, 1950.

Haas, Willy. *Die Belle Epoque in Textenm Bildern und Zeugnissen*. 1967. 『세기말과 세기초: 벨 에포크』. 김두규 옮김. 서울: 까치, 1994.

Hack, Roy. *God in Greek Philosophy to the Time of Socrates*. 1931. 『그리스 철학과 신』. 서울: 도서출판b, 2011.

Hall, Nor. *The Moon and the Virgin*. NY: Harper & Row, 1980.

Hallisay, Margaret. *Venomous Woman: Fear of the Female in Literature*. NY: Greenwood, 1987.

Harari, Yuval. *The Ultimate Experience*. 2008. 『극한의 경험』. 이희주 옮김. 서울: 옥당, 2017.

_____. *Homo Deus*. 2015. 『호모 데우스』. 김명주 옮김. 파주: 김영사, 2017.

Harding, Esther. *Les Mystères de la femme*. 『사랑의 이해: 달 신화와 여성의 신비』.

김정란 옮김. 서울: 문학동네, 1996.

Hasford, Gustav. *The Short-Timers*. 1967. NY: Bantam, 1983.

Hathaway, Nancy. *The Friendly Guide to Mythology*. 2001. 『세계신화사전』. 신현승 옮김. 서울: 세종서적, 2004.

Hawkes, Jacquettta. *Dawn of the Gods: Minoan and Mycenaean Origins of Greece*. NY: Randon, 1968.

Hawthorne, Nathaniel. *The Scarlet Letter*. 1850. Boston: St. Martin, 1991.

Hays, H. R. *The Dangerous Sex: The Myth of Feminine Evil*. NY: Putnam, 1964.

Hedgecock, Jennifer. *The Femme Fatale in Victorian Literature: The Danger and the Sexual Threat*. Amherst, NY: Cambria P, 2008.

Hegel, Georg. 『정신현상학』 2. 임석진 옮김. 서울: 한길사, 2005.

_____. 『대논리학』 1. 임석진 옮김. 서울: 벽호, 1997.

_____. 『헤겔 법철학 강요(綱要) 해설: 서문과 서론』. 파주: 서광사, 2016.

Heidegger, Martin. *Sein und Zeit*. 1927. 『존재와 시간』. 이기상 옮김. 서울: 까치, 1988.

_____. *Holzwege*. 1950. 『숲길』. 신상희 옮김. 파주: 나남, 2007.

_____. *Der Satz vom Grund*. 1957. 『근거율』. 김재철 옮김. 서울: 파라아카데미, 2020.

_____. *Nietzsche*. 1961. 『니체』. 박찬국 옮김. 서울: 길, 2019.

_____. *Hölderlins Hymne "Der Ister."* 1984. 『이스터』. 최상욱 옮김. 서울: 동문선, 2005.

Heinemann. Larry. *Close Quarters*. 1974. NY: Warner Books, 1983.

Hemingway, Ernest. *For Whom the Bell Tolls*. 1940. NY: Scribner's. 1968.

_____. *Death in the Afternoon*. 1942. NY: Scribner's, 1960.

_____. *The Old Man and the Sea*. 1952. NY: Scribner's, 1980.

Herodotus. *Historiai*. 『역사』. 박광순 옮김. 서울: 범우사, 2008.

_____. *Historiai*. 『역사』. 천병희 옮김. 일산: 숲, 2009.

Hesiodos. *Theogonia*. 『신통기: 그리스 신들의 계보』. 김원익 역. 서울: 민음사, 2003.

Hess, Richard S. *Israelite Religions: An Archaelogical and Biblical Survey*. 2007. 『이스라엘의 종교』. 김구원 옮김. 서울: 기독교문서선교회, 2009.

Hess, Thomas, and Linda Nochlin, eds. *Woman as Sex Object: Studies in Erotic Art, 1730-1970*. Art News Annual 38. NY: Newsweek, 1972.

Higonnet, Margaret. "Suicide: Representations of the Feminine in the Nineteenth Century." *Poetics Today* 6:1-2 (1985): 103-118.

_____. and Patrice Higonnet "The Double Helix." *Behind the Lines: Gender and the Two World Wars*. Eds. Margaret Higonnet et al. New Haven: Yale UP, 1987. 31-47.

_____. "'Things Worth Dying For': Gender and Ideology of Collectivity in Vietnam Representation." *Cultural Critique* 16 (Winter 1987-1988): 79-103.

_____. "Women in the Forbidden Zone: War, Women, and Death." *Death and Representation*. Eds. Sarah Goodwon & Elisabeth Bronfen. Baltimore: The Johns Hopkins UP, 1993. 192-209.

Hilmes, Carola. *Die Femme Fatale: ein Weiblichkeitstypus in der nachromantischen Literatur*. Stuttgart: J. B Metzlersche Verlagsbuchhandlung, 1990.

Hoffmann-Curtius, Kathrin. "Constructing the Femme Fatale: A Dialogue between Sexology and the Visual Arts in Germany around 1900." Fronius & Linton 157-186.

Homer. "Medusa as Shield and Sign." From *Illiad*. Garber & Vickers 9.

Hornblower, Simon & Antony Spawforth, eds. *The Oxford Classical Dictionary*. Oxford: Oxford UP, 1996.

Huebner, Andrew J. *The Warrior Image: Soldiers in American Culture from the Second World War to the Vietnam Era*. Chapel Hill: The U of North Carolina P, 2008.

Huffman, John W. *Tiger Woman*. NY: CreateSpace, 2009.

_____. http://youtu.be/UqgpUaVMdQc 2011.3.16. "The Balancing Act Show." Danielle Knox와의 인터뷰

Huggett, William Turner. *Body Count*. 1973. NY: Dell, 1983.

Hunt, Lynn. *The Invention of Pornography*. 1993.『포르노그라피의 발명: 외설성과 현대성의 기원 1500-1800』. 조한욱 옮김. 서울: 책세상, 1996.

Hurwitz, Siegmund. Lilith: *The First Eve: Historical and Psychological Aspects of the Dark Feminine*. Trans. Gela Jacobson. Einsiedeln, Switzerland: Daimon Verlag, 1992.

Hüppauf, Bernd. *War, Violence, and the Modern Condition.* NY and Berlin: Walter de Gruyter, 1997.

Hustvedt, Asti. "The Art of Death: French Fiction at the Fin de Siècle." *The Decadent Reader: Fiction, Fantasy, and Perversion from Fin-de-Siècle France.* Ed. Asti Hustvedt. NY: Zone, 1998. 11-29.

Huysmans, Joris-Karl. *A Rebours.* 1884. 『거꾸로』. 서울: 대산, 2007.

Huyssen, Andreas. *After the Great Divide: Modernism, Mass Culture, Postmodernism.* Bloomington: Indiana UP, 1986.

Inness, Sherrie. *Tough Girls: Women Warriors and Wonder Women in Popular Culture.* Phila.: U of Penn P, 1999.

Irigaray, Luce. *The Way of Love.* Trans. Heidi Bostic and Stephen Pluhacek. London and NY: Continuum, 2002.

Jacobsen, Thorkild. *The Treasures of Darkness: A History of Mesopotamian Religion.* New Haven: Yale UP, 1976.

Jacobus, Mary. *Reading Woman: Essays in Feminist Criticism.* NY: Columbia UP, 1986.

Jaffe, Aniela. 「시각예술에 나타난 상징성」. Jung 1964, 231-272.

Jaffe, Michele. *The Story of O.* 1999. 『0: 기호의 매춘부』. 박수현 옮김. 일산: 이소, 2002.

James, Henry. *The Bostonians.* 1886. NY: Vintage, 1991.

James, William. "The Moral Equivalent of War." 1910. *War: Studies from Psychology, Sociology, Anthropology.* rev. ed. Ed. Leon Bramson and George Goethals. NY: Basic, 1968.

Jancovich, Mark. "'Vicious Womanhood': Genre, the Femme Fatale and Postwar America." *Canadian Journal of Film Studies* 20:1 (Spring 2011): 100-114.

Jassanoff, Jay H. & Alan Nussbaum. "Word Games: The Linguistic Evidence in *Black Athena.*" Black Athena *Revisited.* Eds. Mary R. Lefkowitz & Guy M. Rofers. Chapel Hill: The U of North Carolina P, 1996. 177-205.

Jeffords, Susan. *The Remasculinization of America: Gender and Vietnam War.* Bloomington: Indiana UP, 1989.

_____. "'Things Worth Dying For': Gender and Ideology of Collectivity in

Vietnam Representation." *Cultural Critique* 16 (Winter 1987-1988): 79-103.

Jobes, Karen & Moisés Silva. *Invitation to the Septuagint.* 『70인역 성경으로의 초대』. 김구원 옮김. 서울: CLC, 2007.

Johnson, Buffie. *Lady of the Beasts: Ancient Images of the Goddess and Her Sacred Animals.* 1988. NY: HarperCollins, 1990.

Jones, David. *Women Warriors: A History.* Dulles, VA: Brassey's, 1997.

Joyce, James. *Ulysses.* NY: Vintage, 1986.

Jung, Carl. *The Archetypes and the Collective Unconscious.* 1950. Trans. R. Hull. Princeton: Princeton UP, 1959.

_____. 『원형과 무의식』. 한오수·이유경 옮김. 서울: 솔, 2019.

_____. *Aion: Researches into the Phenomenology of the Self.* 1950. Trans. R. Hull. Princeton: Princeton UP, 1959.

_____. et als. 『인간과 상징』. 1964. 이윤기 옮김. 서울: 열린 책들, 1996.

_____. Symbol und Libido. 1985. 『상징과 리비도』. 서울: 솔, 2005. 『변환의 상징』 1부. 1912, 1952. 1부. 1985a.

_____. *Heros und Mutterarchetyp.* 1985. 『영웅과 어머니 원형』. 서울: 솔, 2006. 『변환의 상징』 2부. 1985b.

_____. 『연금술에서 본 구원의 관념』. 서울: 솔, 2004.

_____. 『인간의 상과 신의 상』. 서울: 솔, 2007.

_____. *Psychology and Religion: East and West.* London: Routledge, 1978.

_____. *Mysterium Coniunctionis.* London: Routledge, 1978.

_____. *Culture in Transition.* Princeton: Princeton UP, 1959. CW 19.

_____. 『C. G. Jung의 회상, 꿈, 그리고 사상』. 1962. Aniella Jaffe 술(述). 이부영 옮김. 서울: 집문당, 1989.

Kamesar, Adam. "The Virgin of Isaiah 7:14: The Philological Argument from the Second to the Fifth Century." *Journal of Theological Studies* 41.1 (April 1990): 51-75.

Kant, Immanuel. *Kritik der Urteilskraft.* 『판단력비판』. 백종현 옮김. 서울: 아카넷, 2009.

Karakolis, Kristos. "The Relationship between Septuagint and the Hebrew Bible in Origen's Exegesis: The Example of IS 7:14." *Canon & Culture* 8:2

(2014. 10): 191-206.

Kaufmann, Jean-Claude. *Corps de femme regards d'hommes*. 1995. 『여자의 육체 남자의 시선: 토플리스 사회학』. 서울: 한국경제신문사, 1996.

Keller, Nora Okja. *Comfort Woman*. NY: Penguin, 1997.

Kelley, Oliver. *Womanizing Nietzsche: Philosophy's Relation to the "Feminine."* NY: Routledge, 1994.

Kelly, J. N. D. *Introduction to the Early History of Christian Doctrine*. 1960. 『고 대기독교교리사』. 서울: 한글, 1980.

Kennedy, Paul. "Continuity and Discontinuity in British Imperialism 1815-1914." *British Imperialism in the Nineteenth Century*. Ed. C. C. Eldridge. London, Palgrave, 1984.

Keohane, Robert O. "The Promise of Institutionalist Theory." *International Security* 20: 1 (1995): 39-52.

_____. "Beyond Dichotomy: Conversations Between International Relations and Feminist Theory." *International Studies Quarterly* 42 (1998): 193-198.

Kerényi, Karl. *The Gods of the Greeks*. NY: Thames & Hudson, 1951.

_____. *Athene: Virgin and Mother in Greek Religion*. NY: Spring, 1978.

Kessey, Pam. *Vamps: An Illustrated History of the Femme Fatale*. San Francisco: Cleis P, 1997.

Kitto, H. D. F. *The Greeks*. 1951. 『고대 그리스, 그리스인들』. 박재욱 역. 서울: 갈라파고스, 2008.

Klein, Melanie and Joan Riviere. *Love, Hate and Reparation*. 1937. NY: Norton, 1964.

Klein, Michael. "Historical Memory and Film." Dittmar & Michaud 19-40.

Knight, Christopher, and Alan Butler. *Who Built the Moon?* 2005. 『누가 달을 만들었는가』. 채은진 옮김. 서울: 말글빛냄, 2006.

Kojève, Alexandre. *Hegel, eine Vergegenwärtigung seines Denkens*. 1947. Trans. Iring Fetscher. 『역사와 현실의 변증법』. 설헌영 다시 옮김. 서울: 한벗, 1988.

Krafft-Ebing, Richard von. *Psychopatia Sexualis*. 189. Trans. Franklin S. Klaf. NY: Bell, 1965.

Kristeva, Julia. "Stabat Mater." *The Female Body in Western Culture:*

Contemporary Perspectives. Ed. Susan R. Suleiman. Cambridge: Harvard UP, 1985. 99-118.

_____. *Pouvoirs de l'horreur*. 1980. 『공포의 권력』. 서민원 옮김. 서울: 동문선, 2001.

_____. 『여성과 성스러움』. 1998. 서울: 문학동네, 2002.

Kuhn, Thomas. *The Structure of Scientific Revolutions*. 1962. 『과학혁명의 구조』. 김명자 · 홍성욱 옮김. 서울: 까치, 1999.

Lacan, Jacques. *Écrits: A Selection*. 1966. NY: Norton, 1977.

LaCapra, Dominick. *History and Memory after Auschwitz*. Ithaca: Cornell UP, 1998.

LaCoque, Andre & Paul Ricoeur. 1998. 『성서의 새로운 이해』. 김창주 역. 서울: 살림, 2006.

Laplanche, J, and J.-B. Pontalis. *The Language of Psycho-analysis*. Trans. Donald Nicholson-Smith. NY: Norton, 1973.

Laquer, Thomas. *Making Sex: Body and Gender from the Greeks to Freud*. Cambridge: Harvard UP, 1990.

Lederer, Wolfgang. *The Fear of Women*. NY: Harvest, 1968.

Lembcke, Jerry. *Hanoi Jane: War, Sex & Fantasies of Betrayal*. Amherst: U of Massachusetts P, 2010.

Lenz, Günter H. "Toward a Diologics of International American Culture Studies: Transnationality, Border Discourses, and Public Culture(s)." *The Futures of American Studies*. Eds. Donald Pease and Robyn Wiegman. Durham: Duke UP, 2002. 461-485.

Lerner, Gerda. *The Creation of Patriarchy*. NY: Oxford, 1986.

Levenson, Jon. *Creation and the Persistence of Evil*. 1987. 1994. 『하나님의 창조와 악의 잔존』. 홍국평 · 오윤탁 옮김. 서울: 새물결플러스, 2019.

Levinas, Emmanuel. *Totality and Infinity*. Trans. Alphonso Lingis. Pittsburgh: Duquesne UP, 1969.

_____. *Le temps et L'autre*. 1947. 『시간과 타자』. 강영안 역. 서울: 문예출판사, 1996.

Lincoln, Bruce. "Gendered Discourses: The Early History of 'Mythos' and 'Logos.'" *History of Religions* 36: 1 (Aug., 1996): 1-12.

_____. *Theorizing Myth: Narrative. Ideology, and Scholarship*. 1999. 『신화 이론 화하기』. 김윤성 외 옮김. 서울: 이학사, 2010.

Loewe, Michael. *Chinese Ideas of Life and Death: Faith, Myth and Reson in the Han Period.* 1982. 『고대중국인의 생사관』. 이성규 역. 서울: 지식산업사, 2003.

Loraux, Nicole. "What is a Goddess?" Pantel 11-45.

Lorentzen., Lois, and Jennifer Turpin, eds. *The Women and War Reader.* NY: NYU P, 1998.

Lubell, Winifred. *The Metamorphosis of Baubo: Myths of Woman's Sexual Energy.* Vanderbilt: Vanderbilt UP, 1994.

Lucie-Smith, Edward. *Sexuality in Western Art.* 1977. 『서양미술의 섹슈얼리티』. 이하림 옮김. 서울: 시공사, 1999.

Lucretius, Titus. 『사물의 본성에 관하여』. 강대진 옮김. 서울: 아카넷, 2012.

Lukacs, Georg. *The Theory of the Novel.* Trans. Anna Bostok. London: Merlin, 1978.

Luyster, Robert. "Symbolic Elements in the Cult of Athena." *History of Religions* 5:1 (Summer 1965): 133-163.

Mainon, Dominique, and James Ursini. *The Modern Amazons: Warrior Women On-Screen.* Milwaukee: Limelight, 2006.

_____. *Femme Fatale: Cinema's Most Unforgettable Ladies.* Milwaukee: Limelight, 2009.

Mann, Thomas. *Der Zauberberg.* 1924. Frankfurt: Fischer Taschenbuch Verlag, 1981. *The Magic Mountain.* Trans. H. T. Lowe-Porter. NY: Vintage, 1969.

Marcuse, Herbert. *Eros and Civilization.* 1955. NY: Vintage, 1966.

_____. "The Ideology of Death." *The Meaning of Death.* ed. Herman Feifel. NY: McGraw-Hill, 1959.

Marshall, Gail. ed. *The Cambridge Companion to Fin De Siècle.* NY: Cambridge UP, 2007.

Martin, Emily. 「여성의 몸에 관한 의학적 비유: 월경과 폐경」. *Writing on the Body: Female Embodiment and Feminist Theory.* Eds. Katie Conboy et als. 『여성의 몸 어떻게 읽을 것인가?』. 김희선 옮김. 서울: 한울, 1997.

McDermont, Rachel F. and Jeffrey J. Kripal, eds. *Encountering Kali: In the Margins, at the Center, in the West.* Delhi: California UP, 2003.

McGann, Jerome. "The Beauty of Medusa: A Study in Romantic Literary

Iconology." *Studies in Romanticism* 11 (1972): 3-25.

McGrath, Alister. *The Dawkins Delusion?: Atheist Fundamentalism and the Denial of the Divine*. 2007.『도킨스의 망상』. 전성민 역. 파주: 살림, 2008.

Menon, Elizabeth. *Evil by Design: The Creation and Marketing of the Femme Fatale*. Urbana: U of Illinois P, 2006.

Merleau-Ponty, Maurice.『보이는 것과 보이지 않는 것』. 1964. 남인수·최의영 옮김. 서울: 동문선, 2004.

Mettinger, Tryggve. *In Search of God: The Meaning and Message of the Everlasting Names*. 1988. Trans. Grederick Cryer.『하나님의 이름들』. 안종철 옮김. 서울: 쿰란, 2006.

Meyers, Carol. *Discovering Eve: Ancient Israelite Women in Context*. NY, Oxford: 1988.

Milton, John. *Areopagitica*. 1644. *Milton's Selected Poetry and Prose*. Ed. Jason P. Rosenblatt. NY: Norton 2011.

_____. *Paradise Lost*. 1667. Ed. Gordon Teskey. NY: Norton, 2005.

_____.『실낙원』. 조신권 옮김. 서울: 아가페, 2013.

Mishima, Yukio.「우국」.『이문열 세계 명작 산책: 죽음의 미학』. 이문열 편. 파주: 살림, 1996.

_____. *Death in Midsummer and other Stories*. NY: New Directions, 1966.

Morrison, Toni. *Beloved*. NY: Plume, 1987.

Moi, Toril. *Sexual/Textual Politics: Feminist Literary Theory*. NY: Routledge, 1981.

Moore, Michael. "This is Like Déjà Vu All Over Again: Eight Types of Tautology." *ETC* (2001 Summer): 151-165.

Most, Glenn W. "From Logos to Mythos." Buxton 25-47.

Muchembled, Robert. *L'orgasme et l'Occident*. 2005.『쾌락의 역사』. 노영란 옮김. 서울: 지식을 만드는 지식, 2008.

Myers, Tony. *Slavoj Zizek*. 2003.『누가 슬라보예 지젝을 미워하는가』. 박정수 옮김. 서울: 앨피, 2005.

Nagel, Joachim. *Femme Fatale: Faszinierende Frauen*. 2009.『팜 파탈: 유혹하는 여성들』. 송소민 옮김. 서울: 예경, 2012.

Nahm, Milton, ed. *Selections from Early Greek Philosophy*. NY: Appleton, 1964.

Naiman, Eric. *Sex in Public: The Incarnation of Early Soviet Ideology*. Princeton:
    Princeton UP, 1997.

Nardin, Terry, ed. *The Ethics of War and Peace: Religious and Secular
    Perspective*. Princeton: Princeton UP, 1996.

Nataf, Georges. *Symboles, signes et marques*. 1981. 『상징, 기호, 표지』. 김정란 옮김.
    서울: 열화당, 1987.

Nead, Lynda. *Myths of Sexuality: Representations of Women in Victorian
    Britain*. London: Blackwell, 1990.

Needham, Joseph. *Science and Civilization in China*. 『중국의 과학과 문명』. II.
    이석호 외 옮김. 서울: 을유, 1986.

Nestle, Wilhelm. *Vom Mythos Zum Logos: Die Selbstentfaltung des greichischen
    Denken von Homer bis auf die Sophistik und Sokrates*. 1940. Stuttgart:
    Alfred Kröner, 1975.

Neumann, Erich. *The Origins and History of Consciousness*. 1949. Princeton:
    Princeton UP, 1973. 『의식의 기원사』. 이유경 옮김. 서울: 분석심리학연구소,
    2015.

_____. *The Great Mother: An Analysis of the Archetype*. 1963. Trans. Ralph
    Manheim. Princeton: Princeton UP, 1991.

_____. *The Fear of the Feminine and other Essays on Feminine Psychology*.
    Princeton: Princeton UP, 1994.

Newfield, Christopher. "The Politics of Male Suffering: Masochism and
    Hegemony in the American Renaissance." *Differences* 1:1 (Winter
    1989): 55-87.

Newman, John. *Bibliography of Imaginative Works about American Fighting
    in Vietnam*. 2nd ed. NY: Scarecrow P, 1988; 3rd ed. NY: Rowman &
    Littlefield, 1996.

Nietzsche, Friedrich. *Nietzsche's Werke: Kritische Gesamtausgabe*. Eds. Mazzino
    Montinari & Giorgio Colli. Berlin: Walter de Gruyter, 1974. [KWA]

_____. *Das Hauptwerk*. München: Verlagsbuchhandlung GmbH, 1990.

_____. *Der Wille zur Macht*. 1906. Stuttgart: Alfred Kröner, 1996. 『권력에의 의지』.
    강수남 옮김. 서울: 청하, 1988.

_____. 『즐거운 지식』. 곽복록 옮김. 서울: 동서문화사, (1976) 2009.

_____. 「비도덕적 의미에서의 진리와 거짓에 관하여」. 이진우 옮김. 니체전집 3: 441-461.

_____. "Über Wahrheit und Lüge im aussermoralischen Sinne." *Sämtliche Werke; Kritische Studienaudgabe*. 2nd edition. Eds. Mazzino Montinari & Giorgio Colli. München: Walter de Gruyter, 1999. I: 873-890.

_____. 『즐거운 학문』. 니체 전집 12. 안성찬·홍사현 옮김. 서울: 책세상, 2009.

_____. 『차라투스트라는 이렇게 말하였다』. 니체 전집 13. 정동호 옮김. 서울: 책세상, 2014.

_____. 『선악을 넘어서』. 『인간적인 너무나 인간적인』. 강두식 옮김. 서울: 동서문화사, 2011.

_____. 『선악의 저편』. 니체 전집 14. 김정현 옮김. 서울: 책세상, 2009.

_____. 『우상의 황혼』. 니체 전집 15. 백승영 옮김. 서울: 책세상, 2009.

_____. 『안티 크라이스트』. 니체 전집 15. 백승영 옮김. 서울: 책세상, 2009.

_____. 『이 사람을 보라』. 니체 전집 15. 백승영 옮김. 서울: 책세상, 2009.

_____. 『니체 대 바그너』. 니체 전집 15. 백승영 옮김. 서울: 책세상, 2009.

_____. 『방랑자』. 윤동하 편역. 서울: 태학당, 1992.

_____. 『네 가슴속의 양을 찢어라』. 김재혁 옮김. 서울: 민음사, 2019.

Noddings, Nel. *Women and Evil*. Berkeley: U of California P, 1989.

Olender, Maurice. "Aspects of Baubo: Ancient Texts and Contexts." *Before Sexuality: The Construction of Erotic Experience in the Ancient Greek World*. Eds. David M. Halperin et als. Princeton: Princeton UP, 1990. 83-114.

O'Brein, Tim. *If I Die in a Combat Zone*. NY: Broadway, 1999.

Padmasambhava. 『티벳 해탈의 서』. 1954. 유기천 옮김. 서울: 정신세계사, 2000.

Pagels, Elaine. *Adam. Eve, and the Serpent*. NY: Random. 1988.

_____. *The Origin of Satan*. 1995. 『사탄의 탄생』. 권영주 옮김. 서울: 루비박스, 2006.

Paglia, Camille. *Sexual Personae: Art and Decadence from Nefertiti to Emily Dickens*. New Haven: Yale UP, 1990.

Panikkar, Raimon. *Cultural Disarmament: The Way to Peace*. Louisville, KT: Westminster John Knox P, 1995.

Pantel, Pauline, ed. *A History of Women in the West: From Ancient Goddess to*

Christian Saints. vol. 1 Trans. Arthur Goldhammer. Cambridge: Harvard UP, 1992.

Peach, Lucinda J. "An Alternative to Pacifism? Feminism and Just War Theory." *Hypatia* 9:2 (Spring 1994): 152-172.

Phillips, John. A. *Eve: The History of an Idea*. NY: Harper & Row, 1984.

Picart, Caroline. *Resentment and the "Feminine" in Nietzsche's Politico-Aesthetics*. University Park, PA: The Penn State UP, 1999.

Pick, Daniel. *Faces of Degeneration: A European Disorder, 1848-1918*. Cambridge: Cambridge UP, 1989.

Platon. 『향연』. 천병희 옮김. 파주: 숲, 2016.

_____. 『티마이오스』. 박종현·김영균 역주. 파주: 서광사, 2000.

Poe, Edgar A. *The Unabridged Edgar Allan Poe*. Phila.: Running Press, 1983.

Pomeroy, Sarah B. *Goddesses, Whores, Wives, and Slaves: Women in Classical Antiquity*. NY: Schocken, 1975.

Ponce, Charles. *Kabbalah*. 1978. 『카발라』. 조하선 옮김. 서울: 물병자리, 1997.

Poulet, Georges. *The Metamorphoses of the Circle*. 1961. Trans. Dawson, Carley & Elliot Coleman. Baltimore: The Johns Hopkins P, 1966.

Pratt, Annis. *Dancing with Goddess: Archetypes, Poetry, and Empowerment*. Bloomington: Indiana UP, 1994.

Praz, Mario. *The Romantic Agony*. 1933. Trans. Angus Davidson. NY: Oxford UP, 1970.

Prioleau, Betsy. *Seductress: Women Who Ravished the World and Their Lost Art of Love*. NY: Penguin, 2003.

Pushkin, Alexander. 『뿌슈낀의 서사시』. 최선 외 엮음. 서울: 천지, 1995. 23-56.

Raitt, Jill. "The Vagina Dentata and the Immaculatus Uterus Divini Fontis." *The Journal of the American Academy of Religion* 48:3 (1980): 415-431.

Reardon, Betty. *Sexism and the War System*. NY: Teachers College Press, 1985.

_____. *Women and Peace: Feminist Visions of Global Security*. Albany: SUNY P, 1993.

_____. "Women or Weapons?" 1998. Lorentzen & Turpin, 289-295.

Renan, Ernest. *Vie de Jésus*. 1863. 『예수의 생애』. 최명관 옮김. 서울: 훈복, 2003.

Reuther, Rosemary. *Goddess and the Divine Feminine*. Berkeley: U of

California, 2006.

Richards, Janet. "Why the Pursuit of Peace is no Part of Feminism." Elshtain & Tobias 211-225.

Ricoeur, Paul. *The Symbolism of Evil*. 1967. Trans. Emerson Buchanan. Boston: Beacon P, 1969.

Rieff, Philip, ed. *Character and Culture*. NY: Collier, 1978.

Rilke, Rainer Maria. 『두이노의 비가 외』. 김재혁 옮김. 서울: 책세상, 2000.

Rilke, Rainer Maria. 『두이노의 비가 외』. 김재혁 옮김. 서울: 책세상, 2000.

Rose, Jacqueline. *Why War?: Psychoanalysis, Politics, and the Return to Melanie Klein*. NY: Balckwell, 1993.

Russell. Bertrand. *Why I am not a Christian?* 『나는 왜 기독교인이 아닌가』. 송은경 옮김. 서울: 사회평론, 1999.

Rigoglioso, Marguerite. *The Cult of Divine Birth in Ancient Greece*. NY: Palgrave, 2009.

_____. *Virgin Mother: Goddess of Antiquity*. NY: Palgrave, 2010.

Robbins, Kittye. "Tiamat and her Children: An Inquiry into the Persistence of Mythic Archetypes of Woman as Monster/Villainess/Victim." *Face to Face: Fathers, Mothers, Masters, Monsters: Essays for a Nonsexist Future*. Ed. Meg Murray. Westport, Conn: Greenwood P, 1983. 75-96.

Rohmer, Sax. *The Yellow Claw*. 1915. *Four Complete Classics*. NY: Castle, 1983.

Rose, Jacqueline. *Why War?: Psychoanalysis, Politics, and the Return to Melanie Klein*. NY: Balckwell, 1993.

Ruddick, Sara. "The Rationality of Care." Elshtain & Tobias 229-254.

_____. "'Woman of Peace': A Feminist Construction." Lorentzen & Turpin 213-326.

_____. *Maternal Thinking: Toward a Politics of Peace*. 1995. 『모성적 사유: 전쟁과 평화의 정치학』. 이혜정 옮김. 서울: 철학과 현실사, 2002.

Ruelland, Jacques. 1993. 『성전, 문명충돌의 역사: 종교 갈등의 오랜 기원을 찾아서』. 1993. 김연실 옮김. 서울: 한길사, 2003.

Russell, Bertrand. *Why I am not a Christian?* 『나는 왜 기독교인이 아닌가』. 송은경 옮김. 서울: 사회평론, 1999.

Russell, Jeffrey B. *A History of Witchcraft*. 1980. 『마녀의 문화사』. 김은주 옮김. 서

올: 르네상스, 2001.

_____. *Lucifer: The Devil in the Middle Ages*. 1986. 『루시퍼: 중세의 악마』. 악의 역사 III. 김영범 옮김. 서울: 르네상스, 2001a.

_____. *The Devil: Perceptions of Evil from Antiquity to Primitive Christianity*. 1987. 『데블: 고대로부터 원시 기독교까지 악의 인격화』. 악의 역사 I. 김영범 옮김. 서울: 르네상스, 2001b.

_____. *Satan: The Early Christian Tradition*. 1987. 『사탄: 초기 기독교의 전통』. 악의 역사 II. 김영범 옮김. 서울: 르네상스, 2001c.

Sagan, Carl. *The Dragons of Eden: Speculations on the Evolution of Human Intelligence*. 1977. 임지원 옮김. 서울: 사이언스북스, 2006.

_____. *Cosmos*. NY: Ballantine, 1980.

Santine, Daria. "Amazon Myths from Hederich to Bachofen." Sarah Colvin & Watanabe-O'Kelley. 15-27.

Sartre, Jean Paul. Selections from *Being and Nothingness*. *Woman in Western Thought*. Ed. Martha Osborne. NY: Random, 1979.

Sasa. Ghada. *The Femme Fatale in American Literature*. NY: Cambria P, 2008.

Scheper-Hughes, Nancy. "Maternal Thinking and Politics of War." Lorentzen & Turpin 227-233.

Schneider, Michael. 1994. 『자연, 예술, 과학의 수학적 원형』. 이충호 옮김. 서울: 경문사, 2002.

Schorske, Carl. *Fin de Siècle Vienna: Politics and Culture*. NY: Knopf, 1980.

Schubart, Rikke. *Super Bitches and Action Babes: The Female Hero in Popular Cinema, 1970-2006*. Jefferson, NC: McFarland, 2007.

Schury, Gudrun. *Lebensflut*. 2001. 『피의 문화사』. 장혜경 옮김. 서울: 이마고, 2001.

Sedgwick, Eve K. *Between Men: English Literature and Male Homosocial Desire*. NY: Columbia UP, 1985.

Shearer, Ann. *Athene: Image and Energy*. London: Viking Arkana, 1996.

Shelley, Mary. *Frankenstein*. 1831. NY: Bedford, 2000.

Showalter, Elaine. *A Literature of Their Own: British Women Novelists from Brontë to Lessing*. Princeton: Princeton UP, 1977.

_____. *Sexual Anarchy: Gender and Culture at the Fin de Siècle*. London: Bloomsbury, 1991.

Shuttle, Penelope, and Peter Redgrove. *The Wise Wound: Myths, Realities, and Meanings of Menstruation*. 1978. NY: Bantam, 1990.

Siebers, Tobin. *The Ethics of Criticism*. Ithaca: Cornell UP, 1988.

Silesius, Angelus. *Der Cherubinische Wandersmann*. 1986. 『방랑하는 천사』. 조원규 옮김. 서울: 지만지, 2005.

Singer, Irving. *The Nature of Love*. Chicago: Chicago UP, 1984.

Sissa, Guilia. "Maidenhood without Maidenhood: The Female Body in Ancient Greece." *Before Sexuality: The Construction of Erotic Experience in the Ancient Greek World*. Eds. David M. Halperin et als. Princeton: Princeton UP, 1990. 339-364.

Sitchin, Zecharia. *The 12th Planet*. 1976. 『수메르, 혹은 신들의 고향』. 이근영 옮김. 서울: 이른아침, 2004.

Sjöö Monica, and Barbara Mor. *The Great Cosmic Mother: Rediscovering the Religion of the Earth*. 1975. rev. ed. NY: Harper & Row, 1987.

Skjelsboek, Inger. "Is Femininity Inherently Peaceful?: The Construction of Femininity in War." *Gender, Peace and Conflict*. Eds. Inger Skjelsboek and Dan Smith. NY: Sage, 2001. 47-67.

_____ & Dan Smith, eds. *Gender, Peace and Conflict*. NY: Sage, 2001.

Slater, Philip. *The Glory of Hera: Greek Mythology and the Greek Family*. Boson: Beacon, 1968.

Slotkin, Richard and James K. Folsom, ed. *So Dreadful a Judgement: Puritan Responses to King Philip's War, 1676-1677*. Middletown, Conn.: Wesleyan UP, 1978.

Smith, Mark. *The Early History of God: Yahweh and the other Deities in Ancient Isarael*. Grand Rapids, MI: Eerdmans, 2002.

Snell, Bruno. 『정신의 발견: 서구적 사유의 그리스적 기원』. 1955. 김재홍 옮김. 서울: 까치, 1994.

Spanos, William V. *America's Shadow: An Anatomy of Empire*. Minneapolis: U of Minnesota P, 2000.

Spengler, Oswald. 『서구의 몰락』. 1917. 박광순 옮김. 서울: 범우사, 1995.

Spong, John, S. *The Sins of Scripture*. 2005. 『성경과 폭력』. 김준년 옮김. 서울: 한국기독교연구소, 2007.

Stein, Gertrude. *Wars I Have Seen*. London: Bastford, 1945.

Stephenson, Jill. *Women in Nazi Germany*. Essex: Pearson Education Ltd., 2001.

Stibbe, Matthew. *Women in the Third Reich*. London: Hodder Education P, 2003.

Stocker, Margarita. *Sexual Warrior: Women and Power in Western Culture*. New Haven: Yale UP, 1998.

Stone, Merlin. *When God was a Woman*. NY: Barnes & Noble, 1976.

Stott, Rebecca. *The Fabrication of the Late Victorian Femme Fatale: The Kiss of Death*. Hong Kong: MacMillan, 1992.

Stur, Heather. *Beyond Combat: Women and Gender in the Vietnam War Era*. Cambridge: Cambridge UP, 2011. Dragon Ladies의 신판

Suzuki, D. T. 『가르침과 배움의 현상학』. 서명석 편찬 옮김. 경서원, 1980.

Sylvester, Christine. *Feminist International Relations: An Unfinished Journey*. Cambridge: Cambridge UP, 2002.

_____. "War Experiences/War Practices/War Theory." *Millenium* 40:3 (2012): 483-203.

Tal, Kalí. "The Mind at War: Images of Women in Vietnam Novels by Combat Veterans." *Contemporary Literature* 31:1 (Spring 1990): 76-96.

Tartar, Maria. *Lustmord: Sexual Murder in Weimar Germany*. Princeton: Princeton UP, 1995.

Taylor, Sandra C. *Vietnamese Women at War: Fighting for Ho Chi Minh and the Revolution*. Kansas City: UP of Kansas, 1999.

Teich, Mikulas & Roy Porter, eds. *Fin de Siècle and its Legacy*. Cambridge: Cambridge UP, 1990.

Theweleit, Klaus. *Male Fantasies: Women, Floods, Bodies, History*. 1977. Trans. Stephen Conway. Minneapolis: U of Minnesota P, 1996.

_____. "The Bomb's Womb and the Genders of War." Cooke & Woollacott 283-315.

Thompson, Lana. *The Wandering Womb*. 1999. 『자궁의 역사』. 백영미 옮김. 서울: 아침이슬, 2004.

Thurer, Shari. *The Myths of Motherhood: How Culture Reinvents the Good Mother*. Boston: Houghton, 1994.

Tickner, J. Ann. "You Just Don't Understand: Troubled Engagements Between Feminists and IR Theorists." *International Studies Quarterly* 41 (1997): 611-632.

Tobias, Sarah. "Toward a Feminist Ethic of War and Peace." Nardin 228-241.

Toynbee, Arnold. *War and Civilization*. NY: Oxford UP, 1950.

Turner, Caren G. "'Vietnam' as a Women's War." *A Companion to the Vietnam War*. Eds. Marilyn Young and Robert Buzzanco. Oxford: Blackwell, 2002. 93-112.

Upanishad. The Principal Upanisads. Ed. Trans. S. Radhakrishnan. NY: Humanity Books, 1992.

Utrio, Kaari. *A History of Eve*. 1984. 『이브의 역사』. 안미현 옮김. 서울: 자작, 2000.

Válery, Paul. 『해변의 묘지』. 1922. 김현 역. 서울: 민음사, 1976.

Vasseleu, Cathryn. "Nor Drowning, Sailing: Women and the Artist's Craft in Nietzsche." *Nietzsche, Feminism, and Political Theory*. Ed. Paul Patton. London: Routledge, 1993.

Vernant, Jean-Pierre. "Frontality and Monstrosity." Garber & Vickers 210-231.

_____. 『그리스인들의 신화와 사유』. 1965. 박희영 옮김. 서울: 아카넷, 2005.

Veyne, Paul. *Les Grecs ont-ils cru à leur mythes?* 1983. 『그리스인들은 신화를 믿었는가?: 구성적 상상력에 대한 논고』. 김운비 옮김. 서울: 이학사, 2002.

Vincent, Gérard. 「몸 그리고 섹스의 수수께끼」. *Histoire de la vie privée*. Eds. Antoine Prost and Gérard Vincent. 1999. 『사생활의 역사 V』. 김기림 옮김. 서울: 새물결, 2006. 300-360.

Walker, Barbara G. *The Woman's Encyclopedia of Myths and Secrets*. NY: HarperCollins, 1983.

Walton, John H. *Genesis 1 as Ancient Cosmology*. 2011. 『창세기 1장과 고대 근동 우주론』. 강성열 옮김. 서울: 새물결플러스, 2017.

_____. 「역사적 아담은 있다: 원형적 창조론」. *Four Views on the Historical Adam*. 2013. Eds. Matthew Barrett & Ardel Caneday. 『아담의 역사성 논쟁』. 김광남 옮김. 서울: 새물결플러스, 2015.

Weatherford, Doris. *American Women and World War II*. NY: Castle, 2009.

Weaver, Gina M. *Ideologies of Forgetting: Rape in Vietnam War*. Albany: SUNY P, 2010.

Webb, James. *Fields of Fire*. Englewood Cliffs, NJ: Prentice Hall, 1978.

Weber, Samuel. *The Legend of Freud*. Minneapolis: U of Minnesota P, 1982.

Wedekind, Frank. *The Lulu Plays & Other Sex Tragedies*. 1952. Trans. Eric Bentley. NY: Riverrun P, 2000.

_____. 『지령, 판도라의 상자』. 이재진 옮김. 서울: 성균관대, 1999.

Wegner, Paul D. "How Many Virgin Births are in the Bible? (Isaiah 7:14): A Prophetic Pattern Approach." *JETS* 54.3 (September 2011): 467-484.

Weston, Jessie. *From Ritual to Romance*. 1920. 『제식으로부터 로망스로』. 정덕애 옮김. 서울: 문지, 1988.

Wheelright, Philip. *Metaphor and Reality*. 『은유와 실재』. 김태옥 옮김. 서울: 2000, 한국문화사.

Wiesner-Hanks, Merry. *Gender in History*. 2001. 『젠더의 역사』. 노영순 옮김. 서울: 역사비평사, 2006.

Wilber, Ken. *Up from Eden: A Transpersonal View of Human Evolution*. Boulder: Shambhala, 1981.

Wilde, Oscar. *Salome*. Illustr. Aubrey Beardsley. 1894. NY: Dover, 1967.

Wilk, Stephen. *Medusa: Solving the Mystery of the Gorgon*. NY: Oxford UP, 2000.

Wills, Garry. *What Paul Meant*. 2006. 『바울은 그렇게 가르치지 않았다』. 김창락 옮김. 서울: 돌을새김, 2007.

Wilson, Edmund. *Consilience: The Unity of Knowledge*. 1998. 『통섭: 지식의 대통합』. 최재천·장대익 옮김. 서울: 사이언스 북스, (2005) 2012.

Wilson, Leslie S. *Serpent Symbol in the Ancient Near East*. Lanham: UP of America, 2001.

Wittgensteon, Ludwig. *Tractatus Logico-philosophicus*. 1921. 『논리-철학 논고』. 이영철 옮김. 서울: 책세상, 2006.

Wolkstein, Diane, and Samuel Kramer. *Innana, Queen of Heaven and Earth: Her Stories and Hymns from Sumer*. NY: Harper & Row, 1983.

Woolf, Virginia. *Mrs. Dalloway*. 1925. NY: HBJ, 1953.

_____. *To the Lighthouse*. 1927. NY: HBJ, 1981.

Wu, John C. H. *The Golden Age of Zen*. 1996. 『선의 황금시대』. 김연수 역. 서울: 한문화, 2006.

Wunderlich, Uli. *Der Tanz in den Tod*. 2001. 『메멘토 모리의 세계: 죽음의 춤을 통해 본 인간의 삶과 죽음』. 김종수 옮김. 서울: 길, 2008.

Yalom, Marilyn. *A History of the Breast*. 『유방의 역사』. 윤길순 옮김. 서울: 자작나무, 1999.

Yarnall, Judith. *Transformations of Circe: The History of an Enchantress*. Urbana: U of Illinois P, 1994.

Zaidman, Louise. "Pandora's Daughters and Rituals in Ancient Grecian Cities." Pantel 338-376.

Zizek, Slavoj. 『폭력이란 무엇인가: 폭력에 대한 6가지 삐딱한 성찰』. 2008. 정일권 외 옮김. 서울: 난장이, 2012.

Zola, Emile. *Nana*. 1880. Paris: Gallimard, 2002.

_____. 『나나』. 송면 옮김. 서울: 삼성, 1975.

권석우

서울시립대학교 인문대학 영어영문학과 교수. 연세대학교 영문과 학사, 대학원 석사, 뉴욕시립대 대학원(CUNY Graduate Center) 석사(MPhil), 박사(PhD-학위논문『폭력을 통한 타락: 헤밍웨이』). 서울시립대학교 인문대학장(겸 교육대학원장), 국제언어인문학회 회장을 역임하였다. 한국연구재단 전문위원(2021. 1.~현재). 서울시립대학교에서 미국 문학, 학살과 전쟁과 평화, 죽음학 등을 강의하며, "노근리 학살에 나타난 인종주의", "미국학의 역사적 전개", "한국의 헤밍웨이 읽기", "우로보로스의 현상학" 등 42편의 논문과 미미한 4편의 공저 저술이 있다. 우암논문상(2006)을 수상했으며, 강의우수상, 연구업적우수상 등 다수 수상. "영문학자가 읽은 장자의 우로보로스와 탈우로로보스 사생관"이 2023년 하반기 출간 예정이며, "번역이 바꾼 세계사"를 집필 중이다. 2023년 봄 20년 연구의 결실인, 총 3권으로 기획된 "꼬리 먹는 뱀 우로보로스 사유와 서양 문명 비판" 제1권『선악과와 처녀 잉태: 유대-기독교 문명』(2023. 2.)의 출간에 이어 제2권『메두사와 팜프 파탈: 지혜와 생명의 여성』(2023. 7.)이 출간되었다. 그리고 끝으로 제3권『전쟁과 평화, 사랑과 죽음: 우로보로스와 탈(脫)우로보로스』를 세상에 내놓아 시리즈를 완결한다.

seokwook@uos.ac.kr

꼬리 먹는 뱀
우로보로스 사유와
서양 문명 비판

III

전쟁과 평화, 사랑과 죽음: 우로보로스와 탈(脫)우로보로스

1판 1쇄 발행 2023년 7월 27일

지은이 권석우
펴낸이 장종표

책임편집 양성숙
디자인 *Yedang Graphic*

펴낸곳 도서출판 청송재
출판신고 2020년 2월 11일 제2020-000023호

주소 서울시 송파구 송파대로 201 테라타워2-B동 1620호
전화 02-881-5761 **팩스** 02-881-5764
이메일 csjpub@naver.com **홈페이지** www.csjpub.co.kr
페이스북 www.facebook.com/csjpub
블로그 blog.naver.com/campzang

값은 뒤표지에 있습니다.
ISBN 979-11-91883-19-0 93300